农村金融机构管理

王曙光　乔郁　等著

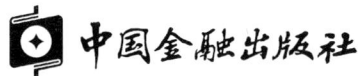
中国金融出版社

责任编辑:张哲强
责任校对:孙 蕊
责任印制:丁淮宾

图书在版编目(CIP)数据

农村金融机构管理(Nongcun Jinrong Jigou Guanli)/王曙光,乔郁等著.
—北京:中国金融出版社,2009.6
ISBN 978-7-5049-5036-9

Ⅰ.农… Ⅱ.①王…②乔… Ⅲ.农村金融—金融机构—经济管理—中国—教材 Ⅳ.F832.35

中国版本图书馆CIP数据核字(2009)第053077号

出版
发行 中国金融出版社
社址 北京市广安门外小红庙南里3号
市场开发部 (010)63272190,66070804(传真)
网 上 书 店 http://www.chinafph.com (010)63286832,63365686(传真)
读者服务部 (010)66070833,82672183
邮编 100055
经销 新华书店
印刷 利兴印刷有限公司
装订 平阳装订厂
尺寸 169毫米×239毫米
印张 22
字数 417千
版次 2009年6月第1版
印次 2009年6月第1次印刷
定价 48.00元
ISBN 978-7-5049-5036-9/F.4596
如出现印装错误本社负责调换 联系电话 (010)63263947

目 录

第一篇 基础篇

- 3 第一章 商业银行基础
- 3 　第一节 商业银行的性质与职能
- 5 　第二节 商业银行的经营目标
- 8 　第三节 商业银行的企业社会责任
- 13 　第四节 我国商业银行类型
- 16 　第五节 商业银行的未来发展趋势
- 19 第二章 认识资产负债表
- 19 　第一节 商业银行资产负债表的基本构成
- 20 　第二节 商业银行的资产
- 21 　第三节 商业银行的负债
- 23 　第四节 商业银行的资本
- 25 第三章 我国的农村金融市场
- 25 　第一节 我国农村金融市场存在的问题
- 27 　第二节 我国农村金融市场的供给结构
- 30 　第三节 我国农村金融市场的需求结构
- 32 　第四节 我国农村金融市场发展与农业产业转型
- 36 第四章 我国农村金融机构的种类和职能
- 36 　第一节 我国农村金融机构的多元化趋势
- 38 　第二节 中国农业银行基层分行
- 41 　第三节 农村商业银行与农村合作银行
- 43 　第四节 农村信用社
- 46 　第五节 中国邮政储蓄银行的支农职能

49	第六节	村镇银行和农民资金互助组织
59	第七节	农村小额贷款公司和其他小额贷款机构

第二篇 业务篇

67	**第五章**	**农村金融机构资产管理（一）：农户小额贷款**
67	第一节	农户小额贷款的个人贷款模式
71	第二节	农户贷款的小组模式
76	第三节	农户小额贷款中的信用评估
79	第四节	农户小额贷款的风险控制
81	第五节	如何利用当地文化和社区力量
84	**第六章**	**农村金融机构资产管理（二）：农村中小企业贷款**
84	第一节	农村中小企业贷款难的主要症结和融资结构
86	第二节	农村中小企业贷款的主要种类与产业选择
87	第三节	农村中小企业贷款的信用调查
90	第四节	农村中小企业贷款的财务分析
93	第五节	中小企业贷款的信用评级：以某信用社为例
98	第六节	对农民专业合作社的贷款模式
102	**第七章**	**农村金融机构负债管理**
102	第一节	银行负债管理的基本原理
104	第二节	农村金融机构如何进行负债管理
106	第三节	在农村社区中吸引存款的方法
107	第四节	存款管理中的创新形式
109	第五节	如何通过创新和服务扩大存款：以某信用社为例
112	**第八章**	**农村金融机构资本管理**
112	第一节	商业银行资本金与资本充足率
113	第二节	金融机构资本充足率管理
116	第三节	农村金融机构监管资本管理
122	第四节	农村金融机构风险资本管理
126	**第九章**	**农村金融机构问题贷款管理**
126	第一节	商业银行问题贷款管理的一般原理
128	第二节	对企业问题贷款管理的主要方法

132	第三节	对农户问题贷款管理的主要方法
134	第四节	如何实施贷款责任追究制

第十章　农村金融信用风险管理

137	第一节	信用、风险与信用风险
138	第二节	信用风险管理组织设置、职能分工与流程
141	第三节	农村金融机构信用风险管理机制设计
144	第四节	农村金融机构信用风险管理的实施：农户
148	第五节	农村金融机构信用风险管理的实施：工商户
151	第六节	农村金融机构信用风险拨备管理
153	第七节	农村金融机构信用风险组合管理
156	第八节	农村金融机构信用风险限额管理

第十一章　农村金融机构的中间业务和表外业务

162	第一节	一般商业银行的中间业务和表外业务
163	第二节	乡村银行的中间业务和表外业务的创新
168	第三节	农村金融机构中间业务和表外业务的风险控制

第十二章　农村金融机构的财务报表分析与绩效评估

170	第一节	资产负债表的分析
175	第二节	利润表的分析
179	第三节	现金流量表的分析
184	第四节	农村金融机构的绩效评估方法与指标
187	第五节	通过财务报表发现问题并寻找解决方法

第三篇　治理篇

第十三章　农村金融机构的内部治理结构

193	第一节	商业银行内部治理结构概论
199	第二节	农村金融机构内部治理有效性的条件和障碍
202	第三节	未来的农村金融机构内部治理

第十四章　农村金融机构的企业文化构建

205	第一节	企业文化和银行企业文化
209	第二节	中国和西方的银行企业文化
215	第三节	农村金融机构应该建立什么样的企业文化

219	第四节	农村金融机构如何塑造金融家文化
221	第五节	农村金融机构文化构建的目标与程序
230	**第十五章**	**农村金融机构的人力资源管理**
230	第一节	人力资源管理
234	第二节	员工招聘和人才任用管理
239	第三节	绩效管理
243	第四节	薪酬管理
244	第五节	面向未来的人力资源管理

第四篇　宏观篇

249	**第十六章**	**农村金融机构面临的宏观环境**
249	第一节	农村金融机构面临的宏观政策环境
251	第二节	农村金融机构面临的法律法规环境
253	第三节	农村金融机构面临的市场竞争环境
257	**第十七章**	**农村金融机构的组建与监管**
257	第一节	商业银行组建的一般程序与准备
258	第二节	农村金融机构的组建
262	第三节	商业银行监管的一般原理
265	第四节	新型农村金融机构的监管
271	第五节	我国小额信贷监管框架的初步设想
278	**第十八章**	**新型农村金融机构制度创新：案例分析**
278	第一节	农民资金互助组织：梨树案例
283	第二节	村镇银行：东丰案例
288	第三节	农村商业银行：顺义案例
297	第四节	农民信用担保组织：赤峰案例

301	**附　录**
336	**后　记**

图 录

图号	标题	页码
图1-1	商业银行在现代经济中的核心地位示意图	4
图1-2	商业银行职能体系示意图	5
图1-3	我国的商业银行类型	15
图4-1	我国广义乡村银行体系示意图	38
图5-1	乡村银行农户个人贷款模式程序示意图	69
图5-2	孟加拉乡村银行贷款程序示意图	72
图5-3	乡村银行对农户进行信用评估的基本信息	77
图6-1	民营中小企业融资来源示意图	86
图6-2	中小企业信用调查的制度框架	88
图6-3	中小企业信用分析的5C法	89
图6-4	中小企业财务分析的基本步骤	92
图6-5	通过合作社内部担保构建银社合作机制模式示意图	99
图6-6	通过合作社内部担保构建银社合作机制模式的贷款程序图	100
图6-7	通过担保公司和政府对银行贴息来进行合作社融资的模式示意图	101
图9-1	贷款责任人的类型	135
图10-1	农业银行信用风险管理组织设置图	140
图11-1	一般商业银行的中间业务	163
图14-1	企业文化的三个层次的组成部分	206
图14-2	农村金融机构文化构建的四个目标	222
图14-3	农村金融机构文化构建中"沟通营"题板设计举例	225
图14-4	农村金融机构文化构建的四个阶段	226
图15-1	人力资源管理的发展历程	231
图15-2	人力资源管理内容框架	232
图15-3	现在和未来的人力资源管理的对比	245
图17-1	商业银行组建的一般程序示意图	258
图17-2	村镇银行准入流程图	262
图17-3	商业银行监管组织体系图	264
图18-1	百信资金互助社"股金额—贷款额"互动机制示意图	279
图18-2	农民资金互助社与农村信用社的资金对接机制	282
图18-3	农户贷款评级授信的评价要素	284
图18-4	依托乡土社会资源的延伸性贷款机制	285

图 18-5　顺义支行存贷款比例示意图 …………………………………… 290
图 18-6　顺义支行股权结构 …………………………………………… 291
图 18-7　农村信用社治理结构示意图 ………………………………… 292
图 18-8　农村商业银行治理结构示意图 ……………………………… 293
图 18-9　北京农村商业银行组织管理结构示意图 …………………… 293
图 18-10　顺义支行员工年龄结构示意图 ……………………………… 294
图 18-11　顺义支行员工学历结构示意图 ……………………………… 294
图 18-12　农牧民信用互助协会"五位一体"信贷模式图 …………… 300

表 录

表号	标题	页码
表1-1	商业银行环境与社会风险类别	10
表2-1	美国1990年底所有商业银行合并资产负债表	19
表3-1	中国农村资本缺口量	26
表3-2	我国农村金融需求状况表	32
表4-1	我国村镇银行概况（2007年3月1日至2007年12月18日）	51
表4-2	我国村镇银行设立发起人概况（截至2007年12月18日）	52
表4-3	山西平遥NGO小额信贷试点方案概要	60
表4-4	贵州江口县NGO小额信贷试点方案概要	61
表4-5	小额信贷组织类型和模式统计（2005）	62
表5-1	个人贷款模式与小组贷款模式比较	68
表5-2	评定农户信用度和贷款限额调查表（一）	78
表5-3	评定农户信用度和贷款限额调查表（二）	78
表6-1	某信用社制定的各级信用企业（商户）评定标准	94
表6-2	某信用社信用企业（商户）的权利和义务	95
表6-3	某信用社企业（商户）信用等级评定调查表	96
表6-4	某信用合作社企业（商户）信用等级评定表	97
表7-1	山西某信用社贵宾客户优惠标准	110
表10-1	农业银行风险战略定量指标一览	140
表10-2	某信用社信用额度标准表	148
表10-3	某农村合作银行信用风险敞口行业组合表	153
表10-4	中国农业银行信用风险敞口地区组合表	154
表10-5	某农村合作银行信用风险敞口业务品种组合表	154
表10-6	某农村合作银行信用风险敞口客户风险缓释方式组合表	155
表10-7	中国农业银行信用风险敞口客户、债项评级组合平均风险调整资本回报率表	155
表10-8	中国农业银行信用风险限额属性表	158
表12-1	资产负债表的详细构成	170
表12-2	利润表的详细构成	175
表12-3	现金流量表的详细构成	179
表15-1	传统人事管理和现代人力资源管理的差异比较表	231
表15-2	我国某银行人力资源管理部门的职责	234
表15-3	某农村金融机构面试评价表	235
表17-1	组建农村金融机构应具备的其他条件	259

专栏目录

专栏1-1	20世纪70年代以来的银行危机	6
专栏1-2	上海浦东发展银行在企业社会责任方面的探索	11
专栏4-1	中国农业银行服务"三农"要超越认识误区	39
专栏4-2	北京农村商业银行的金融创新	42
专栏4-3	吉林梨树百信农民资金互助社的制度设计	56
专栏4-4	农村小额贷款机构的创新形式：宁夏掌政农村资金物流调剂中心	63
专栏5-1	山西龙水头扶贫基金会贷款规程（节选）	70
专栏5-2	孟加拉乡村银行的奇迹和信贷哲学	74
专栏8-1	我国资本充足率管理演进	114
专栏8-2	我国农村信用社改革中的资本充足率	115
专栏8-3	农村信用合作社股权融资结构	118
专栏8-4	北京农村商业银行成功发行全国农村商业银行的首只长期次级债券12亿元	120
专栏8-5	CQ农村信用合作社2008年利润分配案例	122
专栏8-6	中国农业银行风险资本管理组织架构、职责分工	123
专栏9-1	山西某信用联社问题贷款管理方法	133
专栏10-1	山东梁山县联社构建"三不为"机制遏制顶冒名贷款	142
专栏10-2	湖北省远安县农村信用合作社信用村评定办法	146
专栏10-3	山西某信用社客户信用管理办法（试行）	149
专栏10-4	2009年中国农业银行新农村建设地区、客户种类风险敞口限额	158
专栏11-1	中国首个农村信用社省联社贷记卡品牌"丰收卡"推出	164
专栏11-2	信合平安卡 开启多赢路——湖北省荆州市沙市区农村信用合作社联合社拓展"信合平安卡"业务	165
专栏11-3	贵州农村信用社开通农民工银行卡特色服务	167
专栏12-1	雷达图分析法	185
专栏12-2	风险管理指标体系	189
专栏13-1	工商银行内部治理结构	194
专栏13-2	农村信用社内部治理结构存在的主要问题	201
专栏13-3	村镇银行及农村商业银行的内部治理结构	203
专栏14-1	招商银行企业文化演变的不同阶段和构成	207
专栏14-2	汇丰的银行文化	212

专栏 14-3	农业银行文化转型:大变局中的"道"与"术"	216
专栏 14-4	山西某农村信用社的精神文化、形象文化与制度文化	227
专栏 15-1	企业战略与人力资源战略	233
专栏 15-2	安徽省农村信用社联合社员工招聘公告	236
专栏 15-3	平衡计分卡(Balanced Score Card,BSC)介绍	240

第一篇 基础篇

第一章

商业银行基础

第一节 商业银行的性质与职能

银行业是一个古老而又崭新的行业。说它古老，是因为这个行业已经存在并延续了几千年之久；说它崭新，是因为这个行业在全世界都在经历着巨大的变革，银行的产品与服务不断创新，银行如今的面貌与几千年前、几百年前甚至一个世纪之前银行的面貌大相径庭。在当代中国，改革开放的30年中，银行业发生了翻天覆地的变化，进入了一个快速发展的新时代。纵观全球，不论各国资本市场如何发达，银行业始终是金融体系中最重要的组成部分。

早在公元前2000年的古巴比伦寺庙、公元前500年的古希腊神庙、公元前400年的雅典、公元前200年的罗马帝国等，就出现了银钱商和类似银行的商业机构。① 当时的货币兑换者根据信徒朝拜者的需要，把寺庙当做开展银行业务的场所。现代银行在中世纪的世界贸易中心意大利的威尼斯首先产生，银行的职能主要是满足商人们将不同的铸币进行兑换的需要。由于当时的货币兑换者营业时总是坐在长板凳上，而12世纪的意大利语"Banko"即有"长板凳"之意，于是"Banko"就成为银行这个行业的代名词。1171年，威尼斯银行首先以"银行"命名，是现代银行的先驱；1694年，最早的股份制银行英格兰银行成立，被誉为现代商业银行的鼻祖，标志着现代商业银行的建立。

中国的银钱兑换业在春秋战国时代已具雏形。中国是世界上最早使用纸币的国家，北宋时四川首先使用纸币，1057年在汉语文献中首先出现"银行"一词。在宋、元、明、清各朝中，钱庄、银号、票号等金融机构先后兴起，银钱业获得长足发展，现代银行中的存款、贷款与汇兑业务在这个时期都已经出现。中国发展银行业的时期与意大利几乎同步或者略早一些，到清代，钱庄与票号所经营的

---

① 王先玉主编：《现代商业银行管理学基础》（第一章），北京，中国金融出版社，2006。

业务与近代银行业务完全一样。1897年,中国第一家股份制商业银行"中国通商银行"成立,标志着中国近代银行业的开端。

从银行的发展史来看,很显然银行与人类的商业交易活动是密不可分的,它是人类商业交易发展到一定历史阶段的必然产物。从一般的意义上说,银行与普通的工商企业没有什么两样,具有企业的普遍属性,银行首先是一个以利润最大化为目标的经济组织。但是,银行又是一种特殊的企业,它所经营的对象是货币,通过货币资金的营运来获取利润。商业银行还有一个显著的特点,即吸取公众存款,这是它不同于一般的企业和金融机构的特殊之处。从这一点来看,银行比一般的工商企业更具有公众性,它对公众利益的影响更大,对社会安全的影响也更大。

银行是现代经济的核心与枢纽,它是联系居民、家庭、企业、组织和政府的纽带,为它们提供存贷款、结算、代理等全方位的资金服务,使各类微观经济主体的效率与福利得以提升。同时,银行还是中央政府实施货币政策和进行宏观调控的重要中介,中央银行通过对银行利率和准备金率的调节来进行宏观调控。可以说,在任何一个国家,银行都是与经济发展和居民生活关系最密切的组织,如果没有银行,一个国家是很难正常运转的。商业银行在现代经济中的核心地位如图1-1所示。

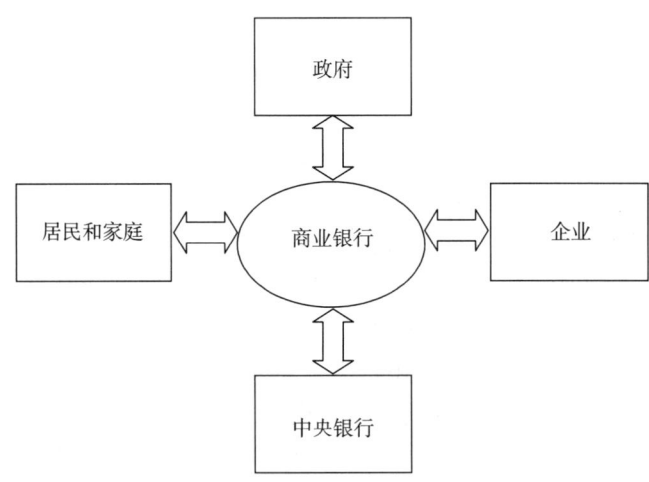

图1-1 商业银行在现代经济中的核心地位示意图

现代商业银行有五大重要职能:第一,信用中介职能。商业银行通过负债业务,把社会上的闲散货币资金集中到银行,再通过资产业务,将其投放到需求资金的客户,充当资金闲置者与资金空缺者之间的中介,这样就可以提高社会上资金使用的效率。第二,支付媒介职能。商业银行通过存款在账户上的转移,为客户办理支付交易业务，在支付双方中间扮演中介人角色。商业银行是社会经济活动中收付双方的出纳中心与支付中心，能够加速社会资金运转，节约交易成本。第三，信用创造职能。商业银行利用吸收来的存款发放贷款，在客户所获得的贷款还没有完全使用的情况下，余额又形成商业银行的存款（派生存款），银行又可以据此发放贷款，从而衍生出更多的存款，如此循环，扩大了货币供应总量，产生了一种"货币乘数效应"。第四，金融服务职能。现代商业银行可以为客户提供全方位的金融服务，包括理财咨询、信托、租赁、现金管理和代理等，而现代信息技术更使商业银行所能提供的金融服务在种类上不断翻新。第五，宏观调控与社会职能。银行是政府进行宏观经济调控的重要工具与途径，同时，由于其公众性以及在社会经济中的特殊地位，银行也可以协助政府达成多种社会目标，实现政府的特定产业政策。商业银行的职能体系如图 1-2 所示。

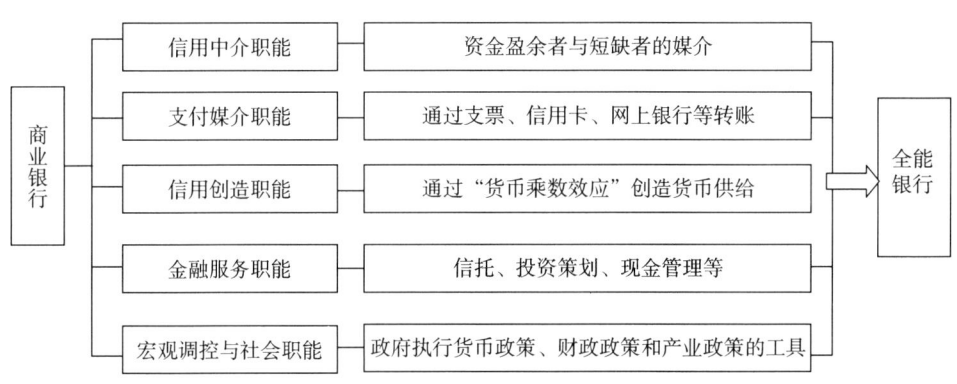

图 1-2　商业银行职能体系示意图

第二节　商业银行的经营目标

商业银行既有企业的普遍属性，也有其特殊性。从企业的普遍属性来看，商业银行的经营目标首先是盈利，即追求利润的最大化。从银行的特殊属性来看，商业银行又必须追求稳健性（安全性）与流动性。因此，商业银行的三个经营目标（或者说经营原则）就是盈利性、稳健性与流动性。商业银行的管理者，要懂得在这三个经营目标之间寻找巧妙的平衡，不能顾此失彼。①

1. 稳健性（安全性）原则

银行业是一个风险高度集中的行业。一个银行的管理者，不能不高度关注银

---

① 熊继洲、楼铭铭：《商业银行经营管理新编》，7~10 页，上海，复旦大学出版社，2004；易纲、吴有昌：《货币银行学》，168~173 页，上海，上海人民出版社，1999。

行的安全性。成熟的、能够高瞻远瞩的银行家都懂得稳健经营的重要性，因为他们知道，银行的稳健性（安全性）是银行盈利性的基础，而银行的稳健性与银行在大众心目中的信誉度紧密相关。银行面临的风险多种多样，这些风险既包括传统上所说的信用风险、利率风险与流动性风险，也包括随着金融自由化和金融全球化而产生的国家风险、转移风险、市场风险、操作风险、法律风险、环境风险和声誉风险。这些风险的存在，使得银行时时面临多重危机的威胁，一些触目惊心的银行亏损或倒闭案件给银行管理者敲响了警钟。

专栏 1-1 20 世纪 70 年代以来的银行危机

20 世纪 70 年代以来，随着金融全球化和金融自由化浪潮的涌起，银行大规模破产和亏损的案例层出不穷。

1974 年，存款额近 30 亿美元的全美第二十大银行——富兰克林国民银行，因巨额的外汇交易损失而宣告破产；

1982 年，存款额近 60 亿美元的意大利最大私人银行——阿姆伯西诺银行，因其在拉丁美洲的一些附属机构发放了 14 亿美元的不良外国贷款而宣告破产；

1984 年，存款额高达 400 亿美元的全美第八大银行——伊利诺伊大陆银行，因发放了大量不良贷款，终于在一家中等规模的银行——宾夕法尼亚广场银行倒闭的牵连下，陷入资不抵债的困境，被联邦存款公司接管。

20 世纪 90 年代以来，银行倒闭和银行亏损更是触目惊心。

1991 年，资产额高达 240 亿美元的大型跨国银行——国际商业信贷银行（BCCI），因亏损严重、有欺诈行为和涉嫌参与犯罪活动，被多国金融监管当局关闭其在当地的业务，继而倒闭；

1995 年 2 月，有着 233 年历史的巴林银行因其新加坡分支机构职员里森经营证券、期货投机失败，亏损 9.27 亿英镑而被荷兰国际集团收购；3 月，法国经济部部长阿凡德里宣布，法国第二大银行里昂信贷银行因连年亏损，濒临破产；9 月，日本大和银行对外宣布，因其纽约分行职员井口俊英长达 11 年的舞弊行为而造成 10 亿美元亏损；

1997 年，亚洲金融危机爆发，倒闭或陷入困境的银行更是难以计数，银行的安全性日益受到监管当局的关注。

资料来源：易纲、吴有昌：《货币银行学》，69～70 页，上海，上海人民出版社，1999。

银行的稳健性经营原则还基于银行在社会经济活动中的特殊地位。银行的资本金十分有限,其营运资金来源于广大群众的存款,因此银行的稳健性经营原则与广大群众的切身利益密切相关。商业银行一旦因为不审慎经营而出现大量不良债权,就会影响存款人的信心,继而激发挤兑风波并产生"多米诺骨牌效应",最终引发银行倒闭与社会经济严重动荡。

为了确保稳健经营,商业银行应该做到以下几点:

(1) 科学安排资产结构。一般认为,商业银行的存贷比(贷款占存款的比重)不应超过70%,以40%~50%为宜;不良资产占比不应超过5%。如果存贷比和不良资产占比过高,表明银行的资产结构不合理,风险系数过大。商业银行应合理安排存款与贷款的比例以及不同期限、不同风险的资产(贷款)的比例,以保证经营的安全性。另外,商业银行还应保有相当比例的有价证券等流动性比较强的资产(如政府债券)以及一定比例的现金资产,一方面优化资产结构,另一方面也可提高银行规避流动性风险的能力。

(2) 努力提高资产质量,严控不良资产规模。在发放每一笔贷款之前,都要对资金需要者作细致的信用调查;在确定发放贷款之后,还要审慎决定贷款的规模、期限与利率水平;在贷款使用过程中,还应对贷款客户进行密切的追踪与监督,及时了解其经营状况。

(3) 对员工与管理层进行金融伦理教育,防范经管者的道德风险。在全球银行危机案例中,有很多银行破产的案件是因为银行经管者的道德风险而发生的。在中国,金融腐败带给银行的损失非常巨大,这些金融腐败案件使银行的安全性受到很大损害。

(4) 建立有效机制预防意外事件的发生。为此,商业银行要保持适当的流动性准备,以应付各种流动性需要,同时设立呆坏账准备金,用于冲销无法收回的不良资产。此外,商业银行还应使自有资本在全部负债中占有适度的比重。

2. 流动性目标

流动性是指资产的变现能力,银行的流动性目标是指银行能够随时满足全部应付款的支付与清偿要求以及多种合理的资产需求的能力,通俗一点说,是既能满足存款人的提款需求,也能满足必要的贷款需求。这就要求银行资产变现速度必须很快,资产变现的成本必须很低,只有这样才能充分实现银行经营的流动性目标。

银行所面对的是数量庞大但不确定的存款人,这些存款人对银行的多种信息高度敏感,一旦资金市场有什么不利的消息,存款人就会一拥而上要求提款;如果银行因缺乏流动性而出现支付困难,那么这种信息只能导致更多的挤兑,而且这种挤兑还会迅速扩展到其他银行,导致连锁反应。

银行经营的安全性目标、盈利性目标与流动性目标是一组矛盾：流动性太高，会使商业银行损失很多盈利机会；而流动性过低，又会使银行的安全性受到威胁，面临信用危机。因此，保证适度的流动性水平，在安全性与盈利性之间找到一个平衡杠杆，是银行家最重要的经营诀窍和经营艺术之一。

3. 盈利性目标

盈利性原则是银行作为一个企业的题中应有之义。盈利性是指银行运用多种资源获取利润的能力。很显然，盈利性不仅是银行经营的最终目的，也是银行赖以生存的基础。银行不是慈善机构，也不是政府机关，它必须实现一定规模的盈利，才能增强自身的信誉与实力，从而增强自己的安全性与流动性。因此，从这个意义上讲，盈利性与安全性和流动性是一个统一体，是相辅相成的关系。

但是，三者之间又是矛盾的。按照一般的金融学原理，资产的安全性、流动性与收益性是相反的关系，资产的安全性和流动性越高，风险越小，盈利性（收益）越低；资产的安全性和流动性越低，风险越大，盈利性越高。比如，银行若持有大量国库券，其安全性和流动性都很高，但其盈利性却较低。更极端地，银行若持有大量现金资产，其流动性最高，但其收益率却为零。一个银行管理者，应该把握好银行三大经营目标之间的对立统一关系，寻找最佳平衡点。

第三节　商业银行的企业社会责任

在上一节中，我们讨论了商业银行的三大经营目标或经营原则，即稳健性（安全性）、流动性与盈利性。这三大经营目标都是从银行自身的发展角度来说的。但是，商业银行的可持续发展，始终离不开一定的社会环境与经济环境。同时，商业银行通过为客户提供服务，对经济、社会和自然环境产生多种非直接的但是非常重要的影响。正是在银行与其周围的社会、经济和自然环境互动的过程中，产生了银行为实现可持续发展而必须履行的企业社会责任。

企业社会责任（Corporate Social Responsibility）是指企业在日常运转和创造利润的过程中，因其与社会、经济和自然环境产生的互动关系而必须承担的多种责任与履行的义务，其中包括对员工的责任、对所在社区的责任、对整个社会安全与繁荣的责任以及对自然生态环境保护的责任等。银行业作为一个与公众利益有着特殊密切关系的行业，其企业社会责任显得特别重要和广泛。银行通过客户而对全社会施加影响，尤其是通过为借款人提供融资安排而渗透到经济中的各个产业。因此，银行是否履行其企业社会责任，直接影响到整个社会经济的发展方向与发展质量。

银行履行企业社会责任，不仅是出于维护公共利益的考虑，更是银行自身可持续发展的内在要求。银行如果能够很好地履行企业社会责任，为员工负责，为社区发展负责，为整个社会经济的可持续发展与自然生态环境负责，那么就能最大限度地获得客户、公众、消费者、政府、民间组织以及投资者的认可，就可以提高在社会上的知名度与美誉度，从而获得更大的发展空间。相反，如果银行不能很好地履行其企业社会责任，例如向破坏生态环境的企业发放贷款，或对有可能损坏历史文化遗产的项目进行融资支持，那么社会公众、消费者、民间团体和政府就会向银行施加压力，以阻止其向这样的企业或项目提供贷款，这些都会对银行本身造成财务和声誉风险，最终使银行受到损失。因此，银行从自身可持续发展的角度来看，也要重视履行企业社会责任，拒绝向那些不能妥善管理环境与社会风险的企业提供融资服务。

在银行的企业社会责任中，自然生态环境保护成为越来越多的公众与政府关注的一部分。根据我国政府提供的数据，我国70%以上的河流和90%的地下水已经被不同程度地污染；研究发现，在我国，由于空气和水被污染而付出的健康代价约占GDP的4.3%，如果加上对非健康方面所造成的影响（估计占GDP的1.5%），我国的空气和水污染的代价约为GDP的5.8%。[①] 我国公众的环境保护意识越来越强，政府也针对环境污染提出了多项对策。《亚洲华尔街日报》（2007年11月1日）报道说："通过政府的环保部门与商务部之间的前所未有的合作，中国将对快速发展的出口行业进行新的污染防治规定。这些规定将影响到成千上万家为跨国企业生产产品的中国供应商。"

环境风险不仅会导致商业银行的信贷风险，还可能导致合规风险。中国人民银行规定，银行必须停止向污染严重和浪费能源的项目提供信贷。中央银行还督促商业银行建立长效机制，以信贷支持节能减排方面的技术创新。根据中央银行的规定，银行应回收其对于被国家列为"淘汰类"企业的项目的现有贷款，对"限制类"企业的项目不再新增贷款。人民银行还要求各地分支行改善全国企业征信系统，将企业环境记录的详细信息纳入系统。"根据政府的绿色信贷政策，国家环保总局已将包括三十多家污染企业的黑名单发送给生态金融机构，目的在于切断污染严重的企业的运营资金来源。在这份同时交给人民银行和银监会的黑名单中，环保总局罗列了一组未通过环境评估或违反环保规定的污染行业，这些企业大多数来自造纸、焦炭、制药、钢铁和酿造行业。"[②] 政府的环保政策和中央银行的绿色信贷政策，使商业银行在贷款的环境风险方面遭遇到更多的挑战。对商业银行而言，环境与社会风险体现在信贷风险、合规风险、责任风险和声誉风险四个方面，如表1-1所示。

---

① 世界可持续发展工商理事会网站，www.wbcsd.org，2007-10-26。
② 《中国日报》2007年7月7日和7月31日报道。

表 1-1 商业银行环境与社会风险类别

风险类别	说明与举例
信贷风险是指由于客户或交易方违约而给银行带来损失的风险。这种风险会引发包括结算风险在内的各种形式的信贷风险敞口。	·环境与社会风险问题会影响客户的现金流,从而使付息和还本面临风险。 举例:环境污染罚金、进行整顿和清理的成本或由于声誉受损而导致销售额下降。 ·环境问题会影响企业资产作为担保物的价值。 举例:自然灾害风险或生产场地污染所形成的风险对不动产的价值有负面影响。
合规风险是指由于不遵守法律规定、会计标准、当地或国际最佳操作实践,或银行内部标准而引发的风险,会导致规制性罚款或惩罚、被限制或停止经营活动,或要求执行强制性纠正措施。	·银行必须遵守政府部门或银行监管机构的要求。在向有争议的交易方或国外项目提供融资服务时,银行还应遵守国际最佳实践。 举例:中国人民银行要求银行停止向造成严重污染的项目提供信贷。商业银行必须建立机制和方法,区分"鼓励类"企业和"限制类"、"淘汰类"企业。
责任风险是指由于银行或代表银行的其他人未能完成法律所要求或合约所规定的义务、责任或职责而引起的风险。这种风险可能给银行带来诉讼风险。	·由于交易而成为银行的物业资产,例如不良贷款中用做担保的房地产,可能本身就面临环境责任。 举例:生产型企业用被污染的房产作为贷款担保,而银行因借款人违约而占有了这些资产。 ·由于向客户提供错误建议而造成严重的环境与社会后果,银行需要对此负责。 举例:在并购交易中,没有正确处理环境风险。
声誉风险是指由于无法识别、管理或控制包括业务风险在内的各种风险类别而形成的风险。这种风险可能导致财务和声誉的双重损失。声誉风险无法直接量化,不能脱离其他风险而独立管理控制。	·银行客户可能被牵扯到在生态或伦理道德方面存在争议的活动中。 举例:客户所拥有的企业的生产活动污染了河流。 ·银行可能由于环境风险管理薄弱而被指责。 举例:银行由于没有认真执行中央银行和银监会有关环境和社会风险的规定而被追究责任。

专栏 1-2　上海浦东发展银行在企业社会责任方面的探索

作为国内第一家发布社会责任报告的商业银行,近年来,浦发银行一直积极致力于在社会责任方面的探索。在经济关系上,浦发银行热心公益和帮助弱势群体;在环境关系上,我们结合国家政策的导向,在诸多领域开展了积极有益的实践。

节约资源和保护环境是我国的一项基本国策。十七大报告首次提出"建设生态文明,基本形成节约能源资源和保护生态环境的产业结构、增长方式、消费模式"的奋斗目标,说明节约资源和保护环境在当前中国转变经济发展方式、全面建设小康社会中的极端迫切性和重要性。作为微观经营主体,浦发银行在节能环保方面的做法主要体现在两个方面。

一方面,浦发银行本身追求做一个环保型企业,在全行推行"绿色行动",争做"绿色银行"。我们认为,节约资源、杜绝浪费、维护生态,作为一种优良的社会观念,作为一种个人美德,作为企业的社会责任,应该大力提倡。基于这样的理念,浦发银行在全行推动"绿色行动",明确提出环保节能的工作要求。从大处着眼、从小处入手,落实我们的环保承诺。比如,网点装修选用环保材料,公务员印刷选用再生纸,公文流转推行视频系统,服务渠道推行"把银行建在网上",等等。其中一个很典型的例子是,浦发银行从 2000 年开始推行视频会议系统,在国内银行同类系统中做到了几个之最:地域覆盖最广、利用效率最高、实际功能最丰富。视频系统的运用,不仅帮助我们提高了工作效率,更有效地降低了社会成本,减少了会议差旅费等社会资源的占用。再如,仅公文无纸化流转一项,每年可节约纸张约 200 吨。

另一方面,通过信贷杠杆,引导各行各业的生产经营行业。在节能环保问题上,银行本身的身体力行固然重要,但更为重要的是,银行还必须发挥政策传导和信贷调控的重要作用。从目前来看,在中国金融结构中,银行的直接融资仍然占据着牢固的主体地位,因此银行在贯彻国家调控政策、促进经济结构调整方面具有不可替代的重要作用。从浦发银行的实践来看,其在落实"绿色信贷"要求方面,着力抓了三个重点。

一是加强信贷投向管理,明确支持什么、反对什么。浦发银行在《2006年授信投向指引》中明确提出,对新能源和环保行业提供重点授信支持,对环境污染严重的企业,不得与其建立授信关系,确保将有限的金融资源投放于环保企业,致力于建设可持续发展的节约型社会。近年来,浦发银行加大了对国家确定的十大节能重点工程、水污染治理工程、资源综合利用项目、节能减排技术产业化示范及推广等项目的信贷支持力度,构建支持"绿色信贷"的"绿色通道",提高审批效率。重点支持了南水北调工程、上海苏州河治理、重庆市水环境、无锡尚德、太湖综合治理项目等环保项目。2007年还对我国首个大型海上风电工程——上海东海大桥海上风力发电项目给予了20多亿元的授信支持。同时,对有可能以牺牲环境为代价的项目坚决予以否决。2007年浦发银行先后否决了包括新疆某重化工公司申请的3亿元贷款项目、陕西省某投资集团申请的2.45亿元集团授信项目等,主要是因为项目以电石为主要原料,高耗能,高污染,企业现有的环保治理措施存在一定缺陷。

二是积极开展国际合作,引入分担机制,寻求金融创新。在发挥自有金融优势资源的同时,浦发银行还积极开展国际合作,引入外国政府转贷款和风险分担等各种融资模式,创新支持环保建设的途径,争取更多资源、更多渠道,以更专业化的服务参与到"绿色银行"的建设中。例如,浦发银行与世界银行下属国际金融公司(IFC)洽谈开展专用于提高中小企业能效的项目合作,首期合作规模10亿元,我行负责提供贷款资金,IFC负责提供一定比例的风险分担,并为借款人提供能效项目技术援助。同时,浦发银行还和法国开发署(AFD)合作,向国内"能源持续与高效利用"项目转贷总额2000万欧元的长期环保贷款,单个环保项目的融资规模400万欧元以下,AFD将对实际节能效果进行评估。

三是构建绿色长效机制,推进制度建设,加强过程管理。浦发银行认为,较之于国际上模式先进、成熟的绿色信贷银行,浦发银行的绿色之路才刚刚起步,更需要从长计议,尤其要加强"绿色信贷"的全过程管理,形成贷前、贷中、贷后的传导和控制链条。首先,要加强信贷政策的前瞻性研究,在关注节能减排政策对部分企业构成的风险因素的同时,也应当高度重视节能减排政策推动环保产业发展,从而为信贷业务提供市场机会。其次,在授信营销和管理中,加强与环保部门的信息沟通,充分利用人民银行企业和个人征信系统中的环保信息,将其作为贷款"三查"管理的重要内容,同时考虑在信贷政策、程序、标准、方法、理念上引入国际银行业成熟的整套体系,建立可操作信贷细则,深化推进环保审查。最后,持续监控,加强行业风险的预警。随着国家对"两高"行业调控的深入和各家银行特别是国有银行信贷结构的调整,相关行业及其上下游企业的潜在风险将会陆续暴露。为此,浦发银行将采取必要的淘汰压缩措施,要求分行每年保持一定比例的污染行业淘汰比例,防范企业和建设项目因环保条件发生变化带来信贷风险。

资料来源:上海浦东发展银行副行长刘信义在"银行社会责任和环境风险管理国际研讨会"上的讲话(2007)。

第四节 我国商业银行类型

我国的商业银行包括全国性商业银行、区域性商业银行、城市商业银行和农村商业银行四类。

一、全国性商业银行

目前我国共有16家全国性商业银行,除了四大国有商业银行外,还有交通银行、招商银行、中国民生银行、中信银行、上海浦东发展银行、兴业银行、中国光大银行、华夏银行、深圳发展银行、广东发展银行,以及2005年12月成立的渤海银行和2006年底成立的中国邮政储蓄银行。

四家国有商业银行是在1979年以后陆续恢复和分设的。原来的分工是:中国农业银行以开办农村信贷业务为主,中国工商银行主要承担城市工商信贷业务,中国建设银行主要承担中长期投资信贷业务,中国银行主要经营外汇业务。随着金融体制改革的不断深化,几家银行的传统分工被打破,转变成为国有商业银行。

目前,四大国有商业银行的股份制改造工作正在进行。2005年10月27日,中国建设银行在香港联合交易所正式挂牌上市。2006年6月1日,中国银行在香港联合交易所上市,同年7月5日,中国银行A股在上海证券交易所挂牌上市。

除了四大国有商业银行外,其他12家商业银行都是股份制银行。这12家银行在当初建立时分为全国性商业银行和区域性商业银行,但是随着业务的发展,区域性商业银行的业务范围已超出原来指定的业务范围,经营性分支机构已向全国发展。

二、区域性商业银行

区域性商业银行是立足本地、为本区域经济发展服务的商业银行,一般为覆盖一市或一省。1987年,为筹集国内外资金、支持区域内商品经济发展和沿海经济发展战略的实施,人民银行批准在深圳特区6家信用社基础上增资扩股组建区域性股份制商业银行——深圳发展银行;次年,以原福建省福兴财务公司为基础公开招股设立的福建兴业银行及广东发展银行相继开业。1992年,为配合浦东的开发开放、振兴上海、发展长江流域经济,上海浦东发展银行应运而生。在20世纪初期,一些区域性银行陆续成立,如浙商银行和台州市商业银行等。

区域性商业银行的成立有两种方式:一是在原有金融机构基础上建立,如深圳发展银行和兴业银行；另一种是新设，如广东发展银行和上海浦东发展银行。

区域性商业银行的发展趋势是向全国性商业银行发展，目前，深圳发展银行、兴业银行、广东发展银行和上海浦东发展银行都已经发展成为全国性商业银行。

三、城市商业银行

城市商业银行是我国金融监管机构在对原城市信用社进行清产核资的基础上，通过吸收地方财政、企业入股组建而成的。我国原有约 5000 家城市信用社，有相当多的城市信用社已经失去合作性质，实际上已经办成小的商业银行。由于规模太小、数量太多以及管理水平较低，金融监管机构对城市信用社的监管成本很高，且监管难以到位，导致由城市信用社引发的信用风险频频发生。为规避风险、形成规模，1995 年国务院决定，在城市信用社基础上组建城市合作银行和城市商业银行，从而为发展地方经济服务，为中小企业发展服务。

截至 2005 年底，我国共有城市商业银行 112 家，资产总额突破 2 万亿元大关，当年账面利润达到 120 亿元，所有者权益合计超过 800 亿元，有 9 家城市商业银行引进境外战略投资者，北京银行已于 2007 年公开上市发行 A 股股票。

四、农村商业银行

农村商业银行是由农村信用社改造而成的。2001 年底，国务院选择常熟、张家港、江阴三市的农村信用社作为发达地区农村信用社的代表进行股份制改造，成立了三家农村商业银行。三家农村商业银行的组建框架都基本按照股份有限公司模式，它们都进行了严格的清产核资，在股本认购的基础上设立权责明确的股东大会、董事会和监事会。三家农村商业银行都按照现代商业银行的规范模式，建立授权授信制度，落实基层支行的经营责任制；完善内部控制，加强风险防范意识，增加风险管理能力；实行用人用工制度改革和分配制度改革。2005 年北京农村商业银行成立，成为全国最大的农村商业银行。

根据 2003 年 9 月银监会颁布的《农村商业银行管理暂行规定》，农村商业银行是由辖内农民、农村工商户、企业法人和其他经济组织共同发起成立的股份制地方性金融机构；主要任务是为当地农民、农业和农村经济发展提供金融服务，促进城乡经济协调发展；农村商业银行主要以农村信用社和农村信用社县（市）联社为基础组建。

2006 年 12 月，银监会出台了一系列开放农村金融市场、降低农村金融机构市场准入标准的政策措施，批准成立村镇银行。截至 2007 年底，已在湖北、青海、内蒙古等地成立了18家村镇银行。村镇银行将是我国未来农村商业银行的重要组成部分。

农村商业银行的市场定位不是和国有商业银行、全国性股份制商业银行争业务、抢客户，而是要充分发挥其地方性银行的地域优势、网点优势和决策优势，在细分市场的基础上为服务"三农"和支持当地的经济发展提供全方位的金融服务。坚持立足农村市场是农村商业银行的立行之本。

应该说，改革开放30年当中，我国初步建立了比较完善的商业银行体系见图1-3，商业银行之间的竞争更加充分，商业银行的产权结构逐步多元化。在这个商业银行体系中，既有像中国工商银行、中国农业银行、中国银行、中国建设银行、中国邮政储蓄银行这样的银行，也有正在崛起的、机制灵活的区域性股份制银行，更有由城市商业银行和农村信用社改制而来的城乡社区性中小银行。随着我国银行业市场的不断改革与开放，我国银行业的产权结构与市场竞争结构将越来越趋于完善。

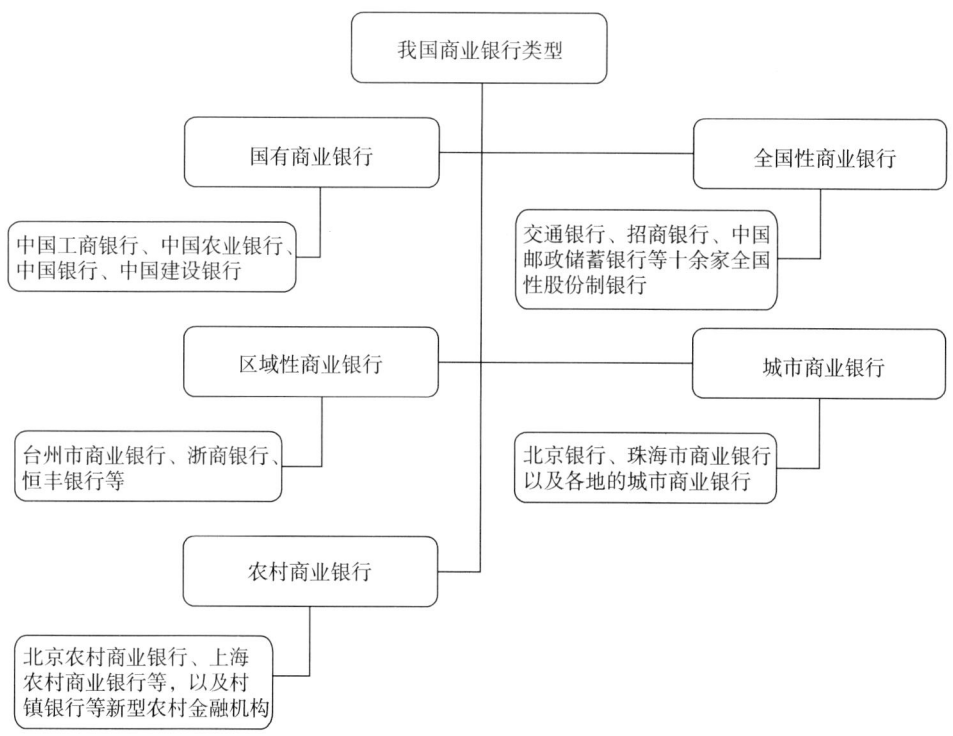

图1-3 我国的商业银行类型

第五节　商业银行的未来发展趋势

20世纪80年代以来,全球商业银行在业务结构和经营模式等方面发生了巨大的变化,其未来发展趋势主要体现在以下四个方面:[①]

第一,商业银行在规模方面出现集中化、大型化趋势,银行并购案例层出不穷。以美国为例,1994年8月,美国废除了限制商业银行跨州设立分支行的《麦克法登法案》。1995年5月,美国又解除了不许商业银行经营证券业的限制,以此为契机,美国出现了空前的银行并购浪潮。1995年8月28日,美国第四大银行——化学银行宣布同全美第六大银行——大通曼哈顿银行合并,合并后拥有2970亿美元资产,超过花旗银行,居全美第一。同年11月6日,排名第29位的第一商业银行宣布以103亿美元收购美国第十四大银行——第一州际银行,从而创下美国银行业并购所涉资金的最高纪录。1998年4月6日,花旗银行与旅行者公司这两家巨型金融集团合并,成立新的花旗集团。一周后,美国第一银行宣布与第一芝加哥银行合并,美洲银行宣布与美国国民银行合并,这些巨型银行的合并标志着银行集中化的浪潮正在到来。在日本,20世纪80年代以来,银行合并也是屡见不鲜:第一银行与劝业银行合并为第一劝业银行;协和银行与琦玉银行合并为旭日银行;三井银行和太阳神户银行合并为樱花银行;日本三菱银行与东京银行(1995年两家银行的原有资产在日本的排名分别为第3位和第10位)合并为东京三菱银行,一跃成为世界第一大银行。

但是需要注意的是,银行集中化的趋势使得巨型银行所占有的市场份额越来越大,但是这并不意味着这些国家的中小银行变得越来越不重要。不论大银行如何集中化,中小银行仍然具有较强的活力,在数量上仍然占绝对优势。从全球来说,大银行的集中化与中小银行蓬勃发展这两种趋势是并行不悖的。

第二,银行的全能化趋势日趋明显。随着金融自由化的发展,银行已经通过多种途径渗透到证券、保险和理财等多个行业,成为全能银行。20世纪30年代以来形成的分业经营格局,已经逐步被混业经营所取代,从而使银行业、证券业和保险业之间的界限越来越模糊。1986年,英国最早重新允许商业银行进入投资银行领域。加拿大于1987年取消了银行与证券业务分离制度,1991年通过了银行、信托和保险公司实现业务交叉的方案。日本在20世纪80年代也开始出现银行业与证券业混业经营的情形。1993年4月,日本《金融制度改革法》实施后,银行业与证券业的混业经营遂成定局,银行间的专业壁垒也被打破。1995年,美国废止了大萧条时期制定的禁止商业银行和投资银行合并的《格拉斯—

---

① 易纲、吴有昌:《货币银行学》,140~147页,上海,上海人民出版社,1999。

斯蒂格尔法》，1999年，通过《金融服务现代化法》，正式确定银行业与证券业交叉经营格局的合法性。现在，全能型的银行正在全球兴起，商业银行正在广泛地参与到证券、保险、理财、投资咨询、信托以及多种中间业务和表外业务中，成为无所不能的"金融超级市场"。

第三，随着计算机技术的突飞猛进，商业银行业务的电子化趋势日益明显，这大大拓展了商业银行的业务空间，也加快了商业银行的金融创新步伐。计算机技术使银行得以开发出新的自动化服务，如现款支付机、自动柜员机和售货点终端机等。现在，自动柜员机遍布银行营业厅内外以及大型商场与购物中心、医院、机场和车站等资金交易频繁的地方，其功能包括取款、存款、查询和转账等。在超级市场，售货点终端机使消费者可以不用现金，只用银行卡就可以实现购物款项从消费者账户向商场账户的转移。

计算机技术也促进了银行信用卡与储蓄卡等新型支付工具和信用产品的创新。现在，信用卡已经在居民日常支付和资金交易中占据重要地位，最早由美洲银行开办的美洲银行卡（现更名为Visa卡，由维萨公司发行）和由银行同业协会发行的万事达卡已经成为全球性的信用卡。

计算机新技术也引发了银行内部业务处理和银行资金转账系统的革命，大量的银行业务，如记账、运算、审核、传递、清算和交割等都通过计算机进行。电子资金转账系统方便了银行与客户之间、银行与银行之间以及与其他金融机构之间的资金划拨。目前已经形成了一些全球通用的电子资金转账系统，如美国的"银行同业收付系统"（CHIPS）、英国"票据交换所自动收付系统"（CHAPS），以及由全球50多个国家和1000多家银行组成的国际性银行资金清算系统——全球银行间金融电讯协会（SWIFT）。

银行电子化还体现为网上银行的迅速发展。随着互联网的逐步完善，网上银行在居民网上购物方面起到了越来越大的作用，人们只需在网上输入自己的信用卡号码与密码，就可以迅速完成网上交易与支付。网上银行极大地提高了资金流动的效率。

第四，银行业的全球化趋势日趋明显，银行的业务逐渐在全球范围内展开，银行业的全球竞争逐渐加剧。银行的全球化与国际贸易的迅速发展密不可分，也与跨国公司的全球业务拓展有密切联系；同时，吸引更多的海外资金以壮大银行实力也是银行全球化的巨大动机之一。

自2001年中国加入世界贸易组织以来，中国的金融市场加快了对外开放的进程。对银行来说，这种全球化趋势更加明显。

从1981年引进第一家外资银行算起，中国银行业对外开放已有近30年，外资银行目前已成为中国银行业的重要组成部分。

外资金融机构在我国的设立方式有两种：一种是外资机构在华设立营业性机

构，这些机构一般设在经济特区等经国务院确定的城市；另一种是外资机构在华设立代表处，主要进行工作洽谈、联络、咨询和服务，不得从事任何直接盈利性业务活动。截至 2005 年 6 月末，在华外资银行共有 225 家营业性机构和 240 家代表处，本外币资产总额为 796 亿美元。

外资金融机构除了可以通过这两种方式进入中国市场外，还可以入股中资金融机构。根据 2003 年 12 月 8 日中国银监会发布的《境外金融机构投资入股中资金融机构管理办法》，单个境外金融机构向中资金融机构投资入股比例不得超过 20%，多个境外金融机构对非上市中资金融机构投资入股比例合计一般不超过 25%。截至 2005 年底，共有 19 家境外金融机构入股了 16 家中资银行，投资总额为 165 亿美元。

第二章

认识资产负债表

资产负债表是综合反映商业银行在会计期末（年末、季末或月末）全部资产、负债和所有者权益的财务报表。我们要了解一个商业银行的基本业务、财务状况和经营绩效，最方便的途径就是考察其资产负债表。

第一节 商业银行资产负债表的基本构成

商业银行与其他公司一样都是企业，其区别仅在于商业银行经营的是金融产品。因此，商业银行的资产负债表的结构同样是根据"资产＝负债＋所有者权益（银行资本）"这一会计等式，按照一定标准分类而编制的。资产负债表的左边代表商业银行持有的各项资产（即资金运用）；右边代表商业银行的负债（即资金来源），它又可以分为银行负债与银行资本两大类。根据上面所写的会计恒等式，资产负债表的左右两边应始终是相等的。但是值得我们注意的是，这个等式实际上是一个事后的会计恒等式，即银行资本始终为资产总额减去负债总额后的差额。一旦银行的负债超过资产，即银行资本为负值，也就意味着银行面临破产。

商业银行所做的工作，就是在拥有一定量资本的前提下，通过负债来获得资金，然后用这些资金去购买资产；通过从资产上获得的收益，来弥补发行各种负债的费用支出，并获得一定的剩余（即利润）。

一般而言，资产项目按流动性高低顺序排列，负债项目按偿还期限由近及远的顺序排列，所有者权益项目按投资者拥有的永久性程度由长到短的顺序排列。表2–1是美国1990年底所有商业银行合并资产负债表。

表2–1　　　　美国1990年底所有商业银行合并资产负债表

资产（资金运用）	占总额的百分比(%)	负债（资金来源）	占总额的百分比(%)
准备金	2	支票存款	18
收款过程中的现金	3	非交易存款	
在其他银行的存款	2	储蓄存款	17

续表

资产（资金运用）	占总额的百分比（%）	负债（资金来源）	占总额的百分比（%）
证券		小额定期存款（<10万美元）	19
美国政府及其所属机构所发行证券	13	大额定期存款	15
州和地方政府所发行证券及其他证券	6	借款	24
贷款		银行资本	7
工商业贷款	19		
不动产贷款	24		
消费者贷款	11		
银行间贷款	6		
其他贷款	7		
其他资产（如实物资产）	7		
总额	100	总额	100

资料来源：Mishkin，1992，p.199。

第二节 商业银行的资产

商业银行的资产一般包括下面几大项：

1. 准备金

准备金是商业银行为应付日常的提款要求而保留的流动性最高的资产。准备金由银行的库存现金（即银行保留在自己保险柜中的资金）和商业银行在中央银行的存款两部分组成，其中后者占主要部分。对于商业银行来说，准备金是收益最低的资产，因为多数国家（如美国）的中央银行都不为商业银行在中央银行的存款支付利息（中国除外）；至于银行的库存现金，更不会有利息收入。但是，准备金是商业银行维持正常经营所必需的。假如银行不持有准备金，而把所有的资金都贷放出去，那么当大量存款人要求提款时，银行就会遭遇流动性危机。因此，各国中央银行都会让银行保持一个最低的准备金率（准备金与存款的比率），这就是法定存款准备金率。中央银行通过变动法定存款准备金率，来对银行的资金进行调节并对经济运行进行宏观调控。中央银行认为应该紧缩经济和紧缩银根时，就会提高法定存款准备金率；反之，则降低法定存款准备金率。

2. 应收现金项目

如果从另一家银行的账户开出的支票存入本银行，但这支票的资金尚未收到，这支票便被归入应收现金项目。这笔资金是本银行的资产，因为它具有对另一家银行的资金要求权,而且本银行几天内就会得到这笔款。

3. 银行同业存款

许多小银行将其资金存放在大银行中,以换取包括支票清算、外汇交易以及证券购买等多种服务。这是被称为银行代理或往来制度的一项内容。

准备金、应收现金项目和银行同业存款通常被合称为"现金项目"。我们从表2-1中可以看出,现金项目只占美国银行资产总额的7%。近年来,这一项目的重要性一直在下降。

4. 证券

证券投资是银行重要的收入来源。商业银行证券投资的对象主要是债券,包括中央政府债券、政府机构债券、地方政府债券、公司债券和金融债券等。中央政府债券以及政府机构债券的流动性很强,可随时出售,因此,可以将其作为银行的二级储备,从而加强银行资金的流动性。持有证券还可以获得投资收益,而且通过多样化的证券组合,商业银行还可以有效地分散风险。

5. 贷款

贷款是商业银行最主要的收入来源。在美国,贷款收入占商业银行全部收入的60%左右。贷款是得到贷款的公司或个人的负债,然而却是银行的资产,因为贷款为银行提供了收入。

在中国,贷款可以从多个角度分类。按照用途,可以分为流动资金贷款和固定资金贷款;按照期限,可以分为1年以内的短期贷款、1~5年的中期贷款以及5年以上的长期贷款;按照保障方式,可分为信用贷款、担保贷款(含保证贷款、抵押贷款和质押贷款)和票据贴现款;按照风险程度,可以分为正常贷款、关注贷款、次级贷款、可疑贷款、损失贷款五类(后三类即所谓"不良贷款")。

表2-1使用了美国较为流行的贷款分类方法,即把贷款分为工商业贷款、不动产贷款、消费者贷款以及银行间贷款等。

6. 其他资产

其他资产包括商业银行拥有的实物资产(如建筑、设备)等。

第三节 商业银行的负债

负债代表商业银行的资金来源,因此是商业银行开展资产业务的基础与前提。同时,商业银行负债的规模与结构决定其资产的规模与结构。一个商业银行的负债规模越大,其资金实力越强,资金运用规模越大。

商业银行负债的构成可以从不同角度考察。从负债的内容来看,可分为各项存款、各项借款及其他负债。按流动性标准来分类,则可分为流动负债、应付债券和其他长期负债等。

一、按负债的内容分类

1. 各项存款

按存款资金性质可分为财政性存款和一般性存款。财政性存款是指各级财政的预算资金或应上交财政的各项资金以及财政安排的专项资金。一般性存款是指居民或企事业单位等存入银行的各种资金。

按存款期限长短分为活期存款和定期存款。活期存款是指可以随时存取的存款;定期存款是存入时明确期限,到期使用或续存的多种存款。

美国商业银行一般把存款分为三类:活期存款(Demand Deposits)、定期存款(Time Deposits)和储蓄存款(Savings Deposits)。在美国,活期存款是不付息的,商业银行主要通过提供免费服务来吸引存款者。定期存款在美国包括小额定期存款(10万美元以下)和大额定期存款(CDs)(10万美元及以上)。小额定期存款有固定期限,其流动性较低,利率比储蓄存款的高。大额定期存款可以像债券一样在二级市场上流通,所以是一种流动性很高的金融工具,其期限通常为一年或更短,由于金额较大,所以它主要为机构投资者所购买。储蓄存款账户上的资金可以随时存取,存入、提取和利息支付信息要么记载在储户的存折上,要么记载在银行提供的月度报告上。定期存款和储蓄存款都是非交易存款,非交易存款(不可开支票)的利息比可开立支票的活期存款高,但不可直接充当交易媒介。

2. 各项借款

商业银行的各项借款主要包括同业借款和向中央银行借款等。借款主要是为了弥补暂时性的准备金不足或获取额外的利润。商业银行从中央银行获得的贷款称为贴现贷款。商业银行及其他金融机构之间的资金借贷被称为同业拆借。在美国,同业拆借市场被称为联邦资金市场,它是一个庞大的市场,其特点是资金可以立即划转,而且大多是按天(隔夜)拆借的。联邦资金市场上同业拆借规模庞大,交易频繁。在联邦资金市场上形成的利率被称为联邦资金利率,它是一个重要的货币政策中介目标,是美国的基准利率之一。

3. 其他负债

商业银行的负债除上述各项存款和各种借款以外,还有其发行的金融债券、结算占用的他人资金等。商业银行为了筹集长期资金,可以发行金融债券。发行金融债券时,银行对发行的数量、期限、利率、方式等有较大主动权,所筹资金的稳定性较高,而且债券可以在二级市场流通转让,流动性较好。结算占用他人资金是指商业银行在办理结算过程中由于他人替其垫款而占用他人的资金,这也是商业银行获取资金的渠道之一。

二、按负债的流动性分类

可分为流动负债、应付债券、其他长期负债等。①

1. 流动负债是指商业银行将在 1 年以内偿还的债务,主要包括活期存款、1 年以内定期存款、向中央银行借款、票据融资、同业存款、同业拆入和应付利息等。

2. 商业银行发行债券时应当按照实际发行的价格总额,作负债处理,记入应付债券。若商业银行发行可转换债券,那么可转换债券在发行以及转换为股份之前,应按一般应付债券处理。

3. 商业银行的其他长期负债,主要包括长期存款、长期借款和长期应付款等。

第四节 商业银行的资本

资本是商业银行的自有资金,它代表着对银行的所有权。从会计的角度看,资本可以定义为总资产与总负债的账面价值之差。这个余额为负值,表示银行所有者的净财富为负,银行资不抵债,只能宣告破产。由于商业银行破产直接威胁公众利益,因此各国银行法都会对商业银行规定一个最低资本要求,《巴塞尔资本协议》要求资本充足率不得低于8%。

银行资本主要包括以下部分②:

1. 股本——普通股和优先股

普通股是银行股本的基本形式,它是一种产权证明。这种权利主要体现在三个方面:一是对银行拥有经营决策权;二是对银行的利润和资产有分享权;三是在银行增发普通股股票时,享有新股认购权。优先股是指优先取得红利分配的股票,优先股股东按固定利率取得股息,在银行清算的剩余资产的分配权方面优于普通股股东,但是不具备银行的经营管理权和投票权。

2. 盈余——资本盈余、留存盈余、未分配利润

资本盈余是指发行在外的普通股价值与账面价值之间的差额,即一般所称的股票溢价部分。资本盈余还包括资本增值与接受捐赠的资产。

留存盈余是指商业银行按一定比例从当年的营业利润中提取出来的资金。通常情况下,银行盈利性越高,留存盈余就越大;股息率越高、所得税税率越高,留存盈余越少。留存盈余具有调节资本金和影响股息政策的作用,它影响着银行

---

① 彭建刚:《商业银行管理学》,39 页,北京,中国金融出版社,2004。
② 邢天才、高顺芝编著:《商业银行经营管理》,46~47 页,大连,东北财经大学出版社,2004。

对内对外投资的规划。

未分配利润是指银行税后利润中未分配给股东的部分。未分配利润是商业银行增加资本的重要渠道，对于那些难以进入股票市场进行外部融资的中小银行来说尤其如此。

3. 债务资本

债务资本是指商业银行通过发行资本票据、资本债券与次级债券等方式筹集的资金。

资本票据是指那些期限较短、有大小不同额度的银行证券。该票据的期限一般为 5~7 年，可以在市场上出售，也可以向银行的客户出售。

资本债券与次级债券则是期限较长、发行额度较大的债务证券。

债务资本对银行收益与资产的请求权先于普通股与优先股，但在银行存款人之后。由于这些债务事先被约定为商业银行所有债务的次级债务，因此属于附属资本。这些附属债务之所以被当做资本，是因为它们可以行使资本的部分职能，它们的期限较长，融资量较为稳定。

4. 补偿性准备金

补偿性准备金是指银行为应付资产损失而从收益中提留出来的准备金。这部分准备金被明确指定用来抵补未来可能出现的资产损失，有一定的资本特征，起到资本保护的作用。因此，这些准备金可作为商业银行资本金。补偿性准备金包括资本准备金、贷款和证券损失准备金。资本准备金用于应付优先股的赎回和股份损失等股票资本的减少；贷款、证券损失准备金则用于应付贷款呆账损失和证券贬值所造成的损失。

第三章

我国的农村金融市场

第一节 我国农村金融市场存在的问题

我国目前的经济体系是一个典型的二元经济体系，城市和乡村在经济发展中呈现出较大的差距。改革开放30年以来，城市和乡村在人均收入、经济发展水平和消费水平等方面的差距不仅没有缩小，反而有所扩大。其中的原因有很多。在城乡二元结构中，城市产业发展、城市居民福利、城市投资及财政支持受到足够的重视，但是乡村产业发展、乡村居民福利、乡村投资与财政支持在一定程度上被忽视。在工业化和现代化进程中，农业部门不仅为国有经济体系提供了大量的农业剩余，而且为整个经济发展提供了大量低成本的劳动力和其他资源，农民为我国的经济改革和经济增长作出了历史性贡献，但是农民的公民权利在很多方面并没有得到切实的保障。

在农民所应该享有的诸多权利中，获得信贷权是一项基本的权利。在现代市场经济社会中，金融市场应该为居民提供足够的信贷与其他金融服务，如果没有这些信贷和金融服务，居民的日常生活与生产活动就会受到严重的影响。在农村，金融市场的发展非常滞后，导致农户和农村中小企业的生产活动与消费活动受到很大的限制。农户需要多种类型的小额贷款和小额保险服务，农村中小企业需要较大规模的信贷支持，农村居民在日常生活中也需要各种汇兑服务和其他金融服务，但是所有这些金融需求，在一个高度不发达的农村金融市场中，是很难全部得到满足的。

我国农村金融市场所存在的问题主要有以下几方面：

第一，由于我国农村金融体系的原因，农村资金净流出的现象比较严重。从经验数据来看，中国农业银行、农村信用社、农村邮政储蓄以及其他金融机构都不同程度地从农村地区吸走大量资金，但并没有以同样的比例为农村地区提供贷款。每年通过金融渠道由农村到城市的资金净流出规模很大。据估算，1979—

2000年通过农村信用社、邮政储蓄机构的资金净流出量为10334亿元,其中70%以上来自农村基层。[①] 农村资金的净流出导致农村面临巨大的资金缺口,农村经济发展受到资本缺乏的限制。表3-1显示了1993—2002年中国农村资本缺口量。

表3-1　　　　　　　　　中国农村资本缺口量

单位：亿元

年份	农村资本融量理论值	农村资本融量实际值	农村资本缺口量
1993	7660.8	7101.5	559.3
1994	10288.0	7830.2	2457.8
1995	13221.6	7254.0	5967.6
1996	16553.5	11454.2	5099.3
1997	19290.4	12552.5	6737.9
1998	21960.9	14473.3	7487.6
1999	23624.3	16098.2	7544.1
2000	25352.0	16731.9	8509.8
2001	25677.8	18964.3	6713.5
2002	26524.3	21592.5	4931.8

资料来源：许晓东等：《二元经济结构下我国新型农村资本支持体系研究》,载《金融经济》,2004(8)。

第二,农村资金净流出和农村巨额资金缺口带来的直接后果是农户和农村中小企业在融资方面存在巨大困难。农户和农村中小企业融资难当然有其客观原因：其一,农户和农村中小企业在申请贷款时难以提供必要的抵押担保,导致农村金融机构很难对其发放贷款；其二,农户和农村中小企业所从事的农村种植业和养殖业等传统产业的生产风险较大,收益极不确定,导致农村金融机构贷款风险较大。但是,在这些客观原因背后,也有一些体制方面的因素。农村地区金融机构密度太低,资金大量"体制性外流",农村地区难以形成一个多元竞争的金融市场,这是农户和农村中小企业陷入贷款困境的主要原因。

第三,在农村地区,国有大型金融机构纷纷撤出,现存的农村金融机构效率普遍低下,整个农村的正规金融体系难以满足农村地区的融资需求。20世纪90年代末以来,国有银行纷纷从农村基层地区撤走,就连传统上以农村业务为主的

[①] 王曙光等：《农村金融与新农村建设》,58~63页,北京,华夏出版社,2006。

中国农业银行也开始撤并基层网点，县以下中国农业银行分支机构大部分被撤销。农村信用社作为我国农村正规金融体系的重要组成部分，在大多数地区处于效率低下、运营困难的状态。很多农村信用社历史包袱沉重，资产质量差，难以为农户和农村中小企业提供有效的金融服务。在一些偏远的农村地区，连农村信用社都没有，很多农民需要跑几十里路到县城或别的乡镇去存钱。农村正规金融体系中还包括邮政储蓄机构，但是在2006年底中国邮政储蓄银行成立之前，邮政储蓄机构基本上只吸收存款而不发放贷款，是典型的农村资金的"抽水机"。因此，从总体上来说，农村的正规金融体系并没有为农户和农村中小企业提供有效的金融服务。

第四，我国农村的非正规金融体系对农村融资起到一定的补充作用，但是需要进一步规范发展。非正规金融也称为民间金融，在我国很多地区都大量存在，其存在的形式包括民间私人借贷、互助会（包括学会、台会、转会、标会等）、当铺、私人钱庄以及各种形式的基金会等。我国的民间金融组织形式多样，分布广泛，在农户融资中扮演重要角色。据国际农业发展基金会（IFAD）估计，中国农民融资的75%左右来自于民间渠道，而来自正规渠道的融资只占25%左右。但是，民间金融很不规范，存在一定的风险性，同时民间金融的广泛分布恰好也说明了正规金融体系所发挥的作用还不充分。因此，一方面应对现有民间金融机构进行规范与引导，另一方面应放宽农村金融市场准入，使现有农村正规金融机构能够展开充分竞争。关于这一点，我们在下节内容中将作具体分析。

第二节 我国农村金融市场的供给结构

从农村信贷的供给方来分析，信贷供给主要由五类金融主体来完成：第一类是国家的带有产业扶持和赈济性质的政策性金融机构；第二类是国家商业性银行；第三类是带有准官方性质的合作金融机构；第四类是各种形式的民间金融机构；第五类是纯粹出于个人关系而进行的友情借贷（第五类不予讨论）。

第一类是国家的带有产业扶持和赈济性质的政策性金融机构。由于农业具有弱势产业的性质，世界各国政府一般都设立农业领域的政策性金融机构，以进行农业生产性投资和流通性融资。生产性投资包括扶持农业技术开发、农业基础设施的建设（包括大型水利工程、灌溉工程、农田改造以及退耕还林等）、农作物生产的直接投资（如国家在一些大型农场进行直接投资）等，这些投资主要是生产性的长期投资，弥补了农业领域长期投资和生产性投资的不足。流通性融资主要用于国家的农产品收购和流通领域，这种融资主要是发展中国家为保障本国的农产品供应和粮食安全而进行的。比如，我国的政策性农村金融大部分用于粮食和棉花等农产品的收购,以确保国家的粮食安全和其他农产品的供应安全。在中国历史上,农村的这种带有赈济和产业扶持性质的政策性金融曾长期存在,各个朝代都有赈贷之举。国家赈贷长期存在,其根本动机在于国家依赖这种赈贷体制来维持国家与农户的长期微妙均衡,维持小农经济稳定的"不贫不富"的生存状态,这也就决定了国家信贷长期存在的合理性。[①] 农村政策性金融的存在从某种程度上缓解了农村生产性长期投资不足的压力,但是,如果从农户的资金需求的角度出发来考察,则政策性金融在满足农户投资需求方面效果甚微,其主要原因是政策性金融的主要目标对象并不是农户,单个农户很难或根本不可能通过政策性金融体系获得生产性资金。政策性金融对农户融资作用的有限性,决定了农村政策性金融不可能是解决农村资金问题的主要途径。

第二类是国家商业性银行。国家商业性银行一般规模庞大,属于超大银行之列,因此,从银行自身的角度来说,其基本服务对象天然地倾向于大的企业,而不是进行小规模投资的农户。金融机构的融资行为受到信息获取成本、信用评估成本、风险控制成本和网点设置成本等因素的制约。对于大型金融机构而言,当其面对大量的、分散的农户的时候,其获取信息的成本很高,并且难以对如此众多而分散的客户群体进行信用评估和甄别工作,因此贷款的风险和不确定性增大。而且,就网点设置成本而言,与有限的预期收益和较小的客户容量相比,国家商业性银行在农村地区遍布网点的代价太高,不符合成本收益核算的基本原则。这些特征,决定了国家商业性银行难以成为解决农户投资需求的主导性的金融机构。近年来,我国国有商业银行大批从农村地区撤出或者减少分支机构,除了政府的特殊的政策意图这个原因外,其基本做法是符合金融机构的一般行为原则的,即符合成本收益核算的一般原则。从这个角度来说,国有商业银行从农村撤出是无可指摘的。但是,另一方面,国有商业银行的撤出确实造成了农村金融需求难以满足和农村资金流出的消极后果。根据金融学的一般原理,解决的途径只有一个,那就是扶持农村中小金融机构(包括正式的和非正式的金融机构)的成长。

第三类是带有准官方性质的合作金融机构。合作金融机构在国外一般属于民间性的金融机构,其原因在于合作金融机构是由各个社员投资组建的,带有互助合作的性质,其资金主要用于满足社员内部的资金需求,其内部的管理机制采用一人一票的民主管理制度,合作金融的经营者由选举产生,其经营目标主要不是利润的最大化而是社员资金需求的满足。我国在 20 世纪中期由于农业集体化和

---

① 张杰:《二重结构与制度演进:对中国经济史的一种新的尝试性解释》,载《社会科学战线》,1998(6);张杰主编:《中国农村金融制度:结构、变迁与政策》,18 页,北京,中国人民大学出版社,2003。

人民公社化的需要，逐步地将合作性质的农村合作金融机构转变为准国家性（或准政府性）的金融机构，国家行政性干预力量逐渐增强。从日常运营、管理制度和业务结构来看，我国的农村合作金融更像是一个官办金融和商业金融的混合体。在农村信用社中，社员的权利普遍被忽视，民主管理制度形同虚设，各级政府的介入过多，农村信用社承担的行政性和政策性义务过多。同时，由于农村经济结构的变化，农村合作金融的商业化倾向开始出现并得到加强，农村信用社日益成为农村金融剩余的输出机构而不是农村经济发展的"加油站"。商业化倾向导致合作金融投向农业的生产性融资呈下降趋势，而向利润丰厚的企业的融资却不断增加，农户的资金需求难以满足。关于农村合作金融的未来改革方向，学术界存在巨大的争议。基本的出路，是根据各地不同的经济发展水平、经济结构和产业结构、金融剩余规模以及金融机构分布特征等特点，有针对性地、因地制宜地制定改革和创新的战略，使农村合作金融真正成为为农户和农业发展服务的金融形式。

第四类是各种形式的民间金融机构。民间金融组织形式有悠久的发展历史。各种互助会（或简称"会"）、私人钱庄、储贷协会、基金会和典当行等，都是民间金融组织的变体。互助会带有储蓄以及互助保险的性质，在我国农村很多地区存在。互助会的主要融资功能体现为日常消费资金的融通余缺，而不是生产性的投资。私人钱庄在一些经济发达地区比较普遍，钱庄的功能比较齐全，一般既有储蓄也有贷款，甚至可以办理汇兑业务，其规模一般较大，有些钱庄甚至成为当地社区融通资金的主要途径。储贷协会和基金会在我国农村非常普遍，其中农村合作基金会在20世纪90年代曾有过辉煌时期，但在1999年被政府取缔。基金会和互助储金会吸收民间的各种资金（包括慈善性的捐赠、商业性的借款和民间的储蓄），业务办理手续简便，经营成本低，风险控制较好，因此一度成为支撑农村经济发展的主要融资渠道。研究表明，大部分农村合作基金会经营良好，而各级政府的行政性干预导致普遍的违规操作，是农村合作基金会逾期、呆滞和呆账资金大量产生的主要原因。典当行是古老的民间金融形式，主要功能是进行短期资金的融通，具有短期抵押贷款的性质。

民间金融机构一直处于艰难的生存状态，外部的制度环境对民间金融机构一直是不利的。就在这样的制度环境下，民间金融机构仍然承担了农村大部分的融资功能，对我国农业经济的发展和农民收入的增加作出了较大的贡献。学术界的研究成果和数据说明了这一点。民间金融对农业发展的积极贡献与政府对民间金融机构的歧视性待遇和生硬的行政性管制形成反差。农村合作基金会等民间金融组织，本来是内生于农村社区的、生命力很强的金融组织形式，具有很好的社会适应能力和自我调节能力，可以与正式金融组织形成良性的互补和竞争关系。民间金融机构内生于农村社区，因此在信息方面具有优势，它了解当地农村社区的资金需求，了解农户的资金实力和信用状况，在客户甄选和风险控制方面具有比较优势；同时，由于其规模小，经营方式灵活，因而能够较好地满足分散经营的农户的融资需求。民间金融组织在农户小额信贷领域作出了很多有价值的制度创新，政府可以通过一定的法律制度来规范民间金融机构的发展，而不是运用行政力量强行取缔。①

第三节 我国农村金融市场的需求结构

在我国农村地区，一方面存在着金融服务供给不足的情况，另一方面也有很多社会、经济、体制以及政策方面的因素导致农村的金融需求强度低，导致农民的生产性投资意愿弱化。

首先，从社会角度而言，农民在剧烈的社会制度变迁过程中面临着更多的风险和不确定性，其对未来的预期更加不稳定。在我国农村社会保障体系还未完善的情况下，农户面临的生存问题是多方面的，如医疗问题、教育问题和赡养老人问题等。这些问题的大量存在决定了农户的投资意愿必然减弱，金融需求强度必然不足。

其次，农户投资需求强度不足还有经济层面的原因。农户的投资，如同一切投资一样，首先要追求较高的经济收益，但是农业与非农产业相比，长期处于弱质微利的状态，很难激发起农民投资于农业的积极性。② 同时，从市场方面来看，随着市场经济的发展，农户面临着更多的选择，农业已经不是唯一的投资选择。在这种情况下，农户的投资将基本根据收益最大化的原则进行，计算多种因素对其预期收益的影响。当某些因素的作用可能会影响到其投资的预期收益时，农户就会作出改变投资的行为。③ 因此，农户在市场经济下的收益最大化的选择动机以及农村市场多元化的现实条件使得农户在农业方面的投资资本需求强度不足，也就不难理解了。

再次，农户投资需求强度不足还有体制层面的原因。体制内的正规金融部门所提供的金融服务对于农户而言，交易成本过高，交易规则约束太强，因此减弱了农户向正规金融机构借贷的意愿。相反地，一些非正规的金融机构以及各种友情借款则具有方便灵活的特点，容易被农民所接受。此外，体制方面的原因还包

---

① 2005年，在中央银行的领导下，全国开始农村民间金融组织小额信贷规范化试点工作，选择的地区包括陕西、四川广汉、山西平遥、贵州江口和内蒙古。王曙光：《农村民间金融规范化试点：勿将"草根金融"变成"盆景金融"》，载《中国农村信用合作》，2006（2）。

② 这种投资需求制约可以称为"农业投资资本需求的软约束"。田鸣：《资金与资源配置研究》，北京，经济科学出版社，2001。

③ 陈池波等：《解析农业投资不足的成因》，载《农业经济问题》，2001（1）。

括社会保障制度的不健全、国家财政体系和国家产业投资体系变革条件下农村投资的事权界定不明等。

最后，农户投资需求强度低还有政策方面的因素。政策给投资主体一种预期：稳定的政策给投资主体一种稳定的长期预期，诱使投资主体进行长期投资；相反，如果政策变动性大，就会给投资主体一种很不稳定的预期，从而会减少其长期投资行为。在政策方面，最大的制约来自国家的土地政策。国家农地制度尽管在一定程度上释放了农村生产力，重构了我国的农村微观经济基础，但是其缺陷也是不容忽视的。现行农地制度很容易导致规模不经济、农业粗放式经营以及掠夺式投资，而且更为严重的是，国家农地政策的多变性和农地缺乏流动性，导致农户对未来的投资收益预期不确定，这极大地制约了农户的长期投资行为，导致其投资需求强度不高。

总之，在分析农村金融状况的时候，供给方面的探讨固然重要，但是需求层面的分析也非常必要。基于需求视角的分析，我们可以有针对性地反省农村经济发展和金融发展方面的政策与体制，发现其中影响与制约农户投资需求和投资意愿的因素，从而进行有效的改进。

以上谈的是制约我国农民金融借贷需求强度与投资意愿的几个重要因素。当前我国农村经济正发生着巨大的变化，农村金融的需求主体也相应发生了很多变化，具体表现在三个方面：

第一，农户的融资需求发生了较大的变化。以前，农户的融资大多是满足于一般日常的消费需求，尤其是结婚、盖房和看病等方面的消费需求，但是近年来，农户从事附加值较高的种植业、养殖业和工商经营等方面的融资比例开始上升，而且农产品深加工制造业的开拓发展，使农户融资的规模与性质都发生了巨大的变化。这些变化，反映了农村在产业转型方面的一些必然趋势。农村金融机构的融资也应该顺应这种趋势。

第二，农村中小企业的融资需求越来越强烈。改革开放以来，在农村地区成长起一大批实力雄厚的企业，这些企业大多从事与农产品加工和贸易相关的行业，对农村的产业结构调整与农民增收意义巨大。农村中小企业融资中，很多与农产品的特定性质有密切的关系，因此很多融资需求具有季节性和流动性，而且蕴涵着特殊的风险。因此，如何既能满足农村中小企业的融资需求，又能尽量降低农村金融机构的贷款风险，是摆在农村金融机构面前的一个大问题。农业政策性保险和商业性保险以及农产品期货市场等，可以分散较大型农产品生产加工企业的风险，应在农村地区有步骤地积极推广。同时，农村金融机构也应该在农村中小企业贷款抵押担保、信用评估和贷款风险监控方面有所创新。

我国农村金融需求状况如表3-2所示。

表 3-2　　　　　　　　　我国农村金融需求状况表

借贷需求主体层次			主要信贷需求特征	满足贷款需求的主要方式和手段
农户		贫困农户	生活开支、小规模种养生产贷款需求	民间小额贷款、小额信贷（包括商业性小额贷款）、政府扶贫资金、财政资金、财政金融
	普通农户	一般种植业、养殖业农户	小规模种养生产贷款需求、生活开支	自有资金、民间小额贷款、合作金融机构小额信用贷款、少量商业性信贷
		市场型农户	专业化、规模化生产和商业贷款需求	自有资金、商业性信贷
企业		微小型企业	启动市场、扩大规模	自有资金、民间金融、风险投资、商业性信贷（结合政府担保支持）政策金融
		有一定规模的企业	面向市场的资源利用型生产贷款需求	商业性信贷、政府资金、风险投资、政策金融
	龙头企业	发育初期的龙头企业	专业化、技能型生产规模扩张贷款需求	商业性信贷、政府资金、风险投资、政策金融
		成熟型龙头企业	专业化、技能型、规划化生产贷款需求	商业性信贷
农村基层政府			满足基本建设资金需要，提供金融公共产品	财政预算、政策金融

第三，农村专业合作社成为农村新型融资主体。农村专业合作社是农民的互助合作组织。2007年7月1日，《中华人民共和国农民专业合作社法》正式实施，确定了农民专业合作社的合法地位，但是农民的融资问题一直是制约农村专业合作社发展的主要因素。农村专业合作社涉及生产、流通和加工各个领域，对于农村经济的转型和发展意义重大，其成长潜力也很大。农村专业合作社既有企业的特点，也带有互助合作性质，经营灵活，将是未来农村金融组织重要的融资对象之一。

第四节　我国农村金融市场发展与农业产业转型

传统农业是一种风险性与季节约束性都比较大的产业，容易受到季节周期和自然灾害的影响。传统农业产业在经营上具有小生产（农业生产规模小）、小市场（农产品和农业生产过程的市场化程度低）和小经营（农业产业化经营的规模小）等特点，同时传统农业的劳动生产率低，服务社会化程度低，生产专业化程度低，技术贡献率低。这些特征使得传统农业有必要向现代农业转型。这种转型的趋势主要包括"四化"，即市场化、产业化、集约化、开放化。

第一，市场化。传统产业的基本特征是市场半径小，市场化程度低。典型的非市场化农业是计划经济国家的计划农业。我国在实现了农业合作化之后，逐步将农业计划化，到了人民公社时期，农业完全失去了自由发展的权利，农民的生产自由被剥夺，农产品贸易的自由市场和集市几乎消失。非市场化导致农业生产效率低下，农民收入增长缓慢。因此，市场化是农业转型进程中一个必然的制度安排。与城市相比较，农业领域计划经济制度安排的约束条件相对较"软"，因而农业领域以市场化为导向的制度变迁的成本相对较低，农村的市场化改革比较容易推进。我国的市场化改革从农村开始，取得了巨大的成效，为整体改革的推进奠定了经济基础和舆论基础，就是基于这个原因。农业市场化还有利于土地、劳动力、资本和技术等生产要素的有效配置，有利于引导农业经济资源合理流动，从而提高资源的要素生产率。

市场化不仅是要素配置效率提高的需要，还有助于重构农业经济发展的微观基础和组织机制。市场化改革促进了微观经济组织的重构，确立了以家庭承包经营为基础、统分结合的双层经营体制，赋予农户完全的生产主体性权利，使其成为农业生产风险与收益的直接承担者，实现了农村生产要素的新的组合与配置，促进了农户经营与市场机制的有机结合，从而提高了农业的生产效率，促成了整个农村经济的生产结构转型。同时，农业市场化也意味着国家宏观调控机制的市场化。我国在很长一段时间习惯于运用计划手段和行政命令来进行农业宏观调控，事实证明这是没有效率的。以市场化作为农业宏观调控的基本导向，意味着需要以市场化为主要手段，将市场工具和计划手段加以有机结合，将财政、货币和金融政策加以有机结合，从而解决农业发展中的一系列瓶颈问题。

第二，产业化。传统农业是一个分散化的部门，农业的产业链很短以及产业之间的联系不紧密，导致信息传递效率和资源配置效率低下，农民承担的风险和收益不对等。农业产业化是"以市场为导向、以提高经济效益为中心，对农业的支柱产业和主导产业实行区域化布局、专业化生产、一体化经营、社会化服务和企业化管理，把产供销、农工贸、农技贸紧密结合起来的经营体制"的转换过程，即"改造传统的自给半自给的农业和农村经济，与市场经济接轨，在家庭经营的基础上，逐步实现农业生产的专业化、商品化和社会化的过程"。[①] 农业产业化的途径有两个：一是发展农业龙头企业，通过龙头企业带动农户复归集

---

① 韩俊等：《产业化：中国农业新趋势》，北京，中国农业出版社，1997。

体经营；二是建立健全农业合作经济组织，通过这些经济合作组织，提高农户家庭经营的组织化水平，增强其市场竞争能力、市场进入能力和市场风险抵御能力。

第三，集约化。农业的转型发展一般分为两种模式：一种是常规模式，另一种是集约模式。所谓常规模式，是指以生态资源的高开发、生产资源（劳动、土地、资本资源等）的高投入、追求生产数量增长为特征的农业发展模式。常规模式是一定历史阶段农业发展的基本模式，这种模式基本反映了传统农业的一些特点，比如重视满足短时期基本生活需要，忽视长远的人类生存环境的保护；重视经济效益，忽视资源利用效率和生态效益；重视经济再生产的规模扩张，忽视自然再生产的良性循环等。这种发展模式在资源日益短缺和人类生存环境日益恶化的情况下，表现出一定的不适应性。集约发展模式是指遵循经济规律和自然规律，以可持续发展理论为指导，以社会发展、经济增长、生态平衡和资源有效利用为目标，以集约经营为基本增长方式，充分依靠科技进步和科技创新，从而实现社会、经济、资源和生态环境持续协调发展的现代化农业发展模式。集约模式的核心在于农业发展的可持续性，实现人与自然和谐基础上的农业生产水平的提高，实现农业经营方式和增长方式的实质性的转变。

农业可持续发展表现在三个方面。首先是经济可持续：劳动力得到充分合理的利用，技术适用而且有利于提高经济效益；既要保证粮食产量持续增加，又要保证农民收入不断增长；农业产业结构合理，发展多种经营。其次是生态可持续：采取某种维护自然资源基础的方式，合理利用、保护和改善自然资源，积极创造良好的生态环境系统，实现人与自然的和谐发展。最后是社会可持续：有效缓解土地和人口的矛盾，即土地的有限性与人口不断增长的矛盾，保障粮食安全；扩大劳动力的就业机会，努力消除农村贫困状况，消除城乡二元经济结构，实现城乡的同步增长。集约化经营有利于实现以上目标，它反映了现代农业的以下特点：注重经济增长的质的提高，强调以现代科技为基础，追求高产、优质、高效、低耗；注重农业发展与资源环境的协调性，追求生态系统的平衡，坚持农业发展要以自然资源的永续利用和生态环境的不断改善为前提；强调农业发展不仅要实现"代内公平"，还要实现"代际公平"，使得自然资源基础保持在适当水平上，使后代人不仅能够得到同样的产出，而且能够通过提高资源利用效率来满足他们更高的需求，也就是给后辈留出足够的发展空间。

第四，开放化。传统农业与现代农业一个很大的区别在于，传统农业市场化程度低，很少参与国际市场竞争，而现代农业处于一个开放经济的大环境下，不得不面对全球性的竞争，因此必然具有开放性特征。我国加入世界贸易组织对农业转型发展而言既是机遇，也是挑战。加入世界贸易组织对改造我国农业的传统产业结构、农业增长模式和农业宏观调控模式有重要意义，但是我国目前的小农经济模式和二元经济结构难以应对与国际强势农业企业的竞争。实行农业领域的对外开放，就是要将我国原有的封闭型农业转向外向型农业，充分发挥我国农业的比较优势，在国际分工中获得自己的市场份额。研究表明，我国农业开放将使我国从世界农产品贸易自由化中获得巨大的相对收益。

农业市场化、产业化、集约化与开放化都为农村金融机构的新型业务拓展提供了历史机遇。农村金融机构（即本书广义上所指的乡村银行）要将更多的资金投入到具备一定产业化前景、具有一定技术水平、经济效益较高且具有可持续发展潜力的农业产业中去，以促进农业的转型，同时提高农业产业的效益与农民的收入水平。只有认清这些基本趋势，农村金融机构才会在农村经济发展过程中捕捉到更多的市场机遇。

第四章

我国农村金融机构的种类和职能

第一节 我国农村金融机构的多元化趋势

近年来，我国中央政府十分重视农村金融改革，推出了很多重要的改革举措，这些举措使我国农村金融的总体状况发生了明显的变化，在产权结构和市场竞争结构等方面都有所改善。

2003年，农村信用社改革拉开了农村金融改革的序幕。农村信用社此次改革的宗旨是采取因地制宜的方针，鼓励各地寻找与当地经济发展相适应的产权模式和经营模式。在这场改革中，一些农村信用社开始改组为农村合作银行与农村商业银行（如上海农村商业银行、北京农村商业银行和天津农村合作银行等）；省级联社管理模式逐步推行，农村信用社的产权结构逐步多元化，各地农村信用社的跨区竞争也初见端倪。可以说，农村信用社正在成为遍布我国城乡的社区银行。由于农村信用社网点众多，因此也是乡村银行体系最主要的组成部分。

2005年底，中国人民银行主导的"只贷不存"小额贷款公司的试点工作开始启动，在山西、陕西、四川、贵州和内蒙古5个地区开始局部试点。截至2008年底，我国已成立了7家小额贷款公司。这个试点对于积极引导民间资本向农村积聚、增强农村金融市场的竞争力有积极作用。尽管这个试点涉及的区域非常小，但是有一定的示范效应和影响力，对我国的农村小额贷款起到了较大的推动作用。此外，我国还存在着大量由民间组织、外国基金会和政府机构主导的小额贷款组织，这些民间小额贷款组织在满足农民融资需求方面起到了很好的补充作用，是广义上的乡村银行体系不可或缺的组成部分。

2006年底，中国邮政储蓄银行宣布成立。一场关于邮政与储蓄分家的旷日持久的争议终于宣告结束。中国邮政储蓄银行在城乡有极为稠密的网点，对于农村金融发展意义重大。以往邮政储蓄机构只吸收存款不发放贷款，而中国邮政储蓄银行成立之后，它也可以对农户和农村中小企业发放贷款。中国邮政储蓄银行无疑会成为未来我国乡村银行家族的主力之一。

2006年底，中国银监会发布《中国银行业监督管理委员会关于调整放宽农村地区银行业金融机构准入政策，更好支持社会主义新农村建设的若干意见》，提出农村金融市场开放的试点方案。按照中国银监会的说法，其基本原则是："按照商业可持续原则，适度调整和放宽农村地区银行业金融机构准入政策，降低准入门槛，强化监管约束，加大政策支持，促进农村地区形成投资多元、种类多样、覆盖全面、治理灵活、服务高效的银行业金融服务体系，以更好地改进和加强农村金融服务，支持社会主义新农村建设。"

中国银监会这次的手笔不可谓不大。这些基本原则以较低的门槛允许在农村地区设立乡村银行和其他金融机构。这一方案气魄宏大，深刻地触及了当前农村金融市场的一些最核心的弊端。应该说，中国银监会制订农村金融市场开放试点方案，是最近十几年以来农村金融领域力度最大的改革举措，对于控制农村金融领域信贷资金外流、解决农村经济主体融资困难、推动农村产业结构调整和增加农民收入必将产生深远的影响。更重要的是，农村金融市场将出现多元投资主体并存、多种形式的金融机构良性竞争的局面，有利于有效动员区域内的农民储蓄和民间资金，有序引导这些闲散资本流向农村生产性领域，对民间信用的合法化和规范化有着重要的意义。

中国银监会的框架主要体现在农村金融机构设立方面的突破上。中国银监会积极支持和引导境内外银行资本、产业资本和民间资本到农村地区投资、收购和新设五类银行业金融机构。一是鼓励各类资本到农村地区新设主要为当地农户提供金融服务的村镇银行。二是农村地区的农民和农村小企业也可按照自愿原则，发起设立为入股社员服务、实行社员民主管理的社区性信用合作组织。三是鼓励境内商业银行和农村合作银行在农村地区设立专营贷款业务的全资子公司。四是支持各类资本参股、收购和重组现有农村地区银行业金融机构，也可将管理相对规范、业务量较大的信用代办站改造为银行业金融机构。五是支持专业经验丰富、经营业绩良好、内部控制管理能力强的商业银行和农村合作银行到农村地区设立分支机构，鼓励现有的农村合作金融机构在本机构所在地辖内的乡（镇）和行政村增设分支机构。村镇银行和社区性信用合作组织的设立对于引导和动员区域内资金投入有重要意义，这也就意味着各种民间信用组织和拥有一定规模资金的农村微观经济主体（包括农村中小企业和农村居民），只要具备中国银监会规定的注册资本金要求和其他监管要求，就可以设立具有合法地位的正规农村金融组织（包括农村银行和农村信用合作组织）。

现在，我国已经初步形成一个业务多层次、产权结构和投资主体多元化的乡村银行体系。这个体系包括中国农业银行基层分行、农村信用社、农村商业银行、农村合作银行、中国邮政储蓄银行基层分行、村镇银行、小额贷款公司、民间小额信贷机构和农民资金互助组织等。这也就是本书所讨论的广义乡村银行体系（见图4-1）。

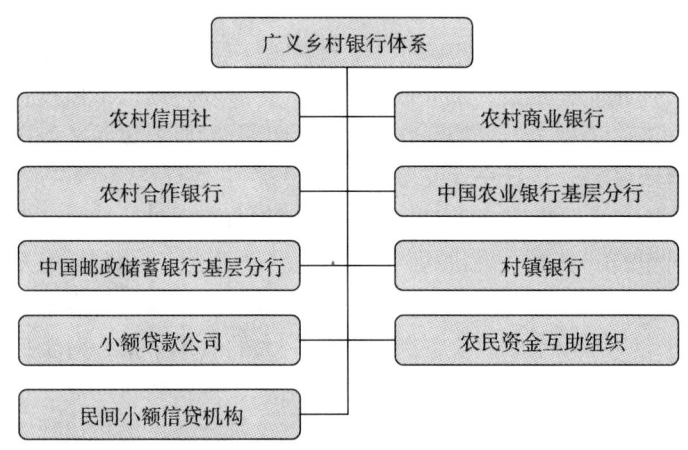

图4-1　我国广义乡村银行体系示意图

第二节　中国农业银行基层分行

中国农业银行在2006年7月之前也像其他国有商业银行一样，逐步从农村基层撤走网点，但在2006年7月之后，中国农业银行撤并县以下分支机构的行动被监管部门叫停。同时，中国农业银行的基本改革路径也已确定，主要原则是"面向'三农'、整体改制、商业运作、择机上市"，最终成为公开上市的国有控股商业银行。

2007年以来，中国农业银行不断促进有坚实基础、有竞争能力、有市场需求的"三农"金融业务发展，支持了设施农业、装备农业、特色农业和订单农业等，同时还支持了一批辐射面广、带动力强、发展前景好的上规模、有特色、科技型的农业产业化龙头企业。2007年前三个季度，中国农业银行累计向"三农"和县域投放贷款11334.34亿元，占全行各项贷款累放额的50.74%。其中，涉农贷款累放额2242.36亿元，县域贷款累放额10344.30亿元。[①]

2007年8月底，中国农业银行公布了《关于进一步做好面向"三农"服

---

① 《中国城乡金融报》，2007-11-30B（2）。

务工作的决定》，进一步明确了面向"三农"的市场定位和改革思路，为其股改方案的出台奠定了基础。根据这一决定，中国农业银行将在东部发达地区县域打造当地一流银行，提高这一区域业务在系统内的效益贡献度；在中西部县域要精耕细作，取得适度盈利；在国定贫困县及西藏、青海等特殊地区，要精打细算增收节支，尽可能实现微利，并争取国家必要政策支持。中国农业银行还将与相关中介机构合作，编制包括农村金融指数和农业产业化龙头企业发展指数等中国农业发展指数。

随后，中国农业银行制订了《中国农业银行服务"三农"总体实施方案》（以下简称《方案》），为中国农业银行股改后更好地服务"三农"，进行详细的制度设计，确保股改后中国农业银行不偏离服务"三农"的航向。根据《方案》的规划，未来三年内中国农业银行的农村网点将超过1.6万个，投放到县域的自动设备不少于6000台，对农业产业化龙头企业和基地的服务覆盖面达到50%以上，对全国千强镇的支持面达到50%以上，直接对农户的信贷服务覆盖面达到30%以上。

2007年10月初，中国农业银行在全国范围内选取了福建、湖南、吉林、四川、广西、甘肃、安徽7个省级分行的部分县域支行展开试点工作（后又将重庆列为试点行），历时3个月。试点结束后，会对总体方案作进一步补充和完善，然后在全行推开。中国农业银行还积极开展参股村镇银行的调查研究，并在内蒙古和湖北等地进行试点。

专栏4-1 中国农业银行服务"三农"要超越认识误区

中国农业银行要为新农村建设服务、要为农民增收和农业发展贡献力量，这个定位本身没有任何问题。实际上，所有在农村地区开办分支机构的商业银行，都应当承担这个职责，这不是中国农业银行一家的职责。现在，中国农业银行已经明确了自己的定位，但是在如何服务"三农"方面却存在一些认识误区，亟须澄清。

第一个认识误区是对农民的理解还存在很多偏差。什么是农民？有些人一谈到农民，就会想到诸如"日出而作，日落而息"的话，就会想到面朝黄土背朝天的传统农民形象，从而联想到一大堆的道德压力，感到为农民服务必然纯粹是一种道义上的责任，而谈不上任何回报和真正的内在动力。实际上，农民群体已经发生了巨大的变化与分化，传统意义上的小农虽然仍大量存在，但是我们也同时必须认识到，随着经济的发展、时代的进步和社会结构的变化，很多农民已经不再是传统意义上的小农，而是演化为更复杂的社会群体。这也就意味着农村的微观经济主体已经发生了深刻的变化，由原有的单一的小农，演化为各类更高层次的农村经济组织，如农村中小企业、农民家庭工业、农村合作组织等。中国农业银行所面对的，更多的是组织化了的"大农民"，是农民兴办的各类企业（在农村主要是中小企业，当然也有大型企业）以及各种农民专业合作社等。因此，我们的观念一定要改变，一定要与时俱进，一定要认识到农村微观经济主体的深刻变化，不要犯刻舟求剑的低级错误。这样，中国农业银行的服务对象的定位才会更准确。

第二个认识误区是对农业的理解还很不全面。一谈到支持农业发展，我们的脑海里就立刻浮现出传统的种植业和养殖业的"古典形象"，殊不知，现代农业的产业结构已经发生了巨大的变迁，产业链条已经被极大地延长。刘永好的饲料加工业已经不再是一个单一的农业产业，而是将各类涉农产业有机整合在一起的大农业产业；牛根生的牛奶业，也早已成为庞大的产业集团，其产业辐射度与渗透力已经与传统养殖业大相径庭，其产业的现代化和自动化程度更是令人惊叹。中国农业银行要支持农业发展，这个总的方向并没有错，但是其着力的关键点并不是传统的、分散的种植业与养殖业，而是要大力支持现代农业，支持农业的产业化、规模化、现代化与集约化，促进农业的产业升级与产业链的延伸，促进技术在农业发展中的应用与传播，推动农业的转型。以上这些使命的完成，都需要较大规模的资金支持，而中国农业银行与其他农村金融机构相比，完全具备此种资金优势，有能力在农业产业化和现代化中扮演重要角色。

第三个需要突破的认识误区是中国农业银行既然定位在服务"三农"，就应当对农村所有类型的业务提供全方位的金融服务。这当然是一个极其美好的愿望，但是却忽视了基本的金融学定律，置经济学常识于不顾。一个最普通的常识是，每个金融机构都有自己擅长的业务领域与比较优势，其业务对象与客户群体的锁定既与自己的信息优势和历史传统有关，也与自己的规模特征有密切关联。一个银行的客户群体的确定必须考虑与规模相关的信息成本、操作成本和开设分支机构的费用。像中国农业银行这样的超大银行，在服务于小农户和微小型企业方面并不具备比较优势。因此，硬性规定中国农业银行必须向小农户发放额度极小的贷款是不符合最基本的金融原则的，因而是注定不具备可持续性的。我国农村金融体系应该形成一个多元化的系统，在这个系统中形成自然的、合理的业务分层，这是在每个金融机构自身成本收益计算和比较优势基础上自然形成的一种竞争结构。在这个层级结构中，农村大型客户由中国农业银行或具备较大资金实力的中国邮政储蓄银行等提供资金服务，中型客户由农村信用社等中等规模的金融机构来负责，小客户由村镇银行和农民资金互助合作组织等来负责。这个分层是自然形成的，

> 不是哪个人规定的；同时，这个分层结构也并没有严格的不可逾越的界限，究竟怎样分层，要由一个区域的具体的金融竞争结构来确定，但是业务分层的基本原则是永远适用的。中国农业银行在业务对象的选择方面应该具备充分的理性，应尊重金融规律和经济常识，完全没有必要背负与自己的比较优势不相符的道德义务，以免作茧自缚。
>
> 对于以上所有认识误区的探讨与澄清都旨在说明，中国农业银行对自己未来的任何定位，都要实事求是地、冷静地分析自己的比较优势，同时要对中国农业、农村和农民的发展现状与未来趋势有一个清晰、准确、全面的把握，只有这样，才能踏上发展通途，才不会走弯路。
>
> 资料来源：王曙光：《农业银行服务"三农"要超越认识误区》，载《中国城乡金融报》，2007-10-24B（4）。

第三节 农村商业银行与农村合作银行

自2003年以来，在一些经济比较发达的地区，农村合作金融机构正在逐步改制为农村商业银行和农村合作银行。农村商业银行按照股份制方式改制组建，农村合作银行按股份合作制原则改制组建。在实践中，农村商业银行与农村合作银行的经营模式差别不大，因此本节只介绍农村商业银行的情况。最早成立的江苏省的张家港农村商业银行、常熟农村商业银行和江阴农村商业银行等一直走在农村金融改革发展的前列。上海农村商业银行和北京农村商业银行是全国最大的两个农村商业银行。

自2006年底以来，农村商业银行和农村合作银行在全国各地发展迅猛，其改革创新的举措也是层出不穷。江苏和上海等地的农村合作银行和农村商业银行，不断通过跨区域的资源整合、引进国内外战略投资者和上市融资等方式，增强自己的资金实力，改善内部治理结构，从而大大地提高了农村商业银行和农村合作银行的竞争实力。

农村商业银行的成立，标志着农村信用社深化改革试点工作取得了阶段性成果，标志着农村信用社的产权制度、组织形式和公司治理迈上了新台阶。农村商业银行的定位是：以服务区域经济社会发展为己任，坚持"立足城乡、服务'三农'、服务中小企业、服务市民百姓"的市场定位，不断健全法人治理结构，转换经营机制，完善风险管理，增强服务功能，将农村商业银行办成产权清晰、资本充足、运营安全、服务高效的现代金融企业。

专栏4-2 北京农村商业银行的金融创新

农村信用社向农村商业银行的转制,为"新农金"建设提供了契机。有了契机,才能带来奇迹。农村商业银行是有竞争力的,它有着别的商业银行难以比拟的地缘优势、网点优势和业务优势,完全可以在激烈的市场竞争中获得自己应得的市场份额,并保持较高的盈利性和稳健性。北京农村商业银行的一些最新的发展证明,改制赋予农村商业银行更大的创新活力,只要农村商业银行看准比较优势、勇于进行金融创新,就一定可以提升竞争力。

未来农村商业银行发展的一个重要基点是支持中小企业的发展,这也是农村商业银行的比较优势所在。近年来,北京农村商业银行在丰台区和通州区分别成立了小企业金融服务中心分中心,这意味着北京农村商业银行正式启动了小企业金融服务中心。北京农村商业银行小企业金融服务中心主要以单户授信总额不超过300万元的小涉农企业、小乡镇企业、小工业企业、小商业企业及个体工商户为服务对象,致力于为其提供综合性的金融服务,包括融资服务、结算便利、财务咨询、理财服务等。同时,以此中心为平台,建立起北京农村商业银行与企业之间的快速信息沟通渠道,使北京农村商业银行能够根据客户的个性化金融需求,创新产品,提升服务。截至2007年9月末,北京农村商业银行中小企业贷款余额已达552亿元,同比增加100亿元。其中,按中国银监会新的小企业统计标准统计,北京农村商业银行小企业贷款余额达到108亿元。

在金融创新方面,北京农村商业银行也大有作为。2007年11月20日,北京农村商业银行在北京推出了一款银行卡产品——凤凰校园卡。这是继凤凰旅游卡、凤凰惠农卡之后,北京农村商业银行在银行卡产品创新和客户营销方面的又一举措。北京农村商业银行正积极准备国际卡、准贷记卡和贷记卡的发行,并力争在三年内构建一个完整的银行卡产品体系,创出特色品牌。截至2007年10月末,北京农村商业银行发卡总量已经突破300万张,比年初增长150.89%,平均月发卡超过12万张。其中累计发放凤凰卡155.15万张、凤凰旅游卡15.51万张、凤凰惠农卡37.53万张,试运行期间已发放凤凰校园卡1.24万张。其银行卡年累计交易额达149.81亿元,较去年同期净增278%;ATM收单业务月均200多万笔,在全市17家商业银行中排名第5位。这些都说明,北京农村商业银行在金融创新和营销方面的潜力是很大的。

在与地方政府合作、发展区域经济方面,北京农村商业银行也有新的进展。2007年11月23日,北京农村商业银行与密云县政府签署了"新农村建设银政合作协议"。根据该协议,北京农村商业银行将以密云县总体规划和

> 新农村建设为依托,承诺在未来3年内向密云辖区内的涉农及相关企业和贷款项目提供不低于20亿元的信贷资金支持,用于满足辖区内社会主义新农村建设的资金需求,并将根据密云县经济社会发展情况,不断扩大资金支持规模。支持重点包括:民俗旅游,种植业、养殖业,农副产品加工,无污染、低消耗、高效益的都市型工业,城镇基础设施建设及配套项目,开发区建设项目,成长性好、盈利性强的非公有制中小企业等。
>
> 资料来源:王曙光:《转型与发展中的农村商业银行——北京农村商业银行顺义支行考察札记》,未刊稿。

第四节 农村信用社

农村信用社是我国广义乡村银行体系的最重要的组成部分,在支持"三农"方面发挥了主力军作用。但是由于多种历史原因,农村信用社从总体上来说效率还比较低下,经营机制有待改善。目前农村信用社存在的主要问题有:

第一,历史债务包袱沉重。农村信用社的历史债务包袱本质上是由制度造成的。一部分历史包袱是由于地方政府行政干预信用社的具体业务和经营活动、通过指令性贷款支持乡镇企业等形成的;一部分历史包袱是在体制改革过程中形成的,如中国农业银行和信用社脱钩时,农业银行遗留给信用社的呆账;清理合作基金时,随着合作基金会与农村信用社的合并,合作基金会的历史债务也转移给了农村信用社;1993年高通货膨胀时,保值储蓄的补贴也给农村信用社增添了债务。此外,还有一部分债务是由农村信用社自身经营不善造成的。

第二,产权模糊。以上我们讨论过,农村信用社产权不清,既不是真正意义上的合作制,也不是纯粹的股份制,内部人控制现象严重。名义上信用社为入股社员所有,但实际上由于社员股金数额很小,占资产总额的比重很低,而且分散在几百个、几千个农户中,因此难以体现社员对信用社的所有权。根据调查,许多信用社的内部职工入股标准为5000元至1万元,一般付一年期定期利息。相比较而言,农村信用社内部职工要比一般社员更关心信用社的经营状况,但他们又不承担信用社的经营风险。农村信用社的主任由联社主任任命,联社主任由上级政府或监管部门任命,与社员关系不大。因此,农村信用社从产权到管理,实际上掌握在农村信用联社主任手里,这违背了合作社成立的初衷。从农村信用社资产负债中的所有者权益看,由于农村信用社很少分红,股东的权益得不到保证。加之地方政府又干预农村信用社的业务活动,信用社的董事会、监事会和社员大会流于形式，缺乏对管理人员的监督和制约，因此信用社的内部人控制现象严重。社员、职工、信用社主任和联社主任均不是信用社真正的股东，农村信用社官办色彩浓厚。

第三，经营亏损比较严重。虽然目前我国农村合作金融从总体上看有较大的发展，但发展却很不平衡，存在明显的两级分化。一部分农村信用社经营状况比较好，存贷款超亿元，实现了规模经营，信贷资产质量优良，经济效益好，形成了良性发展机制，但这部分农村信用合作社所占比重很小。占相当大比重的农村信用社经营状况不佳，信贷资产质量差，亏损严重，一些已陷入资不抵债的境地，难以持续经营。2003年农村信用社的改革从整体上改善了农村信用社的经营状况，但是一些地区的农村信用社仍处于非常差的状态，特别是在经济欠发达地区，很多农村信用社濒临倒闭的边缘。

第四，内部人控制现象严重。这是与其内部治理结构和所有权关系密切相关的。农村信用社的产权结构分散，从农村信用社资产负债表中的所有者权益来看，由于农村信用社很少分红，股东的权益得不到保证，加之地方政府又干预农村信用社的具体经营活动，信用社的董事会、监事会和社员大会流于形式，缺乏对管理人员的监督和制约，因此信用社的内部人控制现象十分严重。事实上，农村信用社的干部及职工作为既得利益者已成为一个独特的利益集团。

第五，省级联社的管理体制不合理，内部治理存在缺陷。省级联社本来只是一个比较超脱的行业性的管理和服务机构，但往往直接从事业务经营活动。为完成经营目标任务，省级联社往往是将各项目标进行分解，下达到各市、县级联社，县级联社再将任务分解到各基层社。这样，基层社、县级联社、省级联社之间就形成了实质意义上的经济代理关系，联社既是行业管理者又是经营者，充当了"裁判员"和"运动员"的双重角色。在领导班子的建设与绩效考核上，各项经营指标的完成情况成为主要依据。因此，监事会成员尤其是监事长在对理事会进行监督的过程中，发现理事会为完成任务而有违规行为时，在提名与领导班子成绩的双重压力下，往往会"放弃"权力，由此导致农村信用社、联社内部治理缺损，监督失灵，违规事件屡屡发生，甚至出现道德风险，形成风险积聚和资产损失。

2003年农村信用社改革以来，农村信用社系统从整体上已经初步改变了以往资产质量低、金融风险大、经营效益低下的局面，进入了一个良性发展的轨道，农村合作金融的命运出现了转机。未来的农村信用社改革的基本趋势，是按照市场经济的基本原则，按照各地区经济发展的不同阶段和经济结构，鼓励各地区农村信用社寻找符合本地区发展特点的产权模式和组织形式，符合条件的，可以组建农村合作银行和农村商业银行。因地制宜、分类指导、坚持产权制度改革模式的多元化和组织形式的多样性，是未来农村信用社改革的基本原则，同时中央和地方各级政府对农村信用社的支持力度也会明显加大，这对我国农村经济的发展和大局的稳定异常重要。农村信用社未来的改革和发展趋势，主要有以下几方面：

第一，明确农村信用社的功能定位，承认我国农村信用社的商业化和股份化趋势。这就要求决策当局不再执著于"合作制"的原教旨主义观念，而是与时俱进，适应时代的发展，寻找适合的改革目标模式。

第二，应该将农村信用社未来的改革目标定位于建立中国的商业性的社区银行。西方发达国家银行数目很多，其中大部分是小的社区银行。在美国，这些社区银行的经营范围一般不跨州。我国银行中大银行很多，社区性的中小银行比较缺乏，导致我国的银行体系结构不合理，难以满足中小客户的需要。如果将农村信用社建成将来中国的社区银行，则可以很好地改善我国银行体系的竞争结构，较好地满足中小企业和一般客户的融资需求。同时，将农村信用社改造为社区银行，成本也比较低，我国目前的3万家农村信用社，已经在实质上成为遍布城乡的社区银行。

第三，省联社制度必须有新的定位，应该强调其服务功能，而不是强调其干预功能。在这方面，日本和德国的合作金融体系的经验值得借鉴。它们的合作金融体系基本上实现了商业化和股份化，高层的联社只承担服务功能，进行教育、培训、结算、数据处理、信息沟通等，基层信用社有独立的法人资格，有独立的经营权和人事权。我国省联社制度的实施尽管取得了一些积极的效果，但是弊端很大，其中最大的弊端是省联社对基层信用社的干预太多，甚至对具体的经营和人事安排都有干涉，这不利于信用社的经营管理的有效性。省联社功能的转变，不仅可以调整省联社和基层信用社之间的关系，而且可以加强基层信用社的人员培训、结算网络的构建以及基于充分信息的监管。

第四，农村信用社应进一步使产权结构多元化，增加投资股的比重。现在，农村信用社的投资股的比重越来越大，而资格股的比重降低，这表明农村信用社的股份化的倾向越来越清晰。产权结构的多元化既有利于增强农村信用社的资金实力，又有利于未来将农村信用社改造为股份化的商业性的社区银行。同时，在农村信用社逐步股份化的同时，其内部的治理结构也逐步变化。

第五，治理结构逐步由合作制的模式变为商业性的股份化的社区银行模式。原有的社员代表大会、理事会和监事会的治理结构是不现实的。可以说，在几乎所有地方，社员代表大会都形同虚设，监事会也没有承担相应的职能，最高的权力机构是理事会。由于执著于合作制，所以这套治理结构一直被保持下来，尽管没有一个人真正认可这套治理结构。随着股份化的倾向越来越清晰，大的股份持有者必然要求更大的话语权。建立股份制的社区银行之后，就可以建立比较完善的公司治理结构，出资人对农村信用社的治理必然有更大的动力去监督。董事会、监事会和股东代表大会的相应职责就会清晰起来，聘用总经理承担经营管理之责。对总经理不再采取任命制,而是采取董事会聘任的制度。

第六,农村信用社的垄断局面应该尽早结束。在农村,农村信用社实际上是垄断者,这是导致农村信用社效率低下的原因之一。中国银监会于2006年底提出调整和放宽农村地区银行业金融机构市场准入政策,主张开放农村金融市场,建立村镇银行、农村资金互助合作组织,这对于打破垄断、改善竞争结构和提高农村信用社的效率有很大好处。

第七,未来应建立跨区的竞争体系。一些好的农村信用社,可以跨县跨区经营,目的是加强竞争,提高效率。允许经营业绩良好的信用社跨区经营,可以给信用社一种正激励,鼓励其改善经营,提高竞争力,而对于那些竞争力不强的信用社,跨区经营也构成一种竞争压力和挑战,促使其改善经营行为。

第八,建立全国性的农村信用社支付和结算网络。没有自己的支付和结算网络,农村信用社就不可能与其他商业银行竞争,这种竞争劣势极大地束缚了农村信用社的发展。这是基层信用社最常提出的问题之一,他们经常抱怨监管部门没有给予信用社公平的竞争待遇。未来农村信用社应该使用全国联网的信用卡,进行全国性的支付和结算,这样就可以与其他金融机构展开公平竞争。①

第五节　中国邮政储蓄银行的支农职能

2006年12月31日,中国银监会正式批准中国邮政储蓄银行开业。中国银监会的政策意图是非常明显的,监管者希望中国邮政储蓄银行能够充分依托和发挥网络优势,完善城乡金融服务功能,以零售业务和中间业务为主,为城市社区和广大农村地区居民提供基础金融服务,与其他商业银行形成互补关系,支持社会主义新农村建设和城乡经济协调发展。这个市场定位体现了监管者的良好愿望,在农村金融体系面临"系统性负投资"、农村金融生态严重恶化的情况下,中国邮政储蓄银行成为监管者最为看好的"救命稻草"。监管者希望中国邮政储蓄银行能够成为一个可以与农村信用社形成良性竞争态势的竞争主体,在满足农村金融需求的同时,能够激活农村信用社的竞争意识,消除农村信用社在长期垄断经营中形成的效率低下、竞争精神萎缩、市场创新意识薄弱的弊端。

不可否认的一个事实是,邮政储蓄体系已经在我国的金融体系中扮演了一个特殊而重要的角色。它是一个异常庞大的储蓄体系,巨额城乡存款的流入使得邮政储蓄体系每年从中央银行那里获得稳定的、无风险的利差收益。截至2006年3月,全国邮政储蓄存款余额达到1.48万亿元,规模仅次于四家国有商业银行,市场占有率达到9.7%。在中国邮政储蓄银行开立的账户达3.6亿户,其中活期

---

① 王曙光等:《农村金融学》,182~185页,北京,北京大学出版社,2007。

账户为 2.8 亿户。储蓄业务年交易量达 22 亿笔。邮政储蓄体系的汇兑业务也是非常庞大的，2005 年全国异地通存通取和转账交易量达 4.13 亿笔，交易金额 1.66 万亿元。中国邮政平均每年拥有两亿多个汇款客户，年汇款金额基本稳定在 2200 亿元左右。邮政储蓄也是最贴近农村和农民的金融体系，邮政储蓄所堪称农民心中的"第一银行"，全国 4.5 万个邮政汇兑网点中有 70% 在农村，有 70% 左右的汇款交易流向农村。因此，从储蓄业务网络的覆盖面、汇兑业务的规模以及对农村经济的渗透程度这几个方面来看，邮政储蓄体系在成立中国邮政储蓄银行之前，早已经成为影响农村金融生态和农民资金流动的重要因素之一。

当然，这个影响有利有弊。就利的一方面而言，邮政储蓄体系确实为促进城乡资金流动、吸引农村储蓄以及方便农村汇款带来了很多好处，成为农村金融体系中不可或缺的重要成员之一；就弊的一方面而言，邮政储蓄体系由于"只存不贷"，已经成为引发农村资金外流、导致农村资金枯竭的"罪魁祸首"之一。邮政储蓄体系大量吸走资金，与四大国有商业银行撤出农村金融市场、农村信用社存贷差持续增大等因素一起，加剧了农村地区投资的不足，在农民资金需求长期难以获得有效满足的情况下，农村经济发展的滞后就顺理成章。弊的一面还包括邮政储蓄体系中储蓄资金的运用模式给中央财政和中央银行带来了巨大压力。邮政储蓄资金在 2003 年 8 月以前全额转存中央银行，享受 4.131% 的高利率，当时商业银行等金融机构的转存利率仅为 1.89%。2003 年 8 月以后，邮政储蓄的新增存款转存利率才下调至 1.89%，邮政储蓄被迫走向市场，资金使用方向主要为银行间同业拆借、债券市场运作和商业银行的大额协议存款，不过之前邮政储蓄在中央银行的原有存款仍按 4.131% 计息。这样，中国人民银行和中央财政每年需要支付 300 亿元利息给邮政储蓄，尽管邮政体系在这个无风险的稳定收益的支持下过着安稳无忧的日子，但是这个沉重的利息包袱终于让中央银行和中央财政感到不堪重负。

邮政储蓄银行的成立可以说"一箭三雕"：它一方面使农村资金外流的趋势得到一定程度的缓解，从而更好地满足农村旺盛的资金需求，更好地支持新农村建设；另一方面它能够引发农村金融市场的良性竞争，使中国邮政储蓄银行和农村信用社在公平的市场竞争的基础上提高各自的经营效率，增强创新意识，从而为农村经济提供更全面的金融服务；同时，中国邮政储蓄银行的成立还有助于改变邮政储蓄资金的运作模式，减轻中央银行和中央财政的压力，真正使邮政储蓄体系成为发展全面资产负债业务的现代化的银行体系。尽管有着这三方面的作用，但是中国邮政储蓄银行的成立并非没有隐忧。中国邮政储蓄银行对农村金融体系的影响以及对于整个金融体系的影响还有待于进行深入探讨。

一个很明显的事实是，中国邮政储蓄银行一旦成立，就立即成为我国第五大国有商业银行，因此，作为第五大国有商业银行，其市场定位和未来发展趋势就不仅仅是中国银监会的一相情愿所能左右的，还要充分考虑到现有金融市场的竞争环境以及作为一个超大银行自身的经营偏好。就当下我国金融体系的竞争环境而言，可以说任何金融机构都面临着巨大的竞争压力。在这种竞争压力面前，任何金融机构都要努力提高收益，降低成本，不断提高资产质量，满足监管部门的资本充足率要求和不良贷款要求。作为一个超大银行，中国邮政储蓄银行也有它自己的目标函数，这个目标函数不仅要考虑到监管者的需要，更重要的是要考虑到市场竞争的需要。四大国有商业银行在巨大的竞争压力下，作出了收缩经营网点、上收管理权限的选择，导致四大国有商业银行在县以下农村的经营网络几乎在一夜之间全部销声匿迹。对于这个选择不能用任何道德判断的视角来加以武断的评论。从一个超大银行自身的角度来讲，农村金融业务确实存在着成本高、风险大、收益低、未来预期不稳定等弊端，与那些民间金融机构相比，超大银行不具有竞争优势。因此，将经营网点从广大的农村地区收缩回城市，这是一个基于成本收益分析的理性选择，本身无可厚非。那么，有四大国有商业银行的成例在前，中国邮政储蓄银行能够反其道而行之，将自己的经营主战场放在农村吗？能够将自己的主要业务领域放在支持新农村建设吗？至少从一个超大银行自身的成本收益来讲，我们暂时还很难对这个问题作出肯定的回答。

另外一个疑问就是中国邮政储蓄银行能否与农村信用社在农村金融领域形成良性的竞争关系。这个疑问，直接关系到农村信用社的未来命运。当然，从积极的一面来看，引入竞争机制，可以使农村金融市场结束垄断局面，农村信用社不再"一家独大"，农户和农村中小企业可以在借贷市场上有更多的选择，这就逼迫中国邮政储蓄银行和农村信用社必须改变自己的经营理念，增强竞争和创新的意识，以更好的服务和更优惠的服务价格来吸引客户。但是，从消极的一面来看，中国邮政储蓄银行和农村信用社的竞争其实是一种不太公平的竞争。这个不公平是一种既定条件下的起点的不公平，这种不公平是中国邮政储蓄银行和农村信用社都难以改变的。相对于农村信用社，中国邮政储蓄银行是一家典型的国有超大银行，品牌含金量高，实力雄厚，信誉当然就高得多，在吸揽存款、进行贷款、发放小额信贷、开展汇兑业务、结算网络等方面都大大优于农村信用社。更重要的是，与农村信用社相比，中国邮政储蓄银行像一个初出茅庐的青年，虽然经验不足，但是身上没有任何历史包袱，自然能轻装上阵，在竞争中占据优势。农村信用社历史包袱沉重，地方政府的行政性干预以及各种政策性业务使得农村信用社与中国邮政储蓄银行处在一个根本不同的起跑线上，无法进行公平的竞争。在这种情况下，一旦中国邮政储蓄银行借助自身的信誉优势、网络优势、结算优势、人才优势以及资金规模优势等在市场竞争中将农村信用社置于难以招架的地位，那么在农村金融领域必将引发较大的不稳定。当然，这种不稳定如果能被控制在一定的范围和程度内，对农村金融市场的重新整合和总体效率的提升不无好处。这就要求监管者首先应该准备必要的法律框架和政策框架,以应对这种可能发生的情况。同时,农村信用社的运行机制和组织架构也要进行相应的调整,甚至允许农村信用社在市场竞争原则下进行重新的机构整合,允许其在有效控制风险的前提下破产倒闭。

笔者认为,中国银监会作为监管者,应该将各种可能性纳入决策考量范围,而不是对中国邮政储蓄银行进行一相情愿的定位。从以上的分析来看,作为一个国有超大商业银行,中国邮政储蓄银行未来成为一个乡村银行的可能性不大,中国邮政储蓄银行从整体上不可能将其业务重点放在支持农村中较小的融资需求主体上。这是中国邮政储蓄银行作为一个超大国有商业银行的必然理性选择,监管者的任何愿望甚至强制性的要求都不可能改变这个选择。但是,这并不是说中国邮政储蓄银行的成立对新农村建设毫无意义。在中国邮政储蓄银行整体上不可能把支持"三农"作为业务核心这个前提下,不排除在中国邮政储蓄银行里分离出一个专门从事农村小额信贷的业务部门,这个部门将集中对农村的中小客户进行信贷服务。实际上,邮政储蓄体系在中国邮政储蓄银行成立之前已经有效地开展了农村小额贷款业务,主要集中在小额存单质押贷款上,目前其业务范围已扩大到了13个省、市和地区。

第六节 村镇银行和农民资金互助组织

村镇银行是在中国银监会"开放农村金融市场、降低农村金融市场准入"政策框架下建立的新型农村金融机构之一。自2007年3月1日第一家村镇银行——四川仪陇惠民村镇银行挂牌以来,到2007年12月,已经正式建立近20家村镇银行。这些新型农村金融机构的建立,使我国农村金融市场的资金供给主体更加多元化,农村金融机构的产权结构逐步具备多元开放的特征,治理结构也更加完善规范。这是我国农村金融领域具有里程碑意义的变革,对于我国农村金融改革意义重大。

首先,村镇银行的建立实现了农村金融机构产权主体的多元化,而这种股权结构的变化最终使得村镇银行的内部治理结构和激励约束机制与原来的农村信用社迥然不同。

其次,村镇银行的成立还促进了区域之间的竞争,使得跨区域的资金整合成为可能。2007年4月28日,北京农村商业银行出资1000万元,在湖北仙桃建立了北农商村镇银行,迈出了我国农村金融机构跨区域竞争的第一步。这个事件具有里程碑式的意义。2007年8月18日,江苏常熟农村商业银行作为发起人,建立了控股51%的湖北恩施咸丰村镇银行;2007年11月28日,宁波鄞州农村合作银行作为发起人,在新疆五家渠市建立了国民村镇银行。这些事件表明,资金的跨区域整合已经形成一股清晰可见的潮流，而这种跨区域的竞争，对于提高资金使用效率、改善地方金融生态和先进地区金融经验向后进地区的渗透，都具有极为重要的意义。

再次，村镇银行还引进了更多的外资银行加盟到中国的农村金融市场，对于我国农村金融总体质量的提高有着深远意义。2007年12月13日，香港上海汇丰银行有限公司出资1000万元，在湖北随州建立了独资的曾都汇丰村镇银行，这是外资银行涉水农村金融的第一步。事实上，渣打银行和花旗银行等世界银行业的巨舰都试图驶进中国农村金融这片潜力巨大的海区。渣打银行正计划进入重庆建立村镇银行，而汇丰银行在开县也将建立第二家村镇银行。花旗银行在中国的农村小额信贷领域已经尝试多年，拥有丰富的"中国经验"，最近拟在湖北宜城成立村镇银行。尤努斯的格莱珉信托基金也在寻求机会建立村镇银行。在国有商业银行纷纷撤销基层网点、忙不迭地从农村领域退出的时候，外资银行却在计划大举进军农村金融市场，这岂非咄咄怪事？洋银行忙着"上山下乡"，引起国人热议。难道外资银行都是非理性的疯子？答案显然是否定的。外资银行看中的是我国农村经济增长的长远潜力和农业转型的前景。在我国大面积的农村地区，经济增长迅猛，农村中小企业、农业龙头企业和农村合作经济组织迅速崛起，我国农村经济面临着空前的发展机遇和转型机遇。外资银行不是疯子，也不是傻子，它们目光远大，所看中的往往是几十年之后的市场，着重培育的也是几十年之后的市场。再过十几年、二十几年，这些市场空间将被瓜分殆尽，中资大银行将悔之晚矣。

最后，村镇银行的建立还使得我国现有政策性金融机构、商业性金融机构和合作金融机构有了更丰富多元的投资选择，使它们可以借助新型的金融平台，把资金有效地投入到新农村建设中。国家开发银行最近一个时期的动作值得关注，在几个月的时间当中，国家开发银行分别发起建立了甘肃平凉市泾川县汇通村镇银行、青海大通国开村镇银行、四川绵阳富民村镇银行和湖北黄石大冶国开村镇银行四家村镇银行，开了政策性金融机构发起设立村镇银行的先河。城市商业银行发起设立村镇银行的例子也很多，四川仪陇惠民村镇银行、吉林磐石融丰村镇银行、吉林东丰诚信村镇银行和内蒙古固阳县下湿壕镇包商惠农村镇银行等，都是当地城市商业银行发起设立的，大连银行、农村信用联社（甘井子合作银行）也拟在近期发起建立瓦房店村镇银行和庄河村镇银行。农村信用社发起设立村镇银行的例子有吉林敦化江南村镇银行、甘肃庆阳瑞信村镇银行等。村镇银行发起人的多元化，表明不同金融机构对村镇银行都持有积极的看法。可以说，村镇银行开启了我国农村金融的"战国时代"。

表4-1反映的是2007年3月1日至2007年12月18日我国村镇银行的概况，表4-2则反映了截至2007年12月18日我国村镇银行设立发起人的概况。

表4-1　我国村镇银行概况（2007年3月1日至2007年12月18日）

序号	名称	地点	成立日期	注册资本	发起人（注资规模和比例）	出资人
1	四川仪陇惠民村镇银行	四川仪陇县金城镇	2007年3月1日	200万元	南充市商业银行（100万元，50%）	四川明宇集团等5家公司（各20万元，各10%）
2	吉林磐石融丰村镇银行	吉林省磐石县融丰镇	2007年3月1日	2000万元	吉林市商业银行（400万元，20%）	88名自然人（1600万元，80%）
3	吉林东丰诚信村镇银行	吉林省辽源市东丰县	2007年3月1日	2000万元	辽源市城市信用社（750万元，37.5%）	3家企业法人（600万元，30%）、6名自然人（650万元，32.5%）
4	瑞信村镇银行	甘肃省庆阳市西峰区	2007年3月15日	1080万元	庆阳西峰区农村信用联社（270万元，25%）	5家企业发展和36名自然人（810万元，75%）
5	平凉市泾川县汇通村镇银行	甘肃省平凉市泾川县	2007年3月16日	1800万元	国家开发银行甘肃省分行（1000万元，55.56%）	泾川县农村信用社和平凉市城市信用社（各300万元，各16.67%）；1名企业法人与10名自然人（200万元，11.10%）
6	敦化江南村镇银行	吉林市延边州敦化市江南镇	2007年3月28日	1000万元	延边农村合作银行（510万元，51%）	19名自然人（490万元，49%）
7	湖北仙桃北农商村镇银行	湖北省仙桃市	2007年4月28日	1000万元	北京农村商业银行（1000万元，100%）	无
8	内蒙古固阳县下湿壕镇包商惠农村镇银行	内蒙古固阳县下湿壕镇	2007年4月28日	300万元	包头市商业银行（180万元，60%）	1家企业法人和7名自然人（120万元，40%）
9	四川富民村镇银行	四川绵阳市北川羌族自治县	2007年7月19日	531万元	绵阳商业银行、国家开发银行四川省分行	4家企业法人和43个自然人
10	甘肃武都金桥村镇银行	甘肃陇南市武都县	2007年7月20日	800万元	兰州市商业银行（300万元）和武都区信用联社（200万元）共同发起	吸收当地3家非金融机构企业法人和10户自然人入股（共300万元）

续表

序号	名称	地点	成立日期	注册资本	发起人（注资规模和比例）	出资人
11	湖北恩施咸丰村镇银行	湖北恩施州咸丰县	2007年8月18日	1000万元	江苏常熟农村商业银行（510万元，51%）	常熟4家民营企业占25%，咸丰4家民营企业占24%
12	青海大通国开村镇银行	青海省大通县	2007年10月19日	2245万元	国家开发银行青海省分行（1100万元，49%）	西宁市商业银行（460万元，20.5%）；其他4家法人（685万元，30.5%）
13	湖北嘉鱼吴江村镇银行	湖北省嘉鱼县鱼岳镇	2007年11月8日		吴江农村商业银行（51%）	嘉鱼田野集团、盛宇集团分别占10%和5%，还有一家吴江企业占3%，另外31%的股份由来自上海、江苏等地的10位自然人分持
14	新疆五家渠市国民村镇银行	新疆五家渠市	2007年11月28日	2800万元	宁波鄞州农村合作银行	8名企业法人
15	湖北随州曾都汇丰村镇银行	湖北随州	2007年12月13日	1000万元	香港上海汇丰银行（1000万元,100%）	无
16	湖北黄石大冶国开村镇银行	湖北黄石市	2007年12月18日	3000万元	国家开发银行	若干企业法人（具体数不详）

注：根据各村镇银行公开发布的信息和作者实地调研的资料整理。

表4-2　　我国村镇银行设立发起人概况（截至2007年12月18日）

发起人性质	政策性金融机构发起	外资银行发起	城市商业银行和城市信用社发起	农村信用社或农村合作银行发起	外地金融机构发起	多家金融机构共同发起
村镇银行名称	平凉市泾川县汇通村镇银行；青海大通国开村镇银行；湖北黄石大冶国开村镇银行	湖北随州曾都汇丰村镇银行	四川仪陇惠民村镇银行；吉林磐石融丰村镇银行；吉林东丰诚信村镇银行；内蒙古固阳县下湿壕镇包商惠农村镇银行	敦化江南村镇银行；瑞信村镇银行	湖北仙桃北农商村镇银行；新疆五家渠市国民村镇银行；湖北恩施咸丰村镇银行；湖北嘉鱼吴江村镇银行	四川富民村镇银行；甘肃武都金桥村镇银行
家数	3	1	4	2	4	2

但是，村镇银行的发展也存在很多挑战和隐忧。银行的发展，最终取决于银行本身的信誉，这种信誉不是一天两天树立起来的，而是在几十年、上百年乃至于几百年的发展中积累起来的。环顾全球卓越银行，它们都是有着悠久历史的、值得长期信赖的金融机构。由于村镇银行是一个新鲜事物，还不可能一下子累积起自己在社会和客户中的信誉，因此，在短时间内，村镇银行在吸引存款和业务拓展过程中必然会遇到一些困难。老百姓对村镇银行还有一个观望、观察和尝试的过程。在这个过程中，村镇银行必须秉持严谨诚信的作风，严格按照规程办理各项业务，在社会和客户中树立良好的诚信稳健的形象，以此获得社会和客户的信任。没有这种基本的信任，村镇银行的任何发展都无从谈起。一旦因为村镇银行员工或管理层的不谨慎或不诚信而出现问题，村镇银行的信誉就会急速下降，其发展就会受到严重影响。这一点，笔者希望引起村镇银行管理者的足够重视。谨慎、稳健、合规、诚信，是银行生存的根本。

村镇银行的发展还需要管理者有长远的眼光。银行是一个累积信用的行业，银行最大的资产，是自己的信用。这也是山西票号经营近两百年而不衰的重要信念支撑之一。如果一个银行家在银行创立的时候，不想把这个银行开成"百年老店"，那他就不是一个合格的银行家。笔者希望村镇银行的管理者能够高瞻远瞩，有高远的战略眼光，能够放眼将来，而不是被眼前的小利所牵绊。银行最忌机会主义，最忌短期行为。有鉴于此，村镇银行的管理者必须做好内部控制，严防内部金融腐败，禁止关联交易，在每一个贷款项目审查中都坚持审慎原则。这一点，笔者也希望引起村镇银行管理者的足够重视。短期行为、机会主义、金融腐败和关联交易这些行为可以很快使银行陷入瘫痪，一些巨型银行的倒闭可作前车之鉴。

村镇银行还需要极端重视风险管理和贷款评估。由于村镇银行服务对象的特殊性，加上村镇银行有着贴近社区、贴近群众的比较优势，村镇银行在对客户进行信贷服务的时候，更应该对这些客户进行"贴身式"的紧密型服务，其信贷服务流程的设计、信贷管理制度的实施、信用评估和信贷风险手段等，都应该适应农村中小企业、农村合作经济组织和农户的实际需求。在风险管理方面，村镇银行应该把自己视为一个主要为当地社区服务的"社区银行"，与社区内的中小企业形成一种良性的、紧密的、基于各种"软信息"的互动关系。"软信息"的利用，意味着村镇银行在评价社区内的中小企业的信用风险和业绩的时候，主要不是依靠企业报送的各种硬性的财务指标，不是以各种冷冰冰的数据为导向，而是以客户为导向来评价企业，通过各种紧密型的信息搜集手段，来印证客户的财务指标。这样，在客户的信用评估和风险评价方面，就会减少信息失真的概率。

人才问题也是可能影响村镇银行发展的瓶颈因素之一。在吸引人才的硬性条件方面，村镇银行显然难以与大的国有银行和股份制银行相媲美，更难以与外资银行竞争。村镇银行应在人才招聘方面更具灵活性，但应该严格避免"近亲繁殖"。村镇银行还应该重视对员工和管理层的金融教育，使他们在风险管理、财务管理、贷款客户评估、小额信贷技术和金融产品创新等方面具备良好的素质，从而应对农村金融市场的竞争和未来金融发展的挑战。

目前，在村镇银行的组建过程中，也逐渐出现一些值得特别关注的现象，很多问题也慢慢暴露出来。如果这些问题得不到应有的重视和防范，那么村镇银行的组建不可避免地会留下诸多隐患，对未来的村镇银行的正确定位与健康发展产生消极的影响。下面笔者将分析村镇银行的五大隐忧。

第一个隐忧是政府主导包办化。在村镇银行组建过程中，地方政府起到主导性作用，这是可以理解的，也是无可厚非的。地方政府领导对村镇银行组建的热情参与和积极推进，是村镇银行迅速发展的一个重要前提。但是在一些地区，地方政府对村镇银行的组建似乎干预过多，介入太深，在很多组建细节方面，地方政府都按照自己的主观意愿和偏好进行过多的控制，导致村镇银行的组建方向产生很多偏差。据报载，在某中部省份，一些股份制商业银行和实力雄厚的民营企业家对村镇银行的设立有着浓厚的兴趣，并做了充分的前期组建准备，但是地方政府领导在村镇银行组建方面一味求大，希望大型国有商业银行能够作为发起行来牵头组建村镇银行，结果非常武断地拒绝了地方股份制商业银行作为发起者的请求，使这些资产质量较好的商业银行和民营企业家们大失所望。有些地方政府在选择发起银行、村镇银行内部股权结构设置和治理结构设置方面大包大揽，严重曲解了中国银监会在设立村镇银行时所持有的吸引民间资本、改善经营机制和重塑治理结构的初衷。

第二个隐忧是民企哄上盲目化。很多民营企业家对村镇银行的设立有着超乎寻常的热情，一听到民营资本可以参与村镇银行的组建，便一哄而上，试图一举抢占先机，身份一摇而变为"银行家"。民营企业家的积极参与，可以改善村镇银行的股权结构和治理结构，值得鼓励，这也是中国银监会设立村镇银行的重要目的之一。但是，对于经营银行，很多民营企业家似乎并没有作出充分的准备。在我国，银行的"执照"非常昂贵，民间资本设立银行的门槛一贯极高，而此次中国银监会的政策框架却是"低门槛、宽准入、严监管"，这确实为民营资本创造了一个百年不遇的绝好机会。很多民营企业家们看中的正是这个银行的"执照"，但是他们对于村镇银行的战略定位和未来经营方向却不甚了之，甚至对村镇银行的运作与经营管理缺乏最基本的知识准备。银行风险控制、贷款客户管理、资产负债结构和银行表外业务等名词，对于他们来说完全是陌生的。应该说，很多民营企业家这种超乎寻常的热情背后有一定的盲目性。最近笔者到某市参加村镇银行组建启动仪式，与作为主要发起人的民营企业家们聊天，发现他们竟然根本没有看过中国银监会设立村镇银行的相关法规和指引，对其中的很多关键性规定一无所知。笔者认为这是非常危险的,这种盲目性会给村镇银行的未来发展留下很多隐患。

第三个隐忧是政策银行网点化。截至2007年12月所成立的近20家村镇银行中,由政策性金融机构发起成立的独资或控股村镇银行有4家,占到20%以上。政策性银行参与发起村镇银行,有其特殊优势,如国家开发银行本身资金雄厚,又有国家信用作后盾,可以为村镇银行的未来发展打下良好基础,但是也存在若干隐忧。政策性银行在基层缺乏网点,用句通俗的话来说,就是"没有腿",而国家开发银行等参与发起村镇银行,主要目的是将其变成自己的基层网点,也就是"造腿"。但是我们要知道,国家开发银行以往的运作方式、企业文化与经营领域跟新建的村镇银行完全不同。国家开发银行的业务都是大手笔,动辄几亿元甚至几十亿元,它们基本上不与基层打交道,更遑论农户。村镇银行直接面向社区,面向农户,面向农村中小企业,在这些方面,国家开发银行的管理者们似乎缺乏相应的实践经验。他们能否适应村镇银行的经营方式和经营领域、能否使村镇银行的未来经营方向不走歪,还是一个值得担心的未知数,这一点值得参与发起组建村镇银行的政策性银行高度注意。

第四个隐忧是业务层次高端化。村镇银行的发起者和参与者,在组建村镇银行之后,有可能因为盈利的压力而改变村镇银行原有的业务领域,使客户群体走向高端化。毕竟,村镇银行是一个以多元产权尤其是民营资本为重要组成部分的股份制银行,股东们要获得投资回报,这是无可厚非的。但是这种压力极有可能导致村镇银行不再面向农村中小企业、农村合作经济组织和农户,而是锁定大客户和高端客户,从而出现"垒大户"的局面。这是有悖于中国银监会成立村镇银行的初衷的,值得警惕。

第五个隐忧是内部治理裙带化。建立合规的、完善的内部治理结构,是银行稳健经营与可持续发展的基础。在内部治理结构的设置方面,最值得担心的是发起人和参与者之间存在着过于亲密的裙带关系,在极端情况下,董事会、监事会和经理层甚至可能都由具有亲缘关系的一家人担任负责人,这就难以形成真正有效的公司治理结构。村镇银行组建初期,很容易出现任人唯亲的情况,这将是村镇银行良性发展的最大障碍。

村镇银行是一个新鲜事物。在成长的最初阶段,只有尽量规范、严谨、稳健,才能为其将来的发展壮大打下坚实的基础。

在中国银监会的"开放农村金融市场、降低农村金融市场准入"的政策框架下,还出现了一批农民资金互助组织。这是由农民自己发起创办的真正的信用合作组织,与现存的准官方的农村信用社完全不同。2007年7月1日实施的《中华人民共和国农民专业合作社法》明确规定不允许农民进行信用合作,这种规定是与国际潮流相悖的。纵观全球,农民合作的核心与基石是信用合作,即资金方面的互助合作。在中国银监会的政策框架中，农民可以通过共同出资的方式，组建信用合作组织，其成员在有资金需求的时候可以向资金互助组织提出贷款申请。农民资金互助组织的成立，可以满足农民短期的消费贷款和生产贷款需求，其贷款的交易成本比较低，信息比较对称，贷款违约的可能性较低。

专栏4-3　吉林梨树百信农民资金互助社的制度设计

吉林梨树县闫家村百信农民资金互助社（以下简称百信农民资金互助社）于2007年3月9日成立，是我国第一个农民正式注册的农民资金互助组织。成立仪式举行的当天，时任中国银监会副主席的唐双宁为百信农民资金互助社剪彩，并题写"春江水暖"四个字，预示着我国农民资金互助组织发展的春天即将来临。百信农民资金互助社设计了比较规范和严密的内控制度和治理结构，具体运行机制和办法如下：

（一）股金和股金的作用

社员股金分成资格股、投资股和流动股。合作社设国家社会公共股。

社员资格股是指社员参加合作社必须缴纳的最低基础股金，每户（人）一个资格股，资格股有一个投票权。资格股不足需要补充资本时，所增加的股金为投资股。投资股的主要作用，一是作为抗风险资金的来源，二是合作社自聚资本的机制安排。比如，老赵加入合作社入股了200元，当他需要贷款3000元时，按照合作社章程和互助资金办法规定，社员借款最高额度不得超过自有股本金的6倍，那么老赵还需增加300元投资股，方可借款3000元。当老赵将借款还回后，老赵的500元股金又可互助其他社员了。这个制度安排，一方面使社员借贷有了规则，另一方面也约束了风险，再通过资金的周转不停地将新的社员股金吸收进来，不断壮大合作社资金实力，同时使社员参与经济管理和监督的积极性更加高涨。

社员流动股，是指社员暂时闲置资金，不满一年的可用资金。对于按约期支付的款项不计利息，参与年终决算分红，但没有表决权。

国家社会公共股，是合作社接受国家或社会组织和个人对合作社的无偿资助形成的权益，此股只有监督权没有表决权。

股金是明晰产权制度、建立治理结构的基础要素，只有涉及其利益，农民才能自担起经济事务的管理责任和经营风险责任，才能摆脱经营风险由国家信用承担的后果，才能够促使经营者建立起严格的自我约束机制和风险防范体系，才能贴近农民需求，不断提高自我服务能力和水平。股金是一个组织抗拒市场等风险的核心要素，没有股金首先承担第一风险，就不会出现良好的金融组织。农村信用社机制转变不了的根本原因,就是农民没有参与进来，而经营风险要由国家承担。

(二) 风险防范机制

金融是社会高风险行业，如果没有健全的内部控制制度、良好的治理结构以及防范和控制风险能力机制，是很难被监管当局认可的，因此，新的金融组织进入农村市场，也要遵守一般性的金融要求：资本约束和比例控制原则。百信农民资金互助社在章程中明确了下列相关联的制度要求：

一是借款实行自担责任、互担责任和共担责任相结合的制度。如办法规定：社员借款最高额度不得超过自有股金的6倍，社员保证金额（股金）不得低于净风险额（即借款额减去自有股金）的40%。这一制度安排重在建立信用，强调第一借款人的还款能力，不是全额信用担保，而是实行差额担保机制，有助于第一借款人讲求信用。金融活动主要是靠信用支持和建立的，这一做法从根本上改变了商业银行或农村信用社呆板的担保机制。那么风险是如何通过自担责任、互担责任和共担责任建立起来的呢？举例说明：老李有股金400元，那么他可申请2400元的借款，合作社净风险是2000元（2400元减去老赵自有股金400元），合作社社员为其提供股金的40%的担保，也就是800元，实际合作社净风险资金是1200元，如果出现风险，分情况其债务人和担保人负责承担连带还款责任：(1) 确是正常经营风险，可申请展期归还；(2) 若出现重大不可抵抗灾害，由全体社员分摊风险，如1200元实际净风险由60户社员分摊，每户20元，都能承受得住，另外随着户数的增加抗风险能力会大大增强，这部分资金可停息挂账，待生产正常后归还；(3) 恶意不还，由担保人承担归还责任，并加高额罚息。

二是建立了最高额度控制和风险分散制度。合作社规定，社员单户借款额不得超过总股金额的10%，10户最大贷款额不得超过总股金额的50%。这与传统的资本金约束是一致的，因此也要求新的金融组织符合此项规避风险指标要求。

三是规定单户最高持股比例不得超过5%（也可根据实际调整为10%），其一是防止大户控股，其二是避免单户承担过大的经营风险。

四是规定了3个月以内借款不得低于30%，主要是一方面保证社员能够经常与合作社交易，另一方面注意资金流动性要求，通过资金不同期限的组合来防范风险。

五是合作社开展自营业务（如购买生产资料和收购农产品等）所需资金不得超过总资金的40%。这一制度使农民的合作社由资金互助转变成"三位一体"合作方式，开创了中国特色的合作社道路。这种合作方式深受农民欢迎。

六是逐步建立风险提足准备制度。

实际上，这种机构对风险防范的要求与国际银行组织对风险防范的要求是一致的，不同的是对我们现有的农村金融机构来说，这样的新组织是真正建立在自担责任基础上的金融组织，其经营风险要由出资方自己来承担，而不能由国家和社会来承担。这样的机制必然促使经营者和决策者们严格按章程办事，做到高效服务和高效决策与监督。

(三) 股金的分配和风险的承担

合作社经营有盈余，按照法定准备要求，提取资金如公积金、公益金、风险金后，60%~70%用于股金红利分配，分配办法采用积数分红法。这种分红办法，充分考虑股金的经常变动（持续增加），使股金的贡献率通过金额多少和时间长短能够被有效地公允地计算出来，大家都能够接受。同样，如果出现经营亏损，按相同积数分摊金额来弥补亏损，公共积累有结余时，再由公共积累或风险准备分担，补充个人股金。

(四) 国家社会公共股的作用

国家社会公共股一方面能够帮助农民抗拒风险；能够让更多的农民产生信任，从而更积极主动地参与到合作的资金互助上来；能够通过国家社会公共股的帮助，扩大农民缺口资金的供应，来满足农民对资金的需求。

另一方面，也是更重要的作用是，由于最初组织资金互助合作社组织和开办成本费用是很高的，农民没有这样的组织成本，因此需要国家和社会来承担这项责任，我们要达到这样一个目的，同样的钱既要解决组织成本问题，也要使组织能力得到训练和加强，起到一块资金多种效果作用。如国家支持30万元公共股，由合作社转贷给农民，那么可吸收农民新增股金5万元，同时产生的利息收入假定是3万元的话，初步解决了组织成本，同时农民的股金创造的收入，就可实现分红，那么农村闲散的资金就会被吸引到合作社中来，使合作社成为农村资金的蓄水池，充分发挥余缺调节作用。

(五) 财政支农资金和社会资金的返回机制

国家要建立支持农村资金组织体制和机制，这种制度要有个框架，要公开透明，只要符合要求，就可得到国家帮助。比如，资金组织在20万元以上，股本金在3万元以上，符合自担责任要求和其他相关制度要求，可向财政或农业发展银行申请财政贴息贷款，原则是最高借款额不超过自有股金的5倍，也即从资金充足角度看股金占20%。通过这样连续的正向激励，必将使新的组织得到较快和较好的发展。

这样的制度建立后，农村金融市场主体才能产生竞争要求，也才能使财政支持农村的资金不被截留和挪用，也才能建立起国家引导农村经济发展和

> 扶持农业产业的组织体和传导体。
>
> 财政资金和农民合作金融结合，使农村经济规模化经营有了保证。农民通过和生产紧密结合，以及合作社在农产品和生产资料的自营业务的开展，会带来大量的股金红利，城市资金才能真正回流农村。
>
> 资料来源：姜柏林：《梨树县百信资金互助合作社的新制度框架启示》，中国金融网。

第七节　农村小额贷款公司和其他小额贷款机构

我国农村金融体系中还包括很多小额贷款公司，这些小额贷款公司基本上分为两类：一类是中国人民银行2005年批准试点的"只贷不存"小额贷款公司，另一类是各地政府部门或非政府组织建立的小额贷款机构。

2005年中央银行选择山西平遥、贵州江口、四川广汉和陕西户县进行民间小额信贷的试点工作，试图引导民间融资活动走向正轨，并将民间融资纳入金融监管机构的监管之下。

山西平遥是最早进行NGO（非政府组织）小额信贷试点工作的地区，其试点方案相对比较成熟。在平遥的试点方案中，民间小额信贷的资金来源有六大途径，即发起人自有资金及财产、国外机构资金、委托人转贷资金、捐赠资金、政府扶贫资金和人民银行再贷款。贷款对象为农户和农村中小企业（可跨区域）；在贷款限额方面，规定单笔贷款金额上限1万元；实行市场化利率，但最高不超过基准利率的4倍；在风险防范上，原则上以无偿援助和捐赠资金等方式设立风险补偿基金，对小额贷款损失提供一定比例的补偿（初步考虑为20%），该部分资金由试点县相应成立的小额担保贷款促进会或贷款协会掌握，专款专用。初定的方案是，小额信贷组织资金规模为2000多万元人民币，由5家发起人的自有资金构成，将来在政策允许的情况下，再陆续吸收委托资金、对公存款和个人存款（初期是"只贷不存"）。特别值得强调的是，平遥在试点中特别重视配套制度的设计，如开展扶贫到户示范工程并对贷款户进行培训，配合小额信贷项目向贷款户传授先进适用技术，提高投资项目的成功率，减少小额贷款风险；同时，平遥方案注重扶持龙头产业，包括向市场型农户和形成中的龙头企业发放小额贷款，并在向农户和龙头企业发放贷款的同时，建立农户或企业间的小组联保机制，形成"1+N"金融服务模式。平遥建立专业合作社组织，由信贷组织将贷款发放给专业合作社，再通过专业合作社将贷款发至农户和企业；同时，组建为农户和企业服务的担保基金，为其融资提供信用担保。在贷款领域方面，试点方案规定，平遥小额贷款组织资金的70%必须投向农民养殖业和商贸流通业，并且70%以上的贷款必须控制在5万元以下，10万元以下的贷款要占到总贷款额的75%以上（这里的5万元、10万元指单户农户累计贷款额）。在贷款信用评估方面，将以村为单位和依托，每个村选择3到5位德高望重的村民组成"信用审查小组"，审查贷款，并随后张榜公布，接受全体村民监督。信用审查合格者即可与小额贷款组织签约贷款，但仍需要一两个人担保。

表4-3反映的就是山西平遥NGO小额信贷试点方案的情况。

表4-3　　　　　　　　山西平遥NGO小额信贷试点方案概要

项目	具体方案
资金来源	发起人自有资金及财产、国外机构资金、委托人转贷资金、捐赠资金、政府扶贫资金和人民银行再贷款
贷款对象	农户或农村中小企业，侧重于农村中小企业
单笔贷款限额	上限1万元
利率水平	实行市场化利率，最高不超过基准利率的4倍
风险防范	以无偿援助和捐赠资金等方式设立风险补偿基金，对小额贷款损失提供一定比例的补偿（初步考虑为20%），该资金由小额担保贷款促进会或贷款协会掌握，专款专用
配套制度	开展贷款户培训，扶持龙头产业，建立农户或企业间的小组联保机制
贷款领域	70%必须投向农民养殖业和商贸流通业
信用评估	贷款发放将以村为单位和依托，每个村选择3到5位德高望重的村民组成"信用审查小组"，村民贷款必须经过他们审查，并随后张榜公布，接受全体村民监督

资料来源：根据王曙光2005年11月在山西平遥的实地调研结果和相关资料整理。

贵州铜仁地区江口县NGO小额信贷试点的最大特点是面向国际国内招标，希望借此引进外来投资者组建小额信贷机构，并引进国际先进的管理技术和经验。这一点与平遥以政府为主导选择5位发起人组建小额信贷机构的做法形成对比。招标方式在透明度和可操作性上明显优于政府主导型选择模式，也有利于减少小额信贷机构组建过程中政府的干预，使组建工作更科学合理。但是，国内外中标者在中标之后如何协作、如何在将来的贷款中减少交易成本是值得关注的问题，同时国内外投资者进入江口小额信贷市场后是否会发生大量资金被吸走的情况也是不确定的。另外一个与平遥模式不同的特点，是江口县的试点取得了亚洲开发银行的支持，前期调研和制作标书的工作由亚洲开发银行提供技术援助，在发标之后亚洲开发银行还将为中标机构在江口组建的小额信贷组织提供部分启动资金。亚洲开发银行的参与使江口模式在资金上具有一定优势。在贷款对象方面，山西平遥模式重点面向农村中小企业放贷，而贵州江口模式则侧重于服务农户个人，这是由铜仁地区的经济结构和产业发展现状所决定的。在贷款区域方面，江口模式的思路是采取渐进策略，即第一年允许小额信贷机构在县城开展10%的贷款业务，第二年允许在县城开展20%的贷款业务，直到第三年的30%封顶。随着农村城镇化水平的提高，小额信贷机构服务县城的比例还可提高。

表4-4反映的就是贵州江口县NGO小额信贷试点方案的情况。

表4-4　　　　　贵州江口县NGO小额信贷试点方案概要

项目	具体方案
小额信贷机构组建	面向国际国内进行招标，引进外来投资者组建小额信贷机构
启动资金提供	亚洲开发银行在发标之后将为中标机构组建的小额信贷组织提供部分启动资金
服务对象	主要为农户，侧重于对单个农户放贷
贷款区域	第一年允许小额信贷机构在县城开展10%的贷款业务，第二年允许在县城开展20%的贷款业务，直到第三年的30%封顶。随着农村城镇化水平的提高，小额信贷机构服务县城的比例还可提高
利率水平	希望能以高出基准利率多少个百分点来确定利率水平
未来发展模式	希望将来成立小额贷款银行，未来可跨区域进行贷款，并吸收存款

资料来源：根据报刊公开资料整理。

平遥模式和江口模式都强调一种渐进式推进小额信贷试点的策略，但在贷款对象、贷款领域、机构组建方式和资金来源等方面都存在很多不同，这种差异很大程度上反映了不同地区在经济结构和产业结构方面的不同。江口模式最大的特点是在小额信贷机构组建过程中引进了竞争性机制，这种竞争性机制有可能在一定程度上保证参与组建的投资者的资质和经营能力，为未来小额信贷机构的规范化运作奠定一个较好的组织和制度基础。平遥模式中最值得关注的是其贷款风险控制机制的设计。基于平遥在20世纪90年代末期的教训，平遥模式特别注重风险补偿基金的作用，并在贷款中实施比较规范的信用评估，同时尝试通过多户联保等制度来减少不良贷款产生的概率。此外，平遥模式中注重扶持贷款对象的做法也值得提倡，这种制度设计使得小额信贷机构和接受贷款的农户形成一种所谓"命运共同体"，塑造了一种长期的契约关系，这对于从长期角度控制贷款风险非常重要。平遥模式中通过龙头产业进行"1+N"式贷款和通过专业合作社贷款也是非常有创新性的做法，有助于农业产业化的推进和农户的组织协调成本的降低。

在比较NGO小额信贷试点的不同模式的过程中，我们可以明显感受到地方政府在试点工作中的主导性作用。地方政府对小额信贷试点的积极参与无疑是推进试点的重要力量，但不可否认的是，作为一个理性的、自我效用最大化的当事人，政府也会在试点中寻求自己的利益，这就产生了政府对民间金融规范化试点不当干预的可能性，同时也为各种不正当行为（如寻租）等提供了机会。假如政府在民间金融试点的过程中，按照自己的偏好和利益倾向，选择投资者组建小额信贷组织，那么这种金融组织就不可避免地带有浓厚的政府色彩。这就必然产生两种可能：第一，这种本来是民间性金融组织的小额信贷组织势必会增强对政府的依赖性，从而会减弱其贷款质量审查和风险控制的力度，使政府最终成为各种不良贷款的承担者；第二，政府人员会通过正当的渠道干预民间金融组织的小额信贷行为，从而难以保证小额信贷组织贷款的独立性，不利于贷款质量的提升。

政府的不当干预很容易使本来生机旺盛的"草根金融"变成温室中的"盆景金融"，"草根金融"有自己的成长规律和运作方式，如果政府把自己认为良好的制度和组织形式强加给这些民间性的金融组织，那么势必会削弱这些民间金融组织的自主创新能力，也会给政府带来不必要的财政负担。政府应该是游戏规则的制定者，而不应该是游戏的直接参与者。在NGO小额信贷试点中，政府应该尝试扮演一种比较超脱的角色。事实上，在一些民间金融比较发达的地区，有一些民间金融组织运作规范，服务到位，贷款质量很高，对当地农村经济发展起到了良好的促进作用。政府应该扶持这些资质良好的民间金融组织的发展，使它们逐步合法化，使"地下金融"获得合法的、正当的竞争权利，这比政府重起炉灶组建新的所谓"民间"金融组织更为有效，也更符合民间金融成长的规律。

除了中央银行试点的小额贷款公司之外，中国还存在大量由民间组织或政府组织所创建的小额贷款机构。1993年，中国社会科学院农村发展研究所引进孟加拉国乡村银行的"小组模式"，在河北易县成立了第一个扶贫经济合作社，开了民间组织进行小额贷款的先河；同年，由著名经济学家茅于轼等发起组建的"山西龙水头村扶贫基金会"也开始向农民发放小额贷款。现在，各类政府组织（如妇联）、国内公益组织（如中国扶贫基金会）、国际组织（如联合国儿童基金会）和国际慈善组织（如宣明会、乐施会）都建立了大量小额贷款机构。表4-5显示的是2005年小额信贷组织类型与模式统计。

表4-5　　　　小额信贷组织类型和模式统计（2005）

管理机构	机构数目	小额信贷模式		
		小组模式	个人贷款	小组或个人贷款
妇联	23	13	7	3
扶贫基金会	4	4	0	0
幸福工程	4	4	0	0
中国国际经济技术交流中心	14	12	1	1
联合国儿童基金会	28	25	3	0

续表

管理机构	机构数目	小额信贷模式		
		小组模式	个人贷款	小组或个人贷款
联合国人口基金	3	2	1	0
宣明会	9	7	1	1
中国社会科学院扶贫经济合作社	3	3	0	0
其他	16	12	3	1
有效问卷数	104	82	16	6
占比		78.85%	15.38%	5.77%

资料来源：王曙光、乔郁等：《农村金融学》，312页，北京，北京大学出版社，2007。

在实践中，小额贷款机构还有很多创新形式，这些创新形式充分适应了农村金融市场的多元化需求，也反映了农民的首创精神。专栏4-4介绍的宁夏银川掌政农村资金物流调剂中心就是小额贷款机构创新中的典型代表。

专栏4-4 农村小额贷款机构的创新形式：宁夏掌政农村资金物流调剂中心

宁夏掌政农村资金物流调剂中心是在2007年成立的一个小额贷款机构。不过，这个小额贷款机构不同于一般的小额贷款公司。宁夏掌政农村资金物流调剂中心的定位是：以农民资金互助合作为基础，以社会民间资本为主导，以市场化运作机制为保障，以扶贫性金融为手段，将农民信用合作、商业性小额贷款、农资物流调剂三者密切结合而构建一个三位一体的商业化可持续的金融反贫困框架。

在这个定位里面，第一，掌政模式的基础是200个农民的信用互助合作，他们共同出资，由1000元到上万元不等，构建了一个资金互助社的基本框架。第二，在这个基础之上，民间资本加入进来，有三个企业的注资壮大了这个资金互助组织的实力，扩大了资金规模，同时也使得单纯的农民资金互助有了更丰富的内涵。没有民间资本的参股，单纯的农民资金互助不仅存在资金上的困境和瓶颈，在未来经营方面也会存在若干问题。第三，在运作机制上，掌政农村资金物流调剂中心完全是市场化的，追求的是可持续的发展，也就是说，这个中心毕竟是一个公司，它必须实现财务上的可持续性，必须实现稳定的盈利。它不是一个政策性金融组织，更不是一个慈善机构。第四，中心的宗旨是为农民服务，其主体业务必然体现金融反贫困的要求，其利率水平也必然与农民的实际承受能力相匹配。这四个方面的定位，基本涵盖了掌政农村资金物流调剂中心创新理念的一些精髓。

掌政农村资金物流调剂中心是一种"需求引导型金融创新"。所谓"需求引导型",就是该中心的一切制度设计和机制创新,都基于对农户和农村小企业的实际需求的满足。通俗地说,就是农民需要什么,农村资金物流调剂中心就提供什么。因此,这个中心实际上融合了农民的很多需求,包括资金互助、小额贷款和农资物流。这种"需求引导型金融创新"不拘泥于一种模式,带有很强的综合性,可以把不同的资源和产业链整合起来,调动不同主体的积极性,在全国农村金融改革和创新中颇具代表性。

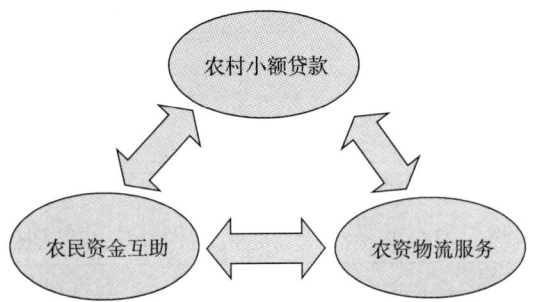

掌政农村资金物流调剂中心三位一体的金融创新形式

第二篇 业务篇

第五章

农村金融机构资产管理（一）：农户小额贷款

第一节 农户小额贷款的个人贷款模式

乡村银行所面临的主要客户群体是大量的农户。我国历史上是一个小农经济国家，农民在小块的土地上精耕细作。当前，我国农业经济中也出现了很多规模较大的农业产业，但是就总体而言，农村中小农经济仍旧占主体，这是我国当前农村中最基本的一个事实，也是建立乡村银行时必须首先正视的一个事实。

乡村银行既然以小规模农户为主要客户对象，那么在对小规模农户进行贷款时就要考虑到他们的基本生产特点与资金需求特点。概括来说，农户的生产与资金需求有以下特征：第一，农户的生产具有一定的季节性与明显的周期性，尤其是以从事种植业为主的农户。农户的这个特征，是乡村银行在确定贷款期限和回收周期等问题时必须考虑的。第二，农户的贷款规模一般较小，小额贷款一般为2000~5000元。尽管我国各地经济发展水平差别很大，但是一般来说，农户的贷款平均都在10000元以下。第三，农户贷款需求以短期的流动资金需求为主，一般期限都低于1年，有些甚至在3~6个月。比如一些种植户，其资金周转多数在春耕时节发生困难，此时农民需要少量资金以准备购置农药、化肥、塑料薄膜和种子等生产物资，一些养殖户则需要在一定养殖周期开始前购置设备、鱼苗或仔猪等。几个月后，农民就有了收成，很快就可以还贷。

对农户的贷款一般有两种形式：一种是个人贷款模式，即贷款只针对单个农民（农户），贷款时乡村银行只考察农民个人的信用情况，一般由乡村银行最后单方面决定贷款的额度与期限。另一种是小组模式，也称为多户联保模式。这种模式以孟加拉乡村银行为代表。贷款时乡村银行针对的是一个小组，这个小组一般由5~6人组成，小组定期开会讨论贷款对象、额度和期限等，再与乡村银行协商确定。在这种模式中，小组成员之间一般有联保责任，即当一个成员最终违约不能还款时，其他成员应负有担保责任，应该共同承担还款责任。

个人贷款模式在我国较为多见，而小组模式运用得较少一些。在国内，个人贷款模式以山西龙水头村扶贫基金会模式为代表。个人贷款模式好处是：它避免了组建小组的复杂程序，也使借贷者减少了参加小组会议的时间和成本；贷款的偿还责任比较明确，乡村银行只要考察单一贷款者的信用即可。对于乡村银行来说，个人贷款模式的成本有时高于小组模式，因为要跟每个贷款申请者建立独立的联系，贷款决策完全取决于乡村银行；同时，因为个人贷款模式没有抵押，一般也没有担保，所以贷款风险较大。

个人贷款模式与小组贷款模式的比较详见表 5-1。

表 5-1　　　　　　　　个人贷款模式与小组贷款模式比较

	个人贷款模式	小组贷款模式
运作方法	贷款只针对单个农民（农户），贷款时乡村银行只考察农民个人的信用情况，一般由乡村银行最后单方面决定贷款的额度与期限	多户联保模式，这种模式以孟加拉乡村银行为代表，贷款时乡村银行针对的是一个小组，这个小组一般由 5~6 人组成，由小组定期开会讨论贷款对象、额度和期限等，再与乡村银行协商确定
客户间关系	客户之间没有任何连带关系	小组成员之间一般有联保责任，即当一个成员最终违约不能还款时，其他成员应负有担保责任，应该共同承担还款责任
程序便利程度	贷款程序比较简单，避免了组建小组的复杂程序，也使借贷者减少了参加小组会议的时间和成本	组建小组的程序较为复杂，小组成员的时间成本较高
还款责任	贷款的偿还责任比较明确，乡村银行只要考察单一贷款者的信用即可	小组成员之间有连带责任，有时责任不明确，出现"联而不保"的情况
沟通成本	个人贷款模式的成本有时高于小组模式，因为要跟每个贷款申请者建立独立的联系，沟通成本较高	小组模式中乡村银行与小组或更大的联盟进行沟通，可以很快覆盖较大的人群，沟通成本较低
贷款风险	个人贷款若没有相应的抵押担保，则风险较高	小组模式由于有成员之间的担保和连带责任，在成员之间联保有效的情况下，贷款风险较低
决策成本	乡村银行在决策中居于主导地位，决策成本较高	乡村银行和小组共担决策责任，乡村银行把很大一部分决策权力让渡给小组，其决策成本较低

此外，还有一个文化问题影响乡村银行在小组模式和个人模式之间的选择。

在我国的文化当中,小农经济形成了一种各自独立的文化传统,每个小农都各自决定自己的生产规模与经营方式,而不受其他人的影响。尽管我国在1949年后实行了很长时间的农村集体经济,但是小农的这种独立传统还是根深蒂固。这导致小农之间很难有实质性的合作,妨碍了农村产业的规模化。在我国,农村信用社很多年以来都在实行多户联保贷款,但是"联而不保"的情况非常多见,即多个农民尽管申请了多户联保贷款,但是当其中一个成员不能还款时,其他小组成员并不能真正履行还款责任。

个人贷款模式的基本程序非常简单。一般先是由有贷款需求的农户向乡村银行提出申请,说明贷款的需求额度与使用计划;乡村银行根据申请,对申请人的信用进行实地考察,并审查其资金使用计划是否合理,分析申请人的还款能力与信用;当乡村银行的员工对以上信息全部掌握之后,就可以确定是否贷款、贷款额度以及期限。有时,还款方案可以比较灵活,比如可以每两个月或每季度还一次,避免一次性还款所带来的巨大压力。

乡村银行农户个人贷款模式程序见图5-1。

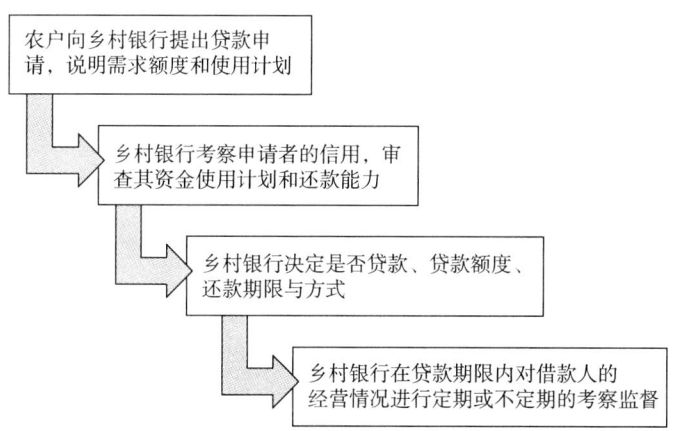

图5-1 乡村银行农户个人贷款模式程序示意图

个人贷款有信用贷款和抵押贷款两种方式,对于极小额的贷款(如2000~3000元)农户,可以发放无担保、无抵押的信用贷款;而对于1万~5万元规模的小额贷款,一般来说抵押品可能是必需的。有一定生产经营规模的养殖专业户(如养猪专业户、养鱼专业户等)和经营小规模加工业的农户(如豆腐制作专业户等),其厂房、设备等可以作为抵押品,这对贷款申请人来说也是一种约束和压力。当然,靠抵押品来控制风险是下策,乡村银行还是应更多地使用其他方法。

专栏 5-1　山西龙水头扶贫基金会贷款规程（节选）

一、基金管理条例

1. 本基金的名称是"龙水头村扶贫基金"。

2. 基金主要由茅于轼负责筹集。欢迎社会各界人士慷慨出资。出资人永远为他所出资金的所有者，他可以在任何时候收回所出资金（但提前一个月通知，数目大的提前半年通知）。他所捐赠的是原应享有的利息。

3. 基金在湍水头镇政府的主管之下，委托给雒玉鳌、韩育锋、韩育青管理，管理必须按公平的原则，根据规定的基金管理办法，不得越轨。

4. 基金的管理办法及使用情况向全体村民张榜公布，每季度一次。

5. 基金用于下列用途：

A. 首先用于治病治伤，可贷款一年，不收利息。

B. 其次用于求学，可贷款一年，不收利息。一年以后还不回来按月息0.5%收息，每半年收息一次。

C. 用于生产，如买化肥、农药、工具、仔猪，出门打工，经商等，可借款六个月，每月付1%的利息。根据国有银行贷款利息，由茅于轼和雒玉鳌商量决定，利息可上浮或下降。

6. 暂时不用的基金可存入银行以策安全，但事实上基金周转很快，往往没有余钱存留。

7. 基金管理人员不得挪用基金；不得收受借款人的馈赠。

8. 每季度由雒玉鳌向茅于轼提出基金的使用报告，内容包括：

A. 借钱用于什么目的，效果如何；

B. 利息收支情况；

C. 群众、干部对基金的意见或建议；

D. 什么时间收到谁出资的基金，或什么时间谁出的资金被收回。

9. 基金的贷借在同等条件下妇女们有优先权。

10. 基金不得被借出用于消费，像丧嫁娶、购买大件商品等（等以后基金充足后，可对丧嫁娶借款予以考虑）。

二、借款制度

1. 管理人员必须以基金管理条例为主，做到公平。

2. 治病借款必须出示医院证明。

3. 用于上学的借款必须由至少两名管理人员调查核实后方可借出。

4. 每笔借款不超过4000元，如超出4000元，借款户必须写申请，经茅于轼批准。

5. 借款时管理小组至少两人同意，一个人不得自主付款。根据借款传票由主管雒玉鳌开出传票到出纳处取款。

三、还款制度

1. 借款人必须按自己的借贷时间按期归还。

2. 管理小组提前半个月对借贷户追索。

3. 借户在借款后半个月之内还款不收利息，如超出半个月，可收一个月的利息。

4. 借款户因发生天灾人祸无力偿还时，借款户写出的申请由管理人员批准、湍水头镇镇长批准、茅于轼批准，方可免去借款的半数（连利息），剩余半数由管理小组三人按比例付出。但至今还没有发生过这样的事。

四、管理人员的报酬

管理人员的报酬用基金利息支付。以基金5万元为基数，管理费每月支付300元，其中200元为管理费，总管雒玉鳌抽总额的0.525，出纳员韩育锋抽0.325，会计员韩育青抽0.15，另外100元作为基金运作的杂支，如邮费、电话费、纸张、笔墨、汇费等。基金增加或减少1万元，管理费每月增加或减少25元。到目前为止，7年多以来管理费共支取13980元，其中4660元为杂支，9320元为管理人员的报酬，其中雒玉鳌共得4893元，韩育锋共得3029元，韩育青共得1398元。7年来，雒玉鳌平均月工资58.25元，韩育锋平均月工资36.06元，韩育青平均月工资16.64元。

第二节　农户贷款的小组模式

农户贷款的小组模式以孟加拉乡村银行为代表。在我国，有很多非政府组织也模仿孟加拉乡村银行的小组模式进行小额信贷，有代表性的是中国社会科学院在河北易县等地建立的经济扶贫社。

小组模式的核心是乡村银行要求有共同贷款需求且兴趣一致、彼此熟悉的贷款申请者组成一个小组。小组的作用有两个：一是提供互相担保，组员之间形成连带责任；二是组员之间可以形成一个共同协商、民主讨论的团队，在这个团队中，每一个成员都可以跟其他成员讨论自己的借贷计划、生产经营计划或者生活上的打算。小组成员一般定期聚会。可以说，如果没有这种定期的聚会、民主讨论与决策机制,小组模式就失去了意义。

孟加拉乡村银行的小组中心制度的基本设计是这样的:典型的小组由5人自愿组成,其中1人为组长,小组成员负有连带担保责任;小组贷款采用"2+2+1"的贷款程序,即优先贷款给5人小组中最贫穷的两人,然后贷给另外两人,最后贷给小组长;每6~8个小组组成一个中心,定期召开会议,进行集中放款、还贷和集体培训。

孟加拉乡村银行的贷款程序见图5-2是一种"小组+中心+乡村银行工作人员"的模式。第一步,由一个小组成员向小组的负责人提出贷款申请,说明贷款的使用计划;第二步,小组负责人在审查该小组成员的贷款申请后,如果认为可行,就将该申请提交中心会议公开讨论,中心的负责人在贷款决策中扮演重要的角色,可以初步确定贷款意向;第三步,在中心的负责人作出贷款决策后,乡村银行工作人员根据此决策来确定最后的贷款条件(包括贷款期限、还款周期和利率水平)。由于小组负责人和中心负责人的决策都是在民主的集体讨论的基础上形成的,代表的是集体的意见,因此可以避免贷款的盲目性。

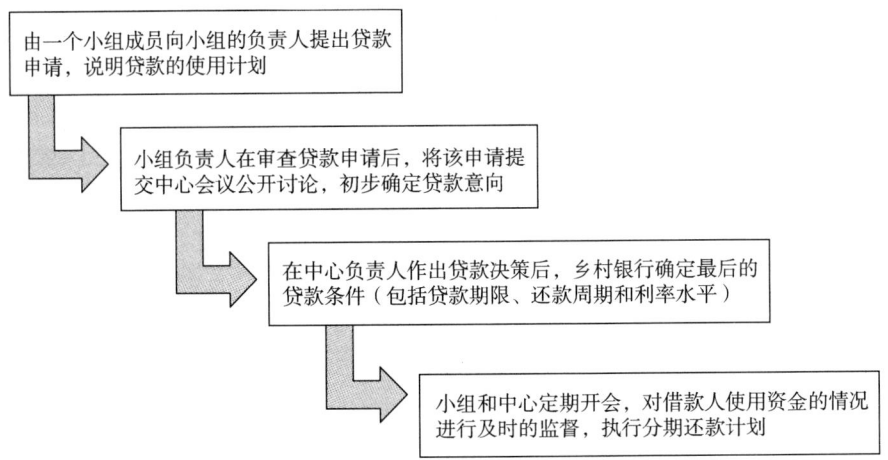

图5-2 孟加拉乡村银行贷款程序示意图

与个人贷款模式相比,小组贷款模式的优势是小组成员的贷款通过集体民主讨论来决定。在这种平等的、公开的讨论中,可以很好地提升小组成员民主管理、民主决策的能力与意识;在小组模式中,贷款决策实际上是由小组负责人与中心负责人作出的,银行可以很好地节约决策成本,节约审查单个人的信用与还款能力的成本;小组模式中成员之间互相担保,互相协助,实际上形成一个利益共同体，这种机制可以有效地降低乡村银行的贷款风险。但是，小组模式的有效运作依赖很多条件。首先，在实行小组模式的地区，必须形成一种合作的文化，成员之间有比较密切的沟通关系。其次，小组和中心必须遵循民主管理的程序，一切均由民主讨论决定。最后，小组模式还有赖于银行和农民之间高度的信任关系，银行将贷款决策转交到小组和中心，这本身就是一种巨大的信任。

相比个人贷款模式，小组贷款模式需要成员付出更多的时间成本，频繁的小组会议使一些农民感到不方便。这是在中国推广小组贷款模式的一个关键性障碍。强制性的而不是自愿的、实质性的小组会议，只会使小组和中心的聚会流于形式。大家只是过来签到，而不是真正坐下来深入交流贷款和生产经营计划。因此，在中国，很多农村信用社和非政府组织都在推行小组联保式的小额信贷，但是往往是"联而不保"，很多小组往往根本不召开小组或中心会议，或者虽然召开中心会议却流于形式。这阻碍了小组贷款模式在中国的有效开展。

一般而言，小组贷款模式的贷款风险要比个人贷款模式低一些，利率也稍微低一些。这与小组贷款模式的中心会议制度是有密切关联的。中心会议其实有两大功能，一是集中讨论决定贷款与集中还贷，二是对成员进行培训和教育。

在集中还贷方面，收集每个借款人本期应还的款项是表面层次的作用，更深层次的作用在于通过一个中心5～6个小组30位左右借款人的集中活动，为所有的借款人提供一种"社区氛围"，构建一种"群众视线或者注意力压力"，为小组联保互助、互保和互督功能的发挥提供制度基础，激励所有借款人按时按量还贷，否则将极大地影响家族声望与个人信誉。

在培训教育方面，各国成功的小额信贷经验表明，对农民借贷者的培训是小额信贷成功的又一关键所在。农民是市场中的弱势群体，他们对迅速变化着的市场反应不够灵敏，对适用技术的了解不够。缺少资金和收入只是贫困的表现，而非原因，贫困更多的是由于素质不高、不善投资和管理仅有的微量收入所造成的。因此，国际上开展的小额贷款项目都要对贷款户进行大规模培训，提高他们对市场和新技术的认识，指导穷人投资，鼓励穷人储蓄，帮助穷人理财，提高穷人素质。小额信贷有别于一般的商业性信贷，它以信贷为手段来实现扶贫的目的。这就决定了其制度安排不仅注重放款、收款本身，而更强调对贷款资金使用的技术支持。因此，在小额信贷工作中，小额信贷的难点往往不是放款和收款，而是辅助社区的能力建设。有了较好的培训，就能大大提高投资项目的成功率，也能减少小额贷款的风险。

专栏5-2　孟加拉乡村银行的奇迹和信贷哲学

　　孟加拉乡村银行（也称格莱珉银行，Grameen Bank）创建近三十年以来在孟加拉推行的贫困农户小额贷款的成功模式，被复制到很多国家和地区（尤其是亚洲、非洲和拉丁美洲的欠发达国家），在全世界反贫困事业中引起了巨大反响，其创始人穆罕默德·尤努斯教授（Professor Muhammad Yunus）因而被视为全世界利用小额贷款向贫困宣战的最具象征性与号召力的人物。孟加拉乡村银行在短短的30年中，从27美元（借给42个赤贫农妇）的微不足道的贷款艰难起步，发展成为拥有近400万借款者（96%为妇女）、1277个分行（分行遍及46620个村庄）、12546个员工、还款率高达98.89%的庞大的乡村银行网络。

　　尤努斯教授出生于孟加拉最大的港口吉大港（Chittagong），在吉大港大学毕业之后，尤努斯在母校当了五年的经济学教师。1965年尤努斯获得富布莱特奖学金的资助，在范德比特大学学习并最终获得经济学博士学位。1971年孟加拉独立，尤努斯教授放弃在美国的教职与优裕生活，回到饱受战争创伤的祖国参与祖国的建设，在母校吉大港大学担任经济学主任。1974年蔓延孟加拉的大饥荒使成千上万人因饥饿而死。尤努斯感到震撼的同时，开始以极大的热情投入到对贫困与饥饿的研究中。他在吉大港大学周边的乔布拉村尝试进行周密的调研，并倡导实施"吉大港大学乡村开发计划"，试图在学术与乡村之间建立联系。通过这个乡村开发计划，尤努斯鼓励学生走出教室，走进乡村，设计出具有创造性的方法来改进乡村经济社会生活。学生们可以基于他们在乡村的经历撰写研究报告，并获得大学承认的学分。

　　1976年尤努斯开始走访乔布拉村中一些最贫困的家庭。一个名叫苏菲亚的生有3个孩子的21岁的年轻农妇，每天从高利贷者手中获得5塔卡（相当于22美分）的贷款用于购买竹子，编织好竹凳交给高利贷者还贷，每天只能获得50波沙（约2美分）的收入。苏菲亚每天微薄的2美分收入，使她和她的孩子陷入了一种顽固的、难以摆脱的贫困循环。

　　尤努斯教授在深入了解了苏菲亚这样的赤贫者的境况之后得出结论：这些村民贫穷，并不是因为他们缺乏改变生活、消除贫困的途径与能力，更不是因为他们自身的懒惰与愚昧，而是"因为金融机构不能帮助他们扩展他们的经济基础，没有任何正式的金融机构来满足穷人的贷款需要，这个缺乏正式金融机构的贷款市场就由当地的放贷者接管"。一方面，穷人被高利贷所控制与剥削，他们不能摆脱高利贷，因而甘受高利贷放款者施加给他们的不公平信贷；另一方面，正式的金融体系却严重忽视了穷人这一最需要信贷服务的人群，把这些渴望贷款的穷人排除在信贷体系之外。

传统信贷体系教导这些银行家，银行的贷款需要接受贷款者提供必要的、足够的抵押担保，而穷人（尤其是赤贫者）几乎没有什么抵押担保品，这也就意味着只有有钱人才能合法地借到钱。传统的银行家只是将眼光盯住那些规模大、实力强的企业家，而不屑与那些小额贷款需求者打交道，因为在他们看来，小额贷款需求者的贷款数额小，耗费的贷款成本与未来预期收益不成比例，所以只能使银行亏损。传统的信贷哲学还假定，穷人根本没有还款能力，给他们发放贷款只能是一种浪费，穷人的信用与智慧都不足以使他们利用贷款创造合理的增值，因而银行向这些穷人贷款得不偿失。

尤努斯与格莱珉银行的信贷哲学试图颠覆这些传统的信贷教条。"从第一天我们就清楚，在我们的体系中不会有司法强制的余地，我们从来不会用法律来解决我们的偿付问题，不会让律师或任何外人卷进来。"格莱珉银行的基本假设是，每一个借款者都是诚实的。"我们确信，建立银行的基础应该是对人类的信任，而不是毫无意义的纸上合同。格莱珉银行的胜败，会取决于我们人际关系的力量。"当格莱珉银行面临借贷者确定无法偿还到期贷款的情况时，也不会假想这是出于借款者的恶意行为，而是调查逼使借款人无法偿还贷款的真实境况，并努力帮助这些穷人改变自身条件或周围环境，重新获得贷款的偿还能力。就是依靠这种与传统银行截然不同的信任哲学，格莱珉银行一直保持低于1%的坏账率。

格莱珉银行一反传统商业银行漠视穷人的习惯，而将目光转向那些急需贷款但自身经济状况极端窘迫的穷人，尤其是贫困妇女。至今，格莱珉银行的借款者中，96%是贫困妇女，它甚至向乞丐发放小额信贷。尤努斯深深理解穷人的处境，从穷人的愿望和需求出发来安排和调整格莱珉银行的贷款计划。为了避免大额还款给穷人带来的还款心理障碍，格莱珉银行制订了每日还款计划，将巨额的还款切割成穷人可以接受的小块，使他们在每日偿还中不但有了适当的还款能力，而且完全有能力承受数额微小的每日还款（后来为了便于操作而调整为每周还款）。同时，为了帮助那些根本没有知识与经验的借款者，格莱珉银行不断简化他们的贷款程序，最终他们将格莱珉银行的信贷偿付机制提炼为：（1）贷款期1年；（2）每周分期付款；（3）从贷款一周后开始偿付；（4）利息为10%；（5）偿付数额是每周偿还贷款额的2%，还50周；（6）每1000塔卡贷款，每周付2塔卡的利息。这种简化的贷款偿付程序被证明是行之有效的。

基于对孟加拉传统农村社会的理解，尤努斯要求每个贷款申请人都必须加入一个由具有相同经济与社会背景、具有相似目的的人组成的支持小组，并建立起相应的激励机制,通过这些机制来保证支持小组的成员之间建立起良好的相互支持关系。贷款支持小组是一种非常巧妙的机制上的创新,它有效地降低了格莱珉银行的监管成本,将来自银行的外部的监督转化为来自成员自身的内部监督;同时,支持小组还在小组内部激发起更大的竞争意识和更强烈的相互支撑意识。

在支持小组的基础上,格莱珉银行还鼓励各支持小组形成更大的联盟,即"中心"。中心是由村子里八个小组组成的联盟,每周按时在约定的地点与银行的工作人员开会。中心的负责人是由所有成员选出的组长,负责中心的事务,帮助解决任何单个小组无法独立解决的问题,并与银行指派到这个中心的工作人员密切合作。当格莱珉银行的某一个成员村民在一次会议期间正式提出一项贷款申请时,银行工作人员通常会向支持小组组长和中心负责人咨询,组长与中心负责人在决定贷款中担负很大的责任,也有相当大的话语权利。中心会议上的所有业务都是对外公开的,这有效地降低了来自银行的腐败、管理不当以及误解的风险,并使负责人与银行职员直接对贷款负责。格莱珉银行公开透明的"小组+中心+银行工作人员"的贷款程序是非常有智慧的一种金融机制创新。

资料来源:王曙光:《穷人的银行家尤努斯和孟加拉乡村银行》,载《北大商业评论》,2006(11)。

第三节 农户小额贷款中的信用评估

对分散的、小规模的农户进行信用评估,既难又不难。说它难,是因为农户不像企业那样有比较正规的多种财务记录,农户没有任何财务报表,他们也不会提供任何现成的数据,所以乡村银行很难评估农户的信用情况。说它不难,是因为农户生产经营的规模小,形式较为简单,不像企业那样复杂,同时农民生活在一个较为固定的社区中,评估其信用时可以得到社区的帮助。

一个乡村银行的员工,在初次接到一个农民的贷款申请后,往往不知如何下手来评价他的信用。一般来说,可以从六个方面来评估。

一是农户基本的家庭情况与经营情况。这些信息可以反映一个农户的基本信息,包括户主姓名、家庭人口数、有生产经营能力的人数和主要经营项目。

二是农户可变现财物情况,以此来评价农户是否有足够的抵押品,或可以了解其经济实力。那些不可变现的财物或很难变现的财物不能计算在内,如住房、牲畜和土地等。在我国现阶段,土地尚不能成为可变现的财物,在市场上不能流转。可变现财物包括家用电器等耐用品，一些有一定经营规模的农户，其机器设备或厂房可以作为可变现财物。

三是农户家庭收支情况。其中包括年收入的各个项目和规模，以及年支出的各个项目，如生活消费、生产投入和重大支出等。年收入减去年支出，即得到年纯收入。家庭收支情况可以反映农户一年的现金流情况，也是衡量农户偿还贷款能力的一个重要指标。

四是农户资金需求的基本情况。涉及农户需要多大规模的资金、资金用途以及资金运用所能获得的预期收益。项目未来产生的收益，是偿还贷款的保障。

五是农户以往的信用情况和品行等"软信息"。要考察这家人的人品怎么样、这家人在村里面的口碑怎么样，以及该农户以往是否有违约情况。这些"软信息"要通过对邻居、村民或村干部的访谈获得。尽管这些信息是"软信息"，可是对于评价该农户的信用情况非常关键。

六是农户当前的债务情况。该农户是否有外债、外债规模多大、外债是否对农户未来的生产生活造成较大影响等这些信息可影响农户的现金流及目前的经济实力。如果一个农户以往有较大规模的外债，而且在短时间内难以偿还，乡村银行发放贷款时就要特别慎重。

图5-3更为直观地反映了乡村银行对农户进行信用评估的基本信息。

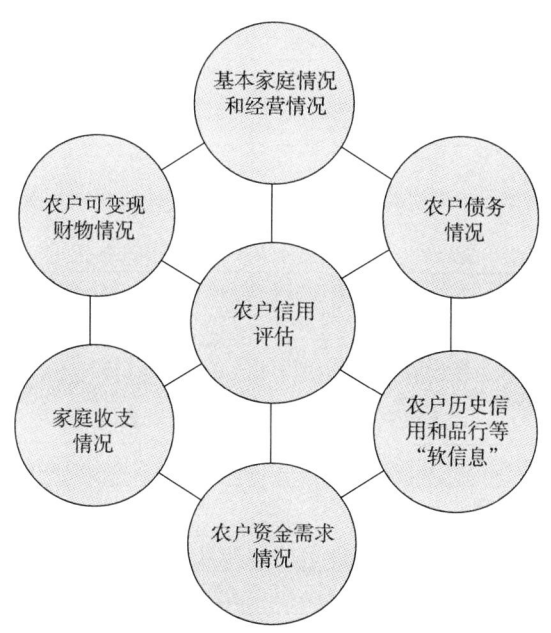

图5-3　乡村银行对农户进行信用评估的基本信息

以上六个方面的信息是乡村银行发放农户小额贷款时最需要了解的。实际上，每个方面的信息可以进一步细化。每一组信息，都可以按照从好到差的顺序，分成五个等级，进行打分，然后规定在多少分以上为何种信用等级，最后乡村银行针对信用等级决定是否给予贷款，以及贷款的期限、还款频率和利息水平等。

表5-2和表5-3是我国某农村信用社在评定农户信用度和贷款限额时所用的调查表。不同性质的乡村银行，可以根据自己的业务需求，制定符合自身情况的调查表。调查表中的信息设计要简单明了、直观实用，让村民能够很快了解。调查表弄得太复杂，反而会失去参照价值。

表5-2　　　　　评定农户信用度和贷款限额调查表[①]（一）

基本情况	户主姓名	身份证号码	家庭人口	有生产经营能力人口	家庭详细住址	主要经营项目
可变现财物[②]	名称	数量	评估值	名称	数量	评估值
收支预测	年收入	项目及规模	收入	项目及规模	收入	年总收入
	年支出	生活消费	生产投入	重大支出	其他支出	年总支出
	年纯收入	年总收入－年总支出＝				
资金需求和调查人意见	用途		需要资金	自筹资金	需贷款金额	
	意见：　　　　　　　　　签名：＿＿＿＿＿＿＿ 　　　　　　　　　　　　　　＿＿＿年＿＿＿月＿＿＿日					

注：①此表为某信用社用表。此表替代被调查人借款申请书和信贷员调查评估报告，一式两份，一份附借款合同，一份信用社存档。
②可变现财物指易出售变现的价值在300元以上的财产和实物。

表5-3　　　　　评定农户信用度和贷款限额调查表（二）

评定依据	入股时间		入股金额		股金证编号	
	可变现财物价值		家庭年收入		纯收入	
初评意见	品行					
	资金实力					
	债务状况					
	信用度等级			贷款限额		

续表

张榜公布时间			有无异议	
初评小组	组长		成员	签字：
评定意见	经评定委员会_____年_____月_____日讨论审定，该农户信用等级为_____级，贷款核定限额为_____元，准予核发贷款证。授权_____负责与_____签订借款合同，有效期自_____年_____月_____日起至_____年_____月_____日止。			

注：此表为某农村信用社用表。此表代替信用社贷款审批表。
此表一式两份，一份附借款合同，一份信用社存档。

在乡村银行进行农户信用评估的过程中，以上调查表的填写是非常重要的。但是，除了填写调查表之外，乡村银行负责信用调查的员工还可以写一份带有自己观感性质的总结性的报告。这份报告是概括性的，调查员根据访谈调查中所获得的多类信息（有些信息可能难以反映到调查表中），总结自己的感受与判断。这种判断可能具有一定的主观性，但是比调查表更直观，也更能说明问题。

在信用评估过程中，乡村银行还应设计比较合理的评估程序。乡村银行必须建立符合自身业务特点的评估机构，如农户贷款信用评估委员会，委员会不仅应包括乡村银行的相关负责人，还应包括本社区内有代表性的人士。任何程序的设计都应力求简洁、有效，避免烦琐而没有意义的步骤。一般而言，信用评估包括三个步骤：第一步，调研员对申请人进行信用调查，填写相应表格，在有条件的情况下，写一份总结性报告；第二步，由社区内的代表人士与乡村银行的管理者组成初评小组，作出信用评级的基本判断；第三步，乡村银行内更具专业性的管理团队作出最终信用评估。这样的程序容纳了各方面的意见，基本上可以作出客观的判断。

第四节　农户小额贷款的风险控制

乡村银行的员工和管理者应该有很强的风险意识。为了有效控制风险，一方面要分析风险的主要来源，另一方面要设计相应的机制来进行风险控制。

在农村，农户小额贷款的风险主要来自于以下几个方面：

第一，市场风险。指农户在生产经营过程中，由于市场原因而导致生产经营项目遭到损失，从而使贷款难以偿还。比如，一些蔬菜经营专业户由于市场信息不灵通或者由于销售失败而导致蔬菜卖不出去，流动性受到影响，最终导致不能还贷。

第二，产业与技术风险。指农户在生产经营过程中由于产业选择失误或技术原因而导致生产经营项目失败。比如，养鱼户可能因为没有掌握相应的技术而导致项目亏损严重，最终不能还款；还有的项目的失败是因为选择了错误的产业，该产业不能适应当地的经济状况和条件，比如农户选择搞小型旅游服务时，假如地方偏僻，就会出现游客稀少的情况，旅游服务项目多半遭受损失。

第三，自然灾害或疫病风险。农业中的种植业和养殖业都是易受自然灾害和疫病影响的产业。比如，果农容易受旱灾或冰雹灾害的影响，养鸡专业户在禽流感疫情来临时，即使自己养的鸡没有出现瘟疫病情，也要全部宰杀。

第四，农户迁移风险。现在农村人口的流动性很大，很多农民出去打工赚钱。乡村银行把钱贷给农户后，有些农户也许就揣着钱出去打工去了，由于农民打工的目的地并不确定，因此追索还贷的工作非常困难。在一个流动性越来越大的农村社区，农民的信用意识也会相应地削弱，道理很简单，人口流动性越大，村民之间长久积累的"口碑"就不起作用了。对此，乡村银行在审批贷款时必须高度关注。

第五，乡村银行贷款风险还来自于农民抵押担保品的缺乏以及联保模式的失败等原因。这些原因我们在前面已经分析过了，它们导致银行很难通过拍卖或没收抵押品来抵偿贷款风险。

面临以上的风险时，乡村银行要采取相应的措施来尽力控制风险。

对于第一类和第二类风险，乡村银行应尽可能帮助农户降低这些风险，其中最有效的措施是提供及时有效的信息服务和技术培训。例如，在山西某地的农村信用社，信用社员工会搜集相关的市场信息，然后把这些信息汇集成册，提供给相关农户作参考；或者教这些农户运用计算机网络进行信息搜索，使农户也能利用最先进的方式获得及时的市场信息。为了降低技术风险，乡村银行可有选择地对相关产业的农户进行技术培训，比如举办各种定期或不定期的培训班，邀请相关专家讲讲果树栽培、蔬菜种植或鱼类养殖的方法等。但是，乡村银行切忌搞形式主义的培训，不要为了培训而培训，而是要真正对农户的生产经营起到实际效果。在孟加拉乡村银行，尤努斯教授的观点是，除非是农民自己提出培训教育的要求，否则乡村银行是不会盲目搞那些无意义的培训的。实际上，农民是有创造性的，他们能够寻找到适合自己的项目和技术。在他们产生寻求更好技术的强烈愿望后，乡村银行可以顺应这种要求，为他们举办针对性强的培训。当然，乡村银行的大部分培训应当是免费的，但是也并不排除可以在某些培训中收取少量的培训费。道理很简单，只有当农户肯付出一定代价来接受培训的时候，才真正说明他从内心需要培训、愿意接受培训，也只有这样，乡村银行才可以真正达到培训的目的。乡村银行搞那些形式主义的、一相情愿的培训，是不受农民欢迎的，也是没有任何意义的。

对于第三类风险，表面上看来，乡村银行似乎什么都做不了。但实际上，乡村银行仍然可以通过说服农户参加相应的小额商业保险的形式来规避一些自然灾害或疫情风险。乡村银行应该尽可能地与商业性保险公司合作,共同开发适合有一定规模的种植户或养殖户的小额保险产品。在实践中,这类小额保险产品成本小,但作用很大。比如,在2008年1~2月我国南方大面积的雨雪冰冻灾害中,一些种植户或养殖户因为参加小额保险而避免了巨大的损失。由于小额保险的保费很低,在可能的情况下,乡村银行可与借款农户共同分担这笔费用。如果乡村银行觉得成本可以承受,那么它甚至可以全额代农户缴纳小额保险的保费。实际上,这既是乡村银行风险控制的手段,也是乡村银行贷款营销的重要手段,是吸引客户、稳定客户的好方法,一举两得,双方都从中获益,甚至三方获益(包括商业保险公司)。

至于第四类风险,很多农村金融机构都遭遇过。在山西龙水头村扶贫基金会,就发生过这样的案例:一个农民拿到贷款,跑到城里打工,很长时间不见踪影,这笔贷款多年以后才被追回。在农村,流动性逐渐增大,要避免迁移风险,一是要对接受贷款的农户进行定期的、经常性的回访和追踪,及时了解其生产经营情况;二是可以通过抵押或担保的方式控制风险。有些农村金融机构在发放农户贷款时,为了避免这类风险,往往找干部作担保。这种方法,有时候有效,但有时候于事无补。

对于第五类风险,乡村银行可以通过建立相应的信用机制进行弥补。一是乡村银行可以在一个村的范围内,用评"信用村"的方法进行整村推进,把整个村庄作为一个信用联合体或相互担保体系看待。在评比"信用村"时,如果一个农户因为不能偿还贷款而影响到别的农户,那么其他农户就会在舆论上给他施加压力。这样,信用村的评定和撤销,就成为一种奖惩机制。二是可以在一个村庄内设立一个"担保基金"或"风险抵押金",有了它才具备了评定信用村的资格。实践证明,这种方式是比较有效的,且一定程度上弥补了由农户缺乏抵押担保或相互联保制度失败所带来的风险。

当然,控制贷款风险的治本之道在于培养农户牢固的信用意识。我们下面来讨论如何利用当地的文化和社区力量来建立信用文化、塑造农民的信用观念。

第五节 如何利用当地文化和社区力量

一个乡村银行的员工或管理者,如果不懂得所在地的文化与习俗,不懂得利用当地的文化和社区力量来控制自己的贷款风险,那么这个员工或管理者必然在风险管理上事倍功半。如果熟悉当地的文化,就可以因势利导,设计出相应的机制来提高还款率。

中国的乡土社会实际上形成了一种信用文化,因为在农村中,村庄的范围比较小，且边界比较确定，大家世代居住在同一空间，所以讲究信用非常重要。一个不讲信用的农户及其家族，即使只有一次恶劣的记录，也会大大损害家族的声誉。讲信誉实际上成为农民的生存基础。具体到借贷问题，农村中的居民还是恪守着"好借好还，再借不难"的祖训，欠账不还永远被认为是可耻的事。这是乡村银行可以利用的一种文化资源。

中国的乡土社会还形成了一种面子文化。村民们珍惜面子、讲究面子，因为面子本身尽管看不见摸不着，却大大影响村民在一个村落或十里八乡中的对外形象。与城市这个"匿名社会"不同，在农村这个社会中，人们之间是熟悉的，因此农村中的人比城市中的人更讲面子。面子文化也是乡村银行可以利用的一种文化资源。

基于以上对农村中信用文化和面子文化的理解，乡村银行可以通过一系列的机制设计，有效地整合社区力量。

其一，要在信用评估机制设计中引入社区力量。动员农村社区中的一些资源加入到信用评估机构中，可以起到事半功倍的效果。比如，某农村信用社将村委会、村里的能人、村里有威望的老人或家族长辈等纳入信用初评小组，对农户进行信用评级。这些人在乡村社会中有一定的权威性，即可以在信用初评过程中起到把关作用，大大节约了乡村银行开展信用评估的成本，也可以在贷款发放后起到很好的监督作用。利用农村社区中的这些资源，并不需要支付额外的成本，不需要给这些农村中的头面人物什么薪水，因为乡村银行把这些人纳入信用评估小组或信用委员会本身，就等于给他们一种荣誉和权利。他们会在社区中赢得更多的尊敬和更高的社会声望。

其二，要利用一定的机制在农村中进行信用意识培育，塑造农民的信用观念。在一些大的节庆日如春节，乡村银行可以在农村社区举办"信用文化节"、设立"信用日"等。在这些节日期间，乡村银行可以与村委会、妇联和乡镇政府一起，共同为恪守信誉、按时还款的农民颁发奖励，也可以利用这些时机对个别不守信誉的农户进行"曝光"，让他们感觉在乡亲面前没有面子。面子文化的力量，在这里就显示出来了。有些小额贷款组织在节庆中将一年来农户的信用情况公之于众，用大红纸将信用户列出，贴在村口最显著的位置，让村民的"闲言碎语"成为信用监督的无形力量。

其三，乡村银行应建立长效机制，强化自己与社区以及客户的互动关系。乡村银行可以运用一定的方式介入农村社区的公共事务中，并对有商业价值和稳定回报的项目进行扶持，这样乡村银行就可以树立起自己在村民中的良好形象。在农村社区中，比如在乡村的学校，乡村银行可以组织相关的信用宣传活动（如作文、演讲或演出），以新颖的形式向学生家长灌输信用观念。

其四，对于那些有良好信用记录的借款农户，应有相应的机制进行激励。

"榜样的力量是无穷的"，对恪守信用的农户，乡村银行应采用累进信用额度的方式进行激励，并在培训、信息服务和金融业务等方面给予特殊待遇。这样的信用榜样在乡村银行的扶持下，在其业务发展起来之后，就成为乡村银行的义务宣传员和忠实客户。

第六章

农村金融机构资产管理（二）：农村中小企业贷款

第一节 农村中小企业贷款难的主要症结和融资结构

中小企业融资难已经成为全世界的难题。中小企业为什么普遍陷入融资困境？目前学术界的研究主要得出了以下基本结论：

第一个原因是信息不对称。斯蒂格利茨等人提出的非对称性信息理论和信贷配给理论认为，银行和企业间的信息不对称导致逆向选择和道德风险，所以银行信贷的供给必然不是利率的单调增函数。其推论为，当市场上有各种类型的借款者时，由于信息的不对称，有些人即使愿意支付再高的利率也会遭到拒绝。我国很多学者也指出，妨碍我国银行机构扩大对中小企业信贷支持的主要因素是银行机构缺乏企业客户风险方面的足够信息，从而不能作出适用的风险评级并提供相应的信贷服务。

第二个原因是银行规模与中小企业贷款的负相关性问题。金融机构信贷的规模匹配理论指出，银行对中小企业的贷款与银行的规模之间存在很强的负相关性，即大金融机构通常更愿意为大企业提供融资服务而不愿意为资金需求规模小的中小企业提供融资服务。很显然的一个原因是，从经济的角度讲，大金融机构并不愿意承担小型企业的信贷业务，因为那样将支出较高的组织成本。因此，银行规模越大，则越不愿意为中小企业提供贷款。现在各国银行业出现集中化的趋势，大银行很多，中小银行数量少，因此导致中小企业贷款难。

第三个原因是中小企业信用不足。国内研究一般都认为中小企业信用不足是造成其融资困境的内在原因。中小企业自身风险高，信用记录累积的历史短且信用记录不完善，很多银行并不掌握中小企业信用记录；同时，中小企业的财务制度不完善，这就导致那些可以反映其信用状况的信息严重缺乏。实际上，由财务制度不完善和财务信息不足导致的信用不足，其原因归根结底还是信息不对称和信息不完备问题。

综合以上的分析，我们可以看出，中小企业贷款难问题的产生，既有外部金融机构的原因，也有中小企业自身的原因。从外部金融机构的角度来看，当金融机构的竞争不充分、金融机构中中小金融机构缺乏的时候，金融机构对中小企业提供贷款的意愿必然下降，因为对中小企业贷款意味着更多的网点铺设成本、更大的单位企业贷款成本以及更大的信息成本。很显然，大的金融机构在搜集和处理分散的中小企业的信息的时候，并不具备比较优势，这就导致它们降低对中小企业的贷款份额。从中小企业自身来看，中小企业一般规模小，经营风险较高，未来不确定性较强，同时大量的中小企业出身草根，没有很完备的人力资源，其财务记录一般比较粗糙且不规范，很难真实而全面地反映其经营状况。在这种情况下，银行就很难得到有价值的信息，因此难以把握对中小企业提供贷款的成本收益。

从目前的中小企业融资的结构来看，在中小企业成长的初期，其融资的主要来源还是内源融资，内源融资是源于企业内部的融资，包括所有者投入、企业留存盈利和折旧以及职工集资。中小企业很少依赖于外源融资，即通过银行贷款、债券融资、股权融资和风险投资等方式来融资。在我国，内源融资对民营中小企业资本的形成具有原始性、自主性、低成本性和抗风险性的特点，是民营中小企业融资的立足之本。当企业规模越来越大、融资需求越来越大的时候，则更多地转为外源融资，外源融资具有高效性、灵活性、大量性和集中性的特点，是达到一定规模的民营中小企业不可或缺的融资源泉。图6-1反映的是民营中小企业融资的来源结构。一个值得注意的现象是，在我国，中小企业贷款很多依赖于民间借贷，即在非正规金融市场上，通过血缘、地缘和业缘关系而获得贷款，有些民间借贷不需要支付太高利息（如从亲戚朋友那里获得友情贷款），而有些民间借贷则需要支付较高的利息（如某些盈利性的民间借贷）。在温州等经济比较活跃的地区，中小企业贷款更多地依赖于非正规渠道。

民间借贷在中小企业融资结构中占据重要地位，有其深刻的金融体制原因。由于国有银行以国有企业为主要放款对象，民营企业很难从国有银行获得资金支持，这就使得民营中小企业一开始就选择了资金投入少、资本门槛低、可以通过自筹方式解决资金来源的劳动密集型产业。但当企业发展到一定程度，原有资金来源无法支撑企业的发展，这时就需要外部的金融支持。但是，民营中小企业无法在国家控制的金融体制中得到纵向的资金支持，只能自发地建立一种横向的信用联系，即内生于非国有经济内部的金融制度安排，以民间借贷的形式来满足其资金需求。民间借贷由于灵活方便、手续简便、快捷，资金使用自由，交易成本相对较低，且亲朋好友和邻里相互之间都十分了解，降低了贷款道德风险，因此常常成为民营中小企业融资的重要渠道。民间借贷在很大程度上满足了民营经济

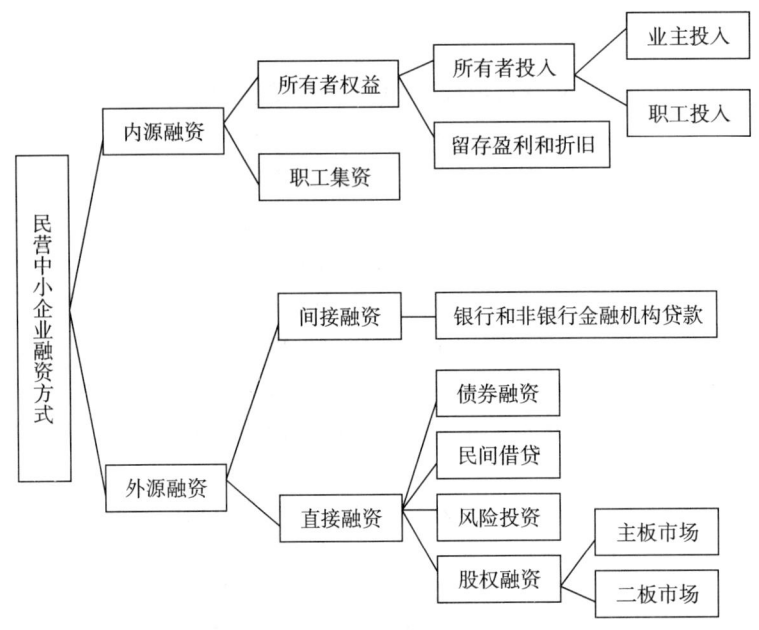

图 6-1 民营中小企业融资来源示意图

在生产经营上所需的资金,弥补了我国正式金融机构对民营经济的金融支持不足,促进了我国民营经济的发展。经历了二十多年的发展,民间借贷已从小到大、从剩余资本发展成为产业资本和金融资本,并在农村经济和社会发展过程中扮演着越来越重要的角色。

第二节 农村中小企业贷款的主要种类与产业选择

农业产业一般是指种植业、养殖业、农产品初级加工业。此外,在农村中还存在着一些以商贸流通业为主的中小商户。由于农业产业具有季节性强、周期长、风险高等特点,因此凡是涉农的种植业、养殖业和农产品初级加工业,其资金占用的时间都较长,且具有周期性特点。中小商户的资金需求则具有灵活性强、周期短等特点。

如果把农村中小企业贷款进行分类的话,首先,按照贷款期限,可以分为短期贷款和中长期贷款。短期贷款主要是流动资金贷款(购买原材料、半成品和产成品的贷款),比如某些养殖企业要购买种羊、种牛等,有些种植企业要购入种子、化肥等投入品,而中小商户则需要很多流动资金以满足进货需要。短期贷款具有自动清偿的性质,一般采用信用贷款,其原因是风险小,而抵押贷款审批时间长,不适合中小企业,尤其是对于那些资质很好的基本客户而言,他们信用好，就不需要什么抵押和担保。中长期贷款则主要用于固定资产投资，比如支持农村中小企业建设厂房和购买比较大型的设备。中长期的贷款几乎全部采用抵押贷款和担保贷款的方式，其原因是期限长，风险大，抵押贷款也可以有足够时间来办理。

其次，按照贷款偿还的保障程度可以分为信用贷款、抵（质）押贷款和保证贷款。信用贷款指无抵押、无担保的贷款，有三种方式：信贷额度贷款、循环信贷和专项贷款（一次性贷款）。信用贷款一般只提供给那些信用度最高、没有任何不良记录且与金融机构有着长期密切合作关系的客户。抵押贷款指借款人以财产或权利作担保从银行获得贷款，抵押可细分为抵押和质押。保证贷款是指第三方承诺当借款人不能偿还贷款时代为偿还贷款的条件下银行发放的贷款。

农村金融机构对中小企业发放贷款，其性质与特点与农户贷款有很大不同。农户贷款数额比较小，相对而言风险比较小，复杂程度也低，因此很大程度上依赖于一些定性的指标。而且，由于农户很难有比较规范的抵押品，所以农户贷款一般都是信用贷款，不要求任何抵押和担保。中小企业贷款的额度要大得多，其风险很大，贷款的复杂程度也高得多。因此，在对中小企业贷款方面，不仅要依赖于一些定性指标，还要依赖于一些定量指标。中小企业贷款对业务人员的要求较高，它要求信贷员对相关的宏观经济情况、产业发展情况、贷款需求者的财务状况和未来发展情况等有较深入的了解，同时也要求信贷员对抵押品等有很高的评估能力。由于中小企业贷款违约风险较高，因此需要有详尽的信用调查，这是我们下一节所要讨论的内容。

中小企业贷款还涉及产业选择问题。对于一些自然风险比较高的产业来说，对其贷款就不应仅仅考虑到抵押问题，而更要考虑到这些自然风险如何规避的问题。大型的种植业和养殖业受自然条件、气候和疫病的影响比较大，要降低自然风险，就要求金融机构结合农业保险来解决问题，而不是单靠抵押。2008年初我国南方出现大面积的雪冻灾害，使一些种植业企业受到很大损失，但如果有相应的保险机制，就会大大降低损失。养殖业中最关键的是疫病问题，也应有相应的保险。因此，农村金融机构在选择贷款对象的时候，一定要考虑到其产业特征尤其是其自然风险，从而在贷款时采取相应的对策。

第三节 农村中小企业贷款的信用调查

对中小企业进行贷款的关键步骤是对其进行信用调查。主要是考察两条：还款意愿和还款能力。信用调查的内容包括：第一，借款企业负责人信用状况（包括个人生活习惯、品德、生活作风、经营或履约能力）；第二，借款企业的法人信用（如公司董事会构成、公司董事会主要成员个人信用、董事会决策能力、经营管理层管理能力、公司内部治理结构等）；第三，借款企业的财务状况，这里面包括很多比较细的指标，我们在下一节再细谈。

农村金融机构要建立比较完善的信用调查制度框架。这个制度框架主要包括：第一，索要财务报表和业务资料的制度。农村金融机构要定期向借款企业索要相应的财务报表，或者要求中小企业及时汇报财务状况，以此获得最新的信息，以跟踪检查企业的经营情况。第二，信贷业务资料（每年的客户信息）累积的制度。农村金融机构要建立相应的档案，累积客户的长期资料，以根据客户的长期信用表现来确定贷款风险。第三，对重要贷款户和新贷款户的实地考察制度。对于那些贷款额度较大的中小企业来说，其经营状况直接关系到农村金融机构的资产质量，因此，必须对其经营情况有更为详尽和及时的了解，光靠报表是不够的，要建立一个现场考察的制度。第四，公共媒体资料搜集制度。建立公共媒体资料搜集制度，主要是为了分析宏观经济情况与产业发展情况。比如，假如某一个时期国家对小型煤炭产业进行压缩整顿，那么对这些企业的贷款就有很大风险，无论当前这个企业有多么好的现金流。一个好的农村金融机构，应该对国家的宏观经济政策和产业发展政策等有很好的敏感性，从而可以敏锐地把握宏观经济走向，避免政策性的贷款风险，尽力使自己的贷款行为与国家宏观经济指向相一致。

中小企业信用调查的制度框架见图6-2。

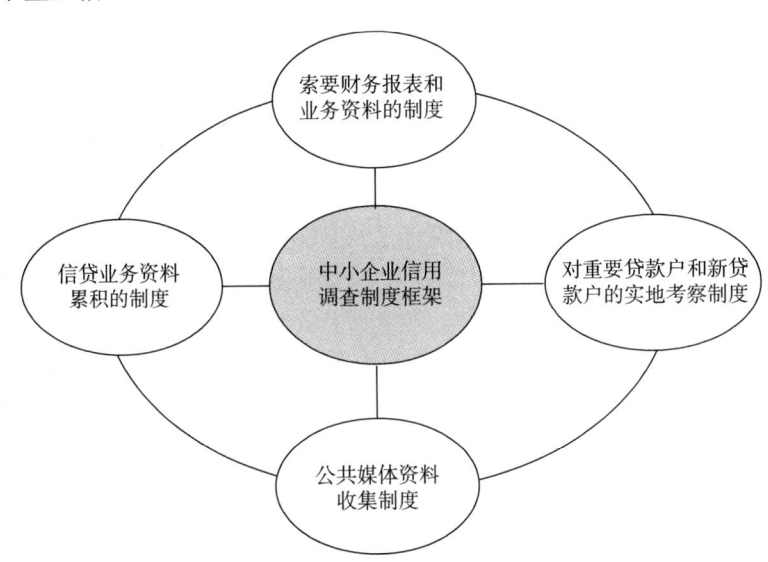

图6-2 中小企业信用调查的制度框架

具体谈到中小企业信用分析的内容时，银行界一般用5C来概括，如图6-3

所示。这 5C 包括：品质（Character）、能力（Capacity）、资本（Capital）、抵押（Collateral）和环境（Condition）。下面，我们就这五个方面结合农村金融机构的实际操作来谈一谈。

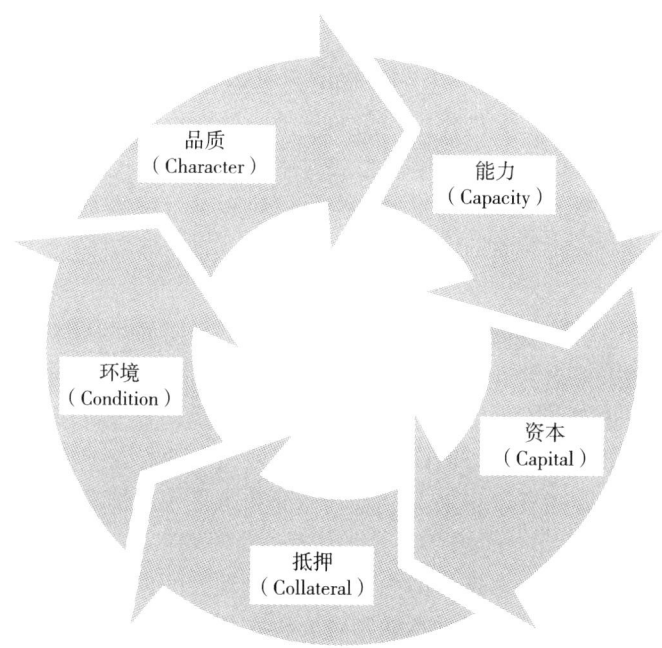

图 6-3　中小企业信用分析的 5C 法

（一）能力

指借款申请者的借款能力，这里面包括资格能力和还款能力。资格能力审查以下事项：（1）是否具备以个人或公司名义申请借款的资格；（2）是否为具备民事行为能力的自然人；（3）对于合伙制企业，要看其是否有合伙人协议；（4）对于那些比较大的有限责任公司，要看其是否有董事会授权。在农村金融机构对中小企业贷款的时候，查看该企业的营业执照和相关证明是必要的。除了考察资格能力，还要考察借款申请者的还款能力，包括盈利能力、经营管理能力和现金配置能力。这些都可以体现出一个中小企业的经营管理水平和相应的还款能力。

（二）资本

资本是借款人的自有资金或净值。对银行来说，借款人的资本越多、资本与资产的比率越高，借款人承受经营失败的能力越强，银行贷款受损失的可能性越小。借款人资本是借款人持续经营的资本，也是对银行贷款的最后担保。因此，对于一个中小企业而言，资本规模大，标志着其实力强，有很好的还款能力。

(三) 抵押

包括贷款的抵押、贷款的质押和贷款的担保。中小企业贷款风险较高，一般都要求有相应的抵押和质押，抵押品一般是厂房、设备和其他可变现的财物，也可以要求第三方提供担保。在农村金融机构对中小企业或农民专业合作组织进行贷款的时候，一般需要借款人提供容易变现的抵押品。不过，随着《物权法》的实施，抵押品的范围有所扩大。十七届三中全会通过的关于农村改革发展的若干决议也指出，要适当扩大抵押担保品的范围，使农户和农村中小企业更容易获得贷款支持。在很多地区，地方政府在农村中小企业和农民专业合作社贷款担保方面有很多创新，建立了相应的担保机制。农村金融机构要充分利用这些有利机制。

(四) 环境

所谓环境，也可以看做是条件。这里面包括三个层面。从宏观环境来说，包括对国民经济的未来走势和发展方向的分析、对进出口发展趋势的预测以及对国家宏观调控的趋势进行准确的判断。从中观环境来说，要分析借款人所在地区的经济发展态势、借款人所处行业的发展态势以及该企业在行业中的地位。从微观环境来说，主要涉及投资项目情况、盈利情况和未来发展情况。

(五) 品质

这方面的考察涉及很多定性的内容，包括借款人的人品、信用、在当地社区中的口碑和声誉。这种软性的信息非常重要，在贷款前要作详尽的考察与走访。

以上五个方面的分析，既有定量的方面，也有定性的方面，定量分析和定性分析要结合起来。其中，定性分析用描述性的语言对信用进行判断，适用于对品德、能力和环境等作出判断，也适用于现场调查的观感。信贷员在确定贷款前，要进行详尽的定性分析，写一份比较全面的定性考察报告。

定量分析法分几个步骤。第一步，对每一个方面确定一个权重，如设置以下权重：品质占30%，资本占15%，能力占25%，抵押占15%，环境占15%。第二步，计算借款人信用的综合评分，超过80分即可接受。第三步，根据分值，决定是否接受借款人的申请。如某公司品质95分，资本70分，能力90分，抵押75分，环境85分，则加权数为85.5分，然后依照贷款程序进行定价。

第四节 农村中小企业贷款的财务分析

农村金融机构中小企业贷款的财务分析，跟一般的商业银行所作的企业财务分析没有什么两样。财务分析主要包括资产负债表分析、利润表分析和财务比率分析等。

1. 资产负债表分析

在企业的资产负债表中，资产＝负债＋所有者权益。其中，对于资产质量的考察主要是分析两方面：一是流动资产，其中现金和应收票据尤其是银行承兑票据是优质资产，而应收账款和存货则要看情况判断；二是非流动资产（土地、建筑物、对外投资或无形资产的存在状况和折旧提取状况）。

对于负债质量的考察包括两方面：第一，负债的逾期情况反映了借款人的现金配置能力和还款意愿。第二，或有负债是对外担保和对外承兑汇票，或有负债过大，表明借款人作风不够稳健、经营稳定性差，应慎重对其贷款。

在资本方面，农村金融机构要注意判断企业的账面资本的真实性，工商企业往往有意夸大资本数额。当注册资本、实收资本和账面资本不一致时，企业倾向于按照更大的资本额申请借款，因此农村金融机构要认真核对账面资本的真实性。

2. 利润表分析

利润表又称损益表，是通过列示借款人在一定时期内取得的收入、发生的费用支出和获得的利润来反映借款人经营成果的财务报表。在表中，利润＝收入－支出。首先要观察收入构成是否合理，是否虚报收入（向银行报喜，向税务报忧），其次是观察费用的构成是否合理，是否隐瞒费用。

3. 财务比率分析

这里面涉及很多指标，可以表明企业的盈利能力、管理能力和偿债能力。

（1）盈利比率分析

这些指标反映借款人赚钱的能力。主要有销售净利润率、销售毛利润率、资产净利润率和净资产收益率。其中：

销售净利润率＝（税后）净利润/销售收入×100%

销售毛利润率＝（销售收入－销售成本）/销售收入×100%

资产净利润率＝净利润/平均资产总额×100%

净资产收益率＝净利润/平均净资产×100%

（2）变现能力比率分析

变现能力比率反映的是企业生产现金的能力，包括流动比率、速动比率和现金比率。其中：

流动比率＝流动资产/流动负债×100%

速动比率＝速动资产/流动负债×100%

速动资产＝流动资产－存货

现金比率＝现金类资产/流动负债×100%

（3）运营效率比率

用来衡量借款人在资产管理方面的效率，包括以下指标：

营业周期 = 存货周转天数 + 应收账款周转天数
存货周转率 = 销售成本/平均存货
存货周转天数 = 360/存货周转率
应收账款周转率 = 销售收入/平均应收账款
应收账款周转天数 = 360/应收账款周转率

(4) 杠杆比率

杠杆比率衡量借款人的长期偿债能力，表明借款人对债务的承受能力和对偿还债务的保障能力。其中包括以下指标：

资产负债率 = 负债总额/资产总额 × 100%
负债与所有者权益比率 = 负债总额/所有者权益总额 × 100%
负债与有形资产比率 = 负债总额/有形资产总额 × 100%

以上介绍了对中小企业进行财务分析的几大指标体系。那么，如何利用这些指标对中小企业进行综合的财务分析，从而确定是否对其发放贷款呢？一般而言，财务分析的步骤分为以下四步：第一步，确定分析的目的；第二步，确定综合分值及其对应的含义；第三步，确定各个分类指标及其权重；第四步，计算综合分值并进行判断。中小企业财务分析的基本步骤如图6-4所示。

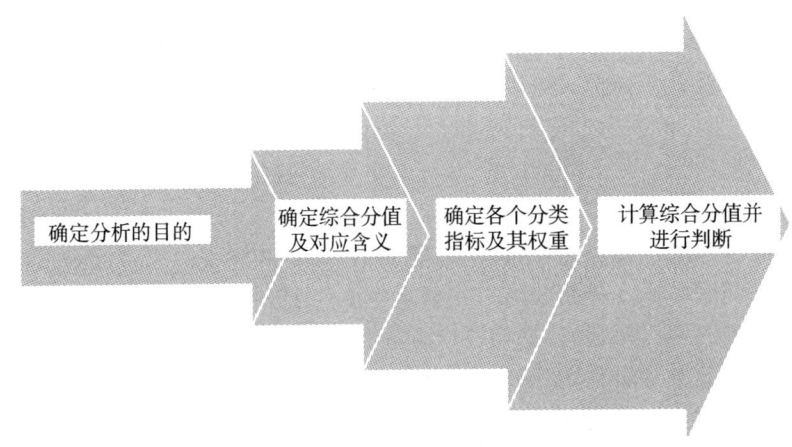

图6-4 中小企业财务分析的基本步骤

下面举个简单的例子来说明财务分析的基本方法和步骤。

例如A公司偿债能力分析指标及其权重如下表：

分析指标	盈利比率	变现能力比率	运营效率	杠杆比率
权重（%）	30	20	20	30

A公司的财务比率综合分值含义解释如下表：

分值	含义解释
≤60	偿债能力严重不足，禁止对其发放贷款
60~80	偿债能力不足，没有过硬的抵押担保，不予考虑
80~90	偿债能力存在缺陷，但如果借款人的品质优良，在发放短期贷款时可以适当使用信用贷款
≥90	偿债能力没有明显缺陷，如果借款人的品质优良，在发放短期贷款时可以大量使用信用贷款

假定根据计算，该公司的盈利比率为 95 分，变现能力比率为 80 分，运营效率为 85 分，杠杆比率为 70 分，则综合分值 = 95×30% + 80×20% + 85×20% + 70×30% = 82.5。

根据以上对该公司的财务分析，应该得到以下结论：该公司偿债能力较好，但存在一定缺陷，尽量避免对该公司使用信用贷款，而应选择适当的抵押和担保；如果借款人有很好的信誉，在短期贷款中可以使用一定的信用贷款，但要考虑风险。

总之，对于中小企业的财务分析非常复杂，各个农村金融机构应该根据自己所在地区的情况，有针对性地开发出适合区域情况的一套指标体系，以有效分析企业的财务状况。以上介绍的指标体系，有些比较烦琐，在实际应用时，可以挑选一些关键性指标，来对中小企业的经营状况作出判断，不必面面俱到。要记住，在任何时候，对农村金融机构而言，指标体系都只是一个工具，要考虑指标体系的科学性和可操作性，而不是教条主义。

第五节 中小企业贷款的信用评级：以某信用社为例

我们以一个农村信用社为例来介绍对中小企业和商户所作的信用评估。这个农村信用社在所辖地区有很多客户是中小企业和个体工商户。笔者在 2006 年走访了这个农村信用社，它提供的数字是：截至 2005 年 7 月，其贷款余额 68698 万元中，工商业贷款高达 55996 万元，占比达 81.5%。可见，中小企业贷款在这个农村信用社的贷款中占据重要地位。

根据农村信用社业务有相当比例集中在中小工商企业的特点，该信用社制定了严格的信用评级制度，通过对中小工商企业自主经营能力可信程度的评价，以及依据国家相关的法律法规对中小工商企业的素质、经营能力、获利能力、偿债能力、信用状况和发展前景等方面的综合评价，达到有效防范信贷风险的目的。通过严格的评级制度，该信用社发展了大批的优质商户及企业，不仅有效地控制了风险，更进一步增强了商户的信用意识，创造了良好的信用环境。该信用社制定了一整套严格的工商户评级制度，以下是这些制度的主要内容。

一、中小企业信用评定条件

1. 本社社员，入股额度在 100 元以上；
2. 遵纪守法、品行端正、诚实守信；
3. 在金融机构和民间无拖欠贷款本息；
4. 在本社开立基本账户。

二、信用企业评定程序

信用社成立了中小企业信用等级评定委员会，由信用社主任、分管副主任、信贷会计、分社主任、客户经理 5 人组成。机构职责主要为：审查初评小组成员资格；组织开展中小企业信用等级评定工作；审定中小企业的信用等级；确定信用企业的贷款限额；核发信用等级证书。

除此之外，信用社以社区为单位成立信用企业初评小组，成员由包片分社主任、包片客户经理、区域管理干部和区域工商人员等 5 人组成。组长由包片分社主任担任。初评小组的职责是：对辖内企业进行现场调查；对可变现财物逐项登记评估；对企业经营状况和收支情况进行分析、预测和评价；动员企业入股成为信用社社员；对企业信用等级提出初评意见；按照信用社中小企业信用等级评定委员会的评定意见，了解企业经济活动情况，并及时反馈给信用社。

三、中小企业信用等级设置与评定标准

中小企业信用等级设置分为四级，即特级信用企业、一级信用企业、二级信用企业和三级信用企业，其评定标准见表 6-1。

表 6-1　　某信用社制定的各级信用企业（商户）评定标准

特级信用	一级信用	二级信用	三级信用
遵纪守法，讲究信用，在金融机构和民间无不良贷款记录			
在本社开立储蓄结算账户半年以上，半年内日存款量在 20 万元以上（包括个人存入的定期存款）	在本社或其他金融机构开立结算账户 9 个月以上，日存款量在 15 万元以上	在本社或其他金融机构开立储蓄结算账户，日存款量在 10 万元以上	在本社或其他金融机构开立结算账户 3 个月以上，日存款量在 10 万元以下
在本市有固定的住房、户口，在周围商铺有很高的威望，在当地工商行政部门有很高的评价	在本市有固定的住房、户口，在周围商铺中有较高的威望，在当地工商行政部门有较高的评价	在本市有固定的住房、户口，在周围商铺中有较好的威望，在当地工商行政部门有较好的评价	在当地工商行政部门有较好的评价

续表

特级信用	一级信用	二级信用	三级信用
固定资产在50万元以上（包括住房、汽车等），自有流动资金在80万元以上（指变现较快的存货和银行存款），产权比率在70%以下	固定资产在40万元以上（包括住房、汽车等），自有流动资金在50万元以上（指变现较快的存货和银行存款），产权比率在70%以下	固定资产在30万元以上（包括住房、汽车等），自有流动资金在30万元以上（指变现较快的存货和银行存款），产权比率在70%以下	固定资产在10万元以上，自有流动资金在15万元以下
具有很强的盈利能力，库存积压率在2%以下（按季结算），月均销售额在80万元以上，月现金收入回社量达到80%以上	具有很强的盈利能力，库存积压率在5%以下（按季结算），月均销售额在60万元以上，月现金收入回社量达到80%以上	具有较强的盈利能力，库存积压率在8%以下（按季结算），月均销售额在20万元以上，月现金收入回社量达到70%以上	具有一定的盈利能力，库存积压率在10%以下（按季结算），月均销售额在20万元以下，月现金收入回社量达到80%以上
资产负债率在30%以下，流动比率在100%以上，速动比率在150%以上	资产负债率在40%以下，流动比率在100%以上，速动比率在100%以上	资产负债率在50%以下，流动比率在100%以上，速动比率在100%以上	资产负债率在60%以下，流动比率在100%以上，速动比率在100%以上

不同信用等级的企业享有不同的权利，在授信额度和贷款利率等方面有所区别，同时也要履行相应的义务，见表6-2。

表6-2　　　　某信用社信用企业（商户）的权利和义务

◎信用企业的权利			
特级信用	一级信用	二级信用	三级信用
授信额在50万元以下，其中一年期最高额信用贷款在20万元以下，贷款利率优惠30%	授信额在30万元以下，其中一年期最高额信用贷款在15万元以下，贷款利率优惠20%	授信额在20万元以下，其中一年期最高额信用贷款在10万元以下，贷款利率优惠10%	授信额在10万元以下，其中一年期最高额信用贷款在5万元以下（根据日均存款额度和月销售额相应核减授信额度）
◎信用企业的义务			
1. 在其他金融机构开户，经本社评级后自愿将账户移至我社后，不应再到其他金融机构开户结算，否则我社将取消已评定的等级			
2. 信用商户要保证其账户上的日均存款余额和销售额回社率，连续三个月达不到者，我社将对其评级级别进行核减			
3. 在我社借款的信用商户要按合同约定，清偿借款本息，否则本社将强制收回贷款			

在对商户和企业进行信用等级评定的时候,该信用社构造了一个指标体系,包括基本情况(如开户信用社、营业执照和税务登记号码等)、资产负债情况和经营情况等指标,比较详细,见表6-3。

表6-3　　　　　某信用社企业(商户)信用等级评定调查表

基本情况	商户姓名		年龄		文化程度	
	身份证号码			籍贯		
	门店字号			详细地址		
	营业执照号码			开户信用社		
	税务登记号码			联系电话		
固定资产	资产名称	数量	净价值	资产名称	数量	净价值
				合计		
资产负债	资产		金额	负债		金额
	流动资产	库存现金		流动负债	信用社贷款	
		存放信用社款			其中:逾期贷款	
		应收货款			其他借款	
		其中:一年以上应收货款			应付货款	
		预付货款			预收货款	
		存货			应付其他款项	
		其中:一年以上存货				
		合计			合计	
	固定资产净值			长期负债		
				所有者权益		
	资产合计			负债及所有者权益合计		
经营状况	经营规模		流动资金		日销售收入	
	年营业收入		年营业支出		年利润	
被调查人资金需求及意见	用途		需要资金		自筹资金	

注:此表一式两份,一份初评小组留存,一份信用社入商户资信档案。

通过以上指标的评定,最终为该企业(商户)进行信用等级的评定,具体评定的依据见表6-4。

表6-4　　某信用合作社企业(商户)信用等级评定表

商户姓名:　　　　　　年　月　日　　　　　编号:

评定依据			评定内容	评定结果
评定依据	硬件		社员资格	入股金额　　元
		短期偿债能力	流动比率	流动资产　/流动负债　=　　%
			速动比率	速动资产　/流动负债　=　　%
		长期偿债能力	资产负债率	负债总额　/资产总额　=　　%
			产权比率	负债总额　/资产总额　=　　%
		销售现金回社	月现金收入回社量	期内账户贷方发生额合计数　/期内月数　=　　元
			现金收入回社率	期内账户贷方发生额合计数　元/期内销售收入总额　元×100% =　　%
			日存款量	期内账户存款余额合计数　/期内天数　=　　元
			财产总值	固定资产净值　　元
			债务情况	总额　　元,其中:信用社　　元
			年纯收入	
	软件		遵纪守法	
			人品行为	
			税费缴纳	
初评意见			评定为　　户,授信　　元,贷款限额　　元	
			初评小组组长:　　(签字)	初评小组成员:　　(签字)
评定意见	经评定委员会　年　月　日讨论审定,该商户信用等级为　级,贷款核定限额　　元。待信用户需要贷款时,再签订借款合同。本评定有效期自　年　月　日起至　年　月　日止。 　　公章　　　　　　　　　　　　　　　　评定委员会主任签字: 　　　　　　　　　　　　　　　　　　　　　　年　月　日			

注:此表一式两份,一份初评小组留存,一份信用社入商户资信档案。

第六节 对农民专业合作社的贷款模式

农民专业合作社是农村金融机构的重要贷款对象，但合作社普遍面临融资的瓶颈。由于资金缺乏，合作社很难做强做大，合作社成员的很多事业难以开展。合作社融资困境产生的原因可以从资金供、求这两方面来看。从资金的供给方来看，农村金融机构本来就很少，而且现有的农村金融机构又很少会向合作社贷款。农业银行、农村商业银行、农村合作银行、农村信用社以及新建的村镇银行和中国邮政储蓄银行等，在贷款方面都有很严格的抵押担保要求，而且这些农村金融机构普遍认为，贷款给合作社前景并不好，面临的不确定性很大。因此，真正向农村合作组织提供贷款的金融机构寥寥无几。

从资金需求方也就是合作社这个角度来说，确实也有很多障碍。其一，农业生产本身的很多特性导致贷款必须具有高度的灵活性，其贷款期限有的要很短（因为农产品的生产有季节性），有的又很长（农业基础设施的投入需要很长时间才能有回报），而金融机构很难适应这种期限的灵活性。其二，在现有的金融机构贷款条件下，合作社缺乏合格的抵押品，合作社的集体财产很难作为抵押财产，而以土地作抵押又面临法律方面的很多约束。其三，合作社的融资缺乏有效的担保机制，没有哪个担保公司愿意为合作社提供贷款担保，政府也没有建立相应的担保机制。其四，合作社的财务记录大多不完整，使得农村金融机构无法对其进行规范的信用评估，从而阻碍了农村金融机构对合作社的授信和贷款。

这些障碍都是客观存在的，有些可以破除（如合作社保留规范的财务记录），而有些则由于农业生产的物理特性或由于法律方面的硬性规定而难以破除。在这种情况下，政府、农村金融机构和合作社应该共同设计一个良好的贷款机制，使得这种机制既能有效化解银行的信用风险，又能使合作社真正受益，突破资金瓶颈。目前，有以下模式可供选择：

第一种模式是通过合作社内部担保来构建银社合作机制。这种模式的核心是合作社内部实施严格的内控制度。合作社社员提出贷款申请后，合作社内部先进行信用审核和额度控制，并负责担保，然后再向银行提出贷款申请。合作社成员（往往是主要成员，有资金实力）出面担保，合作社提出还贷承诺，这就解决了银社合作中合作社信用不足的关键问题。

在图6-5中，合作社被分成若干小组，一个小组的成员提出借款申请，整个小组提供联合担保，而组长是第一担保人。这个模式有些类似于孟加拉乡村银行中的小组联保机制。在孟加拉乡村银行的贷款机制设计中，借款者也是首先向所在的小组提出借款申请，小组的负责人进行贷款信用调查，并决定贷款的额度

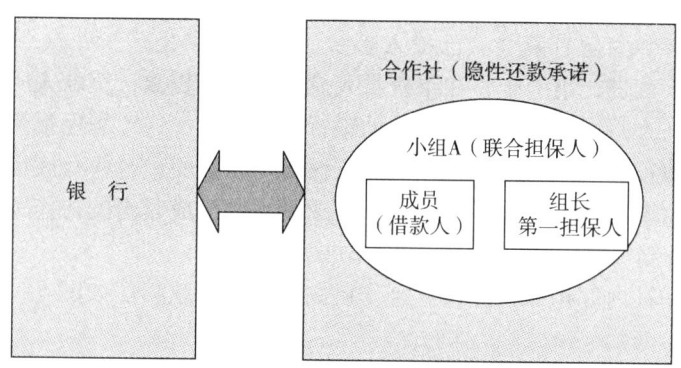

图 6-5 通过合作社内部担保构建银社合作机制模式示意图

和期限；小组成员之间实行联保制度，如果一个成员还不了贷款，则整个小组都有连带责任，银行会取消向所有小组成员的信贷。在上面这个模式中，小组成员之间负有连带责任，而组长是第一责任人（第一担保人），如果借款人不还钱，则组长必须首先负责偿还，这就加大了组长的责任。合作社负责催收贷款，实际上，这里隐含的意思是，合作社是最后还款人，尽管在法律上没有这样明确规定。合作社有一个"集体信誉"问题，因此，如果出现成员不能偿还贷款的情况，合作社总会想方设法为其还贷，以维持合作社的"集体信誉"。

这种银社合作机制在浙江金华有很多成功的案例。浙江金华新闻网曾经登载了这样一个故事：

10月份，甲鱼刚长大，养到春节，就能卖个好价钱。就在这节骨眼上，婺城区罗店镇西吴村养鳖专业户吴荣喜买饲料的钱不够了。如果现在就把甲鱼卖了，与春节时比，肯定要少赚很多钱。怎么办？老吴找到了金华市商业银行，很快就从银行贷出了3万元，解了燃眉之急。吴荣喜一个普通农民，怎么这么容易就能贷到款呢？"有合作社作担保，阿朗（我）贷款方便！"老吴得意地告诉记者。老吴所说的合作社，是该村的西吴中华鳖养殖专业合作社。合作社的负责人，是村党支部书记、中华鳖养殖大户吴根升。他告诉记者，农民贷款难，难就难在担保上。2004年，合作社成立后，就实行统一信贷担保，较好地解决了这一问题。

西吴中华鳖养殖专业合作社成员的贷款程序如下：第一步，成员向合作社提出贷款申请，合作社落实成员所在的小组为联合担保人，其中组长为第一担保人；第二步，组长进行贷款数量审查，上报合作社；第三步，合作社根据贷款人所在小组的总股金确定贷款额度，贷款额度严格限制在总股金范围内；第四步，确定贷款额度后，合作社出面与银行联系，告知合作社某成员需要贷款；第五步，由贷款人（必须是合作社成员）向市银行提出申请，落实至少3个联合担保人（合作社成员），小组组长为第一担保人；第六步，银行对贷款人情况进行调查，看其有多少自有资金、已投入多少、资金缺口是多少，银行根据调查情况，向贷款人放贷；第七步，如果贷款人逾期不归还贷款，贷款人所在小组的组长为第一责任人，同时合作社出面帮助银行催收贷款。这个程序很严格，又很简明易懂，把银行的信用风险降到最低点，银行可以接受，合作社成员也可以解决资金需求。这里面的关键问题是，合作社成员需要形成紧密的协作关系，形成休戚与共的合作链条。

通过合作社内部担保构建银社合作机制模式的贷款程序如图6-6所示。

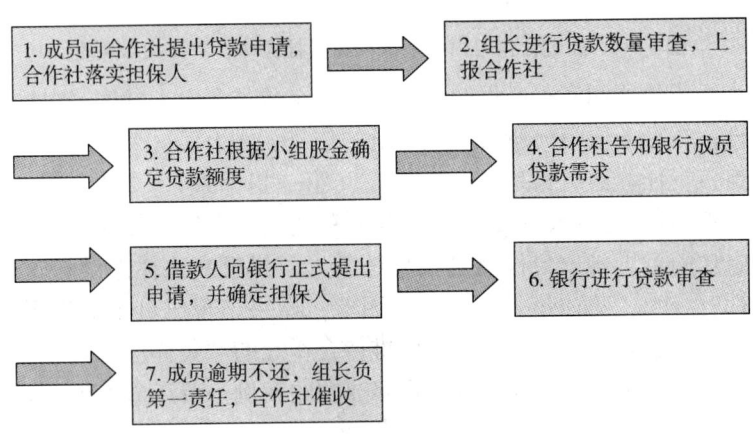

图6-6 通过合作社内部担保构建银社合作机制模式的贷款程序图

第二种模式是运用商业性的担保中心，而政府对合作社贷款进行贴息支持和担保费支持。这种模式涉及四个主体：担保中心、政府、合作社、金融机构（以下简称银行）。政府对合作社提供资金支持时不再采取直接补贴和拨款的方式，而是采取融资支持的方式，即在担保和降低借款成本方面帮助合作社融资。一方面，政府通过向银行贴息，支持银行向合作社贷款；另一方面，政府代替合作社向担保中心缴纳担保费。这种支持方式比直接地拨款更有效率，也能够激励合作社进行生产性投资。担保中心也不亏，因为在政府的支持下，担保费是一笔不小的收入，同时通过甄别合作社的信用情况，也可以降低担保的风险。银行可以获得政府的贴息，同时可以获得担保中心的担保，因此信用风险降低到可以接受的水平。这种模式的核心，是政府对合作社的支持方式的变革，即由单纯的直接贴补转变为建立融资支持机制，利用市场化的方式来支持合作社发展。在这种模式下，为了防止合作社的道德风险（合作社会故意不还钱，而把还款责任推到政府身上），政府可以采取一定的惩罚措施，即对表现良好、信用卓著的合作社进行更大规模的融资支持,而对那些信用不好的合作社停止担保费和贴息支持,这样就可以逐步淘汰那些劣质的、不守信的合作社。

这种贷款模式如图 6-7 所示。

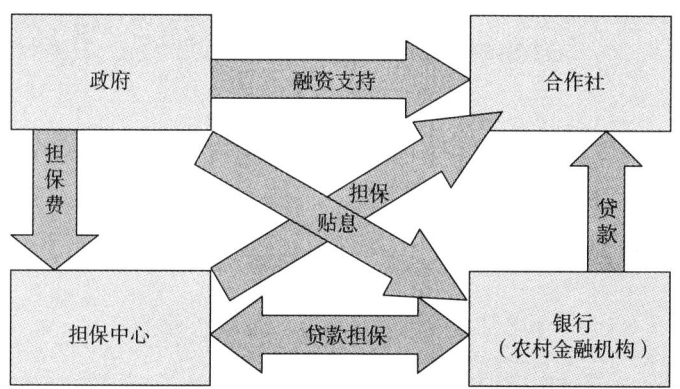

图 6-7　通过担保公司和政府对银行贴息来进行合作社融资的模式示意图

第七章

农村金融机构负债管理

第一节 银行负债管理的基本原理

本章主要讨论农村金融机构的负债管理。在深入探讨农村金融机构负债管理的具体方法之前,我们需要对一般商业银行的负债管理的基本原理有所了解。银行经营资金的主要来源是负债,这是其扩张资产业务和开展其他业务活动的基础。商业银行要实现资产按既定目标增长,负债管理分外重要,因为商业银行主要需通过在货币市场上主动负债,或者"购买"资金来实现银行盈利性、流动性和安全性的最佳组合。

传统的银行负债管理主要关注两点:其一,为支持贷款及公众所需其他金融服务而筹集足够资金的渠道与工具;其二,出于银行整体盈利目标的负债成本控制。这两者相辅相成,银行的筹资工具选择须在成本制约下;反过来,定价合理、选择恰当的筹资工具也是控制成本、提高收益的保证。

一、负债管理的含义

1. 广义的负债管理

广义的负债管理是指商业银行管理者对其持有的资产负债的类型、数量、总量及其组合同时作出决策的一种综合性资金管理方法。包括对以下三个阶段的管理:

第一阶段,资产、负债的总括管理;

第二阶段,资产、负债各个项目的具体管理,以求得各项目的最佳组合;

第三阶段,为实现利润目标的利差管理、间接费用的控制、流动性管理、资本管理和税收管理。

广义的资产负债管理,实质就是对银行资产负债表中各项目的总量和结构进行计划、指挥和控制,从而使利润最大化。

2. 狭义的负债管理

狭义的负债管理是指商业银行利差管理，即控制利息收入与利息支出的差额（净利息收入），使其大小及变化与银行总的风险—收益目标相一致。

资产负债管理理论认为，风险和收益是衡量银行经营好坏的重要标志。其中，风险具体表现为利差的敏感性或波动性，因此银行总的风险即由利差大小及其变化决定。同时，利差也是收益的主要来源，以及银行潜在资产负债结构的反映，是资产负债综合作用的结果。

二、负债管理的目标及现今商业银行负债管理策略

负债管理的目标是为扩充银行贷款能力而争取流动性大、稳定性强、吸存方式灵活多样的各种存款，与此同时，不断调整负债结构，以短续长，以小聚多，以收益的多重变换来适应资产结构的需要。

在传统的流动性管理中，严格期限对称和追求盈利性时强调存款制约是其恪守的原则，而在如今的负债管理阶段，其流动性主要依靠从货币市场上购买资金来补充，而不再依赖维持较高水平的现金资产和以短期证券为主的二级准备金。换言之，如今的商业银行是主动在货币市场上"购买"资金以满足流动性需求。这种主动负债的另一个作用，在于适应盈利性资产的战略性扩张。

通过运用负债管理策略，银行的流动性资产储备水平得到降低，这为收益性资产的扩大提供了可能，有助于资产盈利能力的提高，使商业银行在资金管理上更富进取性。

但同时应看到，依赖从货币市场上购买资金来进行的负债管理也是一把"双刃剑"，既为银行带来了便利，为银行持有较高比例的收入资产、增加预期收入提供了可能，也增加了风险，这便是承受大量"购买"资金的成本压力与经营风险，即借入资金的成本不能确定以及借不到资金的风险。

如上所述，现今的负债管理主要依靠从货币市场上借入资金补充一级准备、补充流动性，以满足存款提取和增加贷款的需求，即为储备头寸负债管理方法。如果银行完全用这种借入资金的方法持续扩大资产负债规模，则称为全面负债管理或纯负债管理。此方案的最大风险是足够资金来源的缺乏，其顺利实施的前提是市场有足够的资金和参与者，这是为了保证单个银行活动对整体市场利率水平影响微弱，从而确保可借资金供给弹性较大，但即使这个条件得到满足，纯负债管理仍非万无一失，因为一旦中央银行紧缩货币政策，实施全面负债管理的小银行就会面临负债管理结构崩溃的危险。

三、负债管理中存款管理的现行原则

传统的商业银行负债管理主要指存款管理。存款管理的现行原则是在业务经

营中逐渐形成的，虽然未上升为法律规范，但在实际中发挥着指导作用。这些原则主要是：

1. 存款第一原则。各级银行的资产业务，必须在存款许可的范围内进行活动，这是我国商业银行改革中的一个重大转变。在商业银行改革前，经营行只要有上级批准的贷款指标就可以对客户发放贷款；改革以后，一家银行即使有上级银行批准的贷款指标，但假如没有存款资金，也不能发放贷款，也就是业务经营中的实存实贷、先存后贷。

2. 采取鼓励存款、方便存款的措施，促使短期性存款向稳定方向转化。

3. 提高存款利率，除财政预算存款外，实行普遍的有息存款制度。

4. 增加存款种类和确定不同存期，开办多币种的外汇存款。

5. 对存款进行结构、期限管理，保持贷款与存款的对称性。

6. 充实和创新存款的考核内容与方法。如考核储蓄存款吸储比率、财政存款的最低保存率、派生存款比率、企业存款稳定率、存款存期结构和存款成本等等，从而使银行的存款管理质量显著提高。

第二节　农村金融机构如何进行负债管理

一、扩张

上一节中提到，虽然当今银行负债管理存在扩张性的新思路已不限于传统的存款负债管理，但鉴于乡村银行规模小、发展不完善的特有性质，传统的存款管理仍是其负债管理的重点。在存款管理上，除扩大存款规模以外，出于风险分散的考虑，须同时注意品种的多样化与对象的丰富化。

1. 积极扩大存款规模

其一，开展存款营销。

欲扩大存款规模，则需改变对于存款的传统理解，不应始终被动地等候存款，尤其在我国加入世界贸易组织后，外资银行的进入打破了国内金融业的高度垄断局面，行业竞争日益激烈。在这一背景下，一般的商业银行都需要实施积极主动的营销。但是，农村居民观念相对保守，金融观念深入程度不足，因此农户仍然对银行存在不同程度的不信任，他们宁可闲置大量资金也不愿将其存入银行体系。由此可见，农村金融机构的存款潜在来源是充足的，如果改变传统的被动负债观念，提高知名度进而提高对存户的吸引力，合理开展存款营销，那么农村金融机构就极有可能提高存款竞争力、拓宽存款来源渠道。

其二，争取大额定期存款，保障资金供应。

由于农村地域的特殊性，农民对资金需求的不确定性因素较多，可能会不定时地需要提取大笔款项用于各种生产性和突发性支出。此时，如果农村金融机构大额定期存款不足，就容易引发资金流动性紧张等问题。因此，农村金融机构在负债管理中应当多争取一些大额定期存款，从而保障资金供应的稳定性，降低可变因素带来的风险。例如推广大额可转让定期存单，提高其流动性，从而刺激需求，保障大额定期存款的供给。

2. 坚持存款多样化

这一方面是风险分散和负债管理稳健性的要求，另一方面也是服务多样化的客观需求。

其一，存款品种的多样化。

由于农村民间金融日渐兴盛，市场竞争趋于激烈，客户需求愈发层次多样、形式多种，因此农村金融机构必须积极创新存款种类，适时设计开发出适合我国农村具体情况的新型存款种类，实行存款账户多样化。例如，设立可转让支付命令账户、大额可转让定期存单、定活两便存款账户和自动转账服务账户等。

其二，存款服务多样化。

在人们对服务的要求越来越高的情况下，银行要扩大存款、争取客户，很大程度上靠提高服务的质量和水平。尤其对于农村金融机构来说，由于农村的地域特殊性，农村金融体系设备设施尚不够完善，金融服务的可获取性及便利性均较差，因此，如果能够提供高效优质的服务，那么农村金融机构就更容易吸引储户，扩大存款规模。例如，硬件上要有整洁、美观、舒适的营业环境，过硬的安全措施和便民措施，科学合理的营业时间，以及全天候服务，尤其是要逐步实现存款服务系统的现代化和自动化，以适应时代的新要求；在软件上要有亲切热情的服务态度、迅速准确的工作效率和"顾客第一"的经营思想等，可以通过对银行工作人员强化培训来实现这一目标。

二、边界

虽说负债管理应注重规模扩大和形式创新，但这一切都不能超越合理边界。

1. 规模边界

作为银行负债的存款并非越多越好，而应限制在银行贷款的可发放程度、银行吸收存款的成本和管理负担的承受能力范围内，这样才有利于银行的稳健持续经营，否则可能会给其经营管理带来困难。

这一点对于农村金融机构来说尤为重要，因为农村金融机构本身经济实力基础较为薄弱，倘若存款规模过大、利息负担过重，那么一旦客户贷款需求有限，农村金融机构就将面临入不敷出的危险，影响利润及稳定性。因此，农村金融机构也应当合理地控制存款规模。

2. 形式边界

在存款种类和形式的设置上，各农村金融机构也应依据自身经营条件和环境，结合银行的利润、目标，以及是否有利于存款市场开拓等多方面因素，来合理设置存款品种，不能为了扩大规模而一味盲目片面地增加存款的种类和形式，否则将给银行经营带来潜在的风险和危害。

第三节　在农村社区中吸引存款的方法

农村金融机构在农村社区吸引存款的方法与普通银行有所不同，须根据农村地区的特殊性及农民储户的特点来量身设计，以求最大化地满足农村社区的存款需求。

一、时间因素

由于农业生产具有季节性的特点，农民的收入普遍较低且分散，闲置资金规模小，因此农民对资金的需求更为灵活，农村金融机构需要配合该特点提供更为便利的存取形式。在实践中，乡村银行应考虑相对更为灵便的存款期限设计，以便于农民的生产生活安排，从而增强存款吸引能力。因此，可以考虑适当提高活期存款在各项存款中的占比。

二、利率因素

上面提到短期存款的占比提高问题，但目前民间金融在农村大量存在，其他的金融机构也在争取存款，而农民的闲置资金并不太多，因此农村金融机构要想吸引更多的存款，就必须充分利用利率敏感性，选择具有竞争力的利率。

在经验积累和审慎性分析之后，可以考虑通过对一些原有产品的改造或交叉融合产品增强吸引力。进行这样的组合时，必须是组合双方各取其长。例如，存款应突出其优势——安全性，而与之相结合的产品则可考虑证券类产品，以取其收益性优势弥补存款的不足。通过这样的组合，银行存款的这种新产品既可以避免因市场利率上升而损害存款人的利益，也可以使存款人通过证券产品分享二级市场的价格收益。这一方案可以参考大额可转让定期存单，它让存单持有人不仅可通过交易将存单变现，而且有希望获得利率下降时存单增值带来的收益。

但应注意的是，这类创新产品往往会增加存款人的风险，必须谨慎考虑存款人的风险容忍程度，并且不能违背银行负债管理的原则，应注重安全性与利润。

三、配套服务的增进

增加银行在存款之余的服务，可以扩大银行的影响力，同时增加存款的吸引力。对于银行来说，主要可以提供理财账户。

如前所述，利率在市场竞争中作用巨大，但目前存款利率仍由中央银行管制，所以这一方面发挥的余地有限。推出理财账户，可以帮助吸引存款资金，尤其可以吸引高端客户这一真正能够给银行带来利润的群体。

具体而言，银行可以根据客户的需求，结合各种短期金融工具的特点及收益，设计开发收益较高的集合理财产品，力求投资的风险、收益及流动性与客户的需求相匹配，甚至可以开发债券、存款和保险等多种产品组合搭配的综合理财账户。

一般情况下，这类账户须以较高存款额为基础。在农村，由于资金有限，加之银行提供服务的范围受到限制，因此这一基础存款额可以具体调整。

其中，这类账户尤以货币市场基金账户为代表，其收益预期高于普通存款，但在推行的过程中仍须强调安全性。

第四节　存款管理中的创新形式

我国银行业的传统负债管理基本处于粗放式经营状态，不仅产品单一，而且其定价与账户的具体条件脱节。宏观背景的发展趋势是，通货膨胀压力加剧，物价上涨幅度超过银行存款利率，负利率使得居民存款热情下降，银行存款面临威胁。为保持存款的持续生命力以及为其他业务活动的开展创造条件，农村金融机构必须推进负债产品创新，吸引资金流入。

一、针对客户的融资需求，设计开发对应的融资产品

负债产品创新的最新发展是根据银行的发展战略，明确银行的客户重点，在对目标客户的需求进行全面研究的基础上，推出量身定做的负债产品。

农村居民的金融知识在不断丰富，对风险的承受能力在不断增强，对收益的要求在不断提高，加之市场交易也越来越兴隆，因此农民对资金的需求也日渐多样化；同时，农村金融机构要想吸引存款，放宽存款期限与实行有竞争力的利率都十分重要，所以为保证资金充足、充分利用金融市场的融资渠道，针对客户的融资需求，设计开发对应的融资产品就显得十分必要了。

农村金融机构利用自身的专业优势，有效地与客户沟通，了解对方的投融资需求，安排融资产品，包括融资方案的设计、融资产品的开发及市场推广、资金的后续管理等，不仅有助于稳定与客户的关系，而且可以获得不菲的各种中介费用。

二、开设各种理财账户,为客户提供综合理财服务

1998年以后,在存款利率仍由中央银行管制的背景下,市场利率持续低迷,存款收益相对较低。针对这一现象,各银行相继推出理财账户,吸引存款资金。这类账户一般以较高的存款额作为基础,账户所有人可获得银行提供的、多方面的金融服务,如投资咨询与设计、账户组合管理、汇兑、转账等,较具代表性的有招商银行的金葵花账户、工商银行的理财账户、光大银行的阳光理财账户等。银行的意图在于通过推出理财账户,吸引高端客户,而后者通常被认为是真正能够给银行带来利润的群体。农村金融机构也可以根据自己的情况,为客户提供相应的理财服务。

理财服务可以表现为两种形式:一种是银行根据某类客户的具体需求,考虑多种金融工具的收益及其特点,设计开发出收益率较高的综合理财产品;另一种是先由客户向银行提出自身的条件及需求,之后银行再为其设计量身定做的投资方案,使客户的特殊需求与投资的风险收益及流动性相匹配。银行还可以通过对债券、存款和保险等多种产品进行组合投资的形式,将综合理财账户中的客户资金进行组合搭配,或是对每一类产品中的不同内容进行恰当组合。当然,这需要农村金融机构的管理人员和产品开发人员有相应的知识储备,以满足客户的理财需求。

三、为储蓄账户提供各种转账支付便利

个人储蓄在我国银行存款中占有绝对份额,而且随着市场经济的发展,公众对于转账支付的需求大幅度上升,因此为储蓄账户提供各种转账支付便利已是我国银行发展的一个普遍趋势。

由于农业周转资金频繁,所以农村金融机构在提供各种转账支付便利方面的创新尤为重要,在方便客户、提高资金使用效率的同时,也可促进银行负债规模的扩张。

四、重新组合不同特征的传统存款产品,创造出兼具多方面优势的存款产品

我们知道,传统的存款产品包括活期或支票存款、储蓄及定期存款等。这些传统存款产品具备各自的特点:活期存款在转账支付方面非常便利,但收益极低;储蓄及定期存款的利息收入比较高,但又缺乏支付上的便利。于是,一些不能经营支票存款业务的银行便开发出了实为支票存款同时又可支付利息的存款产品,以吸引资金,例如可转让支付命令账户、超级可转让支付命令账户等。此后又涌现出了一批存款创新产品,例如现金管理账户、可支付利息的交易账户和股

金汇票账户等。这些存款创新产品都力图通过对传统产品的改造和交叉融合来增强银行存款的吸引力。

五、重新组合存款产品与直接融资工具，创造出兼顾收益和安全性的负债产品

除了传统存款产品之外，直接融资工具也可被用于开发创新存款产品，特别是这两者之间存在的互补性，使得将它们进行重新组合具备可行性。

存款类产品收益相对有限，但在安全性方面具有突出优势。不过，银行存款利率的上调明显滞后于市场利率的上升，这常常使得存款人的利益受损。此外，银行存款虽存取自由，比较灵活，但在利率变化，进而银行存款价值发生变化时，却无法像证券等直接融资产品那样，通过二级市场交易来获得价格收益。因此，在市场利率持续波动的背景下，银行业开始研究开发具有直接融资工具特点的负债工具。

1969 年在欧洲货币市场诞生了可转让大额存单，使存款产品首次具有了二级市场交易。可转让大额存单的持有人不但可以随时在二级市场上将存单变现，而且还有机会获得利率下降时存单增值带来的收益。将直接融资与间接融资两种工具相互融合的另一极具代表性的银行负债产品是股票指数存款。这种存款的收益直接与证券市场的股票价格指数挂钩，存款人根据其对股市未来走势的预期选择购买牛市或熊市存单，到期银行根据期间股指的变动率及事先确定好的参与率计算该账户的收益率。通常而言，该类账户的本金都是有保障的，因此，此类账户对那些既希望获得股市波动所带来的利益又对投资安全有一定要求的客户有非常大的吸引力。

第五节　如何通过创新和服务扩大存款：以某信用社为例

在前面几节中，我们比较系统地介绍了商业银行负债管理的一般方法以及农村金融机构负债管理的创新形式，尤其是论述了农村金融机构如何通过创新产品和服务来获得更多的存款，并且指出很多新的存款产品的推出有利于增强农村金融机构的吸引力，从而动员更多的储蓄。下面，我们以山西某地农村信用社为例，来谈谈农村金融机构的存款管理创新模式。

这个农村信用社位于城乡结合部，服务区域内既有农村客户，也有城市客户。这个信用社深知存款的增长是各项业务开展的前提，也是信用社成长的原动力，始终将扩大存款量、拓宽客户群作为重中之重，在多年的探索中开发出了其特有的吸储方法。

第一,以最优质的、全方位的服务来吸引大客户,稳定大客户的存款。这个农村信用社为大额存款客户提供人性化、超值化服务,为这些财富群体的休闲、健身、娱乐、购物、理财、旅游度假等提供方便,以优质的服务和真正的实惠来稳定大客户群。这个农村信用社将营业部的大楼开发成集餐饮、健身和客房于一体的综合性服务楼,该信用社的客户可以根据其存款额享有不同的服务优惠。通过这些超值服务,大客户被吸引到信用社来,从而拉近了大客户与农村信用社的关系,使农村信用社的存款有了一个稳定的来源。一个大客户的存款,相当于很多零散小客户的存款,农村金融机构在这些大客户身上花一些成本,是非常值得的。该信用社为各种贵宾客户制定了相应的服务标准和优惠标准见表7-1,在提供贷款、办理各种手续和证明、电子汇兑、保险箱服务等方面给予优惠,极大地方便了大客户的经营活动。

表7-1 山西某信用社贵宾客户优惠标准

项目		贵宾客户收费标准		
		银卡	金卡	钻石卡
挂失手续费(卡、折、存单挂失,密码挂失)		免费		
存款证明		免费		
电子汇兑		手续费免,汇划金额50万元(含)以下免电子汇划费。超过部分按标准收费	手续费免,汇划金额100万元(含)以下免电子汇划费。超过部分按标准收费	免费
保险箱业务		所有箱型8折	小型箱免费,其他箱型7折	中型箱免费,其他箱型5折
贷款类	贷款利率优惠(个人住房贷款除外)	下浮1%	下浮2%	下浮3%
	个人授信	—	—	钻石卡客户专享

第二,利用多种专题活动吸储。信用社开展了"万名红娘情牵信合,万名学生齐唱信合"的活动,积极发动各街道办事处和妇联开展社区吸储活动,在辖区内提供教育储备贷款,有效地利用社会力量拓展了客户群,扩大了吸储覆盖面。所谓"红娘",就是那些在农村信用社和客户之间起到牵线搭桥作用的人,这些人一般都是妇女,有些是当地社区的妇女干部,她们成为农村信用社的"编外"工作人员,为农村信用社争取到了很多储蓄。以这个信用社下属的一个乡镇信用社为例,信用社及分社的领导与各街道办事处和社区的妇女主任结成对

子，职工与辖区内的"红娘"结对子，划分服务辖区，责任落实到人，形成一个层层负责、环环相扣的立体服务网络，其在辖区的12个行政村、17个社区，共发展"红娘"348个，累计吸收资金达4586万元。在一个经济不太发达的乡镇，能达到近5000万元的储蓄规模，实属不易。以专项活动吸储，有利于动员社区内的各方面的资源，使他们投入到动员储蓄的行动中来，成为农村信用社的"准员工"。

第三，利用退休人员深入社区吸储。返聘退休人员，给予其相应的效益工资，从而以较低的成本吸收社区居民存款。这个信用社下属的一个位于城郊的农村信用社存款已经突破10亿元，但其在职员工仅有60多名，仅仅依靠员工拓展储源效果有限，于是信用社返聘了几十名已退休人员，除了基本工资之外，还按照吸储量给予其效益工资，大大提高了退休吸储员的积极性，使他们为信用社存款的增长作出了巨大的贡献。

第四，为客户提供更全面的金融服务，推出新的金融产品，满足不同客户的需要。例如，这个信用社下属的某信用社开办了小博士教育储蓄和"老板卡"业务，提供专业化的服务，均有效地开拓了储源。除了吸储办法的创新，该农村信用社严把服务质量关，不断开发新的中间业务，切实做到便捷、高效、实惠，在稳定现有客户的基础上不断吸引新的客户。

（1）积极开展中间业务：承兑贴现，电子汇兑，代发工资，代收移动、铁通、网通、固定电话费用业务，同时办理科学理财高回报股金业务，快速解决客户需要。

（2）为客户提供保险服务：办理财险、车险和寿险。例如，储寿险是集储蓄和保险于一身的意外伤害保险，具体是指用定期存款的利息办理保险，在被保险人发生意外时，可获得意外伤害保障以及意外医疗保障。

（3）在开办汇兑贴现业务时，奉行"方便、快捷、低费"的原则，确保最低费率，以扩大业务量。

第八章

农村金融机构资本管理

第一节 商业银行资本金与资本充足率

银行资本金可分为核心资本和附属资本。核心资本是所有者权益，真正代表银行的实力；附属资本是对核心资本的补充，总数不能超过核心资本金数量。核心资本又称为一级资本，是最高形式的资本，是持久性的所有者权益，包括永久性股本金和公开储备，在会计账户上反映为实收资本、资本公积、盈余公积和未分配利润。附属资本又称为二级资本，包括未公开储备、资产重估储备、一般储备金或者一般呆账准备金、混合型债务资本工具和长期次级债务，在我国银行的会计账户上主要反映为各项准备金和发行的 5 年期以上的长期金融债券。

银行资本金是一把"双刃剑"。一方面，资本金越充裕，银行抵御风险的能力越强，但另一方面，资本金在银行总资产中的占比越大，资本的财务杠杆作用越小，资本金收益率越低。为了解决这个矛盾，巴塞尔委员会提出了"资本充足率"概念，用来衡量国际银行持有资本金的数量是否达到要求。

资本充足率是指银行资本总额与银行加权风险资产的比率。这个比率由巴塞尔委员会规定为 8%。该 8% 的指标是一家银行能够正常对外营业并足以维持自身信誉的最低限度，同时商业银行还应该制定资本充足率的内部管理方法，合理调整资本金结构，以符合银行总体经营目标的需要。

资本充足率的管理包括数量管理和结构管理两部分内容。

(1) 资本金数量管理

金融监管当局在银行开始营业时便规定了银行注册资本金的最低限额，比如我国规定，全国性商业银行的注册资本最低限额为 10 亿元人民币，城市商业银行的注册资本最低限额为 1 亿元人民币，农村商业银行最低限额为 5000 万元人民币。银行正常营业后，由于业务发展速度不同、资产和负债规模不同，监管当局很难对所有银行资本金的数量作统一规定。目前，世界各国均采用《巴塞尔协议》提出的最低资本充足率8%的标准来监管商业银行资本金数量。资本充足率和核心资本充足率的计算公式如下：

资本充足率 = 合格监管资本／加权风险资产
            = 合格监管资本／（信用＋市场＋操作风险资本要求）×8%
核心资本充足率 = 合格核心监管资本／加权风险资产
              = 合格核心监管资本／（信用＋市场＋操作风险资本要求）×8%

（2）资本结构管理

资本结构的合理性是指银行资本金中核心资本与附属资本在总资本金中所占的比重关系。由于筹集资金的难易程度不同、筹资成本不同，银行在选择资本金筹资策略时，无论是选择扩大核心资本数量还是选择扩大附属资本数量，都需要遵循降低成本和降低银行风险的原则。

《巴塞尔新资本协议》2006年底开始正式实施。该协议从监管的角度，明确地提出了金融监管当局督促商业银行提高风险管理能力的三大措施，这三大措施也被称为三大支柱。

（1）第一大支柱：最低资本金要求

最低资本充足率的计算公式作了修正，即在信用风险的基础上，增加了市场风险和操作风险项目。

（2）第二大支柱：对资本充足率的监管

强调了各国金融监管当局在检查和监督银行资本充足率管理中的作用，要求金融监管当局要严格评估和及时干预银行的风险管理，制定金融政策，约束银行经营行为，并针对银行资本充足率的情况作出奖励或处罚。

（3）第三大支柱：市场纪律和市场约束

强调通过规范商业银行信息披露制度，完善市场风险揭示体系。比如，要求银行定期公布经营信息，包括银行资本结构、风险资产及其计量标准、风险管理战略和制度、资本充足率等，通过公开市场监督银行的经营管理行为。

第二节 金融机构资本充足率管理

一、资本充足率管理目标与原则

资本充足率管理目标是通过建立有效的管理机制，在确保金融机构资本充足率不低于监管要求的前提下，制定合理的资本充足率控制目标，控制风险资产的过度扩张。

资本充足率管理通常应遵循以下原则：

合规性原则。资本充足率管理应符合银监会的监管标准和监管规定，满足监管当局监督检查和信息披露要求。

协调性原则。为实现金融机构的经营目标，资本充足率目标应与资本回报率目标相协调，与风险资本管理和账面资本管理机制相衔接。

谨慎性原则。资本充足率应严格按照法定或监管部门认可的计量标准，在充分计提贷款损失准备等各项损失准备的基础上进行计算，防止资本充足率在计算和预测过程中被高估。对计量结果应进行检验和校验，因数据源缺失等问题导致无法得出计量结果的，按照更为严格的标准进行谨慎估计。

专栏8-1　我国资本充足率管理演进

1995年，第八届全国人民代表大会常务委员会第十三次会议通过《中华人民共和国商业银行法》，明确规定了商业银行资本充足率不得低于8%，但我国监管法规一直未针对资本不足银行规定明确的监管措施，并且在资本充足率计算方法上也放宽了标准，这样做不利于反映银行的真实风险状况。

2004年，中国银行业监督管理委员会制定并发布《商业银行资本充足率管理办法》，借鉴国际银行业资本监管的成功经验，建立适合我国国情的资本监管框架。监管当局对商业银行实行分类管理，鼓励资本充足率高的银行优先发展，而对资本不足的银行则限制资产扩张，督促调整资产结构，尽快补充资本，建立审慎经营机制。

2007年，《中国银行业监督管理委员会关于修改〈商业银行资本充足率管理办法〉的决定》出台，从而建立起一套相对完整的银行审慎监管规章体系。我国先后出台了《金融企业会计制度》、《贷款风险分类指导原则》和《银行贷款损失准备计提指引》等监管规章，为制定完整的审慎资本管理制度奠定了基础。这次修改，进一步与现行的各项监管法规衔接配套，提高了各项规章制度之间的一致性，有利于强化对商业银行的资本监管。

目前，我国金融机构资本充足率计算规则如下：

资本充足率 =（资本-扣除项）/（风险加权资产+12.5倍的市场风险资本）

核心资本充足率 =（核心资本-核心资本扣除项）/（风险加权资产+12.5倍的市场风险资本）

二、金融机构资本充足率计划

金融机构根据自身发展战略，统筹考虑股东回报、监管要求、业务发展和外部市场环境等因素，确定资本充足率年度目标值。资本充足率年度目标值的底线是在任何时点均不得低于8%，核心资本充足率在任何时点均不得低于4%。金融机构根据年度资本充足率计划，制订本年度的监管资本调整方案和风险资本控制方案，主要包括以下几项：

1. 利润转增资本、股本融资、战略投资者引资以及混合资本工具补充资本方案；

2. 股票回购、长期次级债务赎回、可转换债券赎回等方案；

3. 通过总量和结构层面的平衡协调实现风险资本控制，并贯穿到经营管理全过程中；

4. 出现特别重大事项，严重影响资本充足率时，对风险资产组合直接采取指令性应急措施。

资本充足率计划一经确定，在年内没有出现影响资本充足率的特别重大事项时，不予调整。特别重大事项根据机构章程及有关规定，由股东大会批准或授权董事会审议批准，通常包括：经营出现重大损失、资产重估产生重估储备或提取减值准备、大幅度核销不良资产、兼并收购、重大法律诉讼等。

专栏8-2 我国农村信用社改革中的资本充足率

由于我国农村金融机构资产质量较差，风险加权资产较多，所以其资本充足率普遍偏低。2004年，为解决农村信用社历史包袱沉重、资不抵债和资本充足率不足等诸多问题，中央银行决定采取专项中央银行票据和专项再贷款两种方式置换信用社的不良贷款。其中，中央银行票据对各家农村信用社的吸引力颇大，但实施的前提是必须通过中央银行对资本充足率、不良贷款比例降幅以及经营机制转换和法人治理结构等主要标准的考核。

2006年6月首次中央银行专项票据兑付中，全国57家上报县级联社中仅有吉林省临江联社、山东莱山联社等18家信用社联社首获兑付。不足1/3的通过率，对数万家翘首以盼的农村信用社和地方政府来说无疑是一次挫折。自此，在两年内达标兑付成为农村信用社系统上上下下的重头戏。为达到中央银行规定的资本充足率的兑付标准，目前不少省份都在进行增资扩股。以广东省为例，2007年初98个农村信用社联社中只有16家资本充足率达标，为此需要进行自参加改革试点以来最大规模的募资，总金额超过50亿元。

随后，农村信用社一方面加大不良资产的处置力度，改善经营状况，另一方面敦促股东增加资本、引进战略投资者，个别改制为农村商业银行的信用社还通过发行长期次级债务等工具，从外部渠道补充资本。经过努力，绝大多数的农村信用社在规定时间达到了8%的资本充足率要求，体系抵御风险的能力得到明显提高。2008年以来，全国各地农村信用社喜讯不断，通过政府有关部门和农村信用社的共同努力，不少农村信用社的中央银行专项票据兑付成功获批。

但自2004年以来，也有一些地方农村信用社的股东选择了"用脚投票"的方式，要求退股，导致农村信用社资本波动大，实收资本减少，资本充足率大幅降低。这主要是由于中西部地区尤其是贫困地区农村信用社盈利能力仍不容乐观，风险控制能力仍较为薄弱，或虽然账面实现了扭亏为盈但实际并没有创造价值，没能给股东带来最低回报。在这种情况下，股东纷纷提出退股申请，社员集中退股。这也是我国农村金融改革的困难所在，仍需要进一步引导这类农村信用社进入稳健、高效、良性的发展轨道。

三、金融机构资本充足率预警

金融机构根据全行资本充足率目标，设置资本充足率预警区间，区分危机和预警两种状态，定期监测资本充足率水平，频率通常不少于每季一次。在危机和预警状态下，可根据具体情况提高监测频度。金融机构根据监测结果，针对资本充足率的不同状态启动相应管理方案。

危机状态是指资本充足率和核心资本充足率进入接近监管当局规定的下限区间的状态。下限区间是指资本充足率和核心资本充足率分别位于9%和4.5%以下的区间。当资本充足率处于危机状态时，相关部门在监控报告正式发出后5个工作日内应启动应急方案：分析资本充足率的变动原因，评估变动趋势；实施股权融资、长期次级债务、混合资本债券和可转换债权融资等；紧急出售资产、资产证券化等。

预警状态是指资本充足率和核心资本充足率向下偏离目标值但未进入危机波动区间的状态。偏离目标值是指资本充足率和核心资本充足率位于目标值90%分位以下的区间。当资本充足率处于预警状态时，相关部门在监控报告正式发出后10个工作日内启动调控机制：评估资本充足率变动对经营指标的影响；分析资本充足率的变动原因和变动趋势，对于可能的极端情况进行压力测试；下达监管意见书，提示或要求有关部门或分支机构控制风险资本增长速度，提出指导意见，责令限期整改；制订股权、债权融资计划和风险资本结构调整方案。

第三节　农村金融机构监管资本管理

监管资本是金融机构持有的、符合中国银监会《商业银行资本充足率管理办法》要求的资本构成项目，包括核心资本和附属资本。我国银监会规定，核心资本包括实收资本或普通股、资本公积、盈余公积、未分配利润及少数股权。附属资本包括重估储备、一般准备、优先股、可转换债券、长期次级债务及混合资本债券。商业银行的附属资本以核心资本的100%为限，计入附属资本的长期次级债务以核心资本的50%为限。

一、农村金融机构监管资本管理目标与基本要求

监管资本管理是指综合协调核心资本、附属资本在数量和结构上的动态平衡，是实现资本增值与金融机构价值持续稳定增长的重要手段。

监管资本管理应达到以下目标：保持充足的资本净额和核心资本净额，满足目标资本充足率要求；合理分配股利和留存利润，满足股东分享经营成果和不低于市场平均回报水平的要求；合理控制资本总量，满足金融机构自身中长期发展需要。

监管资本结构管理的基本要求是正确地计量和分析资本构成项目，在实践中应注意以下几点：

1. 对于所有者权益没有包括在核心资本项目中的，通过对其来源与性质的分析，归并入资本公积、盈余公积、一般储备、未分配利润或少数股权中核算，计入核心资本。

2. 本年利润在充分考虑现金分红因素和所得税因素后，计入核心资本中的未分配利润。在本年现金分红比例尚未确定之前，通常参照上一年度现金分红比例，并进行一定调整。在本年所得税比例尚未确定之前，可以按25%计算。

3. 从税后利润中按照不低于风险加权资产1%比例计提的一般储备计入核心资本。

4. 对于实施新会计准则的农村金融机构，资本公积项目中的可供出售类金融资产价值变动储备计入附属资本核算。正的变动储备计入附属资本，计入部分不得超过变动储备总额的50%；负的变动储备应全额从附属资本中扣减，并在资本公积项目中相应冲回。

5. 贷款损失一般准备是金融机构实际持有的贷款损失准备总额减去减值贷款按单笔、组合方式计提拨备差额中由金融机构总部提取的部分。贷款损失一般准备计入附属资本。

6. 长期次级债务与混合资本债券在到期日前最后5年，其可计入附属资本的数量每年累计折扣20%。在资本性投资中，在任何时点持有的其他银行发行的长期次级债务与混合资本债券之和均不得超过核心资本的20%。

二、农村金融机构监管资本的外部融资策略

农村金融机构监管资本的外部融资一般通过股权融资和债权融资两种方式进

行,分别用于补充核心资本和附属资本。在满足最低资本充足率要求的前提下,监管资本中核心资本占总资本的比重越大,说明股权融资比例越大;核心资本占总资本的比重越小,往往债权融资能力越强。因此,金融机构核心资本占比的高低,体现了两种不同的外部融资策略,对金融机构的影响也有所区别。

策略一:高核心资本占比。主要依靠股权融资,有利于节省财务成本,提高盈利水平,但股本的增加会在一定程度上稀释股东回报。盈利压力较大的金融机构,更多地会选择该策略,通常以私募的形式实施。

专栏8-3 农村信用合作社股权融资结构

农村信用合作社股本分为社员股与国家社会公共股。社员资格股是指社员参加合作社必须最低缴纳的基础股金,每户(人)一个资格股,资格股有一个投票权。资格股不足需要补充资本时,所增加的股金为社员投资股。这一方面使社员借贷有了规则,约束了风险,另一方面也通过资金的不停周转,将新的社员股金吸收进来,不断壮大合作社资金实力。社员流动股是指社员暂时闲置资金,不满一年的可用资金。对于按约期支付的款项,社员流动股不计利息,参与年终决算分红,但没有表决权。国家社会公共股,是合作社接受国家或社会组织和个人对合作社的无偿资助形成的权益,此股只有监督权没有表决权。表1为上海农村商业银行2007年资本情况表,从中可以看出上海农村商业银行的绝对股权融资结构特征。

表1　　　　　　　上海农村商业银行2007年资本情况表

单位:人民币千元

	2007年12月31日	2006年12月31日	2005年12月31日
资本净额	7635591.00	5866169.00	5678509.00
核心资本净额	8048113.00	6101558.00	3276682.00
加权风险资产总额	83365661.00	80137677.00	68775000.00
资本充足率	9.16%	7.32%	8.26%

农村信用合作社股本中资格股占比通常较高,因此必须采取措施逐步提高投资股占比,积极引入大企业集团和民营企业等一批具有良好的社会声誉、资金实力较强的战略性投资者,使之成为农村信用合作社忠实稳定的股东,从而改善入股社员结构单一的局面,达到维护股本稳定的目的。农村信用合作社要从练好内功开始,完善法人治理结构,全面提升自身经营效益,使投资回报率维持在一个较高的水平,让股东看到经营状况逐年好转,增加股东对农村信用合作社发展前景的信心,以此来激发社会各界入股的积极性。表

2 为上海农村商业银行 2007 年股本情况表,从中可以看出上海农村商业银行的法人股占比近 80%,同时,该银行积极引入了澳新集团、上海国际集团、绿地集团、锦江国际和东方国际等一批境内外具有良好的社会声誉、资金实力较强的战略性投资者。

表 2　　　　　　　上海农村商业银行 2007 年股本情况表

单位:股

股东类型	股本数	占总股本比重
法人股	2974041470	79.40%
自然人股	771417000	20.59%
打包股	227306	0.01%
股份总数	3745685776	100%

上海农村商业银行 2007 年股东情况表

单位:万股

序号	股东名称	年初持股数	年末持股数	占总股本比重
1	澳大利亚和新西兰银行集团有限公司	0	74539147	19.9%
2	上海国际集团有限公司	30000	30000	8.01%
3	上海盛融投资有限公司	30000	30000	8.01%
4	上海国有资产经营有限公司	30000	30000	8.01%
5	上海绿地(集团)有限公司	20000	20000	5.34%
6	锦江国际(集团)有限公司	15000	15000	4.00%
7	上海市上投投资管理有限公司	15000	15000	4.00%
8	上海山鑫置业有限公司	6000	6000	1.60%
9	东方国际(集团)有限公司	6000	6000	1.60%
10	上海青浦资产经营有限公司	5000	5000	1.33%
合计		157000	231539147	61.80%

策略二:低核心资本占比。实施债权融资策略,有利于控制股本规模、提高股东回报,但有一定的财务成本支出,对盈利有一定的影响。长期次级债券及其他混合资本工具的发行,对金融机构要求较高,通常须具备一定时期的盈利记录,并能在银行间债券市场上公开信息披露。

专栏8-4 北京农村商业银行成功发行全国农村商业银行的首只长期次级债券12亿元

2008年4月,北京农村商业银行在国内银行间债券市场成功发行"2008年北京农村商业银行股份有限公司次级债券"12亿元人民币,成为全国首家发行次级债券的农村商业银行,标志着我国农村金融机构实现了通过银行间债券市场开展资本管理、优化资本结构的新突破,也标志着我国农村金融机构的不断深化改革取得新成效。

本期次级债券发行对北京农村商业银行的改革与发展影响深远,意义重大。一是有利于完善该行的资本结构。本期顺利发行的次级债券,补充了该行的附属资本,实现了附属资本和核心资本的匹配管理、资本充足率与业务发展规模的匹配管理,确保了资本充足率始终保持在监管标准之上。二是有效增强了该行为社会主义新农村建设提供更多信贷资金支持的能力。三是进一步加深了该行与国内银行间市场成员的业务联系。四是有利于建立该行业务发展的市场约束机制。

本期次级债券的成功发行,打开了利用资本市场筹集资本的通道,标志着北京农村商业银行已经以积极的姿态迈上了中国债券发行市场的舞台。该行将以此为契机,不断提高资产质量、改善资产结构、增强盈利能力,使投资者的偿债保障和投资信心稳步增强,并为逐步发展成为有特色的现代股份制商业银行创造更为广阔的发展空间。

▶ 债券基本资料

债券名称	2008年北京农村商业银行股份有限公司次级债券	基本利差(%)	0
债券简称	08京农商行债	基础利率(%)	0
债券代码	082101	划款日	2008-03-27
发行日期	2008-03-17	起息日	2008-03-27
债券期限(年/月/日)	10年	到期日	2018-03-27
计划发行总额(亿元)	12.00	流通状态	不可流通
实际发行总额(亿元)	12.00	上市流通日	null
发行人简称	其他	发行手续费率(%)	0

续表

债券性质	商业银行债券	流通场所	银行间债券市场
选择权	发行人选择权	首次发行范围	银行间债券市场
本息状态		首次发行价格	100.00
付息频率（月）	12	计息方式	附息式固定利率
票面利率（%）	6.200	兑付手续费率（%）	0
债券评级		债券评级机构	
主体评级		主体评级机构	

三、农村金融机构监管资本的内部增长途径

农村金融机构监管资本的内部增长途径主要有拨备提取增加附属资本和利润留存增加核心资本两种，通常以利润留存增加核心资本为主。金融机构在年末计提贷款减值准备时，首要考虑的是资产组合的预期损失，在财力允许的前提下，可适当地多提取减值准备，在税前直接计入附属资本。金融机构在对税后净利润进行分配时，会考虑利润分配与留存比例，通过适当提高净利润留存比例，将利润直接转增至核心资本。

在实践中确定监管资本的内部增长的数量与结构时，通常要符合财务会计准则的相关规定：

1. 法定盈余公积金：根据我国《公司法》和公司章程，金融机构按照净利润的10%提取法定盈余公积金，当法定盈余公积金已达金融机构注册股本金额的50%以上时可不再提取。

2. 法定公益金：根据财企［2006］67号《财政部关于〈公司法〉施行后有关企业财务处理问题的通知》，自2006年1月1日起，不再提取法定公益金，企业对2005年12月31日的公益金结余，转作盈余公积金管理使用。

3. 一般准备：根据《金融企业呆账准备提取管理办法》，一般准备按照不低于风险资产期末余额的1%计提，并作为所有者权益的组成部分。

4. 任意盈余公积金：金融企业在利润分配时应提取一般准备，按提取一般准备后的余额提取任意盈余公积金。

5. 股利分配：股利分配方案须经金融企业董事会决议并经股东大会批准。

> **专栏 8-5　CQ 农村信用合作社 2008 年利润分配案例**
>
> 　　CQ 农村信用合作社 2008 年度会计报表税后利润为 33877 万元，以前年度未分配利润为 30450 万元，本年可供分配的利润为 64327 万元。CQ 农村信用合作社 2007 年度利润分配方案经信用合作社 2007 年度股东大会审议通过后实施。
> 　　1. 按本年税后利润的 10% 提取法定盈余公积 3387 万元。
> 　　2. 2007 年末一般准备余额高于风险加权资产期末余额的 1%，本年度无须提取一般准备。
> 　　3. 本年度不提取任意盈余公积。
> 　　4. 按普通股股本金 6% 的比例进行现金分红，共计 30450 万元（含税）。
> 　　5. 经上述分配后，剩余的未分配利润 30489 万元结转下年。

第四节　农村金融机构风险资本管理

　　风险资本是指在既定的置信水平下，用于覆盖金融机构风险暴露非预期损失的资本占用。风险资本的数量真实反映了金融机构实际承担的风险大小。风险资本包括信用风险资本和市场风险资本等。信用风险资本用于覆盖借款人或交易对手违约带来的损失，计量范围包括信贷资产、非信贷生息资产、无息资产和表外资产风险所面临的资本占用。市场风险资本用于覆盖由利率、外汇、期权、股票和商品等要素的价格变动导致的资产损失，计量范围包括银行账户和交易账户中面临市场风险的各类产品和交易。

一、农村金融机构风险资本管理目标与原则

　　风险资本管理目标是统筹考虑风险与收益、短期盈利与长期发展战略，统一协调金融机构的风险、收益和规模，优化资源配置，实现自身价值持续稳定增长和股东价值最大化的一系列管理活动。

　　风险资本管理通过建立与资本充足率管理的协调机制，将资本充足率管理目标贯彻落实到对各地区、业务板块及产品的管理政策和措施中，实现风险资本管理目标。计量、配置和评价各地区、业务板块和产品等维度的风险资本占用、经济增加值和风险资本回报指标是风险资本管理的主要内容。风险资本管理通常应遵循以下原则：

　　1. 公开性原则。金融机构进行风险资本管理时，应当对辖内各银行业金融

机构公开计量标准、配置方案和评价结果。

2. 谨慎性原则。对风险资本进行计量时，参数应严格遵照统一计量原则，并对计量结果进行校验。因数据源缺失、计量模型不适用等问题导致无法得出计量结果的，要按照更为严格的标准进行估计。

3. 效益性原则。风险资本配置应立足全行长期战略发展规划，优化配置方式，提高配置效率，实现银行价值持续稳定增长。

专栏 8-6 中国农业银行风险资本管理组织架构、职责分工

资产负债委员会负责审议资本管理有关事项，行使以下职责：（一）审定风险资本体系建设总体规划和实施方案；（二）审定风险资本管理相关办法、政策；（三）审定年度风险资本配置计划和调整方案；（四）审定风险资本最低回报率；（五）其他风险资本管理相关重大事项。

资产负债管理部是风险资本管理的牵头部门，主要履行以下职责：（一）负责拟定风险资本管理办法、计量标准、配置政策和考核政策；（二）负责拟订年度风险资本计量方案，审核风险资本计量参数；（三）负责拟订年度风险资本配置方案；（四）负责拟定年度风险资本最低回报率；（五）负责审查风险资本调整申请，审批授权内风险资本额度调整方案；（六）负责风险资本的监测、分析、评价、通报，以及对各级分行风险资本管理情况的监督检查等日常管理工作；（七）负责风险资本信息系统的开发和维护管理；（八）其他风险资本管理事项。

风险管理部负责拟定信用风险、市场风险资本计量参数，向风险资本牵头管理部门提供信用、市场风险压力测试结果及相关风险管理建议报告。内控部门负责拟定操作风险计量参数，检查风险资本管理体系建设、制度落实和计划执行情况。相关业务管理部门负责依照风险资本管理政策和各项指标优化产品结构，提供风险资本计量所需数据。科技部负责风险资本管理系统的开发维护。财务会计部负责运用风险资本管理指标和工具，制定年度绩效考核标准和财务资源配置办法。

二、农村金融机构风险资本计量和风险资本配置

风险资本计量是指运用风险计量技术将各类经营风险量化为资本占用的过程。金融机构应制定风险资本计量标准，准确计量覆盖信用、市场及其他风险所需要的风险资本。

信用风险资本计量依据各类风险暴露余额及对应的风险资本配置系数计算风

险资本，用公式表示为

$$信用风险资本 = \sum (某类风险暴露余额 \times 风险资本配置系数)$$

风险资本配置是根据金融机构的发展战略和风险偏好，通过年度计划、额度管理、动态调整等方式，将风险资本配置到各地区、业务板块和产品等配置对象，并进行动态监控和调整的过程。

风险资本配置以"平衡供求、分类指导、回报评价、动态调整"为基本原则。

1. 平衡供求是指保持风险资本供给量与风险资本需求量之间的动态平衡；

2. 分类指导是指综合考虑配置对象的盈利能力、风险控制能力和区域市场环境，实施有差异的资源配置和管理方式；

3. 回报评价是指对各地区、业务板块和产品等配置对象进行经济增加值（EVA）和风险调整资本回报率（RAROC）等指标的综合评价，评价结果作为风险资本占用额调整的主要依据；

4. 动态调整是指对各地区、业务板块和产品等配置对象的风险资本占用额、经济增加值和风险调整资本回报率进行定期监测分析和余缺调整。

风险资本配置年度计划是金融机构总部在上年年末对来年风险资本作出的初次分配。主管部门通常会保留一部分可供分配的风险资本作为机动额度，其余部分以额度方式，按照地区、业务板块和产品分配信用、市场及其他风险所需要的风险资本。普遍的做法是综合业务发展需要和可供分配的风险资本总量，先分解出地区和产品两个交叉维度，再由产品维度归集至业务板块。风险资本分地区配置到下一级分支机构的信贷类、非信贷生息类、无息类和表外类等产品，并可根据实际情况进一步细分。

风险资本额度管理是对风险资本配置年度计划的具体执行。风险资本额度分为整体额度和专项额度两种。风险资本整体额度是为控制风险加权资产的增长规模，根据存量风险资本占用情况和业务发展对增量风险资本的需求，核定各地区、业务板块和产品年度风险资本时点占用额，以控制全行风险总量。风险资本专项额度是根据各地区、业务板块和产品发展战略和结构调整的需要，在风险资本整体额度内对重点地区、业务板块和产品设定专项指标，以优化重点地区、业务板块和产品风险加权资产的总量与结构。

主管部门按月考察各配置对象额度执行情况，月末时点风险暴露资本占用不得突破额度上浮区间，季末、年末时点风险暴露资本占用原则上不得突破额度水平值。各地区、业务板块应根据下达的风险资本年度计划，结合自身实际，适时调整业务发展策略，改进风险管理政策，优化风险资产组合，落实主管部门的风险资本额度政策，满足主管部门的管理要求。对于违规突破风险资本额度的配置对象，主管部门给予经济惩罚，常见的方式有超限部分加倍计算、提高风险资本最低回报率和调减明年年度计划等。

主管部门在宏观经济形势或市场环境发生重大变化、国家宏观经济政策出现重大调整或出现重大风险的情况下，可以对配置对象的风险资本额度进行整体或局部调整。配置对象年内风险资本额度不足时也可向主管部门提出调整申请。主管部门可根据各配置对象风险资本占用情况，调剂分配各地区、业务板块和产品的风险资本额度，或向配置对象提供年初预留的风险资本机动额度。调剂分配各配置对象风险资本额度或动用年初预留机动额度，应根据年度授权方案由金融机构负责人、主管部门总经理，或经资产负债委员会审议通过后报金融机构负责人批准后执行。

第九章

农村金融机构问题贷款管理

第一节 商业银行问题贷款管理的一般原理

一、问题贷款管理的含义

银行界有一个广为流传的故事：某家商业银行的一个偏远支行的一位信贷业务人员，在其漫长的职业生涯之中，没有任何问题贷款的记录。一天，这家银行的总裁前来视察这家支行，当这位信贷人员骄傲地向总裁表明自己在从事贷款业务的 30 年间没有出现过一笔问题贷款时，总裁立即将他解雇了。这个信贷人员为什么遭遇了解雇呢？要知道，如此完美的记录肯定是以拒绝了无数的贷款申请为代价的。由于这位信贷员的"完美"，银行必然错过了大量的业务，从而损失了应得的利润。

问题贷款会给银行带来极大的损失，因而应该把问题贷款控制到最低的限度。但是，不能因为可能会给银行带来损失而过度谨慎甚至停止发放贷款，这更会影响银行的盈利，也有悖于银行的宗旨，无异于因噎废食。对于银行而言，贷款是会生金蛋的母鸡，我们需要从集市上购买母鸡，而母鸡可能会半途生病死亡；但如果没有母鸡，我们也得不到金蛋。要避免可能会因母鸡死亡而造成的损失，一方面，我们应该在购买母鸡的时候仔细挑选健康的母鸡；另一方面，在购买之后，我们应该时时关注母鸡的动向，一旦出现生病的迹象，就应该及时给予其适当的治疗，避免其在还能下金蛋的时候就死亡。这样，我们就能够通过支付较低的筛选成本和治疗成本，换得母鸡下的金蛋。这其实也正是问题贷款管理的初衷。

那么，什么是问题贷款呢？一般而言，问题贷款就是指偿还有困难的贷款。问题贷款既有可能是因为未能按照原贷款协议按时偿还本金或利息，也可能是因为未能按照规定的方式偿还贷款，还有可能是抵押品价值已经严重下降的贷款。在实际工作中，固然应该对那些风险已完全暴露的贷款（即已经不能按时或按规定还款的贷款）给予严格管理，但我们同样应该对那些存在潜在风险或风险尚未完全暴露的贷款给予严格管理，因为它们潜在的风险有可能会变成真正的损失，而若等损失发生之后再去注意，则可能为时晚矣。就如同那只会下金蛋的母鸡，如果我们在它出现生病的征兆时采取治疗措施，而不是在它病入膏肓时才给予关注，则更有可能把它从死神手里夺回来。因此，对已经出现问题的贷款采取果断措施，可以在很大程度上减少损失；对存在风险的贷款给予密切关注，可以减少损失发生的可能性。对问题贷款采取措施越早，银行的损失就越小。

二、问题贷款管理的基本原理

（一）问题贷款的管理目标

发现一笔问题贷款时，银行首先要确定对这笔问题贷款的管理目标。可供选择的目标有：(1) 尽量减少损失；(2) 从将来的业务考虑与借款人保持良好关系；(3) 使外部人员和监管当局满意；(4) 维持适当的市场形象；(5) 实现对股东的义务。

（二）问题贷款的来源

在确定管理目标的基础上，银行需要对问题贷款产生的根源进行分析，从而对症下药。那么，问题贷款又是怎样产生的呢？问题贷款的产生，既可能与外部环境有关，也可能与债务人自身有关；既可能是银行内部管理方面的原因，也可能是企业经营管理方面的原因或企业所处行业的原因；既可能源自于企业欺诈，也可能源自于银行内部人员欺诈。《巴塞尔新资本协议》将银行风险划分为市场风险、信用风险和操作风险三大类。

市场风险是造成问题贷款的外部环境，利率、汇率、股价、各类指数的变动都有可能引发市场风险，在宏观经济这个大市场环境中，政府的财政政策、货币政策和外汇政策都可能会引发问题贷款。

信用风险来自于债务人未来不能按期还本付息的可能性。就目前我国银行业90%以上的收入来自于利差收入的情况而言，信用风险在相当长的一段时间内仍将是我国银行业面临的最主要风险。

操作风险是指由于内部程序、人员、系统的不完善或失误及外部事件造成损失的风险。

（三）问题贷款的主要处理方案

针对不同类型的问题贷款，银行可以有多种不同的处理方案。具体采取何种方案，则取决于如下几个因素：问题贷款发现的早晚、问题贷款相对于银行资本的规模，以及每笔贷款的不同情况。如果对问题贷款发现得较早，一般可以通过对借款人的经营和偿还进行重新安排而解决，具体采取什么措施还取决于银行自身的财务状况。银行如果资本雄厚，就会采取比较缓和的措施；反之，银行若资本较薄弱，则一般期望即刻收回贷款。银行处理问题贷款的方法有：帮助企业恢复获利能力、进行贷款重组更换借款人、清算抵押品、提起法律诉讼、进行破产清账、冲销呆账等。

第二节 对企业问题贷款管理的主要方法[①]

农村金融机构问题贷款管理的一般方法与商业银行类似，只不过农村金融机构面对的往往是中小企业，而不是一般意义上的大企业。以下所介绍的问题贷款管理的七种方法，在较大的农村信用社或农村商业银行都可以使用，只是在运用时要因地制宜，很多方法可以结合使用。

一、帮助企业恢复正常经营，积极催收到期贷款

农村金融机构一旦发现企业在生产经营管理上出现问题，并有可能对贷款安全构成威胁，就应加强与企业的联系，查明原因，督促企业调整经营策略，改善财务状况。如果经查实问题比较严重，农村金融机构信贷人员应及时向主管行长汇报。如果呆账的出现是因为企业管理不善，则农村金融机构为了收回贷款，可以考虑派出专家驻厂帮助改善企业的经营管理，提高其支付能力。有时农村金融机构可以以主债权人身份要求企业重新任命管理层。

继续与贷款人合作解决问题贷款，这需要具备相应条件。这些条件主要有：（1）借款人有足够的物资和人力资源；（2）借款人的产品和服务有一个稳定的市场；（3）借款人有足够的资金维持经营；（4）借款双方有积极合作的意愿，双方共同努力来制订偿还计划。

可采用的措施主要有：（1）变卖资产；（2）削减日常管理开支；（3）要求股东追加资本；（4）改变公司的市场营销战略；（5）考虑兼并或收购。为了有助于双方制订计划，银行可以要求借款者准备现金预算表、预计利润表和预计资产负债表，这些信息将表明借款人需要哪些额外的金融资源，以及在预期内借款人能否偿还银行债务。

二、债务重组

贷款重组是指银行和借款人之间经过协商，在保持原有贷款合同的前提下，对问题贷款提出的解决方案。如果借款人的偿还危机是由临时性的经营困难造成的，则贷款重组是一种有效的解决方案。通过债务重组，银行可能收回贷款，并因此密切同借款人的关系，提升自身形象。

[①] 顾晓安、卢蕾：《问题贷款——成因、识别、监管》，上海，立信会计出版社，2006。

债务重组的方式有以下几种：

1. 展期。对于那些因临时性周转困难而不能按期偿还的贷款，银行可以通过重新签订贷款协议的方式，适当延长贷款期限，但根据规定，短期贷款展期的期限不得超过原贷款期限，中长期贷款的展期期限不得超过原贷款期限的一半，且最长不超过三年。

2. 借新还旧。这一方式也称"以贷还贷"，是指在借款人旧的贷款尚未清偿的情况下，银行再次为其办理一笔新的贷款，用于偿还旧的贷款。它对商业银行落实债权债务关系、界定贷款责任及维系信贷关系等有一定的积极作用，但是，它所带来的风险也不容忽视。因此，在业务办理中应规范操作，严格审批。

3. 还旧借新。这种方式与借新还旧只有时间上的差异，即后者是指用新借的贷款偿还旧的贷款，而前者是指企业先偿还旧贷款，然后银行才向企业发放新贷款。借款企业逾期未归还原贷款时，银行以优惠利率向该借款企业提供一笔总额高于原贷款的新贷款，同时要求企业归还原贷款。这可以被视为另一种形式的展期。当银行认为企业还有生存能力，只是出现临时性资金困难时，可以采用此种方案。

4. 减息。当银行认为企业经营已经很困难，无法偿还贷款，但仍然有稳定的现金流时，可以考虑使用这种方法。因为企业此时事实上已不可能归还贷款本息，若要强行收回贷款，企业可能马上陷入困境，最后可能连本金也难以归还。若减免部分利息，减轻企业负担，使之正常经营下去，则企业或许能够归还银行的贷款。减息的幅度一般以资金成本为限，在特别困难时，再考虑进一步减息。

5. 豁免部分债务。当发现已经不可能全部收回贷款，但企业经过一定整顿后仍有盈利的可能时，银行可以豁免部分贷款，以保证其他贷款能够收回。

6. 增加担保品的数量或质量。这是处理问题贷款的首要方案。但是当借款人的财务状况极差时，要让贷款人增加担保品是比较困难的。因此，一旦发现贷款有可能出现问题时，就要及早提出增加担保品的要求。

7. 剥离重组。有时，企业还款困难是因为企业的某些非主要业务出现了问题，以致连带整个企业出现偿债困难。在这种情况下，银行可以帮助企业将这些非主要业务剥离出来，成立专门的资产管理公司对其进行管理，以便使核心公司能够专注于盈利资产的经营。有时需要拍卖不必要的资产或关闭不盈利的附属企业，甚至在不得已的情况下，需要出售一些盈利的业务，以挽救整个企业。

三、更换借款人

更换借款人，即农村金融机构要求借款人将债务（或贷款）转让给条件较好的第三方，或者直接要求由第三方向农村金融机构申请贷款并用于归还原借款人的问题贷款。

第三方有可能是以下几类人：（1）借款人的股东、借款人的母公司、借款人的关联企业、借款人的债务人；（2）准备收购或兼并借款人的第三方；（3）风险投资基金、政府、其他银行或债权人等。

银行选择第三方作为新的债务人时，应考虑以下因素：（1）第三方承担借款人的债务的动机，这将决定其未来的还款意愿；（2）第三方作为新的债务人是否符合银行的贷款标准和风险控制标准，这将决定新借款人的还款能力是否满足银行的要求；（3）如果第三方不符合银行的风险控制标准要求，银行准备作出让步的底线是什么，银行是否有应付可能引发的困难的措施或计划；（4）作出必要的让步后，贷款的安全程度较原先有多大的改善。

如果第三方直接向银行申请贷款，然后用银行贷款归还原借款人所借款项，则银行与原借款人之间的债权债务关系已经完全解除，银行由此成为第三方的债权人，因此应当与第三方签订比较完善的贷款文件。

如果第三方经银行同意后，接受借款人的债务转让，此时，银行应当与原借款人、第三方签订合同转让协议，而且原借款人与第三方也应当签订有关转让协议，即确保原借款人根据借款合同所享有的合同权利和应履行的义务都完整地由第三方享有和履行。

四、清算抵押品

如果以上方式都无济于事，则银行可以考虑处理抵押品，收回部分贷款。

清算抵押品时需要注意的问题有：（1）抵押品的变现价值评估，即确定抵押品能否卖出及其变现价格；（2）抵押品的保管、控制、保险、运输等环节是否存在困难；（3）抵押品处理成本，如保险费、拍卖费、仓储费、交易税、诉讼费、运输费、治污费等；（4）处理抵押品时一般要取得法律设定的许可并依法通过协议转让、拍卖、变卖等方式，银行不得擅自做主；（5）当借款企业得知它们可能将最终失去抵押品时，往往会滥用抵押品或有意破坏抵押品，从而降低抵押品的价值，银行必须采取措施对此进行防范；（6）银行处理抵押品可能会迫使借款人宣告破产，如果抵押品处理所得不足以偿还贷款本息，银行应当做好继续参与破产分配或核销的准备；（7）银行在收回抵押品或处理抵押品之前，应当通知借款企业，以防借款企业因此提起诉讼；（8）银行在收回抵押品前应当彻底检查其信贷文档，确保抵押文档完整无误、法律效力充分；（9）银行在处理抵押品时要选择合适的时机，以避免重大损失。

五、诉诸法律

对国内银行而言，在处理抵押品时事实上已经进入了贷款清偿的法律程序，因为根据我国法律，银行必须通过法律行动，才能取得抵押品的所有权和处理权。当借款人拖欠贷款时，银行可以要求借款人偿还贷款。如果贷款没有物权担保或清算抵押品之后仍不足以全额还款，则银行可以对借款人或保证人提起诉讼，要求法院裁决。裁决之后形成法律文本，规定当事人对贷款的义务和权利，明确借款者所欠本息的处理方案。银行也应当做好庭外和解的准备。

六、破产

借款人不能偿还到期债务时，就只能破产。债务人可以主动申请破产，从而减轻债务负担。银行也可以为债务人提出被动的破产申请。提出破产申请后，债权人应当对债务人延迟采取措施。如果债务人尚存有一些破产财产，那么破产之后，其债务可以按顺序偿还，但在清偿的顺序当中，银行债权并不靠前。通常情况下，银行很难分得资金。

需要指出的是，按照法律程序提起诉讼，依法收回贷款，或者要求借款企业破产时按《中华人民共和国企业破产法》的要求进行清算，都是银行在无法使用其他办法时才使用的办法。企业的破产程序和法院的审理程序很复杂，时间长，费用高昂。破产后的企业资产损失很大，银行能够收回的贷款数额相对较小。使用这种方法的好处在于能够利用法律手段，对那些有钱不还、故意赖账、造成银行损失的借款人施加法律压力。因此，银行在诉诸法律之前，应当权衡利弊。如果借款人所欠债务数额不大，或银行即使胜诉也不可能追回贷款，则银行可以主动放弃诉讼，改用其他方式追偿。

有时借款人会拖延判决，试图隐匿资产或把资产转移给第三方。银行获得消息通常是在借款人提出破产之后、法院判决之前，此时，银行会发现借款人的资产已经消失，或者严重贬值。因此，在向法院提起诉讼之前，银行应当对借款人和保证人的财产和收入状况进行调查。若经调查，其财产和收入的确存在，则应在胜诉之后，通过没收或拍卖财产、扣押收入和清算债务等方式，使其抵偿贷款本息。此外，为了保证一些重要财产的安全，银行通常要向法院申请保全并提供保全担保。

七、呆账冲销

如果农村金融机构通过上述途径，仍未能收回贷款本息，则必须用呆账准备金或税后利润核销问题贷款。按照目前我国的做法，只有五级分类中的损失类贷款才属于呆账，其他的不得冲销。呆账准备金按年初贷款余额1%的差额提取。呆账准备金由各商业银行总行统一掌握，各分支机构无权自行冲销呆账。应当注意的是，核销并不是问题贷款管理过程的终结，银行还应当努力收回已经核销的贷款。

第三节　对农户问题贷款管理的主要方法

对于一般商业银行而言，问题贷款的可能来源主要有信用风险、市场风险和操作风险。具体针对农村金融机构而言，它们与一般商业银行在操作风险方面不存在很大的差异，而面临的信用风险和市场风险则可能具有一定的特殊性。

先来看信用风险。农村金融机构的信用风险可能具有某种系统性。这是由于农村金融机构贷款的很大一部分属于农户小额贷款，而农户的还款能力又在很大程度上受到农业生产波动的影响。相对于工业生产，农业生产的不确定性更大，同时也更容易受到气候等外部因素的影响。如果一个地区遭遇到恶劣的气候，那么这个地区的农户可能会遭遇不同程度的损失，而这将影响其还款能力。如果多笔农户小额贷款同时出现偿付危机，那么乡村银行就将面临很大的一笔问题贷款，甚至有可能影响到其持续经营。同时，乡村银行的经营范围通常比较小，致使其难以通过对于农户小额贷款的地区性分散而降低由气候等原因造成的不确定性。

再来看市场风险。市场风险是造成问题贷款的外部环境。乡村银行贷款对象主要是农户和农村中小企业，因此国家关于农业和相关产业的政策会在一定程度上影响问题贷款的产生。此外，如果农户选择种植的农作物不当，出现扎堆现象，或者在市场上遭受冷遇，则农户最终很可能被迫以极低的价格出售农作物，造成还款困难。

在制定农户小额贷款的问题贷款管理策略的时候，需要分清楚问题贷款的产生根源，考察其贷款风险来自于什么地方，再在此基础上制定相应的应对方法。

如果问题贷款只是针对个别贷款农户而言，即没有发生系统性的信用风险或市场风险，那么可以针对未能按时还款的农户的具体情况制定管理策略。

（1）如果该农户本身具有较高的信用度，但由于疾病、农作物损失等原因暂时无法按时还款，则可以参考本章第二节介绍的债务重组方式，协助该农户渡过难关。这有助于提高农村金融机构在群众中的信誉和形象。

（2）如果该农户本身信用度较低，虽然有还款能力但拒不还款，并在问题贷款发生之后拒绝沟通，则农村金融机构可以向村委会寻求帮助。如果仍不能解决，可以考虑诉诸法律。尽管所能收回的贷款可能并不值得银行耗费时间和财力，但这样做却能够在当地建立一种威慑力量，避免类似事情的发生。

如果问题贷款来自于系统性的信用风险或市场风险，则农村金融机构会面临较大数额的问题贷款。同时，在这个时候，由于生产遭受损失，未从农村金融机构贷款的农户可能也倾向于支取存款以维持生活，因而农村金融机构可能会遭遇较大的流动性危机。在这种情况下，农村金融机构可能也缺乏实施债务重组的能力。如果流动性问题比较严重,可能还需要暂时向其他金融机构寻求支持,如临时拆借资金。农村金融机构可以为农户在下一年份的生产提供建议,在农业生产得到恢复之后,应该能够收回大部分贷款,并归还向其他金融机构拆借的资金。

在农村金融机构的问题贷款中,有很大比例实际上是由政府的不恰当的干预造成的。比如政府要在农村推广什么种植或养殖项目,以行政命令的方式让农村信用社为这些项目贷款,结果这些项目是失败的,导致出现大量问题贷款。北京大学调研组曾调查过山西某家信用联社,就发现同样的问题。一方面,地方政府行政干预、指令贷款支持乡镇企业盲目上项目,使得农村信用社不得不承担相应的成本;另一方面,地方政府及村民委员会的个人集体贷款积欠利息,到期不偿还本金,从而形成不良贷款。在这种情况下,农村信用社应该顶住压力,慎重贷款,要对项目进行详尽的分析和考察;同时,为了避免贷款损失,应该要求借款人提供相应的抵押和担保。

此外,对于那些与自然风险有关的系统性风险,比如养殖业中的各种动物疫病和种植业中的各种自然灾害,农村金融机构可以考虑为客户购买商业性的农业保险,以规避相应的风险。

专栏 9-1　山西某信用联社问题贷款管理方法

山西某农村信用联社将不良贷款的清收作为重中之重的工作来抓,对于历史不良贷款加大清收力度,而对于新增贷款,则未雨绸缪,防止其转化为不良贷款。

一、历史形成的不良贷款解决办法

● 化解历史包袱、解决不良贷款的方法:盘活一块,依法起诉一块,核销一块,票据置换一块。

●增加信贷员的压力,将其工资收入与清收不良贷款联系起来,对于严重未完成任务的信贷员,采取待岗处罚。

● 树立典型,实行激励。对于清收贷款成果斐然的信贷员给予奖励和宣传,从而提高员工清收陈贷新账的积极性。

● 在清理生产队贷款方面,采取先投资支持乡村企业发展壮大,然后用企业的利润归还生产队贷款的办法。例如信用社辖区内某村共有生产队贷款22.5万元,信用社支持该村的明胶加工业,使该村的业务有了长足的增长,通过和村干部及明胶大户协商,将集体贷款分摊到每户名下,各户均制订了还款计划,本息均得到了偿还。这是一种更为积极的清收不良贷款的方法。

二、新增不良贷款处置办法

● 责任分明，落实到人。社主任对本社所经营的贷款及其质量负全部责任，信贷员对自主发放的贷款质量负完全责任。

● 成立信贷管理委员会，下设贷款论证会、贷款听证会、贷款月审会。主任将30万元以下贷款论证权授权给论证委员会，主任不参加论证，但对所有论证的贷款有否决权和复议权。信贷员作为第一责任人，对贷前调查真实性负责，对贷后检查负责，承担调查、评估、贷后检查及清收责任，新放贷款逾期三天待岗停薪限期收回，并追究第一责任；论证会为第二责任人，论证会会员必须有明确的意见，信贷会计做好会议记录，根据记录追究责任；听证会对新放贷款逾期进行听证追究，如责任信贷员对发放逾期贷款处罚不服，则向听证会申诉，由听证会裁决；对上月发放的贷款进行集中审查，对要素不全、不规范的贷款进行处罚纠正。

● 贷款按月结息制。对所有正常发放的贷款实行按月结息，否则，每月按欠利息额的5%给予责任信贷员经济处罚，对连续三个月收息率达不到100%的信贷员给予行政处分。

● 大额贷款驻厂管理。对贷款500万元以上的企业派出驻厂信贷员，驻厂信贷员每月对企业进行一次信用分析，并按月结息，当期清收；信贷员保证所驻企业每月销售收入回社率要达到80%以上，同时有义务为企业提供金融服务及代理业务，金融服务包括结算、贴现理财等，代理业务包括财产保险、车辆保险、寿险、缴纳电话费等业务。

资料来源：王曙光等：《农村金融与新农村建设》（第七章），北京，华夏出版社，2006。

第四节　如何实施贷款责任追究制

问题贷款产生的原因之一是内部程序、人员、系统的不完善或失误。但是，很多为问题贷款所困扰的银行都不愿承认自身的管理存在问题，而常常将问题贷款的存在归咎于外部环境的多变和企业经营绩效差，甚或归罪于前任经营管理者，由此错过了自我改进的机会。实施贷款责任追究制，能够在很大程度上提高相关业务人员的责任心，防范本来可以避免的失误。

一、贷款责任人的确立

贷款责任人，即对发生的问题贷款负主要责任或次要责任的人。根据信贷工作实际情况，可以将贷款责任人分为几种类型①，如图9-1所示。

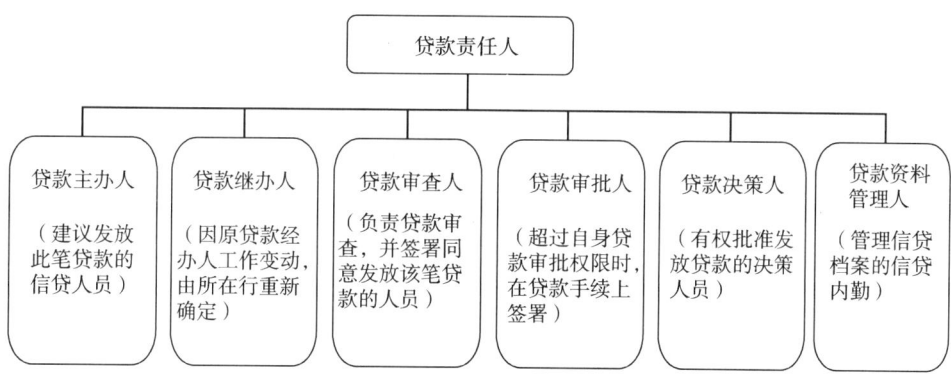

图9-1 贷款责任人的类型

二、贷款责任人责任的界定

根据贷款责任人在信贷业务中职责的不同和过失的大小，可将其责任划分为完全责任、主要责任、次要责任和无责任四类。结合信贷业务运作的实际，对贷款责任人责任的界定可分为以下几种情况：

1. 贷款主办人：信贷员经过调查，提出同意发放该笔贷款的建议，并经有关人员批准而发放的不良贷款，信贷员对其承担主要责任，审批人和决策人员承担次要责任；信贷员不同意发放，而贷款审批人和决策人同意发放贷款，对此笔贷款造成的风险，审批人承担主要责任，决策人员承担次要责任，信贷员不承担责任。

2. 贷款继办人：贷款主办人因工作变动，其贷款移交给贷款继办人进行管理和催收的，须经有关权威部门对贷款主办人和继办人的贷款交接情况进行逐笔会诊。按以下三种情况界定责任：（1）在接管时，该笔贷款为正常贷款，企业经营状况较好，而后来发生风险的，由贷款继办人员承担主要责任，原贷款主办人不承担责任；（2）在接管时，该笔贷款已成为问题贷款，但接管后，有收回该笔问题贷款的机会，却因监管和催收不力造成贷款损失的，贷款继办人承担次要责任；（3）在接管时，贷款企业已经严重亏损，资不抵债，无法归还该行借款的，贷款继办人只承担催收责任，实施重奖轻罚政策，不追究个人责任。

---

① 徐金麟：《对不良贷款责任追究制实施的探讨》，载《新金融》，2000（1）。

3. 贷款审查人：审查人员审查后明确提出同意发放的建议，并得到有权人批准而发生的问题贷款，贷款审查人员对其承担次要责任。审查人不同意发放但决策人同意发放而发生的问题贷款，贷款审查人对其不承担责任。

4. 贷款审批人：信贷员明确提出不同意发放贷款的建议，而贷款审批人却签署同意向上报批的意见，由此造成的问题贷款由贷款审批人承担主要责任；除此之外，只要贷款审批人在贷款手续上签署了报批的意见，那么对于出现的所有问题贷款审批人均承担次要责任。

5. 贷款决策人：贷款决策人对未采纳信贷员的正确意见，导致贷款审批失误而造成的问题贷款承担主要责任。贷款决策人对批准发放经信贷员、贷款审批人同意发放，而后发生的问题贷款承担次要责任。

6. 贷款资料管理人：信贷内勤将重要的信贷档案资料丢失，造成贷款难以收回所形成的问题贷款，由信贷内勤承担主要责任。

三、贷款责任追究制的实施中需要注意的问题

贷款责任追究制针对问题贷款的形成原因而追究相关信贷人员的责任，必然会影响到信贷人员的切身利益，并直接影响到信贷人员的稳定。因此，产生问题贷款时，必须以事实为依据落实相关人员的轻重责任，并实施不同的处罚，不能不尊重事实，以权力定责任，从而使责任错位。

在贷款责任追究制下，由于银行不同岗位的职员承担的责任和风险不同，因此为了调动责任人的工作积极性，应当将责任人承担的责任大小同奖金挂钩，责任大则奖金高，在年底按照监测指标和其他工作任务的完成情况进行综合考核，兑现奖罚。

此外，问题贷款的责任认定必须要由权威部门主持，对问题贷款的调查、审查、审批、发放、管理等环节进行分析，经各环节经营管理人员讨论认定后落实责任，以增加透明度。

第十章

农村金融信用风险管理

第一节 信用、风险与信用风险

一、信用概念的演变及信用的作用

在物物交换的年代，信用就是提供给对方物有所值的商品。比如，拿一把斧头换取一头羊，那么交易的双方就必须确认对方物品的品质没问题——羊不是病羊，斧头也不是伪劣产品。那个时候，契约尚不存在，口头的承诺维系着信用。在一次性交换中，存在欺骗的可能性极大，因为交换的双方无法对等地识别对方的行为及其商品的特性，而只能在交换结束之后方可确认。在这种情况下，信任伴随着高成本，信用的价值很低。在多次或重复交换中，对未来交易的预期，使得双方实施欺骗的可能性大大降低，这样，双方都给予对方更多的信任。在重复交易的情况下，信用的价值大大提高，信用便逐渐产生。早期的交易中，交易双方达成的契约基本属于隐含契约，这种契约没有明确的书面形式，也没有监督其实施的第三方权威机构。违约者不会受到第三方所强加的惩罚约束，但却会受到社会的隐性惩罚。例如，当一个人总是违约时，其他潜在交易者就会对其避而远之，失信者便失去了交易机会。可见，信用成为了交易的基础和保障。

伴随着人类社会的发展，人们不再以物易物，从隐含契约渐渐发展出明确契约，诸如法院等机构的第三方监督机构也逐渐产生，而信用却在交易过程中延续和维系下来。明确契约并不能完全替代隐含契约，即便在法律程度最高的国家，明确契约也难以界定人类所有的交易关系，因而信用仍然是交易的前提条件之一。

在传统的乡村地区，信用更是维系人们生活和生产的重要因素。生活在同一地区的人由于具有共同的文化传承，容易通过彼此间的联系结成社会网络，在此

基础上，人们可以建立包括信用关系在内的各种联系，并通过这种网络获取各种社会资本和物质资本。所建立起来的社会资本是一种无形的资本，能够惩罚破坏信任关系的人或行为，促使人们为共同的利益而采取合作态度。时至今日，社会网络仍然在中国乡村地区发挥着重要的作用，农民草根组织的成员之间具有很高的社会信任度，这都为乡村银行的建立奠定了一定的信用基础。

二、风险与信用风险

简言之，风险就是不确定性。不知"明天下不下雨"就是一种风险。如果你出门带了伞，而并没有下雨，那么你便因为带了多余的伞而耗费了精力（你要随身携带它，还要看管好它不致丢失）；而如果你没有带伞却下了雨，那么你便要承担被淋成落汤鸡的结果。

信用风险也是如此，只是情况可能更加复杂。当银行在对一个贷款申请者进行审批的时候，可能会将这一申请者视为潜在的优质贷款人或潜在的劣质贷款人，优质贷款人偿还贷款的可能性大，而劣质贷款人偿还贷款的可能性小。银行发放贷款给优质贷款人，而拒绝向劣质贷款人发放贷款。但是，银行可能会因被假象蒙蔽而判断失误，并且，即使银行判断正确，不确定因素也有可能会导致优劣贷款人的互相转化（例如，市场风险可能会使优质贷款人的投资项目遭遇失败）。这样，得到贷款的可能是劣质贷款者。对于资产本来就很有限的乡村银行而言，正确管理信用风险，对其稳定、持续的经营具有相当重要的意义。

第二节　信用风险管理组织设置、职能分工与流程

信用风险管理是一个系统的工程。在一个银行中，需要设立相应的组织架构来履行风险管理责任，按照清晰的分工各司其职。

一、信用风险管理的组织部门及其职能

（一）董事会

董事会按公司章程规定履行风险管理的职责，包括制定金融机构风险管理的基本制度，并监督制度的执行情况等。

董事会风险管理委员会按公司章程规定履行风险管理的职责，包括审核和修订风险管理战略及风险管理政策，对其实施情况及效果进行监督和评价，并向董事会提出建议；监督和评价风险管理部门的设置、组织方式、工作程序和效果，提出改善意见；监督和评价高级管理人员对信用风险等的控制情况，提出完善风险管理的意见；对风险状况进行定期评估，并向董事会提出建议等。

(二) 高级管理层

高级管理层主要负责执行董事会批准的风险管理战略和风险管理政策，制定风险管理的程序和规程，管理各类风险。

首席风险官协助高管层对风险管理进行监管和决策，牵头构建包括信用风险在内的全面风险管理组织架构，协助组织风险管理委员会和专业风险管理委员会开展工作；按照董事会的相关决议和高管层的要求，负责研究风险管理政策和策略，就风险管理工作向董事会和高管层提出意见和建议，并组织落实各项风险管理措施，推动风险文化建设等。

高级管理层风险管理委员会是高管层进行风险管理的决策机构，下设信用风险管理委员会等专业委员会。各专业委员会按照风险管理委员会章程和各专业风险管理委员会工作规则，在其职责权限范围内开展工作。资产负债管理委员会是高级管理层研究、讨论和决定有关资产负债管理重大事项的机构。

(三) 信用风险管理板块

风险管理部主要负责牵头全面风险管理工作，构建全面风险管理体系，协调建立全面的风险管理框架，报告全行风险状况，承担总行风险管理委员会秘书处职能；牵头信用风险管理，负责信用风险管理，信贷监督检查，行业、区域分析，信贷政策制定；负责开发、验证和推行内部评级法，提高风险识别与计量技术，建立风险管理信息系统。

信用风险管理部门的其他机构及其分工为：授信业务部负责授予客户信用评级、审批客户的授信额度、项目评估及债项评估；信贷审批部负责具体信贷业务，包括贷款、担保及其他信贷申请的审查与审批；资产保全部负责管理不良贷款，处置特殊资产。

从机构设置、职能分工和制度流程设计上看，上述各部门与前台业务部门相互独立，保证了前台、中台和后台三个部门的独立。合理的信用风险管理组织架构、明确的管理机制和程序、垂直独立的授信审批体系、不断提升的信用风险管理系统和持续的培训制度，为信用风险管理提供了必要的资源。

图10-1反映的是农业银行信用风险管理组织设置。

二、信用风险管理流程

(一) 设定风险战略偏好

农村金融机构设定风险战略偏好应服从于、服务于自身经营战略规划。清晰明确的风险战略偏好有利于提升金融机构的风险防控和管理能力，促进风险管理和业务经营的协调发展。从维护投资者信心和提高市场竞争力的角度来看，设定风险战略偏好应着眼于管理升级，把提高风险管理水平作为设定风险战略偏好的一个出发点。风险战略偏好解决的是风险管理的全局性、方向性的重要问题，对

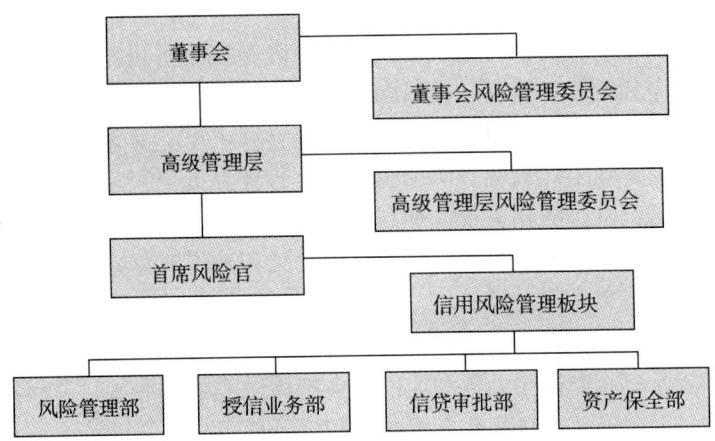

图 10-1 农业银行信用风险管理组织设置图

未来若干年的风险管理统筹规划。在设定风险战略偏好时,既要有定性的目标描述,又要有直观的定量指标,常用的指标有信贷资产增长率、信贷资产占比、不良贷款控制余额及不良率、信用风险成本率和风险资本增长率等。农业银行风险战略定量指标见表 10-1。

表 10-1 农业银行风险战略定量指标一览

类别	序号	定量指标	牵头部门
信用风险类	1	信贷资产占总资产比例	信贷管理部
	2	贷款增长率	信贷管理部
	3	不良贷款率及余额	风险管理部
	4	信贷成本率	风险管理部
	5	行业限额	风险管理部
	6	关注类贷款占比	风险管理部
风险抵补类	1	资产收益率	财务会计部
	2	成本收入比	财务会计部
	3	资本充足率及核心资本充足率	资产负债管理部
	4	净利息收益率	财务会计部
	5	贷款拨备覆盖率	财务会计部

(二) 建立风险管理制度

农村金融机构应根据信用风险来源、风险特征和风险程度的不同,建立完整的信用风险管理制度体系。以客户为中心,依据产品适用对象、办理条件和风险高低等,细分产品类型,有针对性地进行风险管理。实施标准化的管理流程,覆盖客户调查、评级授信、债项评估、贷款审查审批、贷款发放和贷后监控整个过程。授信业务部和信贷审批部作为独立的信用风险控制中台部门，推行分支机构辖内授信审批的垂直独立管理，实行严格的授权管理，从地区、行业、产品、客户和担保等维度设置审批权限。风险管理委员会及各相关部门均按照工作规则、职能分工和授权，进行组合层面和单个客户层面的信用风险管理。信用风险牵头管理部门依托信用风险管理系统，对业务办理进行实时控制，并监测信用风险状况与政策执行情况，定期对信贷业务全流程进行监督检查。设立信用风险管理委员会与信贷审查委员会，加强对集团关联客户的风险管理，出台贷款大户风险监控办法，实施贷款大户风险监控负责人制度。信用风险牵头管理部门按照规定程序进行风险报告和决策，高管层定期向董事会风险管理委员会提交半年及年度信用风险管理报告。

（三）制定风险管理政策

农村金融机构应制定多维度的信用风险管理政策。定期更新行业信贷政策，扩大专门的行业信贷政策的覆盖范围，对重点行业实施行业信贷限额管理。贯彻国家建设社会主义新农村、支持农业生产、发展高科技农业政策，推行"绿色信贷"政策。落实对产能过剩和潜在过剩行业、高耗能和高污染行业的退出信贷政策。在对各区域金融生态环境、信贷管理和内控水平、市场潜力等因素进行综合分析的基础上，实行有差别的区域信贷政策。完善小企业和个人信贷政策，制定专门的贸易融资政策。确定各信用风险组合可承受的最大风险水平，通过风险限额等方式实施组合调整。对限制进入类组合实行增量限额管理，增量风险敞口占比严格控制在10%以内。对积极进入类组合实行存量限额管理，存量风险敞口占比控制在适当比例之内。对适度进入类组合实行平均余额限额管理，存量风险敞口波动比率控制在适当比例之内。

第三节 农村金融机构信用风险管理机制设计

一、建立分级审批制度

根据农村金融机构业务量大小、管理水平高低和贷款风险度确定与各管理层相适应的贷款审批权限，对于超过审批权限的贷款，应当报上级审批或备案。

1. 按贷款风险度大小界定贷款分级审批权限

风险度越高，贷款安全程度越低；风险度越低，贷款安全程度越高。一般来讲，风险度高的贷款，集中由乡村银行最高层领导确定；风险度较低的贷款，则由乡村银行的信贷人员和信贷职能部门确定。

2. 按贷款数额界定贷款分级审批权限

一般而言，数额较大的贷款，其审批权限应集中于乡村银行的最高领导层；中等数额的贷款，其审批权限可以集中于信贷部门，一般由信贷人员于调查之后完成书面报告，交由信贷部门集体讨论决定；小额或急需贷款可交由乡村银行的信贷人员进行决策，并在根据有关产业政策和信贷政策进行调查研究而且确有把握的基础上，通知信贷部门负责人并备案后即可发放。至于各层次审批贷款额度的大小，应根据各地区的实际情况而定。

二、健全责任追究制度

本书第九章对于如何健全贷款责任追究制作了较为详尽的讨论，在此不再赘述。实际上，对于任何金融机构而言，要落实贷款责任追究制度，关键都是提高信贷员和管理人员的责任意识，提高整个金融机构各个层面工作人员的素质，强化他们的风险理念、合规理念和诚信理念。任何制度设计，都要使员工和管理者能够在自我约束的情况下审慎发放贷款，避免那些不合规的贷款行为，同时对那些违规行为进行相应的惩戒，使管理者和信贷员在违规操作时心存畏惧。山东梁山县农村信用联社构建了"三不为"机制，使管理者和信贷员在违规操作面前"不想为、不敢为、不能为"，有效遏制了违规贷款，具体见下面的专栏。

专栏 10-1　山东梁山县联社构建"三不为"机制遏制顶冒名贷款

山东省梁山县信用联社通过强化警示教育、完善操作规程、加强监督检查等方式，构建起"不想为、不敢为、不能为"的顶冒名贷款管理机制，有效防范了新增顶冒名贷款，加快了清收进度。截至11月中旬，共收回顶冒名不良贷款608万元。

强化警示教育，构建"不想为"的自律机制。一方面，组织学习金融法规、内控制度、金融案例，以及算好"政治账、自由账、收入账、精神账、福利账""五本账"警示教育活动，将知识性和实用性融为一体，提高员工的整体素质，达到警示目的。另一方面，加大顶冒名贷款查处力度，采取逐级累进的处理措施，对顶冒名贷款逐笔制订清收计划，签订责任书，与工资挂钩考核，每季末兑现：季度完不成清理计划者，信用社主任每笔罚款100元，业务主任罚款200元，责任人按应清未清贷款额度的10%处罚；次季度未完成计划者，信用社主任每笔罚款200元，业务主任罚款300元，责任人扣发一个季度的效益工资；对新发生的顶冒名贷款，视同个人自用贷款管理和追究。

完善操作规程，构建"不能为"的防范机制。一是建立档案。与当地户籍管理部门配合，建立农户、个体工商户电子档案，设置"农户建档评级及授信颁证"电子程序。二是事前审核。发放贷款时，根据借款人户口簿和身份证复印件，信贷员对农户进行电子授信，登记贷款管理卡，临柜人员凭电子授信信息和贷款管理卡进行审核，确定无误后办理贷款手续。三是把好"入口关"。按照"谁立据谁负责"的原则，对借款人签字、盖章的真实性和发放贷款的合规性负责，以立据的真实性控制顶冒名贷款；内勤临柜人员负责强化柜面监督，根据信贷员贷款管理卡审核农户贷款证，履行好监督职责。

加强监督检查，构建"不敢为"的惩治机制。一是制定《梁山联社贷款检查案防工程实施意见》，信用社主任对辖内信贷员包片发放的贷款到户检查，每季度不低于100户；联社稽核人员对信用社发放的小额贷款到户检查，每季度不低于200户；联社管理部门每季度开展一次贷款综合检查，每处信用社入户抽查不低于10户；联社班子到信用社检查工作时，每次必须入户抽查10户。每次检查或抽查必须分户记录检查情况，分次汇总形成专项报告反馈至信用社，对发现的问题，按照"谁查处谁负责"的原则，督促整改落实到位。二是联社围绕"贷款主体真实性、农贷评级授信颁证真实性、贷款形态真实性、贷款手续合规真实性"四大内容开展定期检查。今年以来共查处违规人员121人次，经济罚款1.36万元。三是建立外部监督激励机制。聘请社会监督员对信贷员进行外部监督，举报属实者按违规贷款额度的10%～30%给予奖励，形成风险管理纵到底、横到边，层层监督、环环相扣的监督系统。

资料来源：http://www.china-cba.net。

三、建立农户信用评级制度，开展信用村评定工作

针对农村中小企业贷款，农村金融机构可以在发放时对企业的经营情况作出详尽的调查，以此为基础制定贷款决策。但是，就农户小额贷款而言，由于农户数量众多，且每次贷款额度较小，如果对每个申请人的情况都进行详尽的调查，则成本过高，但农户小额贷款又是农村金融机构信用业务的重要组成部分，是农村金融机构支农作用的重要体现渠道，农村金融机构不能因此而放弃这类业务，因此，采取措施降低调查成本，是农村金融机构信用风险管理的重要选择。如果能够建立起比较完善的农户信用评级制度，将针对每项申请的评估改为定期评估，就能够在一定程度上降低与贷款发放相伴随的信用评估成本。本书第五章第三节对农户信用的评定作了详细的介绍，在此不再赘述。

在对农户进行信用评定的基础上，通过开展信用村评定活动，为信用村内的集体贷款和农户小额贷款提供一定的优惠，能够激励信用村内的村民互相监督，

从而降低乡村银行自身的监督成本，更好地防范信用风险。由于能在贷款时获得利率优惠或其他优惠，信用村内的村民会努力维持"信用村"的称号。如果一个村民不守信用，那么其他村民的利益都会受到牵连，这样，每个人都会监督其他人的行为，甚至可能会在其他人因突发事件无法正常还贷时协助其还贷。在这种情况下，乡村银行尽管因提供优惠性的贷款条件而损失一部分利润，却能够在很大程度上规避信用风险，保证自身资产的安全。

第四节 农村金融机构信用风险管理的实施：农户

一、"贷款守信卡"制度的实施流程[①]

1. 信用户的推荐与初级评审

包括个体申报、村（组、社区）推荐和银行初评。

2. 建档立账，设定抵（质）押

对初评中拟授予贷款的信用户，首先，要逐户建立档案。其主要内容包括：（1）姓名、家庭基本情况；（2）经营项目；（3）经营场所；（4）在乡村银行入股情况；（5）经济能力；（6）分季、分年经营效益情况；（7）存款情况；（8）资产总额；（9）负债总额；（10）在乡村银行、农村信用社及其他金融机构贷款情况；（11）今后一个时期的发展计划等。

其次，根据借款人的总体资金需求，结合其可提供的资产状况，确定最高贷款限额，依法办理财产抵（质）押手续。有关手续完善后，乡村银行可在一定期限及核定的贷款最高限额内对该借款人连续提供贷款。

最后，建立贷款动态运行监测台账。此台账是借款人的借款、结息和还贷的原始记录，也是乡村银行监控信贷资金运行情况、实现贷款到期足额收回及考核信贷人员工作业绩的重要依据。主要内容包括：（1）该户分季、分年经营情况；（2）资金周转情况；（3）分月经营效益；（4）贷款抵（质）押及联保情况；（5）评定的信用等级与最高贷款限额；（6）借款使用情况；（7）还款记录；（8）信用等级年审情况。

3. 授牌发卡，提供服务

对经由初审被评定为信用户的私营业主、个体经营户和城乡居民，乡村银行除为不同信用等级的客户授予相应的荣誉、统一上门授发"信用户"的匾牌外，还对其中的黄金客户、优良客户和一般客户分别发给红色、绿色和蓝色信用卡。上述客户如需资金支持，可持卡向乡村银行提出借款申请，乡村银行信贷人员或

[①] 任金海、任长钧：《农村信用社贷款风险控制研究》，西安，陕西人民出版社，2005。

客户经理依据借款人的信用等级，在一个工作日内完成贷款调查、评估报告和借款合同的填制，并报有权部门审批，而后送贷上门。

4. 坚持年审，逐户评级

每个信用户于次年上半年，必须持卡到乡村银行进行信用等级年审。年审的主要依据为：（1）持卡人年度内借款使用情况（包括提前还本付息、定期结息、到期展期、逾期未还、未到期贷款额等）；（2）资金周转情况；（3）借款人年经营效益；（4）新入股情况；（5）有无存款等情况。通过年审，农村信用社对符合黄金客户、优良客户和一般客户条件的借款人，重新授予新的匾牌，发放新的守信卡，持卡人（借款人）同时享有新的优惠政策。

信用等级评定条件：

黄金客户：（1）社会信用度高；（2）经营项目收益率高；（3）在金融机构无欠款记录；（4）动产、房产抵押或有价证券、有价单证等质押物变现能力强。

优良客户：（1）社会信用度高；（2）经营项目收益可观；（3）在金融机构借款能按期归还；未到期贷款有足额的财产抵（质）押；（4）所用的抵（质）押物有较强的变现能力。

一般客户：（1）社会信用度较好；（2）经营项目收益可观；（3）在金融机构借款无不良信用记录，未到期贷款届时可以足额偿还；（4）虽无个人财产抵（质）押，但具有多个较强经济实力的客户予以联保。

优惠政策：

（1）政策优惠。各等级信用客户都可以享受到资金倾斜的政策优惠，但同等条件下，信用等级高的客户，将受到优先受理借款申请、优先办理借款合同、优先满足相关资金信息和科技服务需求的待遇。

（2）利率优惠。原则上，黄金客户可以享受到基准贷款利率的优惠，优良客户可以享受到贷款利率上浮最低点的优惠，一般客户可以享受到贷款利率适当上浮的优惠。

（3）服务优惠。对黄金客户实行每日上门服务，尽可能满足其合理需求。

（4）时间优惠。黄金客户的资金需求可在一个工作日内办理完毕，优良客户的资金需求在两个工作日内办理完毕，一般客户的资金需求在三个工作日内办理完毕。

二、信用村的评定流程

对于信用村的评定，农村信用社在长期的信贷实践中创造了很多很好的方法和流程，我们可以通过湖北省远安县信用社这个例子来了解信用评定的程序。

专栏 10-2　湖北省远安县农村信用合作社信用村评定办法

第一条　为了提高全民信用意识,创造良好的信用环境,改进金融服务,提高农村信用合作社(以下简称信用社)信贷支农服务水平,促进农民增收、农业增效、农村稳定,结合我县实际,特制定本办法。

第二条　信用村评定是为了更好地、有效地增加农业信贷投入、支持农村经济发展而建立的一种由村委会自愿申请参加、以信用评定为基础、以信用社信贷承诺和村民信用承诺为基本内容的一种信贷管理方式。

第三条　信用村的评定坚持"自愿申请、信用评定、等级管理、一年一评"的原则。

第四条　申请信用村评定的村民委员会必须同时具备下列基本条件:

(一) 与信用社已建立信贷关系,在信用社开立存款账户。

(二) 村集体资信状况良好,能够按期偿还信用社贷款本息,无不良信用记录。

(三) 村民道德品行和资信状况良好,能够按期偿还信用社贷款本息,无不良信用记录。

(四) 能按规定及时向信用社报送有关数据和资料,提供信息。

第五条　信用村等级评定的具体标准是:

指标	村组集体贷款到期清偿率	农户小额贷款证持证率	一级信用户比例	农户小额贷款到期清偿率	村民信用程度	辖区经济发展前景
指标率	100%	70%	50%	90%	优	优
标分100分	15分	15分	15分	40分	10分	5分

综合评分达95分(含)以上为一级信用村,综合评分为85~95分(不含)为二级信用村,达不到上述标准的,作为后备对象管理,符合条件后,予以评定。

第六条　信用村评定程序:

(一) 村委会自愿申请。符合信用村评定基本条件的村,由村民委员会向信用社提出书面意向申请。

(二) 建立评定档案。信用社信贷人员对自愿申请信用村评定的行政村进行全面调查摸底,整理调查结果,写出详细的调查报告,逐村建立评定资料档案。

(三) 筛选评定对象。信用社根据调查资料综合分析,选出符合基本条件的村,提交信用社信用等级管理小组评审。

（四）评定信用等级。对于筛选出的目标村，由信用社信用等级管理小组按第五条规定评定出信用村及等级。评定结果由信用社信用等级管理小组签名确认。

（五）上报审核确认。信用社对初评结果，按村填制一式三份评定登记表，上报联社信贷科进行初审后，提交联社信贷资金管理委员会最终评定。

第七条　颁证公示。信用社接到县联社《信用村等级确认批复通知书》后，将批复的信用村等级进行张榜公示，一星期内无人提出异议即为确认。召开会议，对信用村予以颁证，并登报公告。

第八条　信用社对信用村实行优惠政策。

（一）一级信用村从颁证之日起在一年期内可享受以下优惠政策：

1. 村组集体贷款和农户贷款利率，合同期内在信用社执行利率的基础上，下调10%～20%。

2. 全村农户小额信用贷款证的贷款限额三个级次普遍提升1000元。

3. 按全村农户小额贷款证承诺贷款金额的2倍，对村民委员会授信。其增加的贷款额度，用于本村无证农户短期生产资金联保贷款和种养业大户专项贷款。

4. 村民贷款用途放开到农业开发、消费、经商等项目。

（二）二级信用村从颁证之日起在一年期内可享受以下优惠政策：

1. 村组集体贷款和农户贷款利率，合同期内在信用社执行利率的基础上，下调5%～10%。

2. 全村农户小额信用贷款证的贷款限额三个级次普遍提升500元。

3. 按全村农户小额贷款证承诺贷款金额的1.5倍，对村民委员会授信。其增加的贷款额度，用于本村无证农户短期生产资金联保贷款和种养业大户专项贷款。

4. 村民贷款用途放开到农业开发、消费、经商等项目。

第九条　信用村管理。

（一）对信用村颁证后，信贷员要经常深入信用村搞好跟踪监测服务，积极听取群众意见，做好信息反馈工作，确保信用村工作落到实处，收到实效。

（二）信用村等级一年一评，信用社对上一年度评定的信用村按本办法进行年审，并根据年审得分确定升级或降级。

第十条　同一级次信用村贷款利率的具体优惠幅度，根据借款人贷款用途、金额、期限等内容，在签订合同时载明。逾期贷款和挤占挪用贷款不享受利率优惠政策。

第十一条 信用社和村民委员会在使用本办法发放贷款时，其借款人必须符合《贷款通则》规定的条件。

第十二条 本办法从 2001 年 9 月 1 日起实施，本办法修改、解释权属远安县农村信用合作社。

资料来源：远安县农村信用合作社主页，http://xh.yuanan.gov.cn/。

第五节 农村金融机构信用风险管理的实施：工商户

农村金融机构信用风险管理的一个重要内容是对工商户进行风险管理。我们以山西某信用联社为例来谈谈对于工商户的信用风险管理。

首先要对工商户进行信用评定。以该联社下辖的某信用社为例，它们规定信用社贷款的申请人应当是经工商行政管理机关（或主管机关）核准登记的企业法人、其他经济组织、个体工商户或者具有完全民事行为能力的自然人；守法经营，公平交易，无客户投诉，无工商、税务、计量等部门的处罚记录；申请人须是本社社员，在本社开立基本账户一年以上，并且在其他金融机构无任何业务（包括其家庭和个人存款）；信用观念强，资信状况良好，在本社及其他金融机构无拖欠贷款记录；商户的资产负债率达 50% 以下，产权比例达 70% 以下，流动比率达 300% 以上，速动比率达 250% 以上。它们根据工商户的流动资产、自有资金和账面余额等指标，为企业制定了信用额度标准，见表 10-2。

表 10-2　　　　　　　某信用社信用额度标准表

单位：万元

信用额度 \ 项目	流动资产	自有资金	账面月收方发生额	账面日均余额	库存物资
20	120	60	70	20	100
15	90	45	55	15	75
10	60	30	40	10	50
5	30	15	25	5	25
4	24	12	20	4	20
3	18	9	15	3	15
2	12	6	10	2	10
1	6	3	5	1	5

该信用社针对工商户信用评定和信用管理制定了详细的办法，在信用评定的基础上有选择性地放贷：对发展过热的企业限制支持，对政府抑制的企业不再给予新的支持，在清理中实现逐步退出，对符合国家政策的企业积极给予支持。在支持中小企业发展方面，该信用社充分发挥优势，建立了信用社与中小企业的沟通平台，按照"企业提要求，银行定项目"的模式，推荐好的项目，引导信贷投向，以扶持科技含量高、产品适销对路、资金回笼快、信誉度高的企业为主，以支持流动资金为主，充分体现"效益优先，择优扶持"的原则。针对部分企业规模小、融资需求旺的特点，重点加强对经营者的素质、信贷回笼、产品的科技含量及产品潜力等内容的审查，对诚信度高的中小企业建立红名单，提高贷款投放的针对性和安全性，防止出现金融机构"赢了官司输了钱"和胜诉执行难的局面。

该信用社依靠完善的评级制度来发放贷款，切实高效，较好地解决了农户、商户和企业贷款难的问题。专栏10-3反映的是该信用社客户信用管理的具体办法，值得借鉴。

专栏10-3　山西某信用社客户信用管理办法（试行）

第一章　总则

第一条　为了更好地对信用客户（企业客户、个体商户、社区居民户）进行优质服务，加强客户信用等级管理，对其信用度定期进行分析评价。

第二条　对信用客户贷款质量按五级分类进行测评，其贷款数量根据信用分析评价结果予以风险预警，确保信用社信贷资产质量的提高。

第二章　客户信用分析期限

第三条　企业客户
1. 对AAA级企业，驻厂信贷员三个月进行一次信用分析评价。
2. 对AA级企业，驻厂信贷员两个月进行一次信用分析评价。
3. 对A级（含）以下的企业，责任信贷员一个月进行一次信用分析评价。

第四条　个体商户
1. 对特级信用商户，信贷员一季度进行一次信用分析评价。
2. 对一级信用商户，信贷员两个月进行一次信用分析评价。
3. 对二级以下信用商户，信贷员一个月进行一次信用分析评价。

第五条　社区居民
包片信贷员每季度对本片社区居民信用户进行一次信用分析评价。

第三章 客户信用分析内容

第六条 企业客户信用分析内容

1. 信用履约评价。对企业贷款资产质量（按五级分类）、本金和利息偿还情况进行评价。

2. 偿债能力评价。对企业资产负债率、流动比率、现金流量、现金流动负债比率、或有负债比率、利息保障倍数等指标进行测算。

3. 盈利能力评价。对企业总资产报酬率、销售收入增长率、净利润增长率、净资产增长率进行测算。

4. 经营及发展能力评价。对企业存贷周转率、销售收入增长率、净利润增长率、净资产增长率进行测算。

5. 经营管理评价。对企业领导者的素质、管理水平、道德水平及企业发展前景进行预测评价。

第七条 个体商户信用监督内容

1. 信用履约评价。对商户贷款资产形态（按五级分类）、到期信用偿还、利息信用偿还情况进行评价。

2. 偿债能力评价。对商户资产负债率、流动比率、现金流量、现金流动负债比率、或有负债比率、利息保障倍数等指标进行测算。

3. 盈利能力评价。对商户总资产报酬率、销售利润率、净资产收益率进行测算。

4. 经营及发展能力评价。对商户存贷周转率、销售收入增长率、净利润增长率、净资产增长率进行测算。

5. 经营管理评价。对商户领导者的素质、管理水平、道德水平及企业发展前景进行预测评价。

6. 销售现金回社率测算。对月现金收入回社率和现金收入回社率、日存款量进行测算。

第八条 社区居民信用监督内容

1. 居民履约评价。对居民在期限内，通过居民委员会、分行办事处、社区服务中心等了解到的居民在社区的履约行为进行评价。

2. 居民固定资产变动情况。了解居民的固定资产（价值2000元以上）的变动及变现能力是否与评定时相符。

3. 居民的收支情况。了解居民的收支变动情况及在信用社储蓄存款的变动情况。

4. 居民的借贷行为。了解居民在信用社或民间的借贷情况，是否具有还款付息所需要的支付能力，收支能否平衡。

5. 居民的遵纪守法及家庭和睦情况的评价。

第四章 信用综合评价

第九条 根据对客户的调查评价,对客户的经营风险、管理风险、信贷风险、信用风险进行风险评价,对每个指标的变动情况进行分析,并写出报告,报信用社论证委员会,论证委员会根据评价建议,分析风险原因,制定相应措施。

第五章 客户信用管理

第十条 通过对客户的信用评价,结合评级时的测算指标,对级别下降的客户要给予降级或风险预警,及时采取措施防范风险。

第十一条 监督评价后,对企业测算的指标及存在的风险,应建议"某市银信金融事务服务中心"对企业现状进行认定,并根据认定结果重新确定企业信用等级。

第十二条 监督评价后,如果企业存在风险,应根据风险的程度,结合贷款五级分类进行管理。

第六节 农村金融机构信用风险拨备管理

风险拨备是农村金融机构从收入和利润中提取的用于弥补资产未来预期损失的准备金,通常分为一般准备和资产减值准备。一般准备是针对未识别的、非特定资产未来可能发生的损失而提取的,资产减值准备是针对已识别的损失或资产贬值而提取的抵备,用于消化已查明特定资产的未来贬损。风险拨备管理是金融机构抵御风险的基本手段,管理的核心在于风险拨备计提是否充分。

一、风险拨备管理的意义

风险拨备管理是评价金融机构资本充足水平和风险管理能力的基础。

1. 风险拨备是监管资本的直接构成项,计提充分与否直接影响到资本量。在计算资本充足率时,通过利润分配的方式计提一般准备计入核心资本。实施内部评级法的农村金融机构还需要比较实际风险拨备与内部评级计量的预期损失,超过预期损失的部分计入附属资本,不足以覆盖预期损失的部分,即拨备计提不足部分直接扣减附属资本。

2. 风险拨备计提充分与否直接影响到资本吸收非预期损失的能力。一旦当期风险拨备计提不足,未来损失的实现将迫使金融机构增加消化损失的支出,消耗更多的利润，而往往违约损失大量出现，金融机构面临的经济环境不容乐观，到时候的盈利压力通常更大。当利润不能满足增加拨备的需求时，金融机构就不得不动用资本来核销损失，直接导致资本的下降。

二、风险拨备管理的原则

风险拨备管理的本质是基于对未来的预期，在当期提取的用于弥补未来损失的准备金，理想的风险拨备制度应该遵循面对未来、预期充分和需求导向、及时动态的管理原则。

1. 面对未来、预期充分。从战略角度看，风险拨备应考虑未来可能的损失，具有前瞻性，充分地认识到未来预期发生的损失，而不是基于已发生情况的事后行为，否则就很可能导致未来拨备不足或过多。前瞻性的风险拨备通常是逆经济周期的，面对未来可能来临的经济下降，风险管理部门在经济上升期和利润增长期应充分预期到未来损失的增加，当期的风险拨备应提前做好准备，有所提高；经济处于衰退期时，由于风险管理部门前期已充分预料到损失的增加，提足了风险拨备，同时预料到未来经济环境将有所好转，因此在经济衰退、利润减少时也无须安排更多的财力计提风险拨备，保证了金融机构业绩增长的持续稳定。

2. 需求导向、及时动态。从操作层面看，风险拨备应以需求为导向，及时、足额反映预期损失需求量的动态变化，通过比较预期损失与实际拨备的差额计提风险拨备，否则就容易出现拨备不足或过多的问题。以需求为导向的风险拨备应定期测算每笔债项的预期损失，评估新增、存量债项的预期损失需求量，动态把握压力条件下二者的变化。

三、风险拨备计提的原理

1. 当期风险拨备余额应该等于当期评估日预期损失的总需求量。

当期风险拨备余额 = 新增债项预期损失 + 存量债项预期损失 + 压力条件预期损失

新增债项是指债项发放日介于上一提取日（通常为上季末）与本期提取日（通常为本季末）之间，并且风险敞口为正的债项。新增债项预期损失为每笔新增债项预期损失的加总。

存量债项是指债项发放日小于上一提取日（通常为上季末），并且风险敞口为正的债项。存量债项预期损失为每笔存量债项预期损失的加总。

压力条件预期损失是指根据经济周期和行业压力情景，通过压力测试得到的未来可能损失的动态需求。

2. 当期应计提的风险拨备等于当期风险拨备余额与评估前一日不良资产处置后拨备实际余额的差额。

当期应计提风险拨备 = 当期风险拨备余额 − 评估前一日不良资产处置后拨备实际余额

= 当期风险拨备余额 − 上期风险拨备余额 + 本期不良资产处置损失

第七节 农村金融机构信用风险组合管理

风险组合是指具有相似风险特征或受相同风险因素影响的敞口分类组合。信用风险组合管理是农村金融机构平衡信用风险和收益的基本手段，包括组合划分与组合评价。

一、信用风险组合划分

组合划分是农村金融机构信用风险组合管理的基础，应着重分析资产组合的信用风险特征，识别影响组合的共同风险因素而非个别违约因素，对信用风险敞口进行分类并以组合的方式进行管理。信用风险的共同影响因素通常包括行业因素、地区因素、品种因素和评级因素。

1. 按行业划分组合。同一行业的信用风险敞口因受所处行业周期、竞争情况和共同的风险因素影响而具有相似的风险特征。表10-3反映的是某农村合作银行信用风险敞口行业组合。

表10-3　　　　某农村合作银行信用风险敞口行业组合表

单位：万元，%

行业	风险敞口	RAROC排名	平均RAROC	行业	风险敞口	RAROC排名	平均RAROC
农业	9530.8	1	40.41	批发零售业	316	11	22.50
林业	2598.2	2	39.85	交通运输	2606.8	12	21.81
种植业	5242.6	3	33.26	金融业	260.1	13	20.87
渔业	4567.2	4	32.75	教育业	504.2	14	20.38
加工制造业	11100.2	5	31.69	住宿餐饮业	1964.9	15	19.63
建筑业	814.1	6	28.60	养殖业	8891.8	16	16.83
畜牧业	8267.4	7	27.96	水利环境	7220.2	17	15.87
采矿业	4120.8	8	27.51	电力、燃气	5755	18	15.37
卫生福利	1310.8	9	27.23	村镇建设	5331.6	19	−2.22
文化娱乐业	837.9	10	22.58	政府组织	123.3	20	−83.33

2. 按地区划分组合。同一地区的信用风险敞口因受区域经济发展及社会信

用环境影响而具有相似的风险特征。中国农业银行信用风险敞口地区组合如表 10-4 所示。

表 10-4　　　　　中国农业银行信用风险敞口地区组合表

单位：亿元，%

地区	风险敞口	RAROC 排名	平均 RAROC	地区	风险敞口	RAROC 排名	平均 RAROC
江苏	3427.9	1	42.91	河北	1135.7	16	18.16
福建	998.5	2	35.88	上海	2980	17	17.43
山东	2983.6	3	32.05	湖南	731.4	18	16.25
浙江	4254.9	4	31.55	河南	1123.1	19	16.08
甘肃	351.9	5	26.91	内蒙古	625	20	16.01
山西	941.8	6	26.47	重庆	602.7	21	15.33
广东	1614.6	7	25.77	北京	1946.3	22	14.71
安徽	1038.3	8	24.52	海南	165	23	14.29
陕西	684.2	9	24.19	贵州	649.8	24	13.96
江西	431.9	10	22.57	广西	614	25	13.64
云南	920.8	11	22.09	辽宁	389.5	26	12.88
湖北	1037.6	12	22.08	新疆	187.9	27	10.72
四川	1095.3	13	21.27	青海	137.8	28	10.07
宁夏	170.1	14	19.40	黑龙江	318.3	29	9.43
天津	794.2	15	18.19	吉林	360.3	30	5.68

3. 按品种划分组合。同类产品的信用风险敞口因受产品特性、客户抗风险能力及风险缓释方式影响而具有相似的风险特征。表 10-5 和表 10-6 分别反映了某农村合作银行信用风险敞口业务品种组合及其客户风险缓释方式组合。

表 10-5　　　　某农村合作银行信用风险敞口业务品种组合表

单位：笔

业务品种	债项总笔数	外币笔数	平均 RAROC	人民币笔数	平均 RAROC
联保贷款	52371	0	0	52371	21.56
小额质押	31896	0	0	31896	17.74
贸易融资	1141	27	12.88	1114	19.98
循环贷款	7673	48	15.65	7625	17.33
流动资金	9789	243	16.66	9546	16.69
项目融资	103	6	18.80	97	15.74
总计	102973	324	16.13	102649	18.30

表 10-6　某农村合作银行信用风险敞口客户风险缓释方式组合表

单位：笔,%

客户类型	债项总笔数	信用融资笔数	质押融资笔数	抵押融资笔数	担保融资笔数
单个农户融资	68961	38897	30064	0	0
专业合作社融资	12784	0	401	0	12383
个体私营融资	7600	5889	693	1018	0
乡镇企业融资	4827	188	845	3794	0
县域中小企业融资	3953	2026	0	690	1237
县域大企业融资	4782	1013	0	2739	1030
县域机构客户融资	66	25	0	21	20
总计	102973	48038	32003	8262	14670

4. 按评级划分组合。同一等级内的信贷风险敞口具有相同的平均违约率和平均违约损失率。表 10-7 反映的是中国农业银行信用风险敞口客户、债项评级组合平均风险调整资本回报率。

表 10-7　中国农业银行信用风险敞口客户、债项评级组合平均风险调整资本回报率表

债项评级 \ 客户评级		AAA 0.7%	AA+ 1.5%	AA 2.9%	AA- 4.7%	A+ 9.0%	A 15.7%	A- 22.7%	BB 32.0%	B 100.0%
1 级	5%	33.7%	23.1%	20.4%	19.1%	18.0%	17.4%	16.9%	16.6%	16.3%
2 级	15%	31.7%	22.3%	19.9%	18.7%	17.8%	17.2%	16.8%	16.5%	16.2%
3 级	25%	29.7%	21.5%	19.4%	18.3%	17.5%	17.0%	16.7%	16.4%	16.1%
4 级	35%	27.7%	20.6%	18.9%	18.0%	17.3%	16.8%	16.5%	16.3%	16.1%
5 级	45%	25.7%	19.8%	18.3%	17.6%	17.0%	16.7%	16.4%	16.2%	16.0%
6 级	55%	23.7%	19.0%	17.8%	17.2%	16.7%	16.5%	16.3%	16.1%	16.0%
7 级	65%	21.7%	18.2%	17.3%	16.8%	16.5%	16.3%	16.1%	16.0%	15.9%
8 级	75%	19.7%	17.4%	16.8%	16.5%	16.2%	16.1%	16.0%	15.9%	15.8%
9 级	85%	17.7%	16.5%	16.3%	16.1%	16.0%	15.9%	15.9%	15.8%	15.8%
10 级	95%	16.5%	16.4%	16.3%	16.2%	16.1%	16.0%	15.9%	15.8%	15.7%

二、信用风险组合评价

组合评价是农村金融机构信用风险组合调整和组合管理的依据。通过科学、客观地评价不同组合的风险回报水平，真实地反映组合的风险贡献与绩效表现，为组合调整提供决策依据。信用风险组合的评价指标主要包括：

1. 各组合经济增加值（EVA）总额及占比结构变动情况

经济增加值体现经营年度内各组合为股东贡献的价值。其计算公式为

经济增加值＝风险调整后的税后利润－风险资本平均占用额×最低资本回报率

其中，税后利润是业绩价值分账核算中的净利润扣除预计所得税后的利润；风险调整后的税后利润是税后利润扣除拨备后的利润，即拨备后的税后利润。风险资本平均占用额是风险资本管理中实际日均、月均或某时段的平均占用额，计算方法见本书第八章资本管理中的相关内容。最低资本回报率原则上一年一定，是股东要求的最低回报水平，可用一定历史时期农村金融机构的平均资本回报水平代替，通常设在12%左右。

2. 各组合风险调整资本回报率（RAROC）水平及变动情况

风险调整资本回报率是衡量风险资本使用效率的综合指标，其计算公式为

风险调整资本回报率＝风险调整后税后利润／风险资本平均占用额

税后利润、风险调整后税后利润及风险资本平均占用额口径同经济增加值。

3. 风险调整资本回报率与经济增加值可以互相转化

风险调整资本回报率＝最低资本回报率＋经济增加值／风险资本平均占用额

经济增加值＝风险资本平均占用额×（风险调整资本回报率－最低资本回报率）

第八节 农村金融机构信用风险限额管理

风险限额是农村金融机构为反映组合层面的风险而设定的控制指标及其数额上（下）限。最初来源于单一客户限额，常见的有单一客户信贷余额不得超过全部信贷余额的10%以及前十大客户集中度限额。本书所称风险限额是指农村金融机构在整体或特定组合中所能承受的最大风险，通常根据农村金融机构自身发展战略、风险偏好以及外部经营环境设定。风险限额管理是农村金融机构控制风险的基本手段，包括制定限额和实施限额。

一、信用风险限额管理的特点

信用风险限额代表了农村金融机构在某组合中所能承受的最大信用风险。凡在限额以内发生的损失都可以通过银行自有资本来弥补，超出限额则意味着损失将超过银行自身的承受能力，必须采取减少风险暴露、分散资产组合、增强抵押品的变现能力以及运用衍生工具等方式进行风险缓释。

限额管理综合体现了农村金融机构的经营战略、风险偏好及政策导向，它具有如下特点：

1. 限额管理是基于组合的风险收益综合管理。农村金融机构的限额管理建立在组合分析的基础上，并对各组合施加硬性约束。从短期来看，限额管理可能会对业务拓展形成一定的制约，但从长期来看，限额是根据组合评价风险调整资本回报率最大化原则设定的，本身就是风险和收益平衡的结果，它有利于金融机构自身的可持续发展。通常某项组合在初期会给金融机构带来较大的收益，但随着业务不断扩张反而会出现边际收益递减的现象。另外，如果某项组合的风险敞口无限制地扩展，风险的不断积聚就会使组合风险调整资本回报率降到较低水平，反而不利于增加收益。

2. 限额管理是对风险的实时动态管理。限额管理强调实时动态监控，即在每个时点上，金融机构都可以根据最新市场变化和业务数据监测所有限额的执行状态。某组合风险敞口（如行业或区域风险敞口）保持在限额以下，说明业务发展稳健，风险基本可控。当组合风险敞口逼近限额时，监测将发出预警，提示风险经理采取防范措施。组合风险敞口一旦突破限额，就表示风险正在显著上升，应启动紧急处理程序，在有可能发生大规模损失前将敞口压缩到可控范围内。

二、信用风险限额的制定

农村金融机构通常从行业、业务品种和地区三个维度，针对不同组合制定控制指标与限额（见表10-8）。每项限额包括七大属性：

1. 指标维度，指限额管理的组合维度。
2. 指标名称，应准确反映限额的内在含义及业务特征，避免产生歧义。
3. 指标主管部门，指负责本限额日常管理的总行具体部门。
4. 核定额度，包括为本指标设定的控制上（下）限的数量和单位。
5. 限额计算方法，指该指标控制上（下）限的计算口径和计量方法，包括数据的具体来源、信息系统名称、取数规则以及提供手工报表的部门名称与报表名称。
6. 监测时点，指对限额指标进行监测的频率、时点和每次监测取样的具体要求。

7. 超限额判断条件，指超限额事件发生的判断标准，一般以偏离核定额度一定比例或进入某个数量区间或出现某些异常波动为超限额判断条件。

表 10-8　　　　　　　　中国农业银行信用风险限额属性表

属性	限额 1	限额 2	限额 3
指标维度	行业	业务品种	地区
指标名称	××行业风险敞口限额	××业务品种风险敞口限额	××地区风险敞口限额
指标释义	对××行业风险敞口进行控制	对××业务品种风险敞口进行控制	对××地区风险敞口进行控制
指标主管部门	信贷管理部	风险管理部	资产负债管理部
核定额度	7000 万元	14000 万元	300 亿元
计算方法	来源于组合监测报表系统		
监测时点	每月末后 3 个工作日内生成上月末监测报表		
超限条件	超过 6300 万元	较前 12 个月平均数增长超 20%	当月增速同比超 14%

专栏 10-4　2009 年中国农业银行新农村建设地区、客户种类风险敞口限额

地区、客户种类风险敞口限额是指中国农业银行在该地区、客户种类所能承载的最大限度的融资总量。在中国农业银行的新农村建设发展战略和业务规划的指导下，结合地区、行业、客户、业务品种的风险、收益及其相关性，以及信贷市场增长空间、集中度等外部竞争条件，采用定量测算与定性调整相结合的方法设定。2009 年，中国农业银行将进一步提高经济强县、特色资源县风险敞口占比，重点支持农业产业化、农业现代化、农产品流通化及农村城镇化客户，加快产能过剩和潜在过剩行业以及高耗能、高污染行业的结构调整力度，在总量适度的前提下，严格实行客户分类管理信贷政策，保证对目标客户贷款的需要。

中国农业银行新农村建设规划

	经济强县	特色资源县	经济一般县	经济欠发达县
区域	全国百强、中西部百强和东北十强县（长珠渤、成渝增长极核心区）	全国分布零散，有农产品、矿产、旅游、水电等特色资源的县	全国分布较广，各地市经济增长极周边，无特色资源，城市化前景可期	藏、青、甘、新、云、贵、川等自然条件恶劣的地区和其他经济欠发达地区

续表

	经济强县	特色资源县	经济一般县	经济欠发达县
经营	全面发展，全方位介入优质客户资产、中间、负债业务	积极发展主流经济，深入挖掘特色资源、核心产业开发进程中的金融需求	审慎发展，以农业产业化、农村城镇化、农民市民化为主线	扶持发展，营销中间和负债业务，积极创新脱贫金融产品与风险控制措施
客户	县域优质公司客户、产业化龙头企业、成长型中小企业和高价值个人	资源主导型的大中型企业、发展潜力型民营企业、中高端个人	优质龙头及关联企业，农户，城镇化、市民化机构类客户，中高端个人	收益有保障的农村城镇化机构类客户、还款来源可靠可控的企业、农户

2009年中国农业银行新农村建设地区、客户种类风险敞口限额表

单位：亿元

				经济强县	特色资源县	经济一般县	经济欠发达县
资产业务	批发业务	产业化现代化	农业（农、林、牧、副、渔）产业化企业贷款	100	80	60	40
			特色农、林、牧、渔、矿、药资源深加工企业贷款	100	80	70	60
		农产品流通市场化	农村商品流通体系贷款（农资运输、农产品、医药、矿业等特色市场建设）	60	40	30	20
			贸易融资贷款	60	50	40	30
			中小企业贷款	80	60	50	30
			个体工商户经营性物业贷款	20	15	10	5
		农村城镇化	农村基础设施建设（收费公路、水、电、气、暖）贷款	200	150	100	80
			农村公共事业（电信、网络、传媒、科教、医卫）贷款	100	80	60	40
			房地产开发贷款	20	15	10	5
		农村金融骨干	农村商业银行、农村信用社、乡镇银行、小额信贷机构开办资金批发业务，间接为农户提供小额贷款	50	50	50	50
			扶贫贴息贷款	50	50	50	50

续表

			经济强县	特色资源县	经济一般县	经济欠发达县
资产业务	零售业务	个人生产经营贷款	80	60	40	20
		农户小额信贷	—	—	20	20
		个人扶贫贴息贷款	—	—	20	20
		个人助学贷款	30	30	30	30
		个人消费贷款 个人住房按揭贷款	30	30	30	30
		个人汽车贷款	10	10	5	5
		综合授信可循环消费贷款	60	50	40	40
		信用卡透支	10	10	5	5

三、信用风险限额的实施

限额指标主管部门负责当年度相应限额管理的具体实施工作，包括监测、调整和超限处理。各有关部门或分支机构应在年度风险限额管理方案分配的限额内开展业务，配合做好限额实施工作。

限额指标主管部门按月统计和监测各指标风险限额的使用、调整和超限额事件处理等情况，并定期向主管行领导报告。信用风险管理部门按季汇总报告全行的限额实施情况。

限额指标主管部门可根据内外部环境变化、限额执行情况或有关部门、分支机构的申请，提出限额调整方案，经会签信用风险管理部门后，按规定程序报风险管理委员会审议。批准后的限额调整方案由限额指标主管部门负责落实。

超限处理包括限额处理和机构处理两部分。

1. 限额处理。根据限额管理的严肃性要求和业务发展需要，对有关限额采取降低限额占用或调整限额等处理方式。对超限额情况，由限额指标主管部门提出超限额事件处理方案，经会签信用风险管理部门后，按规定程序报风险管理委员会审议。审议后的超限额事件处理方案，由限额指标主管部门负责落实。降低限额占用应指定宽限期，宽限期内未将限额占用降至限额内的，视同新发生超限额事件处理。限额下达前实际限额占用已突破核定限额的，应在规定期限内将限额占用降至核定限额以内。规定期限内完成限额压降的，不进行超限额处理。

2. 机构处理。根据超限额事件的性质和影响，对突破限额的机构采取业务处罚、经济处罚或免责等处理方式。属于以下情况的可予以免责：因国家宏观经济形势、法律法规、监管要求等发生重大变化导致限额突破的；限额实施过程中已采取各种合理措施，但因不可预期的市场环境变化导致限额突破的；限额实施过程中已采取各种合理措施，但因发生重大突发事件导致限额突破的；风险管理委员会认为可予免责的其他情况。

第十一章

农村金融机构的中间业务和表外业务

第一节 一般商业银行的中间业务和表外业务

表外业务,指那些不会引起资产负债表内的变化,却可为商业银行带来业务收入或减少风险的业务活动,是商业银行在表外科目记载或在资产负债表外附列,并形成或有资产及或有负债的业务。从业务内容上看,表外业务主要指银行充当中介者提供的一些非资金服务,这些银行服务可以保证某些交易能够顺利完成,同时银行也可以通过这些服务获得一定的手续费。表外业务不等于中间业务,它只是中间业务的一部分,即与信用业务有关的那部分中间业务,除可为银行创造中间性服务业务收入外,还可直接改善银行表内资产负债业务的质量,降低银行经营管理中的风险,因而成为商业银行提高经营管理水平、防范各类风险的重要手段和方法。

西方金融界将中间业务称为收费及佣金业务(Free and Commissions Activities)或中间市场业务(Middle Market Activities)。其服务对象包括各类银行、非银行金融机构、企业社会团体和个人。由于这些业务介于资产负债业务之间,并未列入资产负债表,并不影响商业银行资产负债总额的变化,所以也通常被称为表外业务(Off-Balance Sheet Activities)。据统计,外资银行中间业务收入占总收入的80%,而国内银行中间业务在总收入中按最新数据占不到30%。外资银行中间业务品种丰富,花旗号称有5000种,国内银行的中间业务品种则相对较少,差距很大。美国花旗银行存贷业务带来的利润只占总利润的20%,承兑、资信调查、企业信用等级评估、资产评估业务、个人财务顾问业务、远期外汇买卖、外汇期货、外汇期权等中间业务却为其带来了80%的利润。

近年来,银行中间业务已成为商业银行激烈竞争的创新领域。随着我国金融体制改革的深入和社会经济的发展对金融需求的推动,我国各商业银行现在越来越注重中间业务的创新,逐步认识到中间业务作为商业银行三大支柱业务之一的重要意义,积极探索新的服务方式,倡导新的服务理念。各商业银行利用现有资金、技术、网点和结算等方面的优势发展各项中间业务。同时，在机构设置、组织建设、制度建设、监控管理及人员培训等方面做了许多工作，使我国商业银行的中间业务有了良好的开端和明显进展。但是，存在的问题也比较突出。我国商业银行中间业务收入比例很低，已经开办的中间业务产品品种少，层次低，功能有待完善。劳务型、低收益的业务品种多，高知识含量、高收益的中间业务品种少，大多依赖于银行的网点优势、传统的资产负债业务等条件，很少能利用银行的信誉、信息、技术和人才优势为客户提供高质量、高层次的中间业务服务。

影响我国银行中间业务创新的主要因素除了目前的金融制度因素外，还有人才因素。国内高素质从业人员不多，这已成为我国银行业不能开展技术含量高的品种业务的瓶颈。比如，理财顾问要对银行、保险、证券、房地产、外汇、国内外经济形势都有较全面的掌握，而这方面的人才在我国金融界非常稀缺。另外还有技术设备因素。中间业务的创新需要技术设备的支持，比如提高资金汇划清算效率、开展全行范围的咨询和理财服务等，都需要银行系统的数据集中处理，否则业务开展就会受到制约。目前国内银行在技术设备方面存在着明显的不足，如主机处理能力、业务软件处理效率、业务软件可扩充性、地区业务发展特性、管理能力等问题都是比较突出的。

第二节　乡村银行的中间业务和表外业务的创新

一般商业银行的中间业务和表外业务通常分为六类，即支付结算类中间业务、交易类中间业务、承诺类中间业务、担保类中间业务、代理类中间业务和银行卡业务见图 11-1。

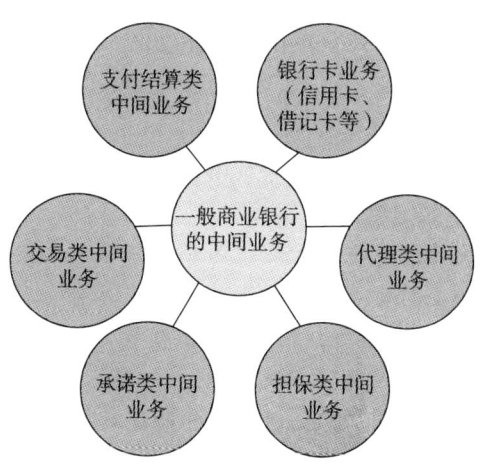

图 11-1　一般商业银行的中间业务

在以上商业银行开展的中间业务中,代收代付业务、人民币结算业务等筹资功能强、操作简单的劳务型业务已经在农村信用社得到了普遍的推广。部分农村信用社推出了借记卡业务,有的农村信用社甚至还推出了贷记卡业务(见专栏11-1)。这为乡村银行中间业务的推广奠定了良好的基础。

专栏11-1 中国首个农村信用社省联社贷记卡品牌"丰收卡"推出

经中国银监会批准,浙江省农村信用社日前正式推出了全国首个农村信用社省联社贷记卡品牌——丰收卡。此举是为了更好地满足农村多元化、多层次的金融服务需求,积极推进农村金融创新,进一步完善农村信用社支农服务功能。

业内人士认为,农村信用社贷记卡的推出,对提高农村信用社综合竞争力、有效提高"三农"服务水平、促进农村信用社健康持续发展具有深远意义。来自银监会的消息称,下一步农村信用社将按照中国银监会要求,根据市场发展和客户需求,持续开发和创新贷记卡产品,完善贷记卡功能与服务,着力打造真正符合客户需求的贷记卡品牌,进一步提高对社会主义新农村建设的贡献度。

近年来,在中国银监会的鼓励和支持下,农村信用社创新步伐明显加快,先后引进和开发了一系列符合"三农"需要的金融产品,特别是银行卡业务在短短几年间经历了从无到有、从小到大的发展历程,业务规模和功能都得到了迅速拓展。截至今年9月末,全国已有24个省份的农村信用社开办了银行卡业务,发卡量达6457万张,占全国银行业金融机构的5%。

由于农村信用社目前发行的主要是借记卡,缺乏授信和透支功能,无法满足客户随时使用正常授信额度等需要,导致一些优质客户流失,限制了银行卡业务的进一步发展。为此,中国银监会在深入调研和广泛论证的基础上,借鉴其他商业银行贷记卡业务规程、网络系统建设、内部控制和风险管理的经验,制定了《农村信用社银行卡(贷记卡)示范章程》,提出了网络系统标准、内部控制、风险管理和专业人员配置要求,为农村信用社开办贷记卡业务创造了良好的条件。

为更加符合农民的消费特点和使用习惯,中国银监会要求农村信用社贷记卡除具有授信、透支消费等基本功能外,还应具有支农服务"一卡通"功能,根据农民和农村中小企业的信用评级和有效需求情况核定贷记卡授信额度,一次授信,循环使用,保证农民和农村中小企业方便、安全、快捷地取得贷款,同时与存款账户连通,随时办理转账还款。

资料来源:王智:《中国首个农村信用社省联社贷记卡品牌"丰收卡"推出》,载《经济日报》,2007-12-13。

不过，在这些农村信用社发展起来的传统中间业务的基础上，农村金融机构可以根据自身的情况，实施适度的创新。例如，农村金融机构可以通过自身的网络优势，协助新型农村合作医疗的保费收缴工作，并在农村地区代理一定的商业保险险种，这不仅有利于提高农村金融机构自身的收益，还有助于提高辐射地区的医疗保障水平；农村金融机构甚至可以利用网点优势，与保险公司合作开发新的适合于当地居民的险种。再如，农村金融机构可以将代收代付业务拓展到代收电信费、学费、税金、行政罚款等多种业务。农村金融机构还可以通过具有相对较高的专业知识水平的员工，为农村居民提供理财咨询等服务。通过业务创新，农村金融机构能够增加收入来源，降低利息收入在整个收益中的比重，并在一定程度上防范与信贷业务相关的风险。专栏11-2介绍了农村信用社与保险机构合作开展并取得了较好业绩的"信合平安卡"业务。

专栏 11-2　信合平安卡　开启多赢路——湖北省荆州市沙市区农村信用合作社联合社拓展"信合平安卡"业务

2005年湖北省荆州市沙市区农村信用合作社联合社通过开发"信合平安卡"中间业务品牌，有效地促进了农村信用社传统业务的发展，提升了农村信用社形象，提高了农村信用社效益。

准确把握"信合平安卡"的市场定位

沙市农村信用社的36个营业网点地处荆州市中心城区，拥有大量的个人业务客户及中小企业客户。零散小额的居民储蓄存款占总存款的86.4%。居民、个体工商户、中小企业贷款占总贷款的75.4%。如何针对现有的大量自然人、个体工商户及中小企业客户需求来开发中间业务品种？如何通过营销该类中间业务品种，增加农村信用社业务利润、树立信合品牌？沙市区联社通过认真调查及论证，选择开发了"信合平安卡"这一中间业务品种。

随着城镇居民生活水平的不断提高，人们的保险意识逐步提升，特别对人身意外伤害保险和住院医疗保险更为关注，市场需求量大，但因社会上各类保险公司多，其销售人员多为保险经纪代理人，居民对其保险营销缺乏一定的信任度。农村信用社机构多、信用度高，农村信用社代理营销保险公司的人身意外伤害险及住院医疗保险产品，不仅能迅速打开保险代理市场，增加农村信用社中间业务收入，而且能拓宽农村信用社服务领域，增强农村信用社的综合营销能力。

"信合平安卡"的市场定位主要是城镇居民、个体工商户、中小企业主。"信合平安卡"面值30元，保险期限1年，主保意外伤害1.5万元，附加意外医疗500元，为自助投保卡，可由客户通过网络或电话直接投保。

精心组织"信合平安卡"的营销

选好保险公司。"信合平安卡"是沙市区农村信用联社与平安保险公司湖北分公司专门为客户量身定做的意外保险。农村信用社与平安人寿协商,销售"信合平安卡"的代理手续费为30%,手续费较高。

设计制作好"信合平安卡"。"信合平安卡"选用PVC塑料,并配有自助保险卡服务手册,在"信合平安卡"其服务手册正反面上下分别印有信合及平安徽记,反面印有投保事项及信合的温馨提示。

加大宣传和营销力度。为扩大市场营销份额及影响,该社将首期推出市场的时段选择在2005年国庆节,同期印制了配套贺年片及宣传画,同时加强后期理赔服务。良好的宣传和优质的服务,使"信合平安卡"迅速被市场客户及信合员工接受与认同。仅3个月的时间,城区农村信用社销售"信合平安卡"1.5万张。

"信合平安卡"的主要特点

"信合平安卡"作为沙市农村信用社中间业务品牌,其主要特点有五个:

同类保费低。个险类人身意外险1.5万元保额的保险费一般都在40元以上,而"信合平安卡"30元的保费,不仅可投保1.5万元的人身意外险,还附加500元的意外住院治疗,具有一定市场竞争优势。

操作风险小。"信合平安卡"属自助保险卡系列。作为自助保险卡,在代理销售中,手续简便,不存在代理销售人员销售过程中的操作风险。客户购买后可以直接通过专门网站或服务热线进行投保,购买后的有效投保期为1年。

使用范围广。客户购买"信合平安卡",既可以为自己投保,也可以给家人或他人投保,解决了市场上传统个人意外险使用范围较狭窄的限制。

信誉保证好。"信合平安卡"限定由农村信用社和平安寿险公司销售,农村信用社和平安寿险在市场上的客户认同度为"信合平安卡"塑造了双重信誉度。

投保时间活。"信合平安卡"有效期为1年。即客户购买后可以在1年内选择合适的时间段进行网上投保或电话投保。

"信合平安卡"取得多赢效果

增加了农村信用社收入。2005年3个月时间内,沙市农村信用社通过代理营销"信合平安卡",代收保费45万元,实现中间业务收入13.5万元。

防范和化解了信贷风险。目前"信合平安卡"共理赔107份,理赔金额14万元,意外住院医疗理赔客户主要是农村信用社的农户小额贷款客户,有效地防范和化解了信贷风险。

提升了农村信用社形象。农村信用社通过代理销售"信合平安卡",找到了一个有效宣传农村信用社的工具,使其成为农村信用社打造整体形象的良好载体。

资料来源：朱思爽、朱远伦：《信合平安卡 开启多赢路——湖北省荆州市沙市区农信社拓展"信合平安卡"业务》，载《中国农村信用合作》，2006（3）。

有的农村信用社针对当前农村中出现的一些新现象和新问题，开发了新的中间业务品种。比如，现在农村出去打工的农民很多，但是农民打工存在着一个很大的问题，就是在外地存入银行卡的钱，很难在当地信用社取出来。因为在一些不发达的地方，大的银行没有设立分支机构，尤其在一些乡镇一级的农村地区更是如此，所以农民取款必须到县城去。有些地方的农村信用社发现了其中的商机，针对这一情况，开通了"农民工银行卡"特色服务，使农民工可以很方便地用银行卡取到钱。贵州的农民工银行卡特色服务见专栏11-3。

专栏11-3 贵州农村信用社开通农民工银行卡特色服务

银行卡在贵州农村信用社取款业务于近日在贵州全省农村信用社联网营业网点试点运行开通。银行卡在贵州农村信用社取款业务，是指农民工（客户）手持带有中国银联标识的银行卡，在发卡机构存款后，可在贵州省农村信用社联网的营业网点柜台办理取款、查询业务。目前，贵州农村信用社受理的银行卡有中国工商银行、中国农业银行发行的银行卡。每张银行卡每日累计取现金不得超过5000元，每笔取款业务收费为实际取款金额的1%，最低收费1元，最高收费不超过50元。

由中国人民银行组织、贵州农村信用社推出的这一新业务，不仅结束了客户跨地区、跨行取款不便的历史，更主要的是解决了农民工返乡取款难问题。近年来，由于工行、农行、中行、建行等国有银行在不发达地区的县、乡（镇）营业机构不断减少，农民工在发达地区或城市打工，把钱存入银行后，回到家乡村寨取款需要到县城或地级城市才能办理，路程往返少则一百公里，多则二三百公里，加上交通不便，取笔款一般当天还赶不回家。这样不仅不安全，而且费时费力，加重了农民负担。银行卡在农村信用社取款业务开通后，农民工只要手持银行卡就可以在本地乡信用社取钱，方便、快捷、安全。这一业务增进了信用社与农民之间的感情，促进了农村和谐社会建设。同时，也给农村信用社的中间业务收入、组织存款、贷款收回等带来了好处。

资料来源：段纲：《亲情呼唤回乡，银行卡助民安康：贵州农信社开通农民工银行卡特色服务》，载《中国农村信用合作》，2006（3）。

第三节 农村金融机构中间业务和表外业务的风险控制

中间业务种类繁多,虽然总体上风险较小,但其中的金融衍生工具、担保、承诺、银行卡等业务对支付能力、内控能力和技术设施等有着较高的要求,也伴随着较大的潜在风险。农村金融机构要发展中间业务,就必须加大硬件设施投入,并引进培养一批具备相关专业知识的人才,提高风险防范和控制能力。

在贷记卡业务中,农村金融机构可能会遭遇恶意透支和拖欠,从而给自身经营造成损失。为了防止这种现象的出现,在发放信用卡的时候,农村金融机构一定要做好审查工作,可以借鉴在"守信卡"制度中建立起来的农户信用。同时,由于农村金融机构的资金规模有限,贷记卡透支额度不宜过高。

在开展支付结算类中间业务时,农村金融机构也有可能会遭遇潜在的风险。

第一,信息不对称会带来潜在风险。例如,在办理银行承兑汇票业务时,确认承兑申请人与票据收款人是否具有真实的商品贸易关系的依据是出票人提供的合同,但由于企业间签订商品购销合同的行为纯属企业行为,乡村银行很难考证企业交易合同的真实性。再如,在办理异地商业承兑汇票业务时,银行对有关企业经营、投资、融资等信息的获取不完整、不全面,监控手段也仅仅为合同、销售收入、注册资本金和利润等常规性指标,难以获取非财务指标,更加难以把握真实的资金流向及流量。

第二,乡村银行片面追求业务指标而放松对保证金的管理,致使保证金比例过低或者没有专户管理,都会使保证金失去保证作用,从而给乡村银行带来风险。

第三,表内外统一授信管理不落实也会造成风险失控。由于企业票据融资相对于贷款融资而言成本较低,所以有的企业十分热衷于票据融资。如果乡村银行为规避对单一客户贷款规模的限制而对企业采取贷款以外的授信,则可能导致一部分信贷需求因表内信贷业务审查严格而转向银行承兑汇票业务。此外,由于签发银行承兑汇票能够增加存款,乡村银行可能会倾向于降低对企业办理汇票的审查标准,从而使银行承兑汇票失去短期信用工具的作用,而成为承兑企业变相融资套现、信用社逃避信贷规模限制和不良贷款监控的工具,这无疑会加大银行的业务风险。

面对此类风险,乡村银行首先应当落实表内外业务的统一授信额度管理,完善以企业信用评估为基础的授信方法,对贷款、项目融资、贴现、透支、保理、拆借和回购等表内授信和票据承兑、贷款承诺、保证、信用证等表外授信实行统一的授信额度管理。此外,乡村银行还应当严格保证金管理制度,落实承兑担保的有效性，防止保证金重复保证，严禁使用结算户资金和保证金，严禁擅自动用客户保证金。对于采用其他保证方式的银行承兑汇票业务，要严格控制第三方保证方式，严格审查保证单位的保证资格和保证能力等，要完善抵（质）押手续，选择有效和易于变现的抵押物，并要注意质押票据的期限是否与承兑期限匹配。

第十二章

农村金融机构的财务报表分析与绩效评估

第一节 资产负债表的分析

在本书第一篇"基础篇"的第二章"认识资产负债表"中,我们就一般商业银行的情况比较粗略地介绍了金融机构资产负债表的基本结构。在本节中,我们将根据农村金融机构的具体情况,对其资产负债表再作一些比较详尽的说明。

资产负债表反映了农村金融机构在编制报表时实际拥有的资产、负债及所有者权益情况,说明了农村金融机构资金的来源及构成。表12–1是一个比较详尽的资产负债表,该表分为左右两方,左方列出资产及构成情况,右方列出负债和所有者权益项目。资产负债表应保持左右双方平衡,即资产 = 负债 + 所有者权益。一般而言,在编制报表时,资产方按其流动程度的高低顺序排列,负债方按其偿还期的长短顺序排列,所有者权益则按永久性递减的顺序排列。

表 12 – 1　　　　　　　资产负债表的详细构成

编制单位:　　　　　　年　月　日　　　　　　单位:元

资产	行次	年初数	年末数	负债和所有者权益	行次	年初数	年末数
流动资产				流动负债			
货币资金				短期存款			
存放中央银行存款				短期储蓄存款			
存放同业款项				财政性存款			
存放联行款项				向中央银行借款			
拆放同业				同业存放款项			
短期贷款				联行存放款项			
待处理抵债资产				同业拆入			
应收账款				应解汇款			

续表

资产	行次	年初数	年末数	负债和所有者权益	行次	年初数	年末数
其他应收款				汇出汇款			
减：坏账准备				委托存款			
应收款项净额				应付代理证券款			
贴现				卖出回购证券款			
其他流动资产				应付账款			
流动资产合计				预收账款			
				其他应付款			
长期资产				应付工资			
中长期贷款				应付福利费			
逾期贷款				应付股利			
减：贷款呆账准备金				应交税金			
应收租赁款				其他应交款			
应收转租赁款				预提费用			
租赁资产				发行短期债券			
减：待转租赁资产				一年内到期的长期负债			
其他长期资产				其他流动负债			
长期资产合计				流动负债合计			
长期投资				长期负债			
长期股权投资				长期存款			
长期债权投资				长期储蓄存款			
其他长期投资				保证金			
长期投资合计				应付转租赁租金			
减：长期投资减值准备				发行长期债券			
长期投资净额				长期借款			
				应付债券			
固定资产				长期应付款			
固定资产原价				住房周转金			
减：累计折旧				其他长期负债			
固定资产净值				长期负债合计			

续表

资产	行次	年初数	年末数	负债和所有者权益	行次	年初数	年末数
减：固定资产减值准备							
固定资产净额				负债合计			
固定资产清理							
在建工程							
在建工程减值准备				所有者权益			
在建工程净额				股本			
固定资产合计				资本公积金			
				盈余公积金			
无形资产及其他资产				其中：公益金			
无形资产				未分配利润			
递延资产				股东权益合计			
交易席位费				负债及股东权益总计			
开办费							
长期待摊费用							
无形资产及其他资产合计							
资产总计							

下面分类加以说明。

一、资产项目

（一）流动资产

流动资产指那些在合理的预期内，在1年内（含1年）将转化为现金或在1年内（含1年）被销售、耗用的资产。一般来说，农村金融机构的流动资产包括现金、存放款项、贴现、应收利息和短期贷款等。

1. 现金及存放款项。现金是农村金融机构期末持有的现金额，存放款项包括存放中央银行款项、存放同业款项、存放联行款项等。现金及存放款项的特点是流动性强，基本无盈利，它主要是为了满足金融机构的流动性需求。

2. 拆放同业。指因资金周转需要而在金融机构之间借出的资金。

3. 短期贷款。指农村金融机构发放的期限在1年（含1年）以下的各种贷款，如质押贷款、抵押贷款、联保贷款、小额信贷等。

4. 待处理抵债资产。指借款人不能依约归还贷款时，经借款人、贷款人、担保人三方协商或经人民法院判决、仲裁机构仲裁，以借款人、担保人的抵押物、质物及其他资产抵偿所欠农村金融机构贷款本息的资产。

5. 应收款项。应收款项包括应收账款和其他应收款项（如应收票据、预付款项、应收股利、应收利息等）。应收账款是指企业由于采用赊销方式销售商品或提供劳务而享有的向顾客收取款项的权利。应收款项净额＝应收账款＋其他应收款项－坏账准备。

6. 坏账准备。金融机构在期末要分析各项应收款项的可回收性，对可能发生的坏账损失提取坏账准备。坏账准备的计提比例可以参照《贷款风险分类指导原则》。

7. 贴现。指对持票人转让的未到期的商业票据支付贴现的款项，即金融机构扣除贴现日至汇票到期日的利息后，将余额付给收款人。

（二）长期投资

指持有时间超过1年的各种股权性质、债权性质和其他性质的投资。

（三）固定资产

固定资产指用来生产商品、提供劳务、出租等，使用期限超过1年，单位价值较高的物资、器具或设备。在金融机构中，主要指房产、设备的净值等。

1. 固定资产原值。固定资产购置后，以固定资产的买价加上运杂费和安装费等计入固定资产账户，构成固定资产原值。

2. 固定资产净值。指固定资产原值减去累计折旧后的净额。

3. 固定资产折旧。指对固定资产原值减去预计净残值后的余额进行系统分摊，来反映固定资产因损耗而减少的价值。

4. 固定资产减值准备。固定资产投入使用后，市场价格的变化和科技的进步导致固定资产不断减值，固定资产可回收金额低于账面价值，在这种情况下，应计提固定资产减值准备。固定资产投入使用初期，一般只计提折旧，不计提减值准备。

5. 固定资产清理。指金融机构因出售、报废和毁损等原因转入清理但尚未清理完毕的固定资产净值以及在清理过程中发生的清理费用和清理收入。

6. 待处理固定资产净损失。在清查中发现的尚待批准转销或作其他处理的各种固定资产盘亏扣除盘盈后的净损失。

7. 在建工程。指金融机构期末各项未完工程的实际支出。每年年度终了时，应该对在建工程进行检查，计提减值准备。

（四）无形资产

无形资产指能在经营中长期使用但不具有实物形态的资产，主要包括专利权、版权、商标权等。

（五）其他资产

例如长期待摊费用、抵债资产等。

长期待摊费用指商业银行已经支出，但摊销期在1年以上（不含1年）的各项费用，包括固定资产修理支出、租入固定资产的改良支出等。抵债资产指商业银行收到的债务人用于抵债的资产。

二、负债项目

（一）流动负债

主要包括活期存款、1年以下（含1年）的定期存款、同业存放款项、联行存放款项、应付利息、应付手续费、应付款项、应付工资、应交税金、其他暂收应付款项和预提费用等。这部分可以与流动资产对照理解。现选几项加以说明。

1. 应解汇款。指商业银行汇款业务收到的待解付的款项，以及异地采购单位或个人临时性存款和其他临时性存款。

2. 汇出汇款。指接受企事业单位或个人委托汇往异地的款项。

3. 应付款项。指除应付工资、应付利润等以外的各种应付款项。

4. 应付工资。金融机构付给职工的工资、奖金、津贴等，不论是否在当月支付，都要计入本项，一般年末不应有余额。

5. 应付福利费。指按职工工资总额的14%提取的职工福利费。

6. 应付利润。指付给投资者的利润。

7. 其他应付款。包括职工未按期领取的工资等其他应付暂收的款项。

8. 应交税金。如营业税、所得税等。

9. 预提费用。指金融机构按规定从费用中预提但尚未实际支付的费用，如预提的固定资产修理费等。如果实际发生的支出大于已经预提的数额，那么应当视同待摊费用，需要分期摊入费用。

（二）长期负债

包括发行的1年以上（不含1年）的债券、吸收单位和居民的1年以上（不含1年）的存款、1年以上（不含1年）的各种借款以及其他长期应付款项。

三、所有者权益项目

所有者权益项目主要包括实收资本（股本）、资本公积、盈余公积和未分配利润等。

（一）实收资本

实收资本指投资者实际投入的资本。我国目前的注册资本制度要求金融企业的实收资本与注册资本一致，当实收资本比原来的注册资本增减比例超过20%时，要向原登记机关申请变更。

(二) 资本公积

资本公积指由股东投入,但不能构成股本或实收资本的资金部分。主要包括股本溢价、接受捐赠实物资产、投入资本汇兑损益、法定财产重估增值以及投资准备金等。

(三) 盈余公积

盈余公积指企业自创立以来各期的税后利润额中,按规定提留给企业的累计余额。盈余公积用于弥补亏损或在未来期间作为投资报酬分配给企业所有者,也可按规定转增资本。

(四) 未分配利润

未分配利润指企业期末尚未分配的利润。

第二节 利润表的分析

利润表又称损益表,是记录企业或金融机构某期间的经营、分配情况的财务报表。该表分为两部分:收入项目与费用项目,反映了金融机构的经营绩效和盈利能力。

在利润表的基础上,可以编制利润分配表,考核金融机构利润分配情况与年末未分配利润情况,如表12-2所示。有些情况下,也可根据需要单独编制利润分配表。

利润表至少应当单独列示以下项目:营业收入、营业成本、营业税金、管理费用、投资损益、计提的非流动资产减值损失、非流动资产处置损益、所得税费用、终止经营税后利润、净利润。利润分配表至少应当单独列示以下项目:净利润、提取法定盈余公积、提取任意盈余公积、应付普通股股利、未分配利润。

由于金融机构的行业特殊性,金融机构编制财务报表的项目顺序与一般企业有所不同,一般情况下将与利率相关的账户项目安排在财务报表的前面。

表 12-2 利润表的详细构成

编制单位: 年 月 日 单位:元

项目	行次	本期数	本年累计数
一、主营业务收入			
其中:利息收入			
金融企业往来收入			
手续费收入			
租赁收益			
汇兑收益			

续表

项目	行次	本期数	本年累计数
其他营业收入			
二、主营业务支出			
其中：利息支出			
金融企业往来支出			
手续费支出			
营业费用			
汇兑损失			
房地产经营成本			
房地产经营费用			
其他营业支出			
三、主营业务税金及附加			
四、主营业务利润			
加：其他业务利润			
减：存货跌价损失			
管理费用			
财务费用			
五、营业利润			
加：投资收益			
营业外收入			
减：营业外支出			
六、利润总额			
减：所得税			
七、净利润			
加：年初未分配利润			
盈余公积转入			
八、可分配利润			
减：提取法定盈余公积			
提取法定公益金			
九、可供股东分配的利润			
减：应付普通股股利			
提取任意盈余公积金			
十、未分配利润			

下面分类加以说明。

一、收入项目

收入包括营业收入、营业外收入和投资收益三部分。

（一）营业收入

营业收入包括利息收入、金融企业往来收入、中间业务收入、汇兑收益等。

1. 利息收入

利息指金融机构发放各类贷款等所获得的报酬，是农村金融机构的主要收入来源。

2. 金融企业往来收入

金融企业往来收入指商业银行与中央银行及同业之间资金往来所发生的利息收入及利差补贴收入。主要有缴存中央银行准备金利息收入、行社往来利息收入、存放同业款项利息收入、存放联行款项利息收入、同业拆借资金利息收入及政策性贷款利差补贴收入。

3. 中间业务收入

中间业务收入指金融机构在为客户办理收付及其他委托代理事项、提供各种金融服务的过程中所收取的手续费。包括办理结算业务和对外保证业务的手续费用、银行卡费用等。

4. 汇兑收益

汇兑收益指开展买卖外汇和外币兑换等业务而产生的买卖收入。

5. 其他营业收入

其他营业收入指除上述业务以外的自营证券收入、房地产开发收入和咨询收入等。

（二）投资收益

投资收益是指金融机构通过对外投资所获得的收益。从发展趋势来讲，这类业务的比重会越来越大。

（三）营业外收入

营业外收入指与经营业务无直接关系的各项收入，如出售固定资产净收益、处置无形资产净收益、因债权人的特殊原因确定无法支付的应付款项等。由于这些收入与金融机构的经营活动无关，因此对其不征收营业税。

二、费用项目

费用包括营业费用、投资损失、营业外支出和所得税。

（一）营业费用

营业费用包括主营业务成本（如利息支出、金融企业往来支出、手续费）、主营业务税金及附加、其他营业支出、管理费用、财务费用等。

1. 主营业务成本

（1）利息支出

利息支出指金融机构向单位、个人等的储蓄存款等支付的利息。

（2）金融企业往来支出

金融企业往来支出是指金融机构与商业银行、中央银行及其他金融机构之间因资金往来而发生的利息支出。

2. 主营业务税金及附加

银行应以其营业收入扣除金融企业往来收入为缴纳营业税的计税依据。其计算公式如下：应纳营业税 =（营业收入 - 金融企业往来收入）× 营业税税率（5%）。

3. 其他营业支出

如融资租赁利息支出、金银买卖损失、证券买卖损失。

4. 管理费用

管理费用指商业银行业务经营及管理工作中发生的各项费用支出。

（二）营业外支出

营业外支出是指发生的与业务经营无直接关系的各项支出，包括：资产一般损失、资产非常损失、出纳短款支出、固定资产盘亏、毁损报废的净损失、证券交易差错损失、公益性救济性捐赠支出、赔偿金等。

三、利润分配项目

年初未分配利润反映的是金融机构上一年年末的未分配利润。盈余公积转入指金融机构用盈余公积弥补亏损等所转入的数额。提取法定盈余公积与提取法定公益金是指金融机构按规定提取的法定盈余公积和法定公益金。应付普通股股利是指金融机构应分配给普通股股东的股票股利。提取任意盈余公积金是指金融机构提取的任意盈余公积。

利润的计算步骤①

第一步：计算主营业务利润。

主营业务利润 = 主营业务收入净额 - 主营业务成本 - 主营业务税金及附加

第二步：计算营业利润。

营业利润 = 主营业务利润 + 其他业务利润 - 营业费用 - 管理费用 - 财务费用

第三步：计算利润总额。

---

① 中国人民大学会计系主编：《企业会计学》，277 页，北京，中国人民大学出版社，2003。

利润总额 ＝营业利润 ＋（投资收益 －投资损失）＋（营业外收入 －营业外支出）

第四步：计算净利润。

净利润 ＝利润总额 －所得税

第三节　现金流量表的分析

现金流量表是指反映农村金融机构现金流入、现金流出以及投资与筹资活动的财务报表，它反映了农村金融机构的财务变化过程，其详细构成如表 12 – 3 所示。农村金融机构现金流量表中的现金一般指库存现金以及存入本营业部的存款、存放中央银行款项、存放同业款项、存放联行款项和属于现金等价物的短期投资等。

现金流量表一般将现金流按照性质分为三类：经营活动产生的现金流、投资活动产生的现金流、筹资活动产生的现金流。

表 12 – 3　　　　　　　　现金流量表的详细构成

编制单位：　　　　　　年　　月　　日　　　　　　　　　　　单位：元

项目	行次	现金金额
一、经营活动产生的现金流量		
贷款利息收入		
金融机构往来收入		
其他营业收入		
活期存款吸收与支付净额		
吸收的定期存款		
收回的中长期贷款		
同业存放和系统内存放款项吸收与支付净额		
与其他金融机构拆借资金净额		
金融机构其他往来现金净额		
手续费收入		
其他与经营活动有关的现金收入		
经营活动现金流入		
存款利息支出		
金融企业往来支出		
手续费支出		
营业费用		
其他营业支出		

续表

项目	行次	现金金额
支付给职工以及为职工支付的现金		
支付的定期存款		
短期贷款收回与发放净额		
发放的中长期贷款		
各项税款支出		
其他与经营活动有关的现金支出		
经营活动现金流出		
经营活动产生的现金流量净额		
二、投资活动产生的现金流量		
收回投资所得		
投资收益		
处置固定、无形和长期资产所得		
其他与投资活动有关的现金收入		
投资活动现金流入		
购建固定资产、无形资产和长期资产支出		
投资支出		
其他与投资活动有关的现金支出		
投资活动现金流出		
投资活动产生的现金流量净额		
三、筹资活动产生的现金流量		
吸收投资所得		
借款		
其他与筹资活动有关的现金收入		
筹资活动现金流入		
偿还债务支出		
分配股利、利润或偿付利息的支出		
其他与筹资活动有关的现金支出		
筹资活动现金流出		
筹资活动产生的现金流量净额		
四、汇率变动对现金的影响		
五、现金及现金等价物净增加额		
附注		
1. 不涉及现金收支的投资和筹资活动		

续表

项目	行次	现金金额
以固定资产偿还债务		
以投资偿还债务		
2. 将净利润调节为经营活动的现金流量		
净利润		
加：计提的坏账准备或转销的坏账		
计提的贷款呆账准备或转销的坏账		
计提的长期投资减值准备		
固定资产折旧		
无形资产摊销		
待摊费用的减少（减：增加）		
预提费用的增加（减：减少）		
处置固定资产、无形资产和其他长期资产的损失（减：收益）		
固定资产报废损失		
投资损失（减：收益）		
递延税款贷项（减：借项）		
经营性应收项目的减少（减：增加）		
经营性应付项目的增加（减：减少）		
其他		
经营活动产生的现金流量净额		
3. 现金及现金等价物净增加情况		
现金的期末余额		
减：现金的期初余额		
加：现金等价物的期末余额		
减：现金等价物的期初余额		
现金及现金等价物净增加额		

一、经营活动产生的现金流量

现金流量包括现金流入与现金流出两部分。

（一）现金流入

现金流入项包括以下几个项目：

1. 贷款利息收入。是农村金融机构经营活动的主要收入项目，包括收到的本期贷款利息、前期贷款利息以及预收的利息。

2. 金融机构往来收入。包括存放中央银行款项利息收入、系统内往来利息收入、系统内拆借利息收入、转贴现利息收入等。

3. 手续费收入。反映农村金融机构处理各项业务时实际收到的手续费收入。

4. 其他营业收入。例如证券买卖差价收入、证券发行差价收入、租赁收入、汇兑收益等。

5. 收回的中长期贷款。这里需要注意的是如果收回的是前期已经作为呆账损失核销的中长期贷款,要列入"收回已于前期核销的贷款"。如果收回的是逾期贷款,则无论是长期还是短期都列入本项。

6. 活期存款的吸收与支付净额。如果实际收入的现金小于实际支出的现金,则列为经营活动的现金流出项目。

7. 吸收的活期存款以外的其他存款。反映其他存款业务的收入。

8. 同业存放和系统内存放款项的吸收与支付净额。如果实际收入小于实际支出,则列入经营活动的现金流出。

9. 金融机构其他往来的现金净额。指除上述资金存放与资金拆借之外的系统内借入借出资金、系统内调拨资金等。

(二) 现金流出

现金流出包括以下几个项目。

1. 存款利息支出。反映农村金融机构在各类存款业务中实际支付的本期存款、前期存款及预付以后期间存款的利息。

2. 金融企业往来支出。反映农村金融机构与其他金融机构往来(向中央银行借款、同业存放、同业拆入、金融性公司拆入、系统往来、系统内拆借等)业务中实际支付的利息支出。

3. 支付给职工以及为职工支付的现金。包括工资以及奖金、补贴、福利等支出。

4. 短期贷款收回与发放净额。期限在 1 年以内(含 1 年)的各种贷款业务中发放与回收贷款本金的差额。

5. 发放的中长期贷款。发放期限在 1 年以上(不含 1 年)的各种中长期贷款。

6. 各项税费支出。包括支付的营业税及附加、支付的所得税款等。

二、投资活动产生的现金流

(一) 现金流入

1. 收回投资所得。反映金融机构通过出售、转让或收回非现金等价物的各种股权投资、债券投资等而收到的现金。

2. 股利或利润。包括股票投资的现金股利、股权或其他投资获得的现金利润以及通过债权投资而收到的现金利息收入。

3. 处置固定资产、无形资产和长期资产所得。指出售固定资产、无形资产和其他长期资产而收到的现金净额。

（二）现金流出

1. 购建固定资产、无形资产和长期资产支出。指购买、建造固定资产、无形资产和其他长期资产而支付的现金。

2. 权益性或债券性投资支出。指金融机构从事股票投资或债券投资而实际支付的现金，包括支付的投资价款和佣金、手续费、税金等各项附加费用。

三、筹资活动产生的现金流

（一）现金流入

吸收权益性投资或发行债券所得。反映金融机构收到投资者的作为资本金投入的现金或者发行债券筹集到的现金。若为委托证券机构代理，则要扣除手续费、宣传费、印刷费等。

（二）现金流出

1. 偿还债务支出。指为偿还到期债券的债务本金所支付的现金。

2. 筹资费用。指除发行股票、债券以外的筹资活动所发生的筹资费用，如咨询费、公证费等。不包括筹集资金产生的利息、股利支出以及上文提到的委托证券机构发行而支付的费用。

3. 分配股利、利润或偿付利息的支出。反映银行实际支付的现金股利、利润及偿付债券利息。

四、其他项目

（一）汇率变动对现金的影响

金融机构发生的外币现金流量及境外机构的现金流量应按现金流量发生日的汇率或平均汇率折算成人民币。

（二）现金及现金等价物净增加额

反映金融机构在本期内现金及现金等价物的变动情况，即现金及现金等价物期初余额与期末余额之差。

（三）附注

1. 不涉及现金收支的投资和筹资活动。对于那些虽不涉及本期的现金收支，但影响以后现金流量的投资和筹资活动，应在附注中标明，包括以长期投资偿还债务、接受捐赠非现金资产等。

2. 将净利润调节为经营活动的现金流量，可分为两类。

影响净利润但不影响经营活动现金流量的项目。主要包括：计提的坏账、呆账准备，计提的长期投资减值准备，固定资产折旧，无形资产摊销，递延资产摊销，待摊费用的减少（减：增加），处置固定资产、无形资产和其他长期资产的损失（或收益），固定资产报废损失，财务费用，应付债券利息支出，投资、筹资活动产生的汇兑损益，投资损失（减：收益）等。

影响经营活动现金流量但不影响净利润的项目。包括除现金及应收项目以外的其他流动资产增减净额、经营性应收项目增减净额、经营性应付项目增减净额等。

经营活动产生的现金流量净额 = 净利润 + 不影响经营活动现金流量但减少净利润的项目 – 不影响经营活动现金流量但增加净利润的项目 + 与净利润无关但增加经营活动现金流量的项目 – 与净利润无关但减少经营活动现金流量的项目

3. 现金及现金等价物净增加情况。该项目反映金融机构会计期末和会计期初相比，现金净增加的数额，其数额应与主表中"现金及现金等价物净增加额"相等。

现金及现金等价物净增加额 =（货币资金期末余额 – 货币资金期初余额）+（现金等价物期末余额 – 现金等价物期初余额）

第四节 农村金融机构的绩效评估方法与指标

农村金融机构的绩效考核是指运用专门的会计方法来考核金融机构在一定经营期间的资产运营、财务效益等经营目标的实现程度。

一、绩效评估方法

绩效评估方法主要有比较分析法和因素分析法。

（一）比较分析法

1. 按比较参照标准分类。

（1）趋势分析法。趋势分析法是指分析本期与前期或连续数期的金额对比，通过这种对比差异来发现问题，查找原因。

（2）同业分析法。指将金融机构的财务指标与同行业的平均指标或先进机构的指标对比，从而判断企业在同行业中所处的位置，学习先进经验，克服不足。

（3）预算差异分析。是指通过实际数额与预算数额的差距来反映完成预算的程度，从而为进一步分析和寻找企业潜力提供方向。

2. 按比较的指标分类。

（1）总量指标。指比较某个项目的金额总量。由于不同金融机构的报表项目之间不具有可比性，因此这种方法一般用于历史比较和预算比较，有时也用于按资产规模或利润多少建立的企业排行榜。

(2) 财务比率。运用倍数或比例的方式，反映报表各项目之间的互动关系和内在联系。

(3) 结构百分比。是指通过百分率来表示某一报表项目的内部结构。它排除了规模的影响，使不同比较对象具有可比性。

（二）因素分析法

因素分析法也是财务报表分析的一种技术方法，是指把整体分解为若干个局部的分析方法，主要是财务比率的因素分解法。比率因素分解法，是指把一个财务比率分解为若干个影响因素的方法。

一个经济指标往往是由多种因素造成的，同时，各种因素对同一指标有不同的影响。因此，需要将一个经济指标分解为多个因素来进行综合分析。

杜邦分析法是一种典型的综合分析法。

1. 两因素杜邦分析体系。

股东权益报酬率 =（净利润/总资产）×（总资产/股东权益总额）
          = 资产报酬率 × 权益乘数

其中，资产报酬率 = 净利润/总资产；股权乘数 = 总资产/股东权益总额。

2. 三因素杜邦分析体系。

资产报酬率 = 利润率 × 总资产周转率

其中，利润率 = 净利润/总收入；总资产周转率 = 总收入/总资产。

股东权益报酬率 = 利润率 × 总资产周转率 × 权益乘数

银行利润率体现银行的资金运用能力和费用成本管理效率，银行利润率的提高可能意味着资产规模的扩大、费用开支的减少等。

3. 四因素及以上杜邦分析体系。

资产使用率 =（利息收入/总资产）+（非利息收入/总资产）

利息收入主要由银行资产利率水平、银行资产结构、银行收益资产数量决定，非利息收入主要由银行的佣金收入和服务收入决定。

专栏 12 – 1　雷达图分析法

在比率分析法的基础上，通过图表的方式直观地、综合地反映银行的经营业绩情况。具体操作程序如下：

(1) 计算银行的主要财务比率。

(2) 以同行业平均水平、自身历史先进水平或目标值为半径在直角坐标系中画一圆。

(3) 以同行业平均水平、自身历史先进水平或目标值为标准值。

(4) 将本期实际数指标换算为标准值，以雷达图方式表现出来。

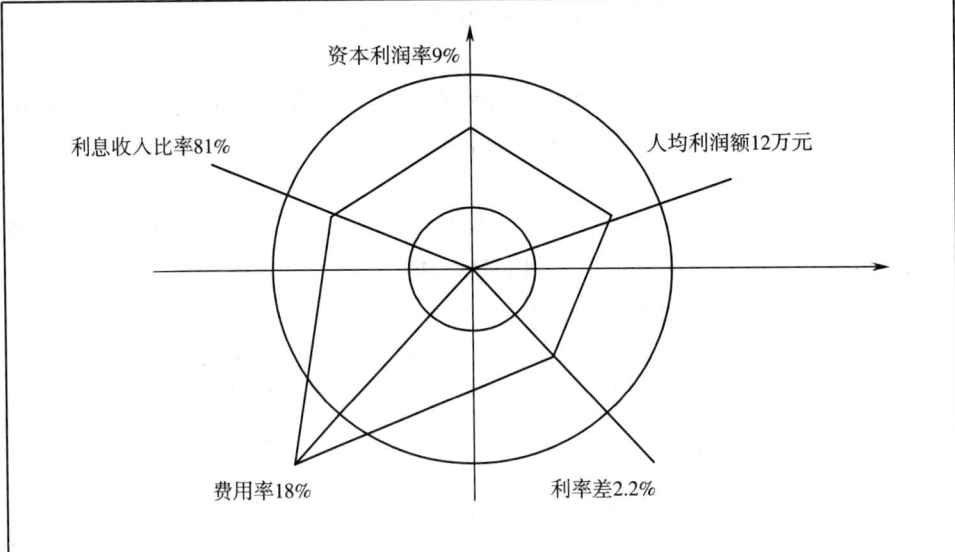

资料来源:戴小平:《商业银行学》,286 页,上海,复旦大学出版社,2007。

二、主要财务比率介绍

(一) 短期偿债能力或流动性指标

流动比率=流动资产/流动负债

现金比率=(现金+短期债券)/流动负债

备付率=(库存现金+银行存款+在人民银行备付金存款)/各项存款平均余额

现金备付率=库存现金/各项存款平均余额

(二) 长期偿债能力指标

资产负债率=负债总额/资产总额

资本比率=债务资本/(债务资本+权益资本)

长期资产与长期负债比率=长期资产/长期负债

资本积累率=(资本公积+留存收益)/资本总额

长期债务偿还率=长期债务偿还额/从经营中所获现金

(三) 资产管理指标

是衡量金融机构在资产管理方面效率的财务比率。其要素及其计算方式为:

流动资金周转率=营业收入/流动资金平均余额

营运资金周转率=营业收入/年平均营运资金

股东权益周转率=营业收入/平均股东权益

总资产周转率 = 营业收入/平均资产余额

（四）盈利能力指标

企业所有者关心企业的盈利情况与盈利能力，盈利能力分析一般从以下几方面着手。一般来说，以下指标越高越好。

1. 资产报酬率 = 净利润/资产平均余额，反映金融机构管理者使用每1元资产赚取报酬的能力。评价资产报酬率时，不仅需要关注金融机构资产报酬率的年度变化，还需要同其他金融机构进行横向比较。

2. 资本回报率 = 净利润/股东权益平均余额，反映金融机构所有者权益的获利能力。

3. 营业利润率 = 税后营业利润/营业收入。反映金融机构各项主营业务收入的获利能力。

4. 银行净利差率 =（利息收入 – 利息支出）/盈利资产。

5. 银行利润率 = 纯利润/总收入。

第五节　通过财务报表发现问题并寻找解决方法

运用上节介绍的方法来对三种财务报表进行分析，可以找出农村金融机构经营管理中的问题，从而促使其更加健康地运营。农村金融机构的财务分析要特别注重对于流动性和安全性的分析，因为农村金融机构的影响面广，属于低资本、高负债企业，且经营风险远高于一般的工商企业；同时，由于金融机构的资产主要是贷款，负债主要是存款，所以财务分析的主要内容应为贷款质量、收息率、资金成本率、存贷利差率、资本充足率等。

一、基于资产负债表的财务评估

可以进行经营风险评估、流动性评估、盈利能力评估。

（一）经营风险评估

1. 资产负债的配比分析。资产负债的配比分析包括：

存贷款状况分析。分析存款与贷款的总体增长态势、按照产品和部门对存贷款进行区分后各类存贷的占比和增长情况以及不良存贷款的占比情况等。

投资状况分析。分析投资的长短期分配情况、投资增长态势及原因。

资本性支出项目的分析。将固定资产、在建工程、无形资产和其他资产项目的增减情况与年初计划进行对照分析。

2. 资本充足率的分析。资本充足率反映商业银行在存款人和债权人的资产遭到损失之前，该银行能以自有资本承担损失的程度。对商业银行资本充足率的管制，可以监测商业银行抵御风险的能力。《巴塞尔协议》规定，资本充足率等于资本与风险加权资产的比率，其目标标准率为8%。

（二）流动性评估

流动性评估的指标包括流动比率、备付率和现金备付率。各指标计算公式见上节。一般情况下，备付率不得低于7.5%，现金备付率控制在1%左右，流动比率不得低于25%。

（三）盈利能力评估

包括资产回报率、资本回报率等的计算。用资产回报率分析资产的总体盈利能力，用资本回报率分析所有者的回报情况。

二、基于利润表的财务评估

通过利润表中的收入与支出项目来分析金融机构的收入和支出占收支总额的比重，并分析其增长情况，从而对金融机构的发展情况进行评估。比如，用资产利息率来反映资产的盈利情况，用成本率和业务管理费率来反映为取得营业收入而消耗成本费用和管理费用的情况，用利润率来反映一定时期利润水平的相对指标。

资产利息率 = 利息收入/资产

成本率 = 总成本/营业收入

业务管理费率 = 业务管理费/营业收入

利润率 = 利润总额/营业收入

三、基于现金流量表的财务评估[①]

对现金流量表的财务评估主要集中于充分性比率和效益性比率。现金流量充分性比率反映金融机构经营所需的现金流量是否充足，现金流量效益性比率反映金融机构现金流的效率。

（一）现金流量充分性比率

现金流量充分性比率 = 一定期间由营业中产生的现金/（相同期间的长期债务偿还额 + 相同期间的资本支出额 + 相同期间的股利支付额）

该比率大于1，表明金融机构有较大的能力满足基本现金要求。

在衡量现金流量的充分性时，还会用到长期债务偿还率、债务偿还期等指标。

债务偿还期 = 债务总额/从经营中所获现金。数值越小，偿还期限越短，现金流入对债务偿还的保障越强。

（二）现金流量效益性比率

1. 现金流量利润率 = 从经营中所获现金/银行经营收入

---

① 周好文等：《商业银行财务管理》，74页，北京，清华大学出版社，2007。

大体接近金融机构的利润率，其数值越高越好。

2. 经营指数 = 从持续经营中所获现金/从持续经营中所获利润

理论上讲，从持续经营中所获现金和从持续经营中所获利润应该大体相等。

3. 现金流量资产利润率

现金流量资产利润率 = 从经营中所获现金/总资产

该指标越高，说明银行从每1元资产中所获得的现金收入也越多，其盈利性和流动性也越强。

专栏 12-2 风险管理指标体系

1. 流动性风险指标

衡量商业银行流动性状况及波动性，包括流动性比例、核心负债比例和流动性缺口率。

流动性比例 = 流动性资产/流动性负债　不应低于25%

核心负债比例 = 核心负债/负债总额　不应低于60%

流动性缺口率 = 90天内表内外流动性缺口/90天内到期表内外流动性资产　不应低于 -10%

2. 信用风险指标

不良资产率 = 不良资产/资产总额　不应高于4%

不良贷款率 = 不良贷款/贷款总额　不应高于5%

单一客户授信集中度 = 最大一家集团客户授信总额/资本净额　不应高于15%

单一客户贷款集中度 = 最大一家客户贷款总额/资本净额　不应高于10%

全部关联度 = 全部关联授信/资本净额　不高于50%

3. 市场风险指标

指因利率或汇率变化而使银行面临的风险。

利率风险敏感度，指利率上升200个基点对银行净值的影响。

4. 操作风险指标

指由于内部程序不完善、操作人员差错或舞弊以及外部事件造成的风险。

操作风险损失率 = 操作造成的损失/（前三期净利息收入 + 非利息收入平均值）

资料来源：戴小平：《商业银行学》，276页，上海，复旦大学出版社，2007。

下面是中国银监会2004年发布的《农村合作金融机构风险评价和预警指标体系（试行）》中关于农村合作金融机构风险预警指标。

农村合作金融机构风险预警指标表

指标名称	黄色预警值	红色预警值	动态预警值
一、资本充足性指标			
资本充足率	低于4%	低于0	下降1个百分点（含）以上
核心资本充足率	低于2%	低于0	下降0.5个百分点（含）以上
二、流动性指标			
备付金比例	低于3%	低于1%	下降1个百分点（含）以上
资产流动性比例	低于25%	低于10%	下降5个百分点（含）以上
拆入资金比例	高于4%	高于8%	上升2个百分点（含）以上
三、安全性指标			
不良贷款比例	高于26%	高于42%	上升
不良贷款预计损失比例	高于15%	高于25%	上升3个百分点（含）以上
不良贷款预计损失抵补率	低于18%	低于6%	下降3个百分点（含）以上
对最大一户贷款比例	高于46%	高于62%	上升15个百分点（含）以上
对最大十户贷款比例	高于200%	高于300%	上升5个百分点（含）以上
对最大十户贷款欠息比例	高于16%	高于32%	上升5个百分点（含）以上
不良非信贷资产比例	高于26%	高于42%	上升
四、效益性指标			
资产利润率	低于0.2%	低于0	下降0.1个百分点（含）以上
利息回收率	低于70%	低于60%	下降10个百分点（含）以上
五、综合发展能力指标			
存款增长率	低于6%	低于2%	下降5个百分点（含）以上
不良贷款余额下降率	低于0	低于-10%	
固定资产比例		高于90%	

注：动态预警值为监测期内变动值。

第三篇　治理篇

第十三章

农村金融机构的内部治理结构

第一节 商业银行内部治理结构概论

一、内部治理结构的定义

通常所说的内部治理结构（Governance Structure），是所有者（主要是股东）与经营者利用公司内部的机构和程序参与公司治理的一系列制度安排，通过这种制度安排，合理地配置所有者与经营者之间的权利与责任关系，构建所有者对经营者的一种监督与制衡机制。它由股东大会、董事会、经理层三大机构之间的权利、责任及制衡关系组成，其基本关系是股东通过股东大会决定公司的重大事宜，选举董事会成员，由董事会进行公司的战略管理，聘任和解聘经理，日常管理则交给经理层负责，并由董事会对其进行监督、考核和激励。在权责关系上，董事会对股东负责，经理层对董事会负责，有的国家（如我国和欧洲部分国家）还设立监事会，其成员主要由股东大会选举产生，主要对董事及高层管理人员的行为，特别是财务活动进行监督。[①]

二、商业银行内部治理结构

金融是现代经济的核心，健全的内部治理结构亦是现代金融企业制度的核心与灵魂，是保证银行机构持续快速健康发展的基石。根据《股份制商业银行公司治理指引》的规定，商业银行公司治理是指建立以股东大会、董事会、监事会、高级管理层等机构为主体的组织架构和保证各机构独立运作、有效制衡的制度安排，建立科学、高效的决策、激励和约束机制。

---

① 李维安：《公司治理教程》，上海，上海人民出版社，2002。

搭建由股东大会、董事会、监事会及高级管理层所构成的商业银行内部治理结构，其目标有两个：一是保证股东利益的最大化，这是搭建科学、高效、合理的内部治理结构的根本目标；二是通过这种监督制衡机制，保证商业银行的高级管理层能够科学、有效地经营决策，同时为董事及高级管理层提供激励，通过激励考核措施，保证董事及高级管理层与所有者利益的一致，防止董事及高级管理层背离所有者的利益。商业银行作为金融机构的重要类型之一，其对内部治理结构的要求具有普遍的代表性。因此，为达到上述目标，农村金融机构也同样有必要建立一个科学、合理、有效的内部治理结构。

专栏 13-1　工商银行内部治理结构

按照《公司法》、《证券法》等相关法律法规的要求，工商银行建立了由股东大会、董事会、监事会和高级管理层组成的治理架构，形成了权力机构、决策机构、监督机构和管理层之间的相互协调和相互制衡机制。根据有关法律法规及工商银行章程，制定了《股东大会议事规则》、《董事会议事规则》及《监事会议事规则》。

董事会下设四个专门委员会，分别在战略、审计、风险管理与关联交易控制、提名与薪酬方面协助董事会履行决策和监控职能。为了增强董事会决策的客观性、科学性，工商银行聘任了三名独立董事参与决策和监督，并出任各专门委员会的委员。同时，审计委员会、关联交易控制委员会中的独立董事人数在二分之一以上，并由独立董事出任审计委员会、风险管理委员会（及下设的关联交易控制委员会）、提名与薪酬委员会的主席。

一、工商银行股东大会

股东大会是本行的权力机构。股东大会职权主要包括：决定工商银行的经营方针和重大投资计划；选举和更换董事、由股东代表出任的监事和外部监事；审议批准董事会工作报告和监事会工作报告；审议批准本行的年度财务预算方案、决算方案、利润分配方案和弥补亏损方案；对本行合并、分立、解散、清算、变更公司形式、增加或者减少注册资本、公司债券或其他有价证券的发行及上市的方案、回购本行股票作出决议；修订本行章程等。

二、工商银行董事会

工商银行章程规定其董事会应由 5~17 名董事组成。根据工商银行章程，执行董事应不超过董事会成员总数的三分之一，并至少有 3 名独立董事。董事长及副董事长以全体董事的过半数选举产生。

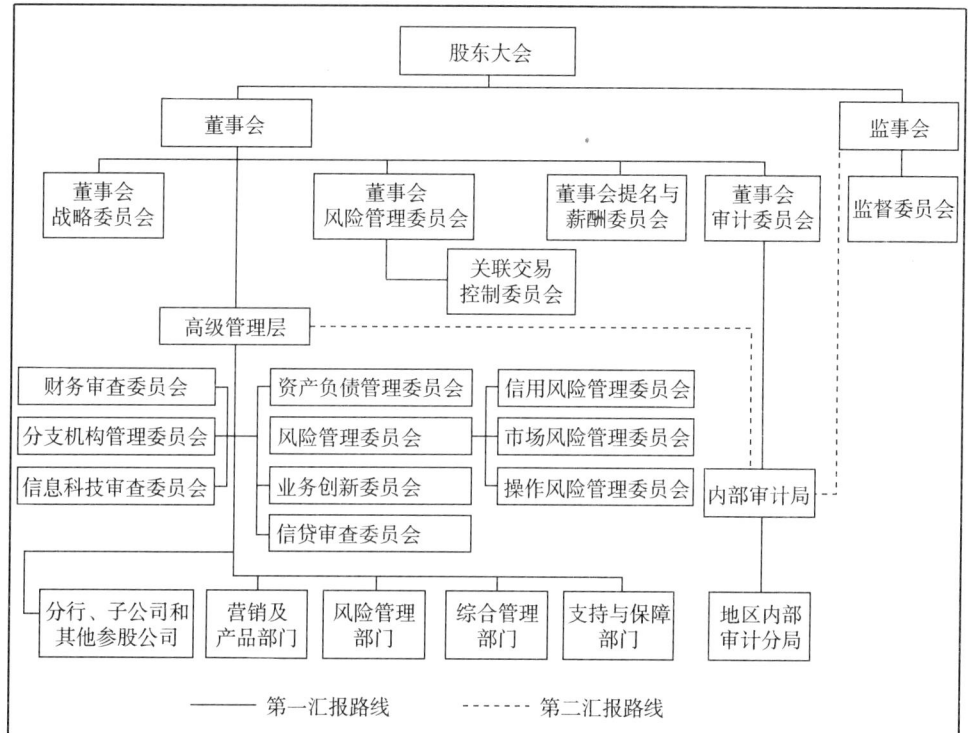

——— 第一汇报路线　　- - - - - 第二汇报路线

1. 董事会的职权

董事会的职权主要包括：召集股东大会，并向股东大会报告工作；执行股东大会决议；决定经营计划、投资方案和发展战略；制定年度财务预算方案、决算方案；制定利润分配方案和弥补亏损方案；制定增加或者减少注册资本的方案；制订基本管理制度及决定高级管理人员的委任；行使股东大会或章程所授予的任何其他职权。

2. 董事会运行情况

根据工商银行章程，董事会必须每年至少召开4次定期会议。

3. 董事会专门委员会

本行董事会下设4个委员会：战略委员会、审计委员会、风险管理委员会（下设关联交易控制委员会）和提名与薪酬委员会。

（1）战略委员会

工商银行战略委员会由14名董事组成，姜建清先生目前担任工商银行战略委员会主席。战略委员会的主要职责包括：审议战略发展规划；审议年度财务预算、决算；审议战略性资本配置及资产负债管理目标；对各类金融业务的总体发展进行规划；审议重大机构重组和调整方案；审议重大投融资方案；审议兼并收购方案；审议海内外分支机构的战略发展规划；审议人力资源战略发展规划；审议信息技术发展及其他专项战略发展规划；审查和评估公司治理结构。

(2) 审计委员会

本行审计委员会由 5 名董事组成。审计委员会的主要职责包括：监督本行内部控制，审查本行核心业务和管理规章制度及其执行情况，以及检查和评估重大经营活动的合规性和有效性；审查本行的财务信息及其披露情况，审核本行的重大财务政策及其贯彻执行情况，监督财务运营状况；监控财务报告的真实性和管理层实施财务报告程序的有效性；检查、监督和评价本行内部审计工作，监督本行内部审计制度及其实施；对内部审计部门的工作程序和工作效果进行评价；提议聘请或更换外部审计机构，采取合适措施监督外部审计机构的工作，审查外部审计机构的报告，确保外部审计机构对于董事会和审计委员会的最终责任；负责协调内部审计部门与外部审计机构之间的沟通。

(3) 风险管理委员会

工商银行风险管理委员会由 9 名董事组成，风险管理委员会之下设立了关联交易控制委员会。本行的关联交易控制委员会由 3 名董事组成，包括梁锦松先生、John L. Thornton 先生和钱颖一先生。关联交易控制委员会的主要职责包括：负责确认本行的关联方，并向董事会和监事会报告，及时向本行相关工作人员公布其所确认的关联方；对应由董事会或者股东大会批准的关联交易进行初审，并提交董事会或者股东大会批准；在董事会授权范围内，审批关联交易及与关联交易有关的其他事项，接受关联交易备案。关联交易控制委员会的责任范围主要基于适用的法律、法规及规则，特别是《商业银行与内部人和股东关联交易管理办法》。

(4) 提名与薪酬委员会

工商银行的提名与薪酬委员会由 6 名董事组成，提名与薪酬委员会的主要职责包括：拟订董事和高级管理人员的选任标准和程序，提请董事会决定；就董事候选人、行长和董事会秘书人选向董事会提出建议；对行长提名的高级管理人员的人选进行审核，并向董事会提出建议；提名董事会下设各专门委员会主席和委员人选；拟订高级管理人员及关键后备人才的发展计划；拟订董事的考核办法，董事、监事的薪酬方案（其中监事的薪酬方案征询监事会意见），报经董事会同意后提交股东大会决定；组织董事的业绩考核，提出对董事薪酬分配的建议，提交董事会审议后报股东大会决定；根据监事会对监事的业绩考核，提出对监事薪酬分配的建议，提交董事会审议后报股东大会决定；拟订和审查本行高级管理人员的考核办法和薪酬方案，并对高级管理人员的业绩和行为进行评估，报董事会批准，涉及股东大会职权的应报股东大会批准。

三、工商银行监事会

本行章程规定本行监事会应由5~7名监事组成。监事会的职权主要包括：对董事和高级管理人员的履职行为和尽职情况进行监督，对董事和高级管理人员进行质询；监督董事会及高级管理层履职情况；要求董事及高级管理人员纠正其损害本行利益的行为；对违反法律、行政法规、规章和本行章程或股东大会决议的董事和高级管理人员提出罢免建议或依法提起诉讼；检查和监督本行财务活动；根据需要，对本行经营决策、风险管理及内部控制等进行检查监督，并指导本行内部审计部门工作；向股东大会提出议案。

四、工商银行的独立董事

工商银行的独立董事须满足本行章程、中国证监会、中国银监会和香港上市规则规定的独立性要求。工商银行董事会、监事会、单独或者合计持有本行1%以上股份的股东可以提出独立董事候选人，由股东大会以普通决议选举产生。独立董事任期与工商银行其他董事任期相同，其任职应当报国务院银行业监督管理机构进行任职资格审核。中国证监会《关于在上市公司建立独立董事制度的指导意见》第一条第三款规定"上市公司董事会成员中应当至少包括三分之一独立董事"。依据本行章程及相关议事规则、工作规则的要求，工商银行独立董事分别担任了审计委员会、风险管理委员会（及下设关联交易控制委员会）、提名与薪酬委员会的主席；同时，在审计委员会、关联交易控制委员会中独立董事的比例超过二分之一，在提名与薪酬委员会中独立董事占二分之一。

五、工商银行的董事会秘书

工商银行设董事会秘书1名，由董事会聘任或解聘。根据工商银行章程，董事会秘书应当是具有必备的专业知识和经验的自然人，其主要职责包括：协助董事处理董事会的日常工作，向董事提供、提醒并确保其了解相关监管机构关于本行运作的法规、政策及要求，协助董事及行长在行使职权时遵守法律、行政法规、规章、本行股票上市地证券监督管理机构的相关规定、本行章程及其他有关规定；负责股东大会、董事会有关文件的组织和准备工作，做好会议记录，保证会议决策符合法定程序，并掌握董事会决议执行情况；保证本行有完整的组织文件和记录；确保本行依法准备和递交有权机构所要求的报告和文件；保证本行的股东名册妥善设立,保管股东名册；负责组织协调信息披露，增强本行透明度；处理本行与监管机构、投资者、中介机构以及媒体的关系，协调公共关系；保存股东大会、董事会决议、记录等重要文件，保证有权得到本行有关记录和文件的人及时得到有关记录和文件；保管董事会印章及其他相关文件；董事会授权的其他事宜。

资料来源：中国工商银行招股说明书。

三、农村金融机构内部治理结构的主要框架

农村金融机构的内部治理结构也应包含两层制衡关系：一是农村金融机构内部股东大会、董事会、监事会的分权结构和内部制衡关系；二是董事会与高级管理层的经营决策权与执行权的分权结构和内部制衡关系。对这两层制衡关系可进行层层分解，主要包含四个方面的关系，农村金融机构的内部治理结构以这四个方面的关系为主要框架。

1. 所有者和经营者（包括董事会和高级管理层）的委托受托经营关系。两权分离，所有者或股东大会授权经营者或其集体从事经营活动。为保证两者分权明确，所有者只行使所有权，经营者只享有经营权；经营者不仅享有权利，还必须承担经营责任，实现经营权利与义务的对等，形成权责制衡关系。有关这两个方面的规定是通过所有者与经营者的委托受托责任关系体现的，并且是通过契约（如公司章程等）的形式予以明确规定的。

2. 所有者和监事会的委托受托审计责任关系。所有者或股东大会授权监事会从事监督活动，监事会有代表所有者或股东大会对经营者或其集体进行监督的权利。与这种权利相对应，监事会必须对经营者的行为进行监督，并承担相应的审计责任。所有者或股东大会与监事会的这种关系是通过所有者与监事会的委托受托责任关系体现的，并且是通过审计契约或公司章程中监事会的规定予以明确的。

3. 监事会与经营者的监督与被监督的关系。监事会受所有者或股东的委托对经营者进行监督。监事会享有监督权，经营者必须接受监督。监事会与经营者是监督与被监督关系，其相互关系也是通过契约（如公司法或监事会工作条例等）的形式确定的。

4. 董事会和高级管理层的经营决策与执行关系。董事会和高级管理层都是经营者集体的构成要素。但是，由于执行经营分权，董事会拥有决策权，高级管理层或其集体拥有执行权。董事会和高级管理层的经营决策与执行关系需要在契约中予以明确，具体来说，需要明确两个主体的权责的划分、制约方式及各自的权责结构的对称问题。

第二节 农村金融机构内部治理有效性的条件和障碍

完善的治理结构既可以充分调动各种利益主体的积极性，又可以对各种利益主体形成有效的约束。从这个层面上分析，健全的治理结构有助于防范风险。

一、农村金融机构内部治理有效性的条件

关于农村金融机构的内部治理结构的主要框架和内容，我们已经在前面介绍过了，但仅有框架是不行的。要使这一框架良性运行，并达到我们预期的目的，必须具备以下几方面的条件：

1. 具备行为能力的股东大会是整个内部治理结构得以有效运行的前提条件。股东大会的行为能力是整个内部治理结构形成的基础条件。如果股东大会不能有效行使权力，那么股东大会的决策权、授予权和监督权等行权能力更无法得以真正发挥。

2. 构建农村金融机构的组织治理结构。股东大会如果拥有各种行为能力，就可以自己经营，也就不必聘请经营者（董事会和高级管理层）。正是由于股东或股东大会的行为能力有限，所以有必要设立经营者，而且，在确立经营权主体后，必须设立另一主体来监督经营权主体的行为是否符合所有权的要求。原本属于所有者的权力、责任和利益，现在必须在设立的各主体之间进行分割，并使之相互制约，最终使经营者的行为与所有者的目标达成一致。有效的内部治理就是要通过建立相互制约的组织治理结构，并进行各种利益主体之间的权责划分和权责制衡，充分实现股东大会的有效授权。

3. 搭建农村金融机构的决策治理结构。农村金融机构的组织治理结构是分权的结构，不仅产生了具有不同功能的主体，而且他们彼此之间相互制衡，最终要保证董事会和高级管理层及其集体的行为与所有者的目标达成一致。从这个意义上讲，公司的组织治理结构的根本任务是要完成对经营者集体的监督制约，使经营者集体不发生背离所有者利益的行为，但内部治理结构仅限于此是不够的。在组织治理结构的分权体系中，经营者集体享有了经营决策权和经营执行权。农村金融机构不仅是要保证股东投入资本的价值，更为重要的是要不断盈利。要达成此目标，经营者必须进行科学、有效的经营决策。为此必须满足两个基本条件：一是经营者能够站在客观公正的立场进行决策，也就是要为实现所有者或股东的利益而决策，不能以自身利益为出发点进行决策；二是经营者能够作出正确的决策，这当然要求决策主体具有专业水平。两个条件中，第一个条件是第二个条件的前提，它的根本目的是要实现决策维权，即维护股东投资的安全，为此，要建立决策制衡机制，防止侵权决策；第二个条件是要实现决策维利，即确保股

东投资的收益，为此，要建立决策优化机制，防止错误决策。

4. 建立健全农村金融机构的内部控制制度。之所以必须建立这套制度体系，首先是基于农村金融机构内部存在分层委托代理关系，即董事会与经理层之间的分层委托代理关系，其次是基于农村金融机构内部实行分层管理，即在每一个上层与下层之间发生的委托代理关系。在这一委托代理关系体系中，所有者的财产被分层委托代理经营和管理，经营者或其集体的决策被分层授权执行，农村金融机构各层次的信息也被逐层上报或逐层下传。要保证所有者或股东的利益全面实现，不能仅仅依靠高层的组织治理结构和决策治理结构，还必须建立一个有效的控制体系，使农村金融机构的每个层次都能保证所管的财产安全，所提供的信息真实，对决策的执行有力。这就是建立健全内部控制制度的初衷。长期以来，我们对农村金融机构内部治理结构的关注更多的是公司的股东与经营者的关系以及公司的最高决策层和管理层，而没有有效内部控制制度的内部治理结构实际上是一个残缺不全的结构。如果不能建立健全有效的内部控制制度，就很难保证在公司的各个层次实现股东的利益，保证经营者或其集体决策的全面贯彻。

内部治理有效性的四个条件是一个完整的体系，四者缺一不可。股东或股东大会的行权能力是治理结构的基础；组织治理结构是要在两权分离条件下，保证经营者或其集体的行为与所有者或股东的目标达成一致；决策治理结构是为了保证经营者或其集体的决策科学、有效。组织治理结构和决策治理结构有助于实现两权分离条件下所有者资本保值、增值的两个目标，且其针对主体是经营者或其集体。内部控制制度是将所有者资本保值、增值的目标，以及经营者或其集体的经营决策在公司各个层次得以落实的体系。

二、农村金融机构内部治理有效性的障碍

目前，我国包括农村金融机构在内的大部分企业，其内部治理结构存有较多缺陷。对于农村金融机构来说，由于其面临更加复杂的委托代理关系，涉及更多利益相关者的利益，同时更容易出现各类经营风险和道德风险，因此它在构建科学、合理、有效的内部治理结构过程中势必面临更多的障碍。

1. 内部治理仍存在法律空白。需要进一步确立、制定市场交易的原则和规则，做到有法可依。一方面，对于尚没有的法律，需要加紧制定，对于已有但已难以适应市场发展的法律，应该尽早修改，如修订《公司法》、《企业破产法》等；另一方面，要营造良好的执法环境，保证法律规章能够得以执行，做到执法必严，切实保护债权人的根本权益，为金融资产管理公司追偿债务提供有力的法律保障。

2. 内部控制建设滞后于业务发展。需要进一步健全内部控制制度，强化约

束机制。农村金融机构内部控制建设滞后,机构内部普遍存在会计基础工作质量差、会计信息反映不够真实、财务监督不力、费用支出居高不下、风险管理不到位、不良资产占比大、案件发生频率高等问题,内部控制建设远远滞后于业务发展。对于农村金融机构来讲,要持续强化内部控制体系建设遵循合法性、有效性、审慎性、全面性、及时性、独立性和成本效益的原则,通过营造良好的控制环境,进一步健全完善贷款审批、财务收支、风险控制等内部控制制度,进而改善金融机构的内部治理结构。

3. 在内部治理结构的设置方面,最值得担心的是发起人和参与者之间存在着过于亲密的裙带关系。由于农村社会环境的地缘特征,在极端情况下,农村金融机构的董事会、监事会、经理层甚至可能都由具有亲缘关系的一家人担任负责人,这就难以形成真正有效的公司治理。

专栏 13-2 农村信用社内部治理结构存在的主要问题

1996 年以后人民银行指导农村信用社进行了合作制规范,农村信用社普遍建立了股东大会、理事会和监事会,但很多农村信用社的"三会"并没有真正发挥作用,内部治理结构名存实亡。

1. 农村信用社社员代表大会职能未能有效发挥。

信用社虽然设立了社员代表大会,但没有健全的社员代表大会制度,很少按时召开社员代表大会,即使按时召开,也只是按照规定走走过场,社员代表大会的职能得不到有效发挥,成了一个虚设的组织。社员对信用社经营情况知之甚少,导致社员的所有者权利,包括表决权、罢免权、决议权、分配权等,均得不到有效保障,社员代表大会应有的职能未能发挥。信用社作为合作制金融机构,实行一人一票制,社员众多,投票权分散,不能对信用社主任形成有效的约束。

2. 理事会与信用社主任之间制约关系薄弱。

信用社的理事长由社员代表大会选举产生,主任由理事会聘任,实行理事会领导下的主任负责制,主任在监事会监督下对理事会形成的决议和决策加以实施,而在实际情况中,信用社一般是理事长兼主任,二职一人挑,集决策权和执行权于一身。虽然这种做法有利于保证理事会的决策得以很好地贯彻实施,但无法保证理事会决策的正确性,理事会与主任之间不存在制约与被制约的关系。

3. 监事会职责履行不力。

由于监事会监事绝大部分是本社员工,他们处于被管理的地位,所以他们对经营层的监督由于担心被打击报复、担心由此下岗而显得力不从心。监

> 事长通常由稽核部门负责人担任，由此带来的结果是稽核部门履行监事会职责，实质上使监事会成了信用社履行内部稽核审计职能的一个部门，向主任（理事长）负责，根本无法有效履行监督职责。理事会、监事会的职能被信用社内部的分工混淆，主任实际上集决策权、经营权、监督权于一身。在内部治理不能发挥作用的情况下，上级行业管理部门的行政管理成为约束信用社主任的主要力量。

第三节　未来的农村金融机构内部治理

一、尽快建立现代金融企业制度，并将其作为现代金融企业的实现形式。农村金融机构应尽快进行股份制改造，引进战略投资者，弥补过去"一股独大"的结构性缺陷，形成多元化产权主体。全体股东共同组成股东大会，股东大会选举董事会，董事会委托管理层管理，并成立对董事会和管理层进行监督的监事会，完善治理结构。

二、明确界定股东代表大会、董事会、监事会以及高级管理层的职责和运行规则，以确保内部治理结构的正常运作。股东代表大会、理事会、监事会真正各司其职，是完善农村金融机构内部治理的关键。下面以农村合作银行为例，来说明内部治理结构的构建。

1. 设立股东代表大会。农村合作银行的股东代表大会由入股自然人和法人选举产生，其中自然人中的农户代表推荐产生。股东代表大会的主要职责是决定农村合作银行的重大事项，股东代表一般不少于50人，股东代表大会由农户（含农村工商户）、企业法人和职工组成，其比例原则上为3:3:2，同时股东代表大会实行一人一票制。

2. 组建董事会。董事会由股东代表大会推选产生，组成人员包括农户（含农村工商户，下同）、企业法人、职工等，其中农户股东担任董事的人数不得少于董事人数的1/3；职工股东担任董事的人数，不得超过董事人数的1/3。农户、企业法人、职工担任董事的比例原则上为4:4:3。董事会执行股东代表大会的决议，负责农村合作银行经营管理中重要事项的决策，发挥自我发展、自我约束的作用，同时对决策失误造成的经营损失承担直接责任。实行董事长和行长分设制度，进一步细化和确定两者的职权范围，明确两者的具体义务、职责和权利。董事长为农村合作银行的法人代表，负有决策权和监督权；行长由董事会聘任，并在授权范围内开展经营活动，实行任期目标责任管理。农村合作银行应设立独立董事，增强董事会决策的透明性、公开性和公正性。

3. 成立监事会。监事会在金融机构治理中的职责应该是对股东负责,代表股东监督董事会和管理层。建立监事会定期办公制度,赋予监事会对业务、财务的审计权,对管理层的监察权,对董事长、行长重大决策的否决权,对董事会和管理层的监督权和任免的投票权等,负责对农村合作银行服务方向、风险控制和财务管理的监督,使监事会行使职责时不受制于董事长和行长,防止"内部人"控制。同时,监事会应广泛听取和收集股东的建议,听取各界对农村合作银行的反映特别是服务"三农"的效果及问题,及时向董事会和行长提出改进建议,对股东代表大会和全体股东负责。监事会中职工监事不得超过监事总数的1/3。

4. 引入外部非执行独立董事,进一步增强董事会的权威性和独立性,并建立独立董事评价制度。

5. 董事会下设专门委员会(主要包括风险管理委员会、审计委员会、薪酬委员会和提名委员会)以使董事会对公司高级管理层的领导和监督具体化。从我国的实际来看,现阶段独立董事作用的发挥有限,而专门委员会的作用将大于独立董事的作用。

三、通过增资扩股和战略入股,增强股东对农村金融机构经营者的约束,构建一个竞争性的市场体系。由于农村金融机构的资本不足和内部治理薄弱是密切联系的,所以完善农村金融机构内部治理结构还需要改变资本不足的局面。近几年的农村金融改革中,国家对农村金融机构的形式创新给予支持,并提供资金扶持和优惠政策,允许民营资本进入农村金融领域,但仍需进一步吸引更多的投资股东,不断地充实股金,使股权结构发生变化,这不仅有利于增强股东的谈判能力,还有利于股东在与农村金融机构经营者的博弈中占优,增强股东对农村金融机构经营者的约束。比如,江苏省鼓励苏南的农村商业银行入股苏北和苏中地区的农村信用社,其资本金进一步得到充实,资产规模扩张,可以进一步提高欠发达地区农村信用社在当地的竞争力;同时,最关键的是可以极大地改善信用社的治理结构,使之更加合理。

专栏 13-3　村镇银行及农村商业银行的内部治理结构

村镇银行的组织机构及其职责按照《中华人民共和国公司法》的相关规定执行,并在其章程中明确,根据其决策管理的复杂程度、业务规模和服务特点设置简洁、灵活的组织机构。《村镇银行管理暂行规定》对于董事会、行长、独立董事、各专业委员会等的设立没有严格的规定,这就为村镇银行治理结构的创新与多样化提供了空间,可以采用传统的董事会领导下的行长负责制,也可以采取更扁平化的管理模式,完全由其自身根据业务发展等来决定。同时,村镇银行要建立适合自身业务特点和规模的薪酬分配制度和正向激励约束机制,培育与当地农村经济发展相适应的企业文化。

农村商业银行是由农村信用社改造而成的。2001年底,国务院选择常熟、张家港、江阴三市的农村信用社作为发达地区农村信用社的代表进行股份制的改造,成立了三家农村商业银行。三家农村商业银行的组建框架都基本按照股份有限公司模式,在股本认购的基础上设立权责明确的股东大会、董事会和监事会。2005年上海农村商业银行、北京农村商业银行陆续成立,2008年重庆农村商业银行挂牌成立,它们都按照现代商业银行公司治理的规范模式建立制衡监督机制,完善内部控制,业务发展潜力巨大。

第十四章

农村金融机构的企业文化构建

第一节 企业文化和银行企业文化

乡村银行是一类特殊的商业银行。乡村银行在实际运行过程中，一方面当然要注重自身的业务与操作方面的东西（如资产负债业务、风险管理等），但另一方面也要特别关注自身的企业文化建设。在乡村银行，很多管理者也许认为，文化是一种看不见、摸不着的玄妙的东西，在乡村银行谈文化似乎不切实际。但是，这种观点是完全错误的。对于企业来说，其发展的核心是文化，指导其员工行动的灵魂是文化，其竞争力的精髓还是文化。如果说业务操作是"术"，那么文化管理就是"道"，"术"要遵循"道"。

对于什么是文化，历来众说纷纭。我们且不去纠缠于纯粹学术性的定义，可以先来讨论文化有哪些特点。文化是包括知识、信仰、艺术、法律、道德、风俗、习惯在内的复杂综合体，是一个社群或部落所遵循的生活方式和行为模式。文化具有群体性（地域性、国别性、民族性）、适应性（可以适应外界挑战而改变）、传承性（可以延续）、选择性（每个群体都选择对自己有利的文化）等基本特征。文化尽管是无形的，但是文化是一个国家和企业的核心竞争力的一部分，是"软实力"的象征。

企业文化包含三个不同的层次，就好像三个同心圆。如图14-1所示，外圆为器物文化，主要包括产品、设施、广告、厂房等可观物质；中圆为制度文化，包括制度、规章、守则、纪律、合同等规范条文；核心圆为精神文化，主要包括企业信念、价值观、理想、作风等精神形态的东西。这三个同心圆都是围绕企业发展目标而设定和塑造的。

每个企业都有自己的企业文化，好的企业文化可以使一个企业百年长青。举几个例子。比如，通用电气永远推崇的三个传统是"坚持诚信，注重业绩，渴望变革"；沃尔玛的基本信仰是"尊重每位员工，服务每位顾客，每天追求卓

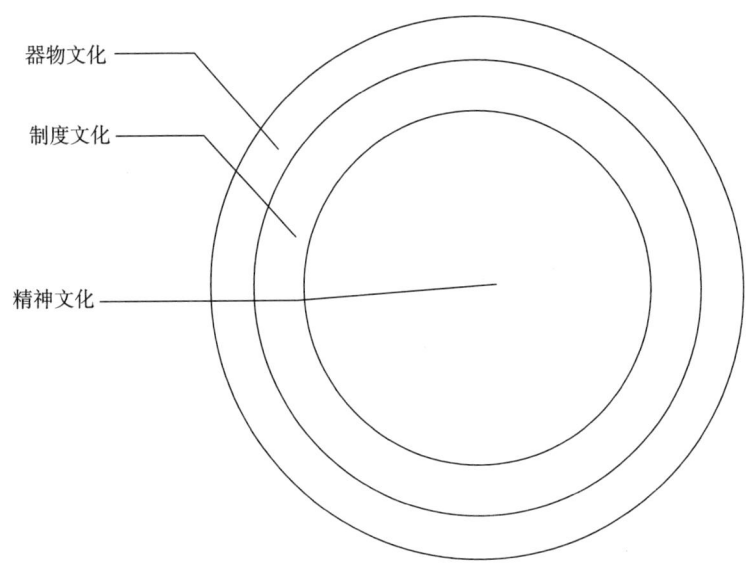

图 14 -1　企业文化的三个层次的组成部分

越";诺基亚的价值观是"科技以人为本";惠普之道是"我们信任并尊重个人";松下精神是"产业报国、光明正大、亲爱精诚、奋发向上、礼貌谦让、顺应同化、感恩图报"。这些企业文化深入人心,不仅员工耳熟能详,一般消费者也非常熟悉,真正达到了激励员工、吸引客户的目的。

与所有企业一样,一个商业银行也有其生存发展的不同阶段,而在不同的发展阶段,其银行文化具有不同的特征与功能,其文化理念也在不停地升级与转型。大体来说,随着银行的成长,其文化理念的发展要经过以下几个阶段[①]:

第一阶段:生存理念阶段。银行高度重视财务管理,力争拥有立足的资本金,获得多种渠道的资金支持,维持持续的盈利。在这一阶段,盈利和实现利润最大化是管理者的第一要务,此时处处存在着生存的危机。

第二阶段:关系理念阶段。银行高度重视与各类利益相关者,特别是高端客户和战略合作者建立和谐的合作关系,重视顾客满意度,以获得更多的市场支持。这个阶段企业精神仍显不足,企业的经营目的仍然是获取回报,维持自身生存与发展。

第三阶段:自尊理念阶段。银行管理层追求做强做大,强调竞争,注重管理,加强内部控制与风险管理,过度强调银行自身利润最大化。这个阶段往往会滋生官僚主义,忽视顾客和其他相关者的利益。

---

① 王先玉主编:《现代商业银行管理学基础》,314~315 页,北京,中国金融出版社,2007。

第四阶段：转换理念阶段。管理层不断总结经验教训，看到增强银行凝聚力的必要性，提出变革、革新的新理念，管理上逐步从控制向信任、从惩罚向激励、从只利用资源向开发和保护资源、从依靠强权向遵从真理、从以自我为中心向以顾客为中心转换。重视以改革和创新的理念设计银行的愿景、使命和价值观。

第五阶段：组织理念阶段。逐步实现银行内部的全面沟通与整体联动，从以银行工作与利益为中心转变为以人才为中心，以人为本，重视人力资源管理与开发；支持员工实现个人价值；鼓励创新，尊重创造与劳动；大力培育信任和团队精神；鼓励一定程度的冒险；重视员工的职业生涯设计。

第六阶段：团队理念阶段。逐步实现银行内外部的全面沟通，日益重视与外部的利益相关者建立良好的、更加紧密的伙伴关系，重视战略联盟与战略合作，加强与顾客、社区的合作；重视员工群体结构设计，关心员工的全面发展，注重提高员工满意度，积极构建银行内部价值链。

第七阶段：社会理念阶段。银行管理与营销的中心理念是为整个社会服务，重视社会道德规范、正义、人权及银行的社会责任。银行的价值观排序是：社会价值最大化，顾客价值最大化，银行价值最大化。

银行文化对内可以使员工产生归属感，增强银行的凝聚力，使员工都能在同一价值观指引下，共同为银行愿景而努力工作；对外可以使银行在顾客与社会中树立良好的企业形象，使利益相关者的支持更加牢固，从而使银行在市场竞争中更具竞争力。因此，银行文化是银行核心竞争力的主要部分，是影响银行长期业绩的主要因素。一个具备长久竞争力的银行，必然重视文化塑造，而不是仅仅关注技术性的业务管理。

专栏 14-1　招商银行企业文化演变的不同阶段和构成

招商银行的企业文化（以下简称招银文化）是招商银行在22年艰苦创业的历程中、在日常经营管理的实践中、在全行干部员工认识不断提升的过程中总结提炼出来的。从初创期创新导向的"创业文化"到目标导向的"规模文化"，再到规则导向的"风险文化"，继而向更高层次的"管理文化"演进，招银文化的内涵和外延、内容和形式都与时俱进，不断得到充实和提高。

第一阶段：1987年4月至1993年11月　文化萌芽期，创业文化

成立之初的招商银行具有明确的愿景——"做真正的银行"，并且有强烈的历史使命感——"在中国这块土地上走出一条改革的路子，办成具有中国特色的社会主义新型银行"。"吃苦在前、享受在后"、"拼搏、奉献、创新"、"敢为天下先"和"以苦累为荣"等这个时期提出的口号集中反映了招

银文化萌芽期的企业价值取向是拼搏奉献、创新和客户至上。在制度层面，当时的人力资源制度体现出与文化精神层面较好的契合，主要表现在：(1) 在招聘中体现公平竞争；(2) 严格的考核和晋升机制；(3) 比较注重人文关怀。

第二阶段：1993年11月至1999年3月　文化发展期，规模文化

随着招商银行总行从蛇口搬到深圳，招商银行进入了高速发展期；同时，受到那一时期全国金融行业高热的感染，招商银行不可避免地具有强烈的规模扩张的冲动，形成了规模文化。这一阶段招商银行的愿景是做"国际化的大银行"，价值观则是"以业绩论英雄"、重结果不重过程。个人工作业绩与收入、晋升紧密挂钩，注重业务发展速度、规模和短期效益，相信"发展是硬道理"。服务意识进一步得到加强，于1997年提出的"拼搏、奉献、创新"成为招商银行精神的核心内容。在经营理念上，创新意识非常突出，而风险意识相对欠缺，管理比较薄弱，业务管理制度缺乏统一性，并很自然地导致了团队与全行协作的不足，相对缺乏人文关怀。

第三阶段：1999年3月至2002年4月　文化变革期，风险文化

随着行长更迭以及领导团队对高速发展累积大量风险的反思，招商银行开始在价值取向上，强调风险管理是银行永恒的主题，把风险文化作为企业文化的重要组成部分，重结果更重视过程，严格按规章制度办事，培养从实际出发的扎实的工作作风，主张效益重于规模，长期重于短期。为统一思想，招商银行还提出处理好管理与发展，质量与效率，股东、员工和客户，制度与文化，长期效益与短期效益五大关系。

第四阶段：2002年4月上市至今　文化整合期，管理文化

随着上市成为公众公司，招商银行提出银行"因势而变"的理念、"一三五铁律"及经营战略转型的思想，成为国内商业银行业的思想领袖。招银文化的精神层从"铸造中国民族银行业精品，宁可降低速度也重视资产质量"，向"打造股市蓝筹，塑造百年招银"的目标转变。

目前，招银文化包括四个层次：

精神层（核心层）：主要指企业的愿景、使命、核心价值观与企业理念、企业精神和作风，是企业文化深层次的、具有隐性的内核，决定了制度文化和行为文化。

制度层（中间层）：主要是指企业的各种规章制度和企业员工对这些规章制度的认同程度，也包括企业的组织结构等。

行为层（表层）：是形成制度层和精神层的条件，主要指企业的外观、内部小环境、产品的外观、服务，以及风俗、仪式、故事和英雄人物等方面。

> 社会层（企业文化的对外传播）：是企业文化的外溢，是企业同其社会环境相互反馈而形成的价值体现，既有社会对企业的认同，也包括企业对社会的态度。
>
> 具体而言，招银文化的精神层由九大部分内容组成：招银愿景——力创股市蓝筹，打造百年招银；招银使命——为客户提供最新最好的金融服务；核心价值观——服务、创新、稳健；经营理念——因势而变，因您而变；发展理念——效益、质量、规模协调发展；人本理念——尊重、关爱、分享；全局理念——全局至上，和谐为美；招银精神——挑战、自省、奉献；招银作风——严格、扎实、高效。

第二节 中国和西方的银行企业文化

我国的商业银行几乎没有金融企业文化的概念，普遍忽视企业文化构建，完全没有把金融企业文化的建设提到日程上来，后果是我国银行从上到下缺乏统一的理念和价值观，没有统一的发展目标和群体认同。现在，我国商业银行的金融企业文化建设比较滞后，对于金融企业文化的理解还有很多误区。

误区之一是将企业文化建设等同于职工思想政治教育和职工文体活动，缺乏系统的制度建设、理念建设和识别系统建设。这种理解上的偏差导致员工和领导层没有统一的价值观，缺乏共同的理想和信念体系。

误区之二是认为银行没有个性，没有自己的独特的经营理念和战略目标。持有这个误区的后果是商业银行难以树立自己的独特的金融企业形象，这一点在中国邮政储蓄银行体现得更为明显，很多人还没有把中国邮政储蓄银行当做一个银行，这是很危险的。

误区之三是故意把企业文化搞得很复杂、很玄妙，把企业文化的构建理解为一个复杂的文字体系的构造。这样做的后果是忽视了企业文化的功能和可操作性，忽视了企业文化易于理解和易于被员工认同的特性，使企业文化缺乏感召力和执行力。

误区之四是认为企业文化建设无须注重教育和监督，只注重形式主义的规则制定即可。结果是，那些不被员工信仰的文化形同一堆废纸。如何让员工信仰企业的文化？一是文化要体现员工利益，二是要持续不断地教育，三是要有奖惩制度。企业文化的塑造需要持续不断的教育。

我国在历史上有着深厚的金融文化积淀。举两个例子。一个是山西票号的金融文化，另一个是近代私营银行的金融文化。其中山西票号可以说是我国现代金融企业文化的滥觞，而20世纪30年代是我国近代私营银行的黄金时代，也是金融企业文化的黄金时代。

先说山西票号。大家知道，山西票号是所有现代银行的"乡下祖父"。第一家票号建于1824年（清道光四年），即平遥"日升昌"票号，其创始人是雷履泰。可以毫不夸张地说，雷履泰是世界上有史以来最伟大的银行家之一。他开创了票号这一新的金融机构，同时也创造了一种新型的金融文化。如果总结一下山西票号的金融文化，那么可以概括为以下几点：

第一，山西票号的金融文化是一种勇于开拓的企业文化。山西票号把全球作为自己的市场版图，视野开阔，胃口极大。山西票号的活动区域是：在国内，北到蒙古恰克图，南到琼州，东到东海之滨，西到拉萨、迪化（新疆）；在国外，东到日本的东京、大阪、横滨、神户以及朝鲜的仁川，西到俄罗斯的彼得堡和莫斯科，南到印度的加尔各答和新加坡等南洋区域。可以说，山西票号的气魄之大、眼光之开阔，在中国商业史中无出其右者。

第二，山西票号视信用为生命，创造了自己的信用文化。梁启超曾经说："晋商笃守信用。"山西票号宁可倾家荡产也要支付储户的挤提，"轻财尚义，业商而无市井之气"。山西票号的经营准则是"平则人易信，信则公道著，到处树根基，无往而不利"。这使得山西票号经营百年而不倒。

第三，山西票号重视员工的道德文化建设。教育员工"重信用、除虚伪、节情欲、敦品行、贵忠诚、鄙利己、奉博爱、薄嫉恨、喜辛苦、戒奢华"。

第四，建立了员工激励制度，即顶身股制度。从总经理到普通员工，大家都有一定的股份，股份与业绩、年资等挂钩，激励员工为票号的整体发展竭力奉献。

第五，山西票号建立了凝聚团结、同舟共济的金融企业文化。李宏龄曾说："区区商号如一叶扁舟，浮沉于惊涛骇浪之中，稍一不慎倾覆随之……必须同心以共济。"在山西会馆里，山西商人们笃寄同乡之情，联结同乡之谊，启发智识，研究商学，同仁相助，集思广益。山西票号还有自己独有的地缘和业缘的群体组织。地缘组织，例如票号的平遥帮、祁县帮、太谷帮等；业缘组织，即票号的联号制，如平遥城"蔚"字五联号。这些制度设计都使票号成为一个对内具有很强凝聚力、对外则具有很强竞争力的金融体系。

那么，晋商（包括山西票号）最终退出历史舞台的原因是什么？笔者认为，归根结底是因为晋商的守成思想，即思想趋于保守，抵制创新与变革，不能与时俱进。清代书法家徐润弟给票号的对联是："读书好经商亦好学好便好，创业难守成亦难知难不难。"创业维艰，但是守业更难，如果不能时时变革，就难以守住百年来创下的基业。山西票号在历史关键阶段未能适时转为现代银行，丧失了发展的机遇，亲历者李宏龄在《同舟忠告》、《山西票号成败记》中对此都有精辟的分析。

下面再来说说近代私营银行的金融企业文化。20世纪30年代和40年代，我国私营银行发展非常迅猛，成长起来一大批优秀的私营银行，也塑造了一个卓越的银行家群体。当时，"南三行"（上海商业储蓄银行、浙江实业银行、浙江兴业银行）、"北四行"（金城银行、大陆银行、中南银行、盐业银行）等迅速发展起来，成为中国银行业的翘楚。近代私营银行的企业文化建设值得称道。概括起来，有以下几个方面是特别值得关注的：

第一，近代私营银行建立起一种眼界开阔、理念创新的金融企业文化。上海商业储蓄银行创始人陈光甫经常告诫员工："吾人必须努力求学，必须放开眼光，不断注意世界之新技术、新工具、新方法、新趋势……抉发种种新可能，在社会一般人士未思未觉之先，发出唯我独到之政策与业务。"陈光甫首创"一元开户"的先河，把上海商业储蓄银行从10万元的小小银行办成注册资本500万元的大银行（当时通商250万元，盐业125万元，浙兴75万元），这种神奇的业绩表现，全赖于陈光甫的创新经营的理念。

第二，塑造并固化金融业的服务意识。陈光甫说："银行业务，不若他种商店陈列货物可以任人选择，银行之货物即为服务……可恃者乃发挥服务之精神。"金城银行的创始人周作民说，"凡能有利于社会建设者，虽薄利而不辞；否则，纵能博得厚利，不取也"，这种精神值得敬佩。周作民办理别人不屑于办理的乡村业务和小额业务，获得了客户的信任与认同。陈光甫还说："人争近利，我图远功；人嫌微细，我宁烦琐"，使上海商业储蓄银行树立了非常牢固的服务社会的意识。

第三，近代私营银行创立了正确的客户中心理念。陈光甫说："吾人经营斯业，宗旨在辅助工商，服务社会。平时待人接物宜谦恭有礼，持躬律己宜自强不息，务求顾客之欢心，博社会之好感。"他还说，"应对顾客，首当和蔼。唯面貌死板为国人通病，我等力须改之。宜常以笑脸迎人，使人于见面之时即有好感。"

第四，近代私营银行构建了稳健与信用的金融企业文化。如浙江兴业银行的宗旨是"力取稳健主义"、不贪厚利、不赶时髦、"于营业各事无不慎之又慎，虽有重利不敢冒险，虽至琐屑不敢辞劳"。陈光甫也说："银行经营，首重稳健，若意存侥幸，唯利是图，未有不趋于失败者。"

第五，近代银行家阶层的兴起和银行家文化的鼎盛。这些卓越的银行家包括盐业银行吴鼎昌、金城银行周作民、大陆银行谈荔孙、中南银行胡笔江、上海商业储蓄陈光甫等，他们几乎都是从国外留学归国的"海归派"，不仅具有卓越的领导才能、灵活的经营策略和开阔的战略眼光，而且在经营过程中相互联合，相互帮助，比如著名的"北四行"就联合建立"四行储蓄所"、"四行准备库"。

山西票号的金融文化和我国近代私营银行的企业文化，都是值得我们现在好好借鉴和学习的，它们的很多做法，在现在看来，还是非常高明的，包含着巨大的经营智慧。

欧美商业银行在企业文化建设方面有着悠久的历史和丰富的经验。欧美商业银行文化虽然大都强调股东利益第一，但是在其企业文化中又融会进一种重视所有利益相关者的观念，强调对员工、对所在社区、对整个社会、对国家的责任。可以说，欧美商业银行文化的设计与构建，也是从这几个层面来展开的。欧美商业银行文化的一个突出的特点是注重实效，这与我国很多银行文化很不一样。我国的银行文化设计，很多时候注重宣传、包装和文字的设计，但是不注重实际的运用效果，显得比较虚。欧美优秀银行的企业文化设计，特别注重企业文化的实施绩效，显得比较务实。它们的企业文化设计，总是从商业银行的业务特点出发、从银行面对的挑战和未来发展趋势出发、从客户的需求和对社会的责任出发来考虑，而不是仅仅编造空洞漂亮的词句。以下的专栏，全面描述了汇丰银行的文化建构及其特点，从黄文忠先生的分析中，我们可以大略体会欧美优秀银行文化的一些特质，这些特质很值得国内商业银行借鉴。

专栏 14-2　汇丰的银行文化

汇丰控股集团是一个经营成功、持续发展的国际先进银行控股集团。这家有 140 年历史的老牌银行是如何取得经营成功和持续发展的呢？除诸多主客观因素的共同作用和影响外，汇丰完善系统、务实并适时调整的企业文化，是促成汇丰银行发展成为国际先进银行控股集团并至今仍然持续发展的一个重要支撑。

汇丰企业文化：持续发展的重要支撑

汇丰企业文化开宗明义提出：汇丰控股集团追求的最主要目标是为股东创造满意的资本回报。重要的是，在完善系统、务实并适时调整的汇丰企业文化支撑下，汇丰控股集团能够在取得股东满意的资本回报的同时，兼顾到客户、员工和社会公众的利益。汇丰企业文化的成功之处，在于汇丰推崇和遵循的各项经营理念均在银行经营和员工行为中得到落实，并通过直接服务客户、直接服务或间接考虑员工和社会公众等利益相关者的利益，最终实现股东利益的最大化。

（一）完善、系统、务实的汇丰企业文化

1. 汇丰企业文化完善系统，倡导兼顾各方利益的多元价值观。作为企业文化核心的汇丰价值观，通过推崇和遵循尊重客户、员工和社会公众等相关利益者的利益，倡导环境保护和重视服务社区的理念，对外树立了鲜明的银行重视公众利益的形象,对内规范了银行开展业务的行为准则。汇丰企业文化完善系统,在于其所倡导的以下经营理念虽然不一定都直接服务股东利益,但殊途同归,都紧紧围绕着服务提高资本回报率这一核心价值观。

(1) 对待客户:提倡和标榜"卓越和完整的客户服务"。汇丰提倡和标榜向客户提供"卓越和完整的客户服务"的价值观。在竞争激烈的市场中,赢得客户是银行一切工作的根本。为落实向客户提供"卓越和完整的客户服务"的理念,除要求员工遵循法律、法规和市场惯例外,汇丰还制定并要求员工在日常业务操守中熟练、细心和勤奋地予以贯彻以下的具体业务原则:强调只向客户承诺能够提供的业务,绝不误导客户;制定严格制度禁止员工接受客户提供的任何利益,包括礼物、好处、服务、贷款和费用,也不鼓励客户向员工提供这些利益;类似地,员工也不可以以行贿方式取得任何业务。

(2) 对待员工:制定奖罚分明的员工激励约束机制。理论上讲,合理的员工激励约束机制应该是银行员工薪酬与其对银行的贡献匹配。汇丰奖罚分明的员工激励约束机制体现在落实以下的理念:强调关心员工福利;鼓励员工实现个人潜能,主动、创新开展工作;鼓励团队合作,承认员工的业绩并给予奖励;为了客户、股东和所服务社区的利益,要求全体员工必须遵守诚信、正直、开放和合作的行为准则;依据员工对银行的价值贡献和适用性决定员工的录用和升迁,对所有员工提供平等机会。

(3) 对待社会:倡导重视环境保护的理念。为树立良好的公众形象,汇丰倡导并落实以下重视环境保护的理念:坚信政府、企业和个人对保持社会持续发展有重大影响,追求经济发展和健康环境的统一,重大业务要确保对环境的有害影响最小,支持世界各地与环境有关的科学研究;支持环保、循环应用和生态规划项目,也支持员工作为志愿者参加这些项目;刊发专门手册解释银行坚持的环境政策。

(4) 对待社区:遵循服务所在社区的观念。汇丰重视遵循服务所在社区的观念,通过确保其75%的捐款用于支持银行所在社区的慈善事业、教育和公益活动来提高银行公众形象:支持贫困落后地区的初级教育、鼓励和促进各国青年增加相互了解、增强对其他文化的兴趣、加大对商业和金融的兴趣及语言学习特别是亚洲国家语言的项目和活动安排。此外,银行鼓励员工为慈善机构筹款和充当志愿人员。

2. 汇丰企业文化务实可行,促进经营成功的业务原则。完善的银行企业文化通过提出合适的经营理念并在日常经营中落实来促进银行的持续发展。汇丰企业文化的务实可行,在于通过以下操作性强的业务原则将企业文化的"虚"转变为日常经营行为的"实"。

(1)"有效高效的业务运作"。"有效高效的业务运作"指重视业务运作的有效性和高效率。有效性强调做正确的事,高效率重视正确地做事。银行要做到在每项业务的各个环节"有效高效地运作",就必须尽可能地简化业务流程,省略不必要和不合理的环节,避免做没有效果的事情,同时,员工能够在严守制度规定基础上尽可能自觉提高办理具体业务的速度尤为关键。这样,银行便可以大幅降低做同样业务的成本,或以相同成本做更多的业务,从而有利于实现股东利益最大化。

(2)"资本充足和流动"。银行提出"资本充足和流动"的经营理念,表明银行重视资本充足率和流动性管理。"资本充足和流动"对银行资本管理相关业务的指导十分明确,既可以作为银行资本管理的一个目标,也可以成为资本管理业务的一个行为准则。

(3)"谨慎的贷款政策"。汇丰"谨慎的贷款政策"所体现的丰富企业文化内涵,通过以下的贷款业务操守具体落实:要求选择优质贷款客户,加强风险监控环节;限制贷款投向与银行伦理和道德观相违背的项目;禁止向涉及武器生产和武器销售、与逃税和洗钱有关的项目贷款。此外,通过贷款政策评价和控制贷款用途,间接实现银行理念强调的对所在社区社会应负的责任,发挥与所在地社会目标一致的建设性作用:坚信支持自由贸易和投资对增加就业和提高生活水平的促进作用;避免开展可能引起武器交易、偷漏税和洗钱的业务;对于可能对社会、道德和环境造成负面影响的业务,必须先通过充分评估,在确保对内符合银行价值观、对外符合银行对社会应尽的义务后,才给予办理。

(4)"严格的费用纪律"。银行要将"节俭"的理念通过"严格的费用纪律"转变为实际经营行为,需要制定与各项业务匹配的严格财务制度作为保证,同时,更重要的是,需要培养银行员工自觉的节俭经营的行为规范。例如,面对制度允许的多种支出方案,不考虑其他因素,银行员工会自觉选择费用最低的方案。

为贯彻和落实所倡导的经营理念,在制定上述业务原则并要求全体员工严格遵守的同时,汇丰控股集团也重视强调和培育员工对企业的忠诚和敬业精神。

(二)适时调整的汇丰企业文化

1999年,汇丰控股集团确定了以"HSBC"作为集团唯一的全球统一品牌名称,同时确定了集团"全球金融、地方智慧"(the world's local bank)的全球战略定位,即既是全球化的跨国银行控股集团,又是融合所在地特色的地方银行。

> 面对这种看似矛盾的战略定位，汇丰控股集团是如何成功解决了可能给银行经营带来的两难选择，并取得经营成功和持续发展的呢？笔者发现，适时调整其赖以支撑的企业文化是汇丰经营成功和持续发展的又一关键。汇丰控股集团在支撑其一百多年持续发展的企业文化丰厚内涵基础上，针对新的战略定位，适时调整企业文化的内涵，构建企业文化的部分新内涵。经过从1999年确定新的全球战略定位后几年的成功运营，汇丰控股集团更加坚定了其"全球金融、地方智慧"的全球战略定位，也完善和丰富了支撑和促进其持续发展的汇丰企业文化。2004年11月26日汇丰控股集团召开的董事会审议通过了上述具有丰富内涵的汇丰完善系统、务实的企业文化，并责成集团高级管理层负责确保集团各级员工熟知其企业文化内涵，以确保汇丰企业文化能够在业务运作的每个层面得到贯彻和落实，使集团员工规范的业务操作和经营行为与其企业文化所要求的业务原则和银行价值观相一致。
>
> 资料来源：黄文忠：《从汇丰企业文化谈中资商业银行企业文化的重构》，载《现代商业银行导刊》，2006（3）。（本专栏有删节）

第三节　农村金融机构应该建立什么样的企业文化

长期以来，包括农业银行基层网点在内的农村金融机构的新型金融企业文化建设比较滞后，原有的企业文化远远不能适应未来金融市场竞争的需要。传统的农村金融企业文化是一种保守的、守成的、易于满足的企业文化。在这种文化中，创新和客户需求被普遍忽视，缺乏清晰的战略目标和组织架构。这是一种缺乏危机感的企业文化，是一种自大、自我陶醉的文化，员工的竞争意识不强，缺乏危机感和市场竞争的思维。同时，在这种企业文化中，金融家是缺位的，即农村金融机构从来没有树立银行家的概念，没有一套塑造银行家的理念和意识。

农村金融机构必须建立自己的独特的企业文化，笔者认为，这种金融企业文化应该包含六个部分，即感恩文化、日新文化、合规文化、乡土文化、和合文化以及社区文化。

第一是感恩文化。银行跟任何企业一样，必须以客户为中心，要牢固树立以客户为中心的理念，但银行还不仅仅是为客户服务。农村金融机构要建立一种感恩的文化，对员工感恩，对客户感恩，对投资者（股东）感恩，对所在的社区和整个社会感恩。感恩文化的实施，会重塑农村金融机构在人们心目中的形象，使农村金融机构以主动的姿态回报社会、回报农村。

第二是日新文化。日新精神，就是那种永不满足、永远接受新的挑战的精神。农村金融机构要勇于抛弃旧的思维模式和运行模式，鼓励金融创新，以新的金融产品适应市场的需要。

第三是合规文化。这是任何一家银行企业都必须建立的一种理念和文化。巴塞尔银行监管委员会指出，银行的活动必须与所适用的法律、监管规定、规则、自律性组织制定的有关准则相一致。农村金融机构要制定明确的岗位责任制，建立严格的问责制，完善绩效考核机制，充分体现银行倡导合规和惩处违规的价值观念。合规作为一种文化，就是要使员工养成合规意识，即每个员工都明白合规经营、合规管理、合规操作的重要性，每个员工都掌握法规，合规成为员工的自觉行为。

第四是乡土文化。农村金融机构要为新农村建设服务，必须培育乡土性的金融企业文化。要利用乡土文化，宣传企业形象和企业价值观。农村金融机构开展乡土文化建设，可以增强对农村客户的吸引力和凝聚力，使农村客户对农村金融机构增强亲近感和归属感，只有这样，农村金融机构才能够真正占领农村这个广阔的市场。

第五是和合文化。建立和合文化的要旨在于培育一种和谐的企业文化和外界环境，这里面包括员工与管理层和决策层的和合、决策层之间的和合、企业和社会以及相关利益者的和合。和合文化有利于增强农村金融机构的亲和力、凝聚力和市场竞争力。

第六是社区文化。农村金融机构的定位应该是成为未来的农村社区银行。农村金融机构应该立足社区，创造社区的繁荣。为此，应利用社区资源（如居委会、村镇），创造自己的企业形象。应该与当地的社区融为一体，成为社区的不可分割组成部分。社区是农村金融机构的根据地，只有掌握了社区的情况、融入社区，才能获得市场份额。

专栏 14-3　农业银行文化转型：大变局中的"道"与"术"

农业银行正面临着前所未有的大变局。所谓大变局，可以从"内"和"外"两个层面去理解。从外部环境来讲，一方面，银行业的全球化、电子化、全能化的趋势非常明显，而随着全球金融业的整合，银行业的经营模式、业务流程、盈利模式等也在发生深刻的变化，这是农业银行必须面对的国际银行业大格局；另一方面，农业银行所面临的国内竞争环境也在发生变化，我国巨型的国有控股商业银行基本已经实现了脱胎换骨的改制，内部治理结构和运行机制的改革突飞猛进，外部竞争力和银行形象正在明显提升，这个国内银行业的新的竞争生态是农业银行必须面对的国内小格局。

从内部环境来讲，农业银行自身正经历着深刻的同时也许是痛苦的转型，这种转型既体现在将要成为公众持股公司所带来的股权结构、治理结构的转变上，同时也体现在农业银行的行为模式和银行文化要实现彻底的转变上。农业银行的这次转型，既不同于20世纪80年代农业银行初创时期对于商业银行运行模式的探索，也不同于20世纪90年代末期以来的大规模撤并县域基层网点和建立全面风险内部控制机制。从30年的运行实践的经验与教训来看，这次农业银行的转型，是带有根本性的全面转型与重新定位。这也就意味着，农业银行在这个关键时刻，应该全面反省与思考30年的运行实践，深入思考自身的比较优势和市场定位，既要与国家大政方针相匹配，又要适应国际银行业的发展潮流和农业银行自身的可持续发展与核心竞争力提升的需要。一个人是不可能在困惑迷糊的状态下前行的，同样的道理，农业银行在这个大转型和大变局中也要有清晰的定位，从而使全行上下达成一种高度的价值共识，唯有如此，农业银行才能形成一种上下协同的力量。

客观而坦率地说，农业银行尽管从大的战略方针上来看已经有了比较清晰的思路，同时也在2008年提出了气魄宏伟的"3510"战略，但是对于农业银行的准确定位、市场目标导向以及如何实现这些目标，管理层和员工还存在很多困惑。大部分管理层和员工仍旧在"术"的层面寻求技术性的解决方案，而对于农业银行转型之"道"，却不是十分清晰。"道"统御"术"，"术"要体现和顺应"道"，不明确"道"，关于"术"的讨论就是无的放矢。

什么是农业银行转型之"道"？在我看来，农业银行转型之"道"就是要使农业银行实现文化上的彻底转型，也就是要使农业银行建立新的文化模式和行为模式，重塑农业银行的价值观和认同体系。这个"道"的问题解决了，其他"术"的层面的业务流程设计和内部管理机制设计就会迎刃而解。在我看来，农业银行的文化转型之"道"至少包含以下几个方面：

第一，农业银行要从守成的、缺乏危机感和竞争精神的文化转型为勇于接受挑战和创新的文化，要具备"日新"的精神特质。农业银行长期以来培育了保守的企业文化，竞争意识和危机意识很薄弱。当前，面对新的国际大格局和国内小格局，农业银行要鼓励员工的创新意识，勇于接受挑战，摒弃那种慵懒的、不思进取的精神状态，做到"日新其德"。

第二，农业银行要从消极的、依赖型银行文化向勇于担当和负责任的独立型文化转变。独立型文化意味着农业银行必须靠自己的产品竞争力和创新性的金融服务来获取生存的空间，而不是依靠国家的政策优惠来生存。农业银行固然承担着支持"三农"的重任，但支持"三农"并不意味着农业银行要以牺牲效益为代价，而是要求农业银行必须在自我担当、自负盈亏的前提下支持"三农"。

第三，农业银行必须从官僚科层制的管理文化模式向功能型和激励型的管理文化转变。在银行发展的初级幼稚阶段，管理的有效性往往依赖于强权，依赖于科层制的"命令—服从"模式，而当银行发展到一定层次，就必须改革官僚主义的运转模式，使员工不再顺从"命令—服从"的简单模式，而是以部门功能设定银行内部管理格局，以有效的激励机制作为动力。

第四，农业银行必须从利润最大化的自尊文化向重视利益相关者和银行社会责任的和谐文化转型。一个银行在发展初期，必然强调银行自身的盈利能力；银行要做大做强，盈利必然成为银行第一要务。但是，随着农业银行的发展和转型，这种以利润最大化为目标的自尊文化必须升级和转型，银行要重视各利益相关者的福利，重视银行在区域、社区发展中的角色，重视社会责任体系的构建，而农业银行社会责任体系的构建，必将在新的高度重塑农业银行的价值理念，重新树立农业银行在公众心目中的形象。

第五，农业银行必须从重视规模扩张的粗放型经营文化向重视效益与质量的集约型文化转变。重视规模扩张和市场占有率，是银行发展初期的必然选择。但是，农业银行在将来应改变这种单纯注重数量的粗放型文化形态。这种转变会引发银行经营模式和业务结构的全面转型。以金融服务创新为核心带动业务流程的改变，以降低资金占用为核心带动业务结构的转型，以全面风险管理为核心带动资产质量的提升，努力使农业银行"效益立行、质量兴行"，是未来农业银行提高竞争实力的要义所在。

第六，农业银行在人力资源管理上应从控制型文化向以人为本的价值实现型文化转变。农业银行要努力逐步实现银行内部的全面沟通与整体联动，从以银行工作与利益为中心转变为以人的价值和发展为中心，以人为本，重视人力资源管理与开发；支持员工实现个人价值；鼓励创新，尊重创造性的工作；大力培育信任和团队精神；鼓励一定程度的冒险；重视员工职业生涯设计，使员工视工作为乐趣。农业银行的这种人力资源管理文化的转型意味着要设计一整套以人为本的激励与约束机制、薪酬与岗位责任机制和员工综合素质提升机制。

"道"明则"术"自生。农业银行一旦明晰了自己的价值观和文化行为模式，并在审慎全面地权衡之后确立自己的比较优势与战略目标，就一定可以实现成功的转型，从而获得自己独特的核心竞争力，并跻身于国内外优秀银行之列。

第四节 农村金融机构如何塑造金融家文化

金融家就是广义上的企业家。在讨论金融家文化之前，首先要讨论企业家文化。企业家对企业文化的影响是不可低估的。夸张一点说，企业文化在某种意义上来说就是企业家文化，当然这种说法并不严密和科学，但是却点出了企业家在企业文化构建中的不可替代的重要性。海尔的企业文化就是张瑞敏的企业家文化的外化，松下的企业文化是松下幸之助的企业家文化的外化，这样说恐怕没有什么问题。

企业家文化的塑造需要极为复杂的主客观条件。从主观条件来讲，企业家除了必须有眼光、有修养、有学识、有哲思之外，他还要具备相当强的执行力、独特的领袖魅力以及一套系统的、独特的价值观。从客观条件来讲，企业家文化也受到竞争环境、行业特征和整体文化的影响。

在企业家文化方面，有几个值得警惕的认识误区：

误区之一：企业家文化就是"老板"文化。实际上，企业家文化不仅是"老板"一个人的文化，而且是企业领导集体的共有文化。我国企业崇尚人治，往往一个领导卸任，其所营造的企业文化也随之消失，后任者又来构造新的文化，这样周而复始，企业文化处于严重的不稳定状态，其价值观往往会处于支离甚至互相矛盾的状态。企业文化具有传承性和共有性，不能仅仅依赖于某个领导者的存在。

误区之二：企业家文化依赖于企业家的个性，难以改变。实际上，企业家文化也应该与时俱进，不断适应外界环境的变化而调整自己，比如张瑞敏在面对国际竞争的情况下调整自己的哲学思路，海南航空的陈峰在国际化目标前也在努力塑造国际化的企业文化，对自己以前的以儒释道为核心的文化观念有所调整。应该说，企业家文化中核心的价值观不能改变，改变的是对外界环境的应对方式和战略。

误区之三：企业家文化依赖于企业家的个人修养，因此企业家应该把个人的修养和喜好贯彻到整个企业，形成企业文化。这个误区导致很多企业家把自己的好恶带进企业，把自己的文化偏好当成整个企业的文化偏好。这样就造成了很多不良的后果。实际上企业家的个人修养和学识是否应该贯彻到企业中，要看企业是否需要这种文化，看这种文化是否能够增进企业的核心竞争力，另外还要看企业环境，比如在全球化环境下海南航空的企业文化转型，就考虑到了以儒释道为核心的文化观念是否适应全球化和怎样适应全球化的问题。

什么是成功的企业家文化？企业家应该具备什么素质？对于这两个问题，每个人都有自己的答案。笔者认为，成功的企业家文化必须具备四个要素，当然这四个要素还不是很全面，但却是最重要的四个要素。

"谦"应是成功企业领袖的第一要素。老子说："我有三宝，持而保之。一曰慈，二曰俭，三曰不敢为天下先。慈，故能勇；俭，故能广；不敢为天下先，故能成器长。今舍慈且勇，舍俭且广，舍后且先，死矣！"（《道德经·第六十七章》）"慈"、"俭"、"不敢为天下先"，都代表一种谦虚沉潜的品质，含藏培蓄，不奢靡，不肆为，不自矜，不飞扬跋扈。领导者的品质，应当是知雄守雌，懂得蓄势的重要；宽容、俭约、谦逊，不骄不纵，处事冷静谨慎，不张扬外露；正因为"不敢为天下先"，才能最终"为天下先"。很多企业家之所以在事业极盛时期突然败落，其根本原因是丧失了"谦德"。一个成功的企业家应该避免在事业极盛的时候丧失理智和滋生狂妄自大的心理，时刻保持谦慎自警。

成功企业领袖的第二要素是人力资源管理中恪守的"敬"的原则。"敬"是一种肃穆、谨慎、恭敬、诚笃、敬畏的精神状态。孟子说："君子所以异于人者，以其存心也。君子以仁存心，以礼存心。仁者爱人，有礼者敬人。爱人者，人恒爱之；敬人者，人恒敬之。"（《孟子·离娄下》）企业员工的最大心理需求，莫过于获得企业领导的尊重和认同，寻求一个平等的竞争环境，在这样的环境中，他的人格和能力得到尊重，才华得到施展。只有做到"敬"，尊重每个员工的意志和才能，方可调动起员工的创造激情。

成功企业领袖的第三要素是"日新"的再创精神。汤之《盘铭》曰："苟日新，日日新，又日新。"（商朝的开国君主成汤在他的澡盆上曾经刻了一句箴言："如果能够一天新，就应保持天天新，新了还要更新。"）这里的"日新"，原意指去除身体上的污垢，使身体焕然一新，引申义则指精神上的弃旧图新。"日新"对企业领袖而言极端重要，它意味着一个企业的掌舵者永不墨守成规，永不安于现状，而是时刻警醒，时刻创造，从而应对外部市场和企业内部的变化。正如海尔精神领袖张瑞敏所说，海尔必须再次坚定自己的哲学信念：今天是对昨天的否定，明天是对今天的否定，海尔永远在否定，永远不满足，永远要创造新的业绩、新的辉煌，迎接新的挑战。

成功企业领袖的第四个要素是在竞争战略上懂得"用奇"。孙子兵法曰："凡战者，以正合，以奇（读 ji）胜。故善出奇兵者，无穷如天地，不竭如江河。""战势不过奇正。奇正之变，不可胜穷也。奇正相生，如循环之无端，孰能穷之?"（《孙子兵法·兵势篇》）。善于在市场竞争中创造性地运用"奇兵"，是企业家制胜的法宝。这就要求企业家有动态思维和侧向思维。这里就不展开来讲了。

接下来我们就要探讨一下金融家文化的培育。首先，金融家文化的培育要求金融家具有相应的完善的知识结构。这里的知识结构包括至少三方面的知识：一是金融业的专业知识，包括国际金融、货币银行、投资银行、证券投资等；二是管理方面的专业知识，包括中外管理思想、人力资源管理、成本管理、危机管理等；三是哲学和人文的修养，包括对历史和文化的独特感悟和理解，一个企业家，往往必须是一个哲学家，尽管他不写哲学论文。

其次，金融家文化的培育要求金融家确立基本的金融理念和行为模式，这些理念构成金融家的核心价值观。这些理念包括成本收益分析的理念、风险和风险控制的理念、机会成本的理念、稳健经营的理念、流动性和充足性的理念、金融伦理和信用的理念等。这些理念对于一个金融企业的经营是非常重要的，金融家必须牢固树立这些理念。

最后，金融家文化的塑造还特别强调企业战略目标的确立和明晰化。农村金融机构的管理者要成为未来的金融家，就要首先确立办一流的乡村银行、办农民心目中的第一银行的目标。不明晰这个目标，农村金融机构的管理层就难以给自身定位，就很难把自己视为金融家。很多农村信用社的理事长、中国邮政储蓄银行的行长、村镇银行的行长或者农业银行的行长，都把自己视为一个官员、一个行政领导，而没有确立金融家的概念。究其根本，是他们对自己以及农村金融机构的战略定位不清楚。农村金融机构的管理层要塑造金融家文化，首先就要把自己视为金融家（而不是官员），把农村金融机构视为真正的金融机构（而不是行政机关）。

第五节 农村金融机构文化构建的目标与程序

由于农村金融机构具有复杂性，所以不同的农村金融机构的文化建设不可能整齐划一，也不可能追求统一的形象设计和文化内蕴构造。但是，农村金融机构又具有一定的统一性，它们一般都是面向基层的中小金融机构，其客户群体一般集中于中小企业、农民合作社和农户，其业务的辐射范围一般局限于一定的社区，其所依存的文化也一般是比较乡土性的文化。这些特点，大多数的农村金融机构都是具备的。因此，基于这些共性，农村金融机构的文化构建就有一定的规律可循。在进行文化建设之前，一个农村金融机构首先要确定文化构建的目标。笔者认为，农村金融机构的文化构建要达成四个基本的目标：

第一个目标是适应性目标。一个农村金融机构的企业文化建设，其目标应该是对当前的竞争环境和未来的市场挑战有足够的适应性，能够从容面对各种不确定性和变化的挑战。这就要求农村金融机构的文化设计不能够拘泥于眼前的情况，而要使这种文化具有一定的前瞻性、延展性和开放性。一个不能适应当前和未来竞争环境的金融文化，必定是一个死的文化。

第二个目标是激励性目标。所谓激励性目标，就是指一个农村金融机构的文化必须对内部的管理人员和一般的员工产生凝聚力、向心力和感召力，能够使这些员工具有共同的价值观和行为导向，激励这些员工为农村金融机构的发展壮大而奋斗。企业文化建设不是做样子的，不是中看不中用的，最终都要落实在对员工的激励上，落实在由此产生的员工的动力和积极性上，落实在农村金融机构的效益上。因此，农村金融机构的文化建设一定要注重激励的实效，仅仅设计一些好听的词句挂在墙上是不够的。

第三个目标是差异性目标。农村金融机构的文化建设，不能照抄国内大的商业银行的文化体系，也不能照抄国外的、现成的成功银行的文化模式，因为农村金融机构与这些银行有显著的区别。农村金融机构文化建设的差异性目标要求农村金融机构在构建自己的文化的时候，要强调自身业务和服务对象的特点，要有相适应的独特性、乡土性，要有比较醒目的、容易使人辨识的标志性。文化建设一定是具有个性的，不是雷同的，不是复制的，不是模式化的。如果一个农村金融机构的文化模式不能给人留下一个鲜明的印象，不能产生一种标志性的效果，而是模模糊糊，缺乏独特性，那么这个农村金融机构的文化建设就是失败的。

第四个目标是统一性目标。农村金融机构文化建设的统一性目标要求其文化建设的各项内容之间要保持逻辑上的一致性，不能出现矛盾；同时，还要求这种文化体系能够具有包容性，即能够把其中的任何一个子项目都涵盖进去，而不发生抵牾。这样，所有的内容，包括价值观、形象设计、激励机制、制度框架等，都构成一个系统性的整体。

以上四个目标，概括了农村金融机构在文化构建中应该遵循的四个原则。当然，这只是四个一般性的原则，真正的农村金融机构文化建构的内容应该是丰富多变的，且一定会有每个地域、每个社区、每个机构自身的文化印记。

农村金融机构文化构建的四个目标见图 14-2。

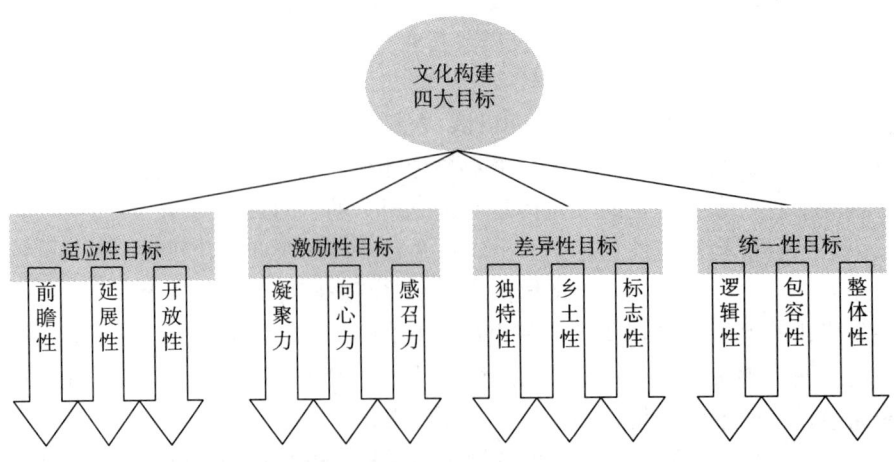

图 14-2　农村金融机构文化构建的四个目标

在明晰了四个目标之后，我们可以探讨一下农村金融机构文化建构的具体程序和方法。谈到具体的农村金融机构文化建构，很多人会有一个误解，以为农村金融机构文化建构无外乎是由那些领导决定的一系列口号和制度的总称而已。这种看法是不正确的。如果农村金融机构文化仅仅是由少数领导或高层管理人员根据自己对文化的理解而主观制定的，那么这种目标体系一定会在员工认同方面遭遇很多困难。更重要的是，一个领导人对企业文化的认同不一定准确、全面、客观，有可能存在很多不正确甚至是对农村金融机构未来发展有阻碍作用的观念。因此，既然文化构建最终的目标是要在全体员工中起到激励的作用和感召的作用，那么这种文化构建就一定要有员工的参与。没有员工参与的文化构建是不全面、不持久的。因此，在本节中，我们讨论农村金融机构文化建构的具体程序的时候，提倡采用"参与式文化构建法"。

所谓"参与式文化构建法"，就是在文化建设的各个阶段，都要鼓励和组织员工亲自参与到文化建设和设计的各个程序、环节和步骤之中，任何形象设计和制度设计都要经过员工的充分讨论和沟通。这种参与式的文化构建方法的优点在于，它使员工认为农村金融机构形成的一系列文化符号、价值理念、制度体系等，都是经过他们自己的设计而产生出来的，是他们自己的价值观的体现，出于他们自己对农村金融机构发展的理解，因此其认同感、感召力、凝聚力、向心力自不待言。下面所介绍的参与式文化构建法，具体通过"沟通营"的方式来操作。

"沟通营"是一种通过一个群体的充分的内部交流而达成群体认同感和制定统一行动目标的方式，其具体操作方法是将一个群体按照既定目标分成若干小组，在小组内就所要达成的目标由专家组织讨论，经由充分的内部沟通之后再形成一致的观点，以此作为制订计划、纲领以及战略的依据。请注意，在这里，专家既不是提供任何建议的人，也不是制定战略的人，而只是"沟通营"中引导和组织大家进行交流的一个专业的、客观的第三方。为什么不请内部的人来组织呢？首先是因为"沟通营"的组织有一定的专业性，其次是因为内部人有可能存在各种主观的成见，不利于共同目标的达成。"沟通营"作为一种参与式的文化建构法，在一个企业的文化塑造中可以起到非常好的效果。一个农村金融机构运用"沟通营"来塑造其金融文化，一般要经过四个阶段。

第一个阶段：系统性的、严格的自我反思阶段。

在这个阶段，农村金融机构可以邀请专家，组织相关部门的员工，对以前的农村金融机构文化进行严肃的自我批评和反思。比如，一个农村信用社或村镇银行的员工，可以在专家的组织下，对本机构以前的文化进行反思，看看以前的文化构建的弊端在哪里、好处在哪里，哪些地方可以进一步改进，哪些地方必须抛弃，哪些地方必须坚守。专家和员工可以在讨论前列出能够讨论的题目。比如：农村金融机构管理层应该具备哪些素质，应树立哪些工作理念？农村金融机构的员工应该具备哪些素质，树立哪些工作理念？在以往的经营管理中，管理层的哪些素质和管理理念是必须被革除的？员工的哪些素质和工作理念是应该被革除的？农村金融机构应该形成哪些价值观念？农村金融机构的哪些价值观不适应农村金融业务的开展？农村金融机构的哪些外部形象和工作作风有可能引起农民客户和中小企业客户的反感和质疑？哪些外部形象和工作作风有利于吸引客户和巩固客户？农村金融机构的内部制度建设有哪些弊端（可以分部门开展讨论，比如人力资源部可以讨论在人事管理和员工激励方面的弊端，风险管理部门可以反思在风险管理的制度设计和理念方面还存在什么弊端等）？

在系统性的、严格的自我反思阶段，既可以组织不同部门的员工和管理层分别讨论，也可以组织员工和管理层共同来讨论，还可以打破部门的界限来讨论。在讨论的时候，专家的职能是进行较好的引导和组织，调动大家的气氛，使大家都有动力、积极性和胆量说出自己的内心的观点。"沟通营"的要诀在于让大家在一起坦诚地交流各自的真实观点，所以专家的调动情绪和参与者的积极配合都很重要。如果参与者不能够对农村金融机构的弊端进行直率的批评和反思，那么这个阶段的工作就是失败的。第一阶段的工作失败了，其他阶段的工作就很难开展了。

在对每一个问题进行讨论之后，专家应该把参与者的意见写在一个大家都能看到的黑板上，一一写明大家的支持意见和反对意见，然后进行汇总。专家要跟参与者不断地进行问答，使每一个参与者都能说出自己的真实想法。在必要的时候，可以采取做游戏的方法，比如一个员工扮演农民客户，一个员工扮演农村金融机构的贷款经理人，两个人在表演过程中不断以语言来揭示农村金融机构在对待客户方面应该持守的原则，以及应该放弃的做法。这样的表演既有益于大家情绪的放松，也有益于讨论问题的深入。实际上，几乎所有的金融文化构建问题都可以通过这种表演来演示。在演示完之后，专家再提问，诱导大家探讨问题的实质，并以点带面，把相关问题也牵扯进来，使大家拓宽思维。专家可以设计题板见图14-3来记录讨论结果。

第二个阶段：农村金融机构核心价值观的确立阶段。

在这个阶段，农村金融机构文化构建的主要任务是通过全体员工的参与式讨论来确定整个机构的价值观。农村金融机构是一个很特殊的金融机构，其服务对象、服务区域内的文化传统、业务流程和产品结构等，都与城市金融机构有很大不同。这就决定了农村金融机构除了具备一般的金融机构的价值观之外，还必定具备自身特殊的价值观。这些价值观都不是仅仅由管理层或者理事长一个人说了算的，而是要经过"沟通营"全体员工的讨论。核心价值观一定是高度浓缩的、

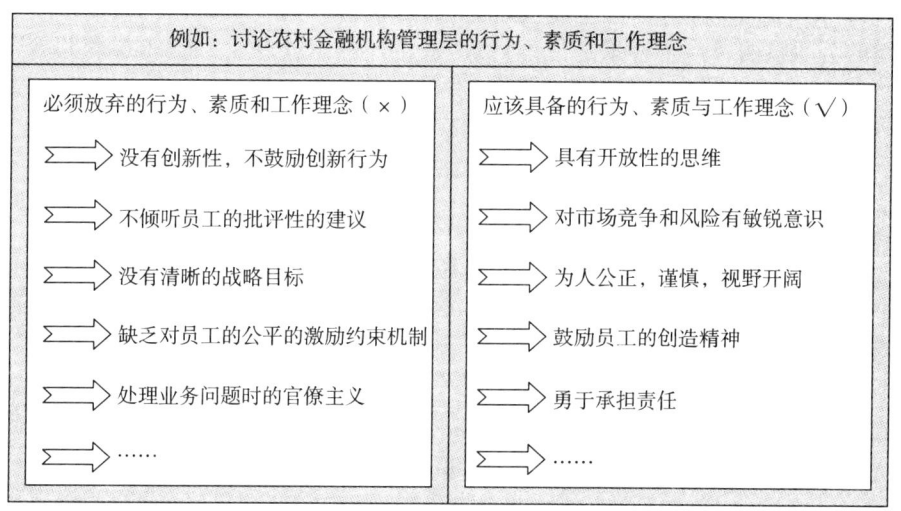

图14-3　农村金融机构文化构建中"沟通营"题板设计举例

精练的，能够集中展现一个农村金融机构的价值观念。

至于操作方法，可以在一个"沟通营"中，让农村金融机构的员工和管理层在一张纸片上写下自己对于本机构核心价值观的理解，并写出几个关键词。如有些员工写出"忠诚"、"诚实"、"信用"，有些员工写出"关注乡土、服务三农"、"扎根农村、敬业报国"，有的管理者写出"追求卓越"、"感恩"、"忠于客户"，有的管理者写出"效益"、"自强不息"、"奉献"、"创新"，有的员工写出"创造价值、服务社会"、"持续发展"、"服务至上"、"开拓"等关键词。"沟通营"的组织者可以将这些关键词写在题板上，然后让大家来讨论这些关键词中哪些适宜作为农村金融机构的价值观，而哪些关键词尽管很重要，但不适宜作为核心价值观。经过这样的筛选和讨论，可以把大家对价值观的理解集中于几条，然后再由专家进行整合。值得指出的是，一个农村金融机构在确立其核心价值观时，一定要非常慎重，因为核心价值观是一个相对稳定的、带有灵魂性的东西，不能频繁变化，要有前瞻性，不要只顾眼前。

第三个阶段：农村金融机构外部文化形象的塑造阶段。

在这个阶段，一个农村金融机构要设计自己的外部文化形象。这是一个较为复杂的系统，有时可以采取"沟通营"的参与式讨论的方法，有时可以用"专家设计加员工讨论"的方法。农村金融机构可以综合运用各种方法，一方面达成内部对这些文化形象的认同，另一方面使这些文化形象在外部传播方面具有鲜明的个性，容易被客户和社会所识别。外部文化形象塑造包含的内容很广泛，大体可以包括视觉系统（如机构的标志、机构中英文标准问题的设计、标准化色彩的确立、机构办公用品的统一性、员工制服的设计、广告和媒体的基本风格设计、机构大楼的外观和内部布置设计、网站设计等）和听觉系统（如农村金融机构的公司歌曲、广告音乐定位等），这些设计都比较专业，但其方案也要经过员工的充分讨论。

第四个阶段：农村金融机构内部制度体系的设计阶段。

内部制度设计是农村金融机构文化构建中一个比较实在的内容，因为涉及农村金融机构方方面面的管理制度和经营模式的制定，比较具体，也最具有操作性，所以比较容易采取员工和管理层讨论的方式。农村金融机构内部制度体系包括人力资源管理制度（包括奖惩制度、薪酬激励制度、内部升迁制度等）、客户甄别制度、贷款质量保证制度、风险控制制度、金融产品创新制度、不良贷款回收制度、内部培训制度和业务流程制度等。因为这些制度涉及的范围比较广，所以在参与式"沟通营"中可以采取分部门进行讨论的方法，如人力资源部门讨论人力资源管理制度，风险管理部门讨论风险控制制度等。

经过"沟通营"的全员参与式的讨论，员工对农村金融机构文化构建的各个环节都比较熟悉，他们亲自参与其中，一方面可以深化他们对于本机构文化和管理模式的理解，另一方面也使他们对所制定的文化体系有发自内心的认同感。这一套农村金融机构文化体系一旦形成，其凝聚力和执行力将比那些简单地由农村金融机构领导人和专家制定的文化体系高很多，这是一个值得广大农村金融机构尝试的文化建构方法。

农村金融机构文化构建的四个阶段见图14-4。

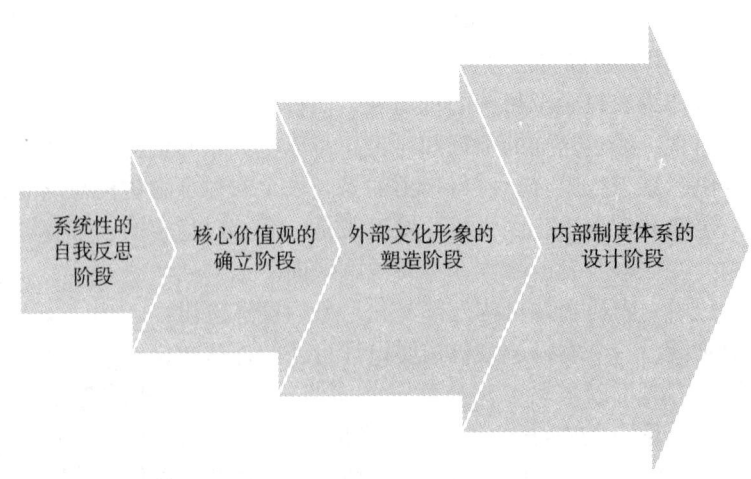

图14-4 农村金融机构文化构建的四个阶段

专栏14-4　山西某农村信用社的精神文化、形象文化与制度文化

一、农村信用社的精神文化

精神文化是企业文化的"魂",是企业前进的动力和支撑点,在引导职工、凝聚职工方面具有积极作用。对于农村信用社来说,有良好的精神文化,就能够减少阻力、增加助力、形成合力,打造出优势的团队。其中,以人为本是精神文化的关键。

对内,以人为本就是把人的因素放到第一位,在农村信用社内部构建以加强员工的素质教育为基础,以引导员工个人奋斗目标与农村信用社整体目标相一致为核心,以挖掘潜力、充分发挥员工的聪明才智为手段,以加快农村信用社发展、增加集体积累、提高员工物质文化生活水平为目的的企业文化内涵。山西某信用社的领导班子在制定农村信用社发展战略和加强内部管理的同时,做到了了解每个员工的情况,知人善用,激励员工自觉地尽一切能力为实现农村信用社发展目标作贡献。

一是领导班子与员工加强思想沟通,定期对员工进行思想教育。如坂下信用社教育员工"只要思想不滑坡,办法总比困难多",迎难而上,攻坚打硬仗,灌输农村信用社经营理念:"服务大众、情系信合、银企双赢、一诺千金",并通过制定科学的与绩效挂钩的考核办法,来突出利益分配和对特殊贡献员工的奖励,使员工真正体会到贡献与实现个人价值的对应意义。

二是领导班子不断为员工的进步创造宽松的环境。引导员工敬业爱岗,经常组织员工开展争先创优活动,定期组织评比,奖优罚劣,增强员工的荣誉感和耻辱感。

三是不断加强员工综合素质的教育,建设员工的形象工程,以每个员工良好的自身形象来展示农村信用社的整体形象。按照"以人为本、立岗创业、岗位成才、才为民用"的人才观,组织联社班子成员、各科科长、各信用社主任到清华大学进行培训,与山西省银行学校合作对员工定期培训,组织信贷员到湖南农村金融职工大学培训,招聘大中专学生充实到基层岗位。

四是不断丰富员工的物质文化生活,切实解决每个职工的实际困难,组织开展有益的文化娱乐活动,陶冶职工情操,增强集体凝聚力。在传统的中秋佳节之际,信用社举办了"中秋佳节,回家看看"座谈会。新老干部职工100余人欢聚一堂,畅所欲言,共同回忆了在信用社工作的经历,对信用社的发展建言献策。在九九重阳节时,为了感谢对信用社的发展一直默默奉献的职工家属,信用社对年龄在60岁以上的职工父母进行了慰问,班子成员亲自把慰问信和慰问金送到老人们的手中,从而增加了全社的凝聚力、亲和力和战斗力。

对外，以人为本，就是倡导"客户至上"，坚持"以我心灵美，换来信合美，以我诚心情，赢来客户情，视人民为父母，为客户谋幸福"的服务理念，把"享受我真诚的服务，留下你满意的微笑"落实在每一个细节中，为客户提供优质服务。用诚恳的服务态度、娴熟的服务技能、灵活的服务方式、先进的服务手段、满意的服务效果赢得客户。

二、农村信用社的形象文化

农村信用社由于受体制不顺、包袱过重、人员素质低等影响，长期以来，在金融系统中其整体形象是最差的，如网点装饰不统一、标识设计使用不统一、文化用语不统一、服装不统一、对外宣传不统一等。随着改革的深入，省级联社和区联社成立，正逐渐将农村信用社的形象文化建设统一起来。其外部形象主要是通过农村信用社的基本建设和服务窗口来体现的。

一是统一社容社貌，按照统一设计、统一标准，追求标准化、系统化、现代化，对营业网点进行了更新改造，员工统一着装。

二是加快电子化建设步伐。该信用社成立科技信息部，投资860万元建成了通存通兑综合业务系统，2004年又投资2080万元，建成了现代化机房、监控室，购买了两台小型机，电子化建设完成了全面升级改造，实现了快速、高效、安全运行。电子化建设完成之后，过去储户只能在存款营业网点取款的难题得到了解决。现在储户无论在哪里存款，都可以在市区任何一个网点随时取款，这极大地方便了客户，树立了农村信用社良好的服务形象。

三是开展视觉形象建设。2004年信用社办公营业大楼和两个分社装修一新，在公众心目中打下印记，强化公众对农村信用社的认识，从而树立信用社的社会形象。在全市金融业中，信用社是第一个开展建设企业文化"五个一工程"的单位。过去，该信用社的文化建设着重体现在大楼装修、办公区配置、服务设施配置、墙面文化、贵宾化服务等方面。该信用社以社庆二十周年为契机，全面更新企业文化建设概念，以《合作双赢报》为平台，促使企业文化建设向高端迈进，树立了自己的文化品牌，收到了良好效果，受到社会各界广泛好评。随后，又成功地出版了《向往未来》一书，充实了展览室内容，拍了电视纪录片，举行了大型焰火文艺晚会。在"五个一工程"中，他们还聘请了不少文化界名人来帮助工作，有区文联的、市日报社的，还有市电视台的。通过这一系列的宣传，为信合这个老品牌注入新的内涵，树立起一个现代金融企业的社会形象。

三、信用社的制度文化

农村信用社的经营管理离不开完善的制度文化，只有建立健全多位一体的一整套行业管理制度，使全体员工在工作中有章可循，用制度去约束行为，用制度去规范经营，才能提高信用社的管理水平，适应改革的需要。信用社在与农业银行脱离隶属关系以来，在建章立制、强化行业自律方面做了很多工作，形成了农村信用社自己的管理模式。近年来，更是不断规范和完善各项管理制度，在稽核保卫、信贷管理、财务电脑、人事教育、纪检监察、机关办公等方面出台了许多制度和方法。

该信用社在这方面做得更是出色，该社制定了人员分工、工资制度、稽核制度、管理制度、人事制度、一账六清制度、贷款制度及信用户评级制度。每项制度都设有严格的奖罚措施，分工到人。实践证明，合理的激励机制提高了员工的士气，调动了员工的积极性；合理的惩罚机制提高了员工的道德素质；合理的福利机制增强了员工的凝聚力和归宿感。

四、小结

按照目前农村信用社所处的发展环境和时代赋予农村信用社的历史使命，农村信用社企业文化的构建应确立三点：一是要确立诚实守信、面向"三农"、优质高效、文明服务的精神，突出服务"三农"的历史使命，在市场经济的发展中给自己准确定位，寻找自己的发展空间和发展机会。二是要确立农村信用社的理想、信念和发展目标。理想就是要成为广大农民朋友自己的银行，充分发挥合作互助的职能作用，充当农民致富的支持力量。信念就是"我助农业发展，农业助我强大"。发展目标就是以农村经济工作为中心，以建立信用村、信用户为基础，以建立广泛的农村客户群体、巩固的农村市场份额为手段，以增加集体积累、创造社会财富、加快自身建设和发展步伐为目的，成为农村金融的主力军。确立农村信用社的理想、信念和发展目标，目的在于把全体员工的思想和行动统一到农村信用社整体目标上来，使他们正确认识个人追求与集体目标的一致性，增强职工通过个人贡献实现自我价值的自豪感和荣誉感。三是要确立展现农村信用社时代风貌和形象标记的理念。从行业标识、机构外观、企业属性、经营宗旨到员工仪表和服务行为等方面，都应当充分体现自己鲜明的行业形象，引起社会各界的广泛关注。应树立起这样一种形象：在客户心目中，农村信用社资金雄厚、服务一流；在地方党政心目中，农村信用社是发展农村经济的靠山，安全可信；在信用社职工心目中，农村信用社就是自己的家，以自己是信用社的一员而自豪。有了这种形象，就会在无形中吸引公众、吸引人才、吸引资金，使信用社事业不断向前发展。

资料来源：王曙光等：《农村金融与新农村建设》（第七章），北京，华夏出版社，2006。

第十五章

农村金融机构的人力资源管理

第一节 人力资源管理

美国著名经济学家舒尔茨认为，决定人类前途命运的不是空间、土地和自然资源，而是人类的素质、技能和水平。在知识经济时代，我们越来越多地体会到，人不仅是企业生产经营中最活跃的因素，而且成为企业间市场竞争的焦点。人力资源已超越财务资源和技术资源，成为推动企业和社会发展的第一资源。与此同时，有效的人力资源管理体系成为企业和社会不断发展壮大的根本保证。

一、人力资源管理的现状

人力资源管理（Human Resource Management）是指为了确保大多数人高效地发挥才能，从而实现公司战略目标而设计的管理系统，其覆盖了人力资源活动的全过程。人力资源活动由企业内部许多有着内在联系的活动构成，主要包括人力资源规划和人员分析、人员配置（招聘和选拔）、人力资源培训与开发、绩效管理与评估、薪酬和福利体系几个环节。

人力资源管理的发展历程是从传统的人事管理向人力资源管理过渡，并最终实现人力资本管理见图15-1。人事管理基本上是一种行政性的管理，以"事"为中心，注重的是对人的控制与管理，人往往被视为一种"工具"。人力资源管理以"人"为中心，把人作为活的资源加以开发利用，注重的是资源的效率。人力资本管理则把人作为资本进行管理和利用，人力资本是可以创造价值的资本，注重的是资本的投入产出比。人力资源管理发展到今天，在发达国家优秀企业已开始向人力资本管理转变。

当前，农村金融机构存在人员整体素质不高、人才结构不合理、管理理念落后和人才流失严重等现象。究其原因，主要是农村金融机构经营管理中，人力

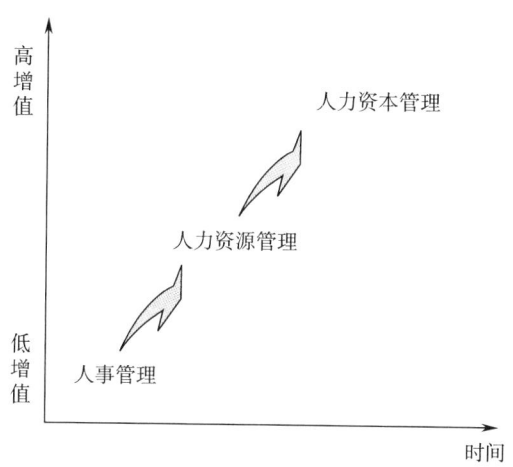

图 15-1　人力资源管理的发展历程

资源管理理念远远落后于现代人力资源管理的先进模式，仍然处于传统的人事管理阶段，人力资源管理对于业务发展的促进作用没有得到应有的重视。传统的人事管理和现代人力资源管理的最大区别在于传统的人事管理未将员工看做是宝贵的资源和财富，没有最大限度地尊重和满足员工的需要，无法充分调动和发挥员工的能动性和创造性。

传统人事管理和现代人力资源管理的差异比较见表 15-1。

表 15-1　　传统人事管理和现代人力资源管理的差异比较表

项目	传统人事管理	现代人力资源管理
管理视野	局部性、职能导向	整体性、战略导向
角色定位	具体事务性工作执行者	战略合作伙伴
管理权限	权力集中，劳动人事科室	权力分散，整合到管理一线，人力资源部门、决策层、直线经理、员工
与员工关系	管理与被管理	服务与被服务
工作重心	行政管理，以事务职责为中心	咨询顾问，以人为本
管理形式	被动开展	主动出击

可以看到，金融机构忽视人力资源管理，势必会危害到其生存和发展。随着农村金融改革的不断深入，造就一支高素质的员工和高管人员队伍，建立完善岗位、薪酬、绩效三位一体的现代人力资源管理体系，成为农村金融机构稳健发展的根本保障。

二、农村金融机构的人力资源管理内容框架

农村金融机构的人力资源管理具有丰富的内容,我们主要通过图15-2来呈现其大致的框架。

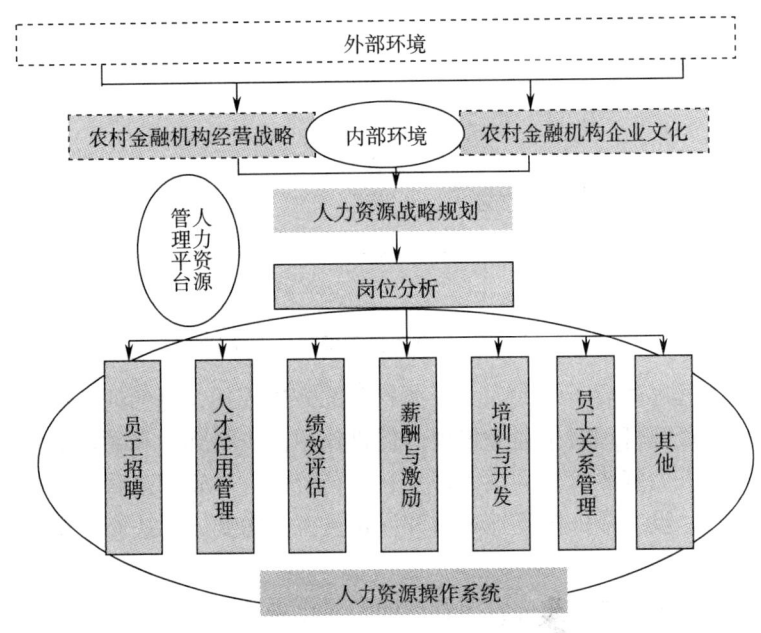

图15-2 人力资源管理内容框架

1. 人力资源管理外部环境。人力资源管理活动是在一定的外部环境因素的影响下进行的,包括经济状况、有关法律法规、人才市场的供求状况和区域文化等。经济状况将影响农村金融机构向社会提供的就业机会和向员工支付的报酬等,人才市场的供求状况影响农村金融机构在招聘员工时的选择空间,区域文化决定了农村金融机构的人才任用标准和薪酬结构等。

2. 人力资源管理内部环境。农村金融机构的经营战略和企业文化构成了人力资源管理的内部环境因素。农村金融正处在一个飞速发展的时期,农村金融机构的经营方式、业务种类和侧重点、操作方法等在不断地发生变化,这种变化来源于外部环境对金融业务需求的变化。对农村金融机构来说,必须提前对变化作出准备,制定切实可行的经营战略和发展规划。战略目标是由人来实现的,人力资源部门在宏观层次的贡献就是确定企业员工共同持有或认同的核心价值观,引导和塑造员工的行为,最终实现业绩目标。因此人力资源部门要依据经营战略来制定好人力资源战略规划,为发展准备充足的人力资源。

> **专栏 15-1　企业战略与人力资源战略**
>
> - 成本领先战略适用于比较稳定的竞争环境，追求规模经济和生产的高效率，对增加产品数量，降低成本，控制财务、管理、销售三大费用等方面给予高度关注，尽可能地减少研发、服务、推销、广告等方面的成本开支，着眼于短期成效，尽可能规避风险。
> - 成本领先战略的人力资源需要：由于对员工的技能和专业化程度有非常明确的要求，因而工作说明书和任职要求非常详细；建立内部一致性的报酬系统，报酬的大部分与绩效挂钩，监督管理人员与下属之间的工资差距很大，实行内部晋升。
> - 差异性战略强调企业产品、技术水平、服务水平、品牌与竞争对手有差异，追求员工的高度创造性和协作精神，喜欢冒险并愿意成为风险的承担者，员工的创新观点和能力得到鼓励和提倡。
> - 差异性战略的人力资源需要：由于鼓励员工的创造性和协作精神，因而工作说明书和任职要求比较宽泛，不太注重职能的限制，而注重对员工协作和团队精神的培训；由于鼓励创新，需要不断招募具有新思想、新观念的人进入企业，因此薪酬系统更倾向于外部的公平性。
> - 集中战略强调市场份额或运营成本，其特征是企业的主要精力集中在将自己已经占领的市场中自己做得最好的那一块做得更好，企业的着眼点是维持并强化员工现有的技能。
> - 集中战略的人力资源需要：提供一种有效保持这种技能的培训手段，保留具有这种技能的员工的薪酬计划，注重员工以经验为基础的行为技能的绩效考评等。

3. 人力资源管理平台。人力资源管理平台指由外部环境分析、经营战略和文化到具体的各人力资源操作系统实施过程中普适性的技术分析过程。它的主要内容是在人力资源规划的基础上，进行岗位、绩效和人这三者关系的分析，包括岗位对公司的价值、关键绩效指标的设定和衡量，以及对任职人员的能力素质要求。其主要结果是岗位体系的构建，这也正是建立招聘、培训、考核、报酬等人力资源操作系统的共同依据。

4. 人力资源操作系统。人力资源操作系统是指员工招聘、绩效评估、薪酬与激励、培训与开发等人力资源管理的政策、制度和程序，它们是企业人力资源策略的具体实现途径。因为建立在同一个平台上，所以各操作系统不是相互独立的，而是紧密联系的整体。

图 15-2 不仅表明了人力资源管理的内容框架,同时也表明了人力资源管理的流程。内外部环境因素是输入端,各操作系统是输出端。作为流程的最后一个环节,操作系统的执行体现和融合了经营战略和企业文化的要求,保证了流程的实现。这一流程对农村金融机构的意义在于,一是推动长期战略实现,二是促进近期经营业绩提升,而业绩提升又是以推动战略实现为方向的。这也是人力资源系统为企业贡献的价值所在。

通过表 15-2,我们可以大致了解银行人力资源管理部门的职责。

表 15-2　　　　　　　　我国某银行人力资源管理部门的职责

人力资源规划	根据本行经营战略,制定人力资源规划和方针政策,提出 3~5 年人力资源战略;建立人力资源管理政策和制度,并组织实施
组织结构设计和岗位设置	根据本行的经营战略和经营状况,对公司的组织结构和职位设置进行设计和调整
人员调配	根据组织结构及人员变动情况,调配人员;优化人力资源配置,提高人力资源的有效性
人员招聘	根据各部门用人需求,负责人员招募,组织人员的甄选和录用
培训开发	制订员工培训计划,组织员工培训,进行培训效果评估
绩效管理	制定、监控和管理公司的绩效管理体系
薪酬管理	建立、实施和管理公司的薪酬与福利体系
员工关系管理	确立本行和员工间的沟通了解渠道和方法;管理员工的劳动合同

第二节　员工招聘和人才任用管理

一、员工招聘和录用

农村金融机构在业务发展的过程中,由于各方面的原因,如规模不断扩大、增加新的业务品种、开设新的分支机构等,要求补充人员。员工招聘就是指农村金融机构为了业务发展的需要而从组织内部或组织外部吸收人力资源的过程,它是人力资源管理的基本环节,关系到农村金融机构员工的素质和品德,也就直接关系到农村金融机构未来的发展。

(一) 招聘准备工作

第一,要从人力资源供给和需求两个层面分析,最终确定需要增加的岗位的名称、数量及招聘条件等情况。通过对内部人力资源需求的分析,确定空缺岗位的数量和种类,准确核定招聘数量;在人力资源供给分析中,要了解需要增加的岗位外部市场的供给情况,以便确定最好的招聘方式和方法。

第二,要确定招聘渠道。一般来说,可以选择内部员工推荐、广告招聘、校园招聘等方式。对于招聘数量少的情况,可以选择内部员工推荐的方式,但是该方法弊端明显,由于不是公开进行的,所以缺少公平性,同时极易在农村金融机构中形成"小宗派";广告招聘最为普遍,特别适用于大量招聘的情况,通常利用广播、电视、报纸和互联网等媒体进行招聘,信息传播广,挑选余地大,但是其工作量较大,广告费用相对较高;校园招聘是农村金融机构挑选专业人员和技术人员最有效的方式之一,但是其对农村金融机构来说成本会非常昂贵。以上招聘渠道,需根据农村金融机构的人员需要层次、成本预算、本机构的市场竞争力等因素来确定。

第三,要确定招聘方法。招聘的方法非常多,常用的基本方法有直接调查、笔试、面试等。直接调查是指根据求职者的申请表,通过官方材料或者档案,在求职者原所在单位或学校的协助下,获取求职者的真实信息,但是这种方法往往要依赖于求职者原所在单位或学校认真的配合和客观的评价。笔试通常需要农村金融机构人力资源管理部门事先根据某一特定职位的工作需要设计好笔试题目及评分标准,以保证测试出应聘者的与所要承担的工作有直接联系的技能、技术和专业知识等。面试在农村金融机构招聘中起着非常重要的作用,它能够更加直观地反映应聘者的综合素质。至于面试,首先,需要确定主考官,主考官的素质决定了面试的结果和质量,一个优秀的主考官需要有良好的个人品格和修养,具备专业知识和丰富的工作经验,能熟练地运用各种面试技巧并控制面试过程,所以面试官应具有代表性。其次,要设计面试提纲,主要包括面试开头语、业务技能问题和个人性格测试问题,问题的制定要有针对性。最后,制定面试评价表见表15-3。面试评价表应能全面反映工作岗位对员工素质的要求,对于表内的各项内容要求考官都能达成一致的理解,对应聘者作出准确的评价。

表15-3　　　　　某农村金融机构面试评价表

序号	评分标准 姓名	整体印象 5分	形象气质 5分	专业知识 5分	工作能力 5分	表达能力 5分	岗位匹配 5分	性格倾向 不记分,填写:偏外向、一般、偏内向	总分	排名顺序
1										
2										
3										

续表

序号\评分标准\姓名	整体印象	形象气质	专业知识	工作能力	表达能力	岗位匹配	性格倾向	总分	排名顺序
	5分	5分	5分	5分	5分	5分	不记分，填写：偏外向、一般、偏内向		
4									
5									
…									

注：评分实行5分制，5分为优秀，4分为较好，3分为一般，3分以下为较差。

考官签字：_____

（二）发布招聘公告

通常，招聘单位都需要向社会发布招聘公告。招聘公告是招聘单位对外发布的招聘信息。招聘公告应全面、准确、及时地反映招聘信息，内容应包括招聘单位名称及简要介绍、招聘岗位的名称和人数、招聘条件和渠道、要求应聘者提供的资料、招聘方法及时间安排以及其他招聘事项。

专栏15-2 安徽省农村信用社联合社员工招聘公告

安徽省农村信用社联合社（以下简称省联社）及部分县（市、区）农村合作金融机构（包括农村商业银行、农村合作银行、农村信用联社，下同）面向普通高等院校毕业生公开招聘普通岗位员工和管理及技术岗位专业员工。现公告如下：

一、招聘计划及条件

（一）省联社招聘管理岗位员工5名。招聘条件：

1. 学历：普通高校全日制研究生及以上学历，并取得硕士及以上学位；
2. 专业：金融、审计、财会、经济管理等专业；
3. 年龄：硕士在28周岁以下，博士在30周岁以下。

（二）部分县（市、区）农村合作金融机构招聘专业管理岗位员工121名（各地招聘名额见附表）。招聘条件：

1. 学历：普通高校全日制本科及以上学历，并取得学士及以上学位；
2. 专业：计算机、法律、金融或经济管理专业，实行专业对口招聘；

3. 年龄：学士在 25 周岁以下，硕士在 28 周岁以下。

（三）部分县（市、区）农村合作金融机构招聘普通岗位员工 1400 名（各地招聘名额见附表）。招聘条件：

1. 学历：普通高校全日制大学专科及以上学历（少数地方要求本科及以上学历，以这些地方的招聘简章为准）；

2. 专业：金融、财会类专业；

3. 年龄：25 周岁以下。

二、招聘程序、方式及大致时间安排

（一）省联社招聘员工和县（市、区）农村合作金融机构招聘专业管理岗位员工。

1. 报名：符合条件的人员既可到省联社报名，也可到县（市、区）农村合作金融机构报名。报名时间：自即日起至 2 月 15 日止。

2. 笔试：由省联社组织分专业考试。考试时间：2 月 25 日左右；考试地点：合肥。具体时间和地点另行通知。

3. 面试：由省联社组织面试。

（二）县（市、区）农村合作金融机构招聘普通岗位员工。

1. 报名：符合条件的人员到县（市、区）农村合作金融机构报名。报名时间：自即日起至 2 月 5 日止。

2. 笔试：由省联社提供试卷，以市为单位由省联社办事处组织集中考试。考试时间：2 月 10 日左右。具体时间和地点另行通知。

3. 面试：由省联社办事处或县（市、区）农村合作金融机构组织面试。

三、员工管理

全省农村合作金融机构员工管理实行全员劳动合同制，执行绩效工资制度。招聘的省联社员工，由省联社与其签订聘用合同，根据需要安排到基层实习半年。招聘的县（市、区）农村合作金融机构专业管理岗位员工，原则上分配到家庭所在地机构工作，与县（市、区）农村合作金融机构签订劳动合同，先安排到基层工作不少于 1 年，对能够胜任相应管理岗位工作的，进入县（市、区）农村合作金融机构本部工作。招聘的县（市、区）农村合作金融机构普通岗位员工，与县（市、区）农村合作金融机构签订劳动合同，安排到基层普通柜员岗位工作。

安徽省农村信用社联合社
二〇〇八年一月二十七日

(三) 员工录用

员工录用是指制定录用决策的过程。员工在通过笔试、面试后，进入金融机构之前，要与金融机构签订劳动合同，合同中将规定最多半年的试用期。试用期是对员工与金融机构双方权利和义务的限制，试用也是招聘单位对于员工工作能力、发展潜力和个人素质的进一步考核。在此过程中，人力资源部门应完成以下主要工作：进行岗前培训、考核鉴定员工在试用期的表现、根据考核情况制定正式录用决策、给员工提供相应的工资待遇、制度员工培训发展计划等。

二、人才任用管理

农村金融机构应建立以公平、公开、公正、择优为导向的选人用人机制，打造道德高尚、业务专强、善于应变、精通管理的管理人员队伍。按照现代金融机构经营管理的需要，研究设计各级各类管理人员的胜任力素质模型，建立健全门类齐全、各具特色、简便实用的考评指标体系，强化对高级管理层的年度考核和任期考核，形成干部发现、培养、选拔、使用、考核、奖惩、退出相互衔接的良性机制，实现干部管理的科学化、规范化和制度化。针对农村金融机构管理人员文化水平不高、综合素质不佳等问题，应主要做好以下几个方面的工作：

1. 坚持正确的用人导向，培养选拔一批有政治素质、有领导能力、有专业素养、有浩然正气的优秀人才担任部门高管。建立定期轮训制度，以提高政治素养、更新思想观念、改善知识结构为重点，全面增强高级管理人员处理复杂问题、开拓创新、综合竞争、经营管理和领导决策的能力。

2. 调整优化干部队伍结构。采用专业知识测试、胜任能力评估、综合素质考察等公开选拔方式，遴选一批熟悉国际金融规则和运行准则的外向型优秀管理人才。研究建立外部人才引进机制，敞开门户，广纳贤才。强化对各级管理人员的年度考核和任期考核，对不胜任、不称职、相形见绌的管理人员要给予降职或免职处分。高度重视高级管理团队成员的年龄、学历、专业、性格、气质的合理搭配，改善结构，加强团结，形成合力，实现各级行高级管理团队的优势互补。

3. 对于目前在任的管理人员，通过脱产培训等方式，全面提高管理人员的业务拓展能力、处理复杂问题的能力、综合竞争能力、风险防控能力和经营管理能力，为做好农村金融业务夯实领导基础。

4. 加强后备管理人员队伍建设。通过业务培训、岗位轮换等方式，丰富实务经验，全面增强后备管理人员驾驭复杂局面的能力、解决实际问题的能力、市场竞争能力、风险防范能力和组织领导能力，构建一支数量充足、素质优良、结构合理、堪当重任的后备管理人员队伍。

第三节 绩效管理

一、绩效管理的定义

绩效管理是组织用来确定绩效目标、评估业绩表现、识别业绩实力和发展需求,激励员工业绩持续改进,从而实现经营战略的管理体系。它既是监督和培养员工的过程,同时也是一种战略管理工具,它使公司可以将员工的贡献和公司的优先发展顺序结合起来,并鼓励员工参与对自己和公司绩效的管理,建立各层次的绩效责任体系。

首先,绩效管理有利于提高经营业绩,让员工明白公司想达到什么目标及什么是值得鼓励的,从而引导员工的行为与公司、部门的战略和方向保持一致,以期持续提高业绩。其次,绩效管理有利于培养人才。通过绩效评估,向员工渗透公司的价值观与期望,使员工在工作中取得成绩和进步;通过绩效管理,使员工得到领导和同事们的承认和肯定,可以更好地激励其发挥技能和潜力;员工如存在不足和缺点,通过绩效考评,可以让其清醒地认识到公司的期望与其当前能力之间的差异,了解自己应该在哪些方面得到提高,从而自发性地改善自身能力;同时,通过绩效管理,可以发现员工的长处与不足、优势与劣势,从而根据员工培训的需要,制订具体的培训措施与计划;绩效管理还有利于激发潜能,绩效管理的结果将被应用于薪酬管理、人才选拔和晋升、辞退等方面,因此,建立依据员工报酬与贡献相匹配的管理体系,将有利于提高工作的积极性,激励员工多作贡献,激发员工潜在能力的释放。

二、绩效管理的原则

在实施绩效管理的过程中,要把握衡量客观、操作透明、兼顾平衡、简单易行的原则。衡量客观即尽量采用客观的衡量标准去衡量员工绩效,以使评价标准明确;操作透明指在绩效管理的过程中,要求员工参与目标设定和行动计划的制订过程,参与自己的绩效面谈,使员工了解自己的绩效目标与绩效计划,以及上级如何评估自己的绩效;兼顾平衡指在绩效评估指标的选择上,建议采用平衡计分卡,实现长期性指标与短期性指标的平衡、财务指标与非财务指标的平衡、先导性指标与滞后性指标的平衡;简单易行即在不违背以上原则的情况下,尽量做到简单、易于操作,降低管理成本。

三、绩效管理体系的内容

绩效管理将公司的战略、资源、业务和行动有机地结合起来,构成完整的管理体系，其运作包括组织和个人两个层面。首先，从公司发展战略和经营计划出发，确定绩效计划，主要是完成组织及个人的绩效目标、指标及权重设置，设定绩效计划的目标是向员工明确组织的发展目标和方向以及对员工个人绩效水平的期望。其次，在运作过程中要持续进行绩效反馈与辅导，即经理或管理人员根据员工的工作进展提供连续性的辅助和指导，实施观察与记录，以明确正确的工作态度和行为，了解工作的进展。绩效辅导可以在任何时候以正式或非正式的方式进行，正式的辅导通过管理者和员工之间的正式谈话方式进行，非正式的辅导与正式的辅导有相同的目的，但通常是在日常的工作环境中，通过灵活的方式进行的。再次，要对个人和组织分别进行绩效评估考核。再次，将评估考核结果运用到薪酬福利、职位调整、绩效改进计划和员工培训等方面，进行激励回报。

> **专栏15-3　平衡计分卡（Balanced Score Card, BSC）介绍**
>
> 　　平衡计分卡是根据企业的使命/愿景，从财务、客户、内部流程、学习创新四个方面，描述、分解、沟通战略实施计划，并对战略计划的实施结果进行追踪和评价的管理系统。它是一种指导战略实施的工具，它将企业的战略转化为一套全面的目标和指标，这些目标和指标分为四个维度：财务、客户、内部业务流程、学习与成长，每一维度各包括目标、绩效指标、目标值和行动方案。目标是从企业战略中分解出来的关键战略目标，每一个战略目标都包括一个或多个绩效指标；绩效指标是衡量战略目标实现结果的定量（或定性/主观）的尺度；目标值是对期望达到的绩效目标的具体定量要求；行动方案和项目类似，由一系列相关的任务或行动组成，目的是达到每个指标的期望目标值。
>
> 　　平衡计分卡保留了传统的财务目标和指标，同时增加了作为财务目标的业绩驱动因素的非财务指标，有助于观察企业运行是否良好，及时获得四个维度的反馈信息，根据这些反馈信息及时调整目标和指标并制订相应的解决方案，实现持续改进的动态平衡过程。动态平衡过程兼顾长期目标和短期目标，不仅兼顾了企业内部因素和内部各部门，而且关注企业外部客户和外部环境因素等多方面的平衡，使企业真正实现动态平衡。
>
>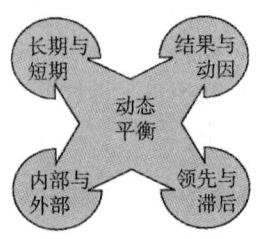

1. 先期准备工作。企业根据自己所处环境及自身资源确定战略目标，并在企业的各个层面宣传企业的远景及战略目标，上下达到共识。同时，从各个层面抽调管理人员和技术人员组成平衡计分卡绩效评价团队，团队的主要职责是确定评价标准、建立评价体系、收集和处理数据、考核绩效、进行监督、接纳反馈意见，并对指标进行修正等。

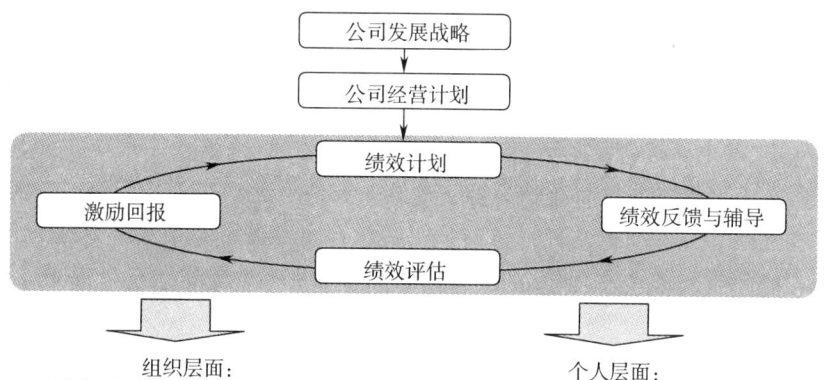

组织层面：
- 达成公司业绩目标
- 识辨绩效优秀的人才
- 作为战略沟通工具，加强内部沟通

个人层面：
- 明确个人目标并达成个人业绩指标
- 依据绩效结果提供相应的激励回报
- 制订个人职业发展计划
- 提供培训和能力提升机会

2. 平衡计分卡的实施流程。平衡计分卡的实施主要经过阐明远景、明确评价标准、处理分析和分解数据、制定措施和实施反馈等几个环节。具体来说，平衡计分卡的实施经过以下流程：

（1）简洁明了地确立公司使命、远景与战略。

（2）成立实施团队，解释公司的使命、远景与战略。

（3）在企业内部各层次展开宣传、教育、沟通。

（4）建立财务、顾客、内部运作、学习与成长四类具体的指标体系及评价标准。

（5）数据处理。根据指标体系收集原始数据，通过专家打分确定各个指标的权重，并对数据进行综合处理、分析。

（6）将指标分解到企业、部门和个人，并将指标与目标进行比较，从而发现数据变动的因果关系。以部门层面的平衡计分卡作为范例，各部门把自己的战略转化为自己的平衡计分卡。在此过程中要注意结合各部门自身的特点，在各自的平衡计分卡中应有自己的独特的、不同于其他部门的目标与指标。

（7）预测并制定每年、每季、每月的绩效衡量指标具体数字，并与公司的计划和预算相结合。

（8）将每年的报酬奖励制度与经营绩效平衡表相结合。

(9) 实施平衡计分卡，进行月度、季度、年度监测，反馈实施的情况。
(10) 不断采用员工意见修正平衡计分卡指标并改进公司战略。

阐明远景	确定评价标准	处理、分析及分解数据	制定措施	实施及反馈
•阐明远景与战略目标 •沟通与教育 •达成共识	•组建评价团队 •建立评价标准 •评价指标的确定	•历史数据的收集 •预测未来数据 •专家打分确定各指标的权重	•数据综合处理 •数据的分析 •数据分解到企业、部门、个人	•按分解的指标制定各个层面的措施	•各个层面实施措施 •实施的反馈 •修正指标

3. ××农村商业银行平衡计分卡实践。

下面以××农村商业银行为例说明如何利用平衡计分卡来设定绩效指标。该行采用财务、客户、内部运营、学习与成长四个维度进行分析设定。指标见下表：

财务方面：
- 经济增加值
- 经济资本净回报率
- 总资产净回报率
- 净利润
- 净利润贡献度
- 净收入
- 成本收入比
- 业务收入费用率
- 中间业务收入占比
- 中间业务收入增长率
- 贷款收息率
- 贷款收益率
- 存贷款净利差率
- 交叉销售收入占比
- 费用预算控制率

客户方面：
- 客户满意度
- 客户保持率
- 客户渗透率
- 人均折效存款
- 优质客户占比
- 优质客户贷款占比
- 客户平均利润贡献度
- 重点客户利润贡献度
- 品牌美誉度
- 新产品收入市场占比
- 电子渠道交易量增长率
- 电子渠道交易量占比
- 电子渠道交易收入增长率
- 电子渠道交易收入占比

内部运营（风险管理与流程）方面：
- 不良资产比率
- 新发放贷款不良率
- 不良资产回收率
- 不良贷款回收率
- 到期贷款本息回收率
- 五级分类贷款迁徙率
- 管理模式创新有效性
- 新产品收入占比
- 重大案件发生数
- 操作风险损失率
- 风险管控有效性
- 业务流程改造工作计划完成率
- 战略性工作计划完成率

学习与成长方面：
- 人才队伍建设计划完成率
- 员工满意度
- 战略业务技能覆盖率
- 合格员工比率
- 关键员工保留率
- 培训满意度
- 业务培训覆盖率
- 人均培训学时
- 员工违规违纪情况
- 关键人才培训计划完成率
- 共享信息沟通机制有效性
- 决策效率

第四节 薪酬管理

员工薪酬对调动员工的积极性起着非常关键的作用，是人力资源管理的重要内容。薪酬管理的关键是根据岗位价值、任职者绩效和薪酬定位策略，确定或调整不同类别、不同等级员工的薪酬水平和薪酬差距，逐步使本机构员工收入分配水平向市场趋势靠拢，按市场认可的岗位价值和绩效水平拉开收入差距，建立兼具内部公平性和外部竞争性的薪酬激励机制。

一、薪酬结构

农村金融机构须建立统一薪酬体系下的差异化薪酬结构，实行统一的岗位绩效工资制，以取代行员等级工资制、职级工资制等各种现行的工资制度。员工的薪酬构成为：

薪酬总量 = 岗位工资 + 绩效工资 + 长期激励 + 福利

岗位工资和福利是固定薪酬。岗位价值将取代行政职级，作为确定岗位工资水平的决定性因素，即建立"岗薪挂钩、岗变薪变、绩效考评、按绩取酬"、以岗位工资为基础的基本工资制度。农村金融机构内部的福利项目将根据岗位等级拉开差距，实行差别化福利政策，以取代平均化的分配方式，各项津贴和补贴将被纳入岗位工资，锁定并逐步取消。

绩效工资和长期激励是浮动薪酬，根据岗位类别、组织和个人的绩效水平决定。长期激励包括企业年金、补充医疗保险、住房补贴、预期收入账户、特殊津贴、优秀人才津贴、个人持股以及奖励休假、提供培训机会等多种形式。

建立上述薪酬结构时，需要考虑本机构的基本薪酬策略，决定具有竞争性的标准工资，制定薪酬结构的类别，明确需要多少个薪资结构。其中，薪酬策略需要考虑文化与价值观、内部环境、外部环境和竞争性定位等方面的因素，确定薪酬体系的主要目标，在按职位付薪酬、按绩效付薪酬和按能力付薪酬之间作出选择，确定绩效导向等问题。

二、薪酬管理层次

当前，农村金融机构不仅存在收入差距过小的问题，而且存在内外部分配不公的问题，具体表现为重要岗位和关键岗位的高素质人才收入过低，低于劳动力的市场价位，一般岗位及操作性岗位的职工收入过高，高于劳动力的市场价位，造成一些员工的工作积极性降低。对此，农村金融机构应参照国外商业银行的做法，对人员进行分类管理，分类确定工资，建立公平合理的绩效工资分配制度，实施全员绩效管理，强化绩效考核，构建充分激励、有效约束、多劳多得、体现个性的绩效工资分配模式。

（1）高级经营管理层。对高级经营管理层的激励采用年薪制，使高管人员的薪酬与年度经营业绩挂钩，从支付形式上保证经营者取得薪酬的合理性；采用"岗位工资＋绩效工资＋股权激励＋福利"的薪酬结构，实行以绩效工资和长期激励为主、岗位工资为辅的分配制度；高级经营管理层的绩效工资根据其所在行经营业绩综合考评结果和本人"德能勤绩廉"考评结果，由上级行核定或直接发放。

（2）中级管理层。按照中层管理人员承担的职责和工作业绩合理确定其薪酬水平，在科学判别各岗位劳动差别、难易程度和责任轻重的基础上，合理确定岗位差异系数，竞争上岗，岗能匹配，实行"岗位工资＋绩效工资＋适当股权"的薪酬结构。经营管理类和业务管理类员工的长期激励以延期支付的绩效工资为主。一般情况下，对关键岗位中层管理人员的股权激励比例可以适当高一些。

（3）专业类员工。这里的专业类员工主要指信贷人员。市场营销人员的绩效工资与拓展客户、维护客户、吸收存款、发放贷款、风险防控、开发中间业务等业绩指标直接挂钩，或通过内部成本核算与创利水平直接挂钩，通过考核进行绩效工资分配，合理拉开收入分配差距。在薪酬结构上，主要采用"岗位工资＋营业收入提成"的结构，此外还要考虑其管贷额、管贷户数及管贷质量，以个人绩效为主，与部门绩效挂钩。对专业技术人才实行以岗位等级工资为主体的特殊激励政策，根据岗位等级，合理确定岗位系数；建立优秀人才津贴、项目津贴、项目奖励等形式多样的"当期业绩贡献奖励"以及预期收入账户、补充保险、特惠福利等长期激励措施；对稀缺专业技术人才实行协议工资制度。

（4）操作层员工。操作层员工特别是基层一线员工的工作职责相对固定，容易量化。对操作层员工可以采用"基本工资＋计件工资＋年度奖金＋福利"的薪酬结构，实行以计件工资（工量工资）为主的绩效工资分配方式，将业务量折算成标准业务笔数，同时根据服务态度、工作质量、业务技能等考核结果分配绩效工资，尽可能体现按劳分配的公平合理性。

实施薪酬管理的目标是建立多元一体、绩效挂钩、科学合理、公平公正的薪酬管理体系。坚持按劳分配、效率优先、兼顾公平的原则，实施薪酬管理，根据岗位类别、价值、职责、规范和个人贡献，合理拉开员工之间的收入差距，建立健全以岗位工资制度为基础、长期激励和多元化激励并举的薪酬管理体系。

第五节　面向未来的人力资源管理

随着农村金融体制改革的不断深化，农村金融机构之间的竞争更加激烈。为了适应市场竞争的要求，农村金融机构的人力资源管理也将呈现出许多新的趋势，构建面向未来的现代人力资源管理体系是未来发展的趋势。

一是未来的人力资源管理应向战略性人力资源管理转变,人力资源管理从作业性、事务性管理中解放出来。由于现在大部分的人力资源管理者是从原行政部门人员转型而来的,所以他们更多地是在处理行政方面的事务,以应对每天的突发事件。据统计,目前人力资源管理部门65%的时间用于事务性服务,仅有25%的时间用于咨询性服务,10%的时间用于战略性问题的制定和决策。未来人力资源管理的精力将重点投入到员工日常关心的问题和员工的需求上来,更加积极主动地作出反应,并向员工提供满足他们需求的咨询和服务,其事务性工作的时间将仅占人力资源管理的25%左右。现在和未来的人力资源管理的对比见图15-3。

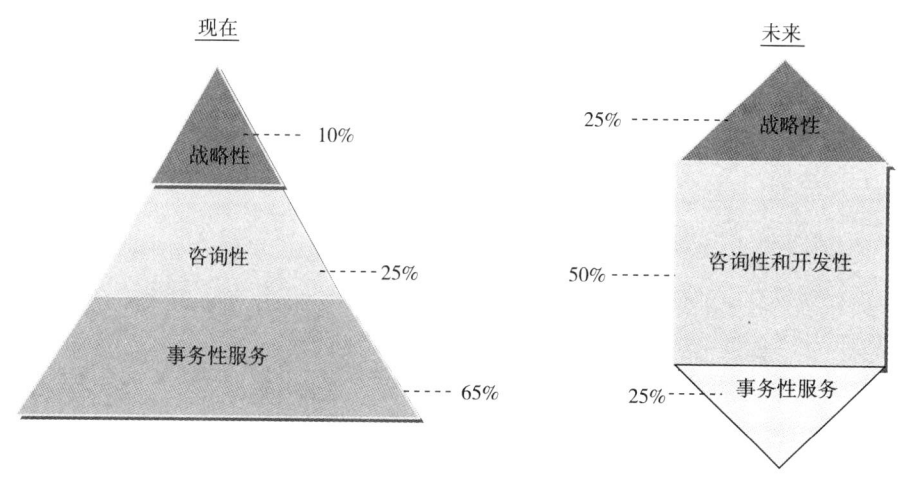

图15-3　现在和未来的人力资源管理的对比

二是作为企业的业务和战略合作伙伴,人力资源的战略和行为必须与企业的经营战略相统一,以促进企业经营战略目标的实现。人力资源在宏观层次的贡献就是确定企业员工共同持有或认同的核心价值观,引导和塑造员工的行为,最终实现业绩目标。因此,人力资源部门要依据经营战略制定人力资源战略规划,为企业经营战略目标的实现储备充足的人力资源。

三是未来的人力资源管理的价值导向是以人为本,即以人为中心,把人摆在第一位。具体说来,就是把企业管理的出发点、着眼点和落脚点放在充分调动人的主动性、积极性和创造性上,最大限度地挖掘人的潜在能力,追求人的全面发展。强调以人为本,充分体现对人的关怀,满足人的基本权利和需求,提高员工满意度,使大多数员工能够不断分享企业发展和改革的成果,实现企业经济效益和人的全面发展的基本目标。

第四篇　宏观篇

第十六章

农村金融机构面临的宏观环境

第一节 农村金融机构面临的宏观政策环境

最近这几年，我国农村金融的改革驶入了一个快车道。2004—2009年，连续6个中央"一号文件"都提出要加快推进农村金融体制改革，改善农村金融服务。各有关部门认真贯彻落实关于农村金融改革的总体要求，农村金融改革的各种新政策纷纷出笼，令人有眼花缭乱、目不暇接之感。与此相适应，不同类型的农村金融机构相继设立。农村金融在这样一个良好的宏观政策环境中，开始走向多元化发展道路，农村金融改革逐步推进。

2003年，农村信用社的改革拉开了农村金融改革的序幕（尽管改革的目标模式和指导思想仍然是模糊的）。2004年7月，国务院召开会议专门讨论农业发展银行职能调整的有关问题。2005年底，中央银行主导的"只贷不存"小额贷款公司的试点工作开始启动，在山西、陕西、四川、贵州、内蒙古五个地区开始局部试点，这个试点对于积极引导农村民间资本、增强农村金融市场的竞争有着积极的作用。尽管这个试点涉及的区域非常小，但是有一定的示范效应和影响力，对我国农村小额贷款起到了较大的推动作用。2006年底，中国邮政储蓄银行宣告成立，一场关于邮政储蓄改革的旷日持久的争议终于宣告结束，而中国邮政储蓄银行无疑成为农村金融领域颇有希望的主力部队之一。

2006年底，中国银监会发布《中国银行业监督管理委员会关于调整放宽农村地区银行业金融机构准入政策，更好支持社会主义新农村建设的若干意见》，其决策气魄之大、涉及领域之广都出人意料。中国银监会关于放宽农村金融市场准入的政策使农村金融市场的结构发生了积极的变化：新成立的农村资金互助合作组织成为真正的合作金融机构，村镇银行定位于真正的社区性的乡村银行，独立的小额贷款公司的建立也突破了中央银行的试点架构。

2007年8月，《中国银监会关于银行业金融机构大力发展农村小额贷款业务的指导意见》出台，系统规划了各类银行业机构发展农村小额贷款的基本政策框架，受到了社会的极大关注。这是非常适时的一项决策，对我国农村金融体系的改革和农村经济的转型起到了重要的促进作用。此次关于银行类机构开展小额贷款业务的指导意见，着重于农村金融领域的机制建设和农村经济的长远发展，非常具有前瞻性和系统性，也体现了中国银监会在农村金融改革中一贯的"大手笔、大格局"，同时仍贯穿着"渐进式增量改革"和"局部试点推广"的传统智慧。

2008年9月，中国人民银行发布《中国农村金融服务报告》，提出了一系列进一步深化农村金融改革的思路，例如稳步开放农村金融市场，进一步完善农村地区的信贷市场、保险市场和期货市场，建立功能完备、分工合作、竞争适度的农村金融市场体系；放开利率限制，适时放开农村信用社贷款利率上限，使金融机构能够根据自身经营成本和管理能力自主定价，实现利率覆盖经营风险和成本；实行有差别的监管政策，建立有利于降低服务成本的农村金融监管体系；在财政、税收和货币政策上给予农村金融机构一定优惠，建立扶持农村金融服务的长效机制；等等。

2008年10月，党的十七届三中全会召开，提出"建立现代农村金融制度"的战略目标，并提出一系列政策措施，为未来的农村金融改革指明了方向。

国家出台了这一系列农村金融改革的政策，视野开阔，波及广泛，具有系统性和整体性，既体现出谨慎渐进的特点，也表现出一种大刀阔斧和务实的作风。很多举措对于改变农村金融现状而言都是实质性的。可以预见，将来的农村金融市场必将出现投资主体多元化、竞争主体多元化、农村资金供给不断增加、农户资金需求得到更好满足的良好局面，农村金融市场的竞争结构和产权结构都会得到极大的改善和优化，农村经济发展必将获得更大、更有效的金融支持。这样的宏观政策环境对于农村金融来说是非常有利的，这意味着我国农村金融机构的黄金时代即将来临。从实际操作来看，这些政策确实改善了农村金融生态，使多年沉寂的农村金融领域又一次恢复了生机和活力。

现行的政策框架为我国的农村金融机构勾画了一个远景。在这个框架中，农村地区的金融机构形成了一个很好的梯形结构。在这个梯子的最高端，是农村的政策性业务和较大的商业性业务，分别由中国农业发展银行、国家开发银行和中国农业银行承担。在这个梯子的中端，是一些中等规模的业务，由农村信用社和县级的村镇银行承担。在这个梯子的下端，是一些小规模的业务，由位于乡镇的村镇银行和乡村的资金互助合作组织来承担。邮政储蓄是一个比较特殊的、有着巨大资金实力的未来超大银行，它既可以做较大的项目，也可以依托自己的农村基层网络开展小额信贷业务。

当然，这样的政策环境并不是完备的，我们应该冷静地找出不足。例如，在小额贷款领域，中央银行最早提出开展小额贷款公司的试点，但是这个试点的模式根本没有包括业已存在且运行良好的数百家民间小额贷款机构；中国银监会提出的放宽农村金融市场准入的指导意见也涉及小额贷款公司的试点模式，但是这个模式与中央银行的模式似乎并不搭界，在最近的鼓励小额贷款业务的政策框架中，中国银监会似乎也有意避开在中央银行试点模式中诞生的7家小额贷款公司。中国银监会和中央银行在小额贷款机构的发展问题上，并不存在一个良好通畅的信息沟通机制。这种局面的存在不利于小额贷款机构的规范发展，更不利于统一监管。

除了解决已出台的政策本身的不足之外，还有一个很关键的问题，就是在各管理部门出台政策框架、画出农村金融的蓝图之后，如何贯彻这些政策，如何设置具体的机制来实施这些政策。比如，现在地方银监局对中国银监会的这些政策都在观望之中，认为这些政策"看上去很美"，但是没有可操作性，最后可能不了了之。因此，在制定了这些政策框架后，并不是万事大吉了，而是应该让基层的实施者们意识到这些政策不是管理层一时兴起发布的，并且能及时地、坚定地、一板一眼地执行这些政策。

第二节 农村金融机构面临的法律法规环境

目前，我国农村金融的立法非常滞后，农村金融机构面临非常不完善的法制环境，这既妨碍了农村金融机构的成长，也不利于金融风险的控制。2006年诺贝尔奖得主尤努斯教授就曾表示："中国农村金融虽然近几年一直在进行，但是很多地方还不够有效，仍然存在一些问题，需要通过建立新的法律框架和体系来解决。"

第一，目前我国还没有一部法律对农村信用社的性质、内部治理结构和日常运营机制等进行严格的、明确的界定，这使得我国的农村信用社往往在合作金融与商业银行这两种模式之间摇摆，这种现象十分不利于我国农村信用社的规范发展。由于还没有这样一部关于农村合作金融的法律，所以目前农村信用社办理业务和实际监管等都是依照《中华人民共和国商业银行法》的规定、比照商业银行进行的。但是，农村信用社作为服务弱势群体和弱质产业的金融组织，被等同于商业银行进行管理是显失公平的。美国、德国和日本等国家都从法律上确认了合作金融不同于商业金融的特性。比如，美国《联邦信用社法案》规定，信用社是公益法人，具有非纳税团体的法律地位，使之与营利性的银行体系并行发展。因此，有必要为农村信用社单独立法，对信用社作出明确的法律界定，从而使其运作有章可循，有法可依。

2006年10月，我国通过了《农民专业合作社法》。这部法律的出台，意味着国家已经意识到了鼓励农民组建专业经济合作组织的重要性。但是，这部法律以及全国人大的司法解释都明确指出农民现在还没有组建自己的信用合作组织的权利。在世界各国，农民的信用合作都是合作社的重要组成部分，与其他消费合作和生产合作相比，信用合作的规模更大，所占的比重也更高，因为信用合作是其他合作的基础和条件，只有解决了信贷的问题和资金的问题，其他合作才能得以有效开展。因此，《农民专业合作社法》并不够完善，法律应鼓励农民进行自发的、互助性的借贷，建立互助性的信用组织，以实现农村资金的有序流动和有效利用，切实满足农民的资金需求。

第二，我国的农业政策性金融也没有相应的立法，政策性农业金融至今仅有中国农业发展银行，其业务又是单一的粮棉收购，扶贫贴息贷款还是临时性的，结果是商业银行和合作金融机构往往承担了大量的政策性业务，导致商业银行和合作金融机构出现大量的不良贷款。

有的国家对农业政策性金融进行了立法，例如美国根据《农业信贷法》，由美国联邦政府主导创建了政策性农村金融机构，这个体系由农民家计局、农村电气化管理局、商品信贷公司和小企业管理局组成，主要功能是为农业生产和与农业生产有关的活动提供信贷资金和服务，并通过信贷活动调节农业生产规模和发展方向、贯彻实施农村金融政策、控制农业发展规模等。

我国也应该尽早制定农业政策性金融法律，以严格界定中国农业发展银行的功能和业务结构，把政策性金融业务与商业性金融业务严格分离，不再使农业银行和农村信用合作社承担其不该承担的政策性业务，使这些金融机构能够轻装上阵，进行公平的市场竞争。

第三，对各种民间金融机构以及小额信贷组织也应该有明确的立法。我国民间金融机构复杂多样，既有各种带有互助性质的"会"，也有各种规模比较大的农村基金会和互助储金会，还有一些较为规范的典当行和钱庄。这些金融机构对我国的农村发展起到了一定的促进作用，但是由于缺乏法律保障，这些金融机构的法律地位很不明确和稳定，很容易被取缔；同时，由于在法律上没有保障，这些金融机构往往会出现一些短期行为，或者出现一些不规范的经营行为，甚至有时不得不寻求其他的非法律手段来保护自己，这就使得这些民间金融机构累积了大量风险，甚至有可能影响到社区的稳定。

我国的小额信贷组织还处于摸索的、试点的阶段，还没有一整套法律框架来界定小额信贷的法律地位。例如，日升隆和晋源泰这两家开风气之先的小额信贷公司是在国家工商总局注册的，并由人民银行主导日常的监管，其试点的整个过程以及试点方案的制订也是由人民银行和当地政府进行审批和把关的。这种临时性的制度安排，存在着一些潜在的矛盾，也对未来的有效监管形成了一些障碍。其中核心的一个问题是，如何清晰地划分人民银行与中国银监会在监管小额信贷组织方面的职能。

最重要的是，我国应该在适当的时候制定比较清晰的法律框架，来规范和引导非政府组织小额信贷的健康发展。没有法律作为准绳，小额信贷组织的长期发展就缺少一种稳定的制度性保障，就难以保证当地政府不对这些非政府组织小额信贷进行不必要的干预。可惜的是，中央最近连续几年的"一号文件"都提到应尽快开展有关小额信贷的立法工作，但是一直没有切实的效果。

回顾过去的金融改革我们可以发现，一条基本经验是立法先行。在没有法律保障的情况下进行金融体制改革是很危险的。比如，当初设立资产管理公司和政策性银行时，并没有提前颁布相应的法律，导致它们在后来的运行中产生了种种问题，不同程度地背离了制度设计的初衷。农村金融改革涉及多个利益主体，将农村金融体制改革置于法律预先确定的框架中，一方面可以使相关的利益主体有一个稳定的预期，另一方面可以减少改革的风险和成本。只有在法律的约束之下，才能保证改革沿着正确的轨道前进，才能保证农村金融机构拥有稳定、健康的发展环境。

总之，我国农村金融领域的立法工作已经刻不容缓。如果让农村金融长期处于一种法律环境缺失的状况，不仅不利于农村金融机构的成长和规范发展，也不利于监管部门进行风险控制和有效的监管。

第三节 农村金融机构面临的市场竞争环境

随着中央银行和中国银监会一系列政策的出台，农村金融市场与几年前相比已经发生了深刻的变化。除了农村信用社和农业银行基层分行等传统上为农村服务的金融机构之外，一些新型农村金融机构正在崛起。村镇银行、农民资金互助组织和小额贷款公司等如雨后春笋般出现和成长，并对农村信用社初步形成了竞争压力。可以预计，将来的农村金融市场必将出现投资主体多元化、竞争主体多元化、农村资金供给不断增加、农户资金需求得到更好满足的良好局面，农村金融市场的竞争结构和产权结构都会得到极大的改善和优化，农村经济发展必将获得更大、更有效的金融支持。

农村金融体系发生的这些革新，意味着农村金融机构面临的市场竞争环境在悄然发生深刻的变化，这些变化主要体现在以下几个方面。

第一，农村金融机构的跨区域合作和竞争初露端倪。2007年7月5日，常熟农村商业银行战略入股江苏省启东市农村信用合作联社，由此成为2007年江苏省银监局出台鼓励苏南地区农村商业银行参股苏中、苏北地区农村合作金融机构相关政策以来，江苏省内乃至全国第一家成功战略入股农村信用合作联社的农村商业银行。2007年8月15日，张家港农村商业银行战略入股海门市农村信用联社框架协议签约仪式隆重举行。常熟农村商业银行和张家港农村商业银行成功实现跨区域战略入股，开创了我国农村金融机构跨区域合作的先河，同时也标志着农村商业银行为实现跨区域发展迈出了具有里程碑意义的第一步。

传统的农村金融体系一般是农村信用社处于垄断地位，因此农村信用社体系要真正实现机制的转型和效率的提升，就必须构建一个竞争性的市场体系，而构建一个竞争性的市场体系最关键的是实现地区之间资金的自由流动，打破各种束缚资金流动的不合理的限制。江苏省鼓励苏南的农村商业银行入股苏北和苏中地区的农村信用社，就是实现了一省区域内的资金流动和机构整合。跨区域的机构整合带来的好处是显而易见的。其一，这种整合带来了欠发达地区农村信用社的整体实力的提升，使其资本金进一步得到充实，资产规模得到扩张，可以进一步提高农村信用社在当地的竞争力。其二，这种整合最关键的是带来了农村信用社内部治理结构的变化。一个地区的农村商业银行到另外一个地区的农村信用社进行战略入股，可以极大地改善信用社的治理结构，使这种治理结构更加合理。其三，这种整合使股权结构发生了变化。股权结构的变化表现在两个方面：一方面是使资金来源多元化了，另一方面也使得控制权被重新分割，可以改变以往的管理机制。

但是，跨地区的资金流动和机构整合不仅是在同一个省内的资金流动和机构整合，而更是跨省的资金流动和机构整合。比如，江苏省的农村商业银行能不能对比较落后的安徽省的农村信用社进行战略入股？广东省的农村商业银行能否对湖南省的农村信用社进行战略入股？如果实现了这样的资金流动和机构整合，那么农村金融才算真正盘活了这盘死棋。现在，农村信用社的这种跨省际的竞争还没有真正开始。

第二，农村信用社、农村商业银行和农村合作银行的上市募集股票的步伐已经迈出，一些农村金融机构的竞争实力正在大力提升。比如，2007年7月11日，江苏张家港农村商业银行首次公开发行上市股票，接受东吴证券有限责任公司的辅导，并已于2007年5月29日由中国证券监督管理委员会江苏监管局正式受理。根据中国证券监督管理委员会的有关要求，为提高股票发行上市透明度、防范化解证券市场风险、保护投资者合法权益，农村商业银行发布公告，接受社会各界和公众的舆论监督。江苏张家港农村商业银行股份有限公司主要发起人为张家港直属公有资产经营公司和张家港市工业发展有限公司等13家法人股东。

张家港是我国最早组建农村商业银行的地区，是我国农村信用社体系改革的先行者。张家港的很多经验已经被其他地区所效仿。此次张家港又敢为天下先，率先申请上市发行股票，这是我国农村信用社改革进程中的一个里程碑式的事件。农村信用社应该建立现代企业制度，这也就意味着它将逐渐抛弃合作制的治理模式，而转向现代企业的治理模式。公开上市发行股票有利于农村信用社建立科学、规范的内部治理结构，有利于实现公司治理的有效性。当然，上市也有利于农村商业银行资金实力的壮大和竞争力的提升。

第三，通过设立村镇银行这个渠道，很多农村金融机构开始尝试跨省际的资源整合与竞争。2007年4月28日，由北京农村商业银行独资设立的村镇银行——"湖北仙桃北农商村镇银行"在湖北省仙桃市正式挂牌。这是全国第一家由省级农村商业银行跨省设立的村镇银行，是全国第一家由商业银行独资设立的村镇银行，也是华中地区第一家村镇银行。湖北仙桃北农商村镇银行注册资金1000万元，秉承"立足城乡、服务'三农'、服务中小企业"的市场定位，全力促进仙桃农民增收、农业发展、农村经济繁荣和新农村建设；同时实现安全性、流动性、效益性的协调发展，力争建成一家"内控严密、流程清晰、管理规范、效益显著"的新型农村社区银行。2007年8月18日，由常熟农村商业银行作为第一大股东发起设立的咸丰村镇银行在湖北省咸丰县隆重举行开业典礼。咸丰村镇银行的注册资本和实缴资本为等值人民币1000万元。

最终实现跨区域的资源流动和机构整合是农村信用社改革的目标。北京农村商业银行在仙桃成立全资村镇银行、常熟农村商业银行在咸丰设立控股村镇银行，在全国开了跨区域整合的先河。东部发达地区的农村信用社资金雄厚，实力强大，它们一旦到中西部设立分支机构或全资农村金融机构，其在当地市场上的竞争优势就会凸显出来，从而获取可观的市场收益。发达地区的金融机构一旦进入不发达地区，就会对当地的信用社产生极大的示范效应和冲击效应，可以激发它们的竞争意识、危机意识和市场意识，从而加强不同金融机构之间的竞争。构建多元化的、充分的市场竞争体系，是农村信用社摆脱困境、实现可持续发展的唯一途径。从以上案例来看，农村金融市场未来的竞争可能是非常激烈的，跨区竞争将使得优胜劣汰不可避免。可以说，我国农村金融已经进入了群雄并起的"战国时代"。

第四，农村金融机构不断引进国内外战略投资者，增强其竞争实力。2006年11月21日，上海农村商业银行与澳新银行战略合作协议在沪签署，澳新银行出资2.52亿美元（约20亿元人民币），收购上海农村商业银行19.9%的股份。这是迄今为止澳大利亚公司在华单笔最大的资本投资交易。上海农村商业银行通过成功引入国外战略投资者，完成了战略部署中分步实施的第二步，无疑更加坚定了上海农村商业银行打造先进商业银行的信心。2007年8月16日，交通银行董事会通过《关于战略入股江苏常熟农村商业银行股份有限公司的议案》，同意战略入股江苏常熟农村商业银行股份有限公司金额不超过人民币3.8亿元，通过认购常熟农村商业银行定向增发股份的方式进行。本次入股完成后，常熟农村商业银行注册资本约为人民币5.756亿元，交通银行持有常熟农村商业银行10%的股份，成为常熟农村商业银行第一大股东。

农村商业银行引进国内外战略投资者，对交易的双方都有好处。对农村商业银行而言，引进战略投资者可以说是"一箭三雕"：一是可以增加资金实力，扩张规模,增强竞争力;二是可以通过战略投资者(如澳新银行和交通银行)的示范作用,提高农村商业银行的经营管理水平;三是可以完善法人治理结构,进一步建立适合未来发展的现代企业制度。对于战略投资者而言,好处也是非常明显的,它们不但可以借机以非常小的成本进入农村金融市场,而且可以借助农村商业银行庞大的农村金融营销网络迅速拓展农村市场。因此,这是一个皆大欢喜的交易。鼓励农村金融机构引入战略投资者,既是引进了资金,更是引进了机制,引进了管理,对于农村信用社未来的改革与发展意义重大。

第五,农村金融市场的机构正在逐步多元化,县域经济范围内的竞争将日趋激烈。在县域经济范围内,村镇银行、农民资金互助组织和小额贷款公司等新型金融机构与农村信用社等传统农村金融机构展开了竞争,而外国投资者也通过组建村镇银行等方式进入了农村金融市场;同时,一些大的商业银行,如中国农业银行也通过村镇银行的组建重新回到了农村金融市场。

第十七章

农村金融机构的组建与监管

第一节 商业银行组建的一般程序与准备

根据《中华人民共和国商业银行法》的有关规定,设立商业银行应当经国务院银行业监督管理机构审查批准。未经国务院银行业监督管理机构批准,任何单位和个人不得从事吸收公众存款等商业银行业务,任何单位不得在名称中使用"银行"字样。

(一)组建商业银行应具备的条件

1. 有符合《中华人民共和国商业银行法》和《中华人民共和国公司法》规定的章程;
2. 有符合《中华人民共和国商业银行法》规定的注册资本最低限额;
3. 有具备任职专业知识和业务工作经验的董事、高级管理人员;
4. 有健全的组织机构和管理制度;
5. 有符合要求的营业场所、安全防范措施和与业务有关的其他设施。

设立全国性商业银行的注册资本最低限额为 10 亿元人民币。设立城市商业银行的注册资本最低限额为 1 亿元人民币,设立农村商业银行的注册资本最低限额为 5000 万元人民币。注册资本应当是实缴资本。

国务院银行业监督管理机构根据审慎监管的要求可以调整注册资本最低限额,但不得少于规定的限额。

(二)商业银行组建的一般程序

组建商业银行时,须经中国银行业监督管理委员会审批。商业银行组建的一般程序如图 17-1 所示。

(三)组建商业银行应准备的材料

设立商业银行时,申请人应当向国务院银行业监督管理机构提交下列文件、资料:

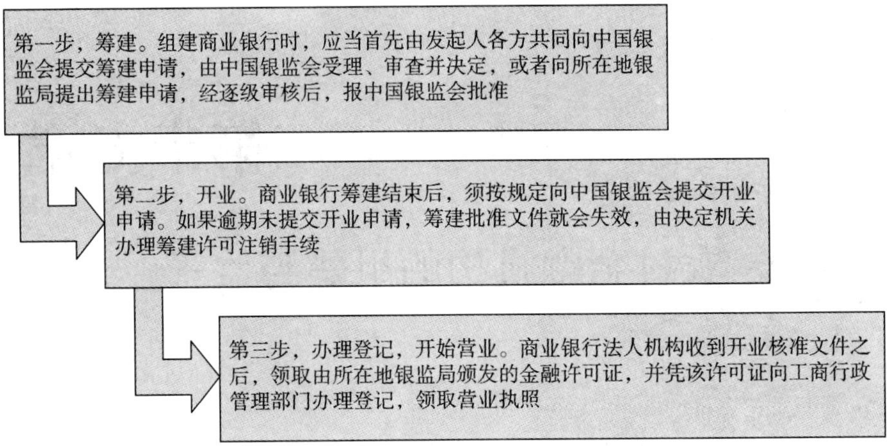

第一步，筹建。组建商业银行时，应当首先由发起人各方共同向中国银监会提交筹建申请，由中国银监会受理、审查并决定，或者向所在地银监局提出筹建申请，经逐级审核后，报中国银监会批准

第二步，开业。商业银行筹建结束后，须按规定向中国银监会提交开业申请。如果逾期未提交开业申请，筹建批准文件就会失效，由决定机关办理筹建许可注销手续

第三步，办理登记，开始营业。商业银行法人机构收到开业核准文件之后，领取由所在地银监局颁发的金融许可证，并凭该许可证向工商行政管理部门办理登记，领取营业执照

图 17-1　商业银行组建的一般程序示意图

1. 申请书，申请书应当载明拟设立的商业银行的名称、所在地、注册资本、业务范围等；
2. 可行性研究报告；
3. 国务院银行业监督管理机构规定提交的其他文件、资料。

设立商业银行的申请经审查符合上述规定的，申请人应当填写正式申请表，并提交下列文件、资料：

1. 章程草案；
2. 拟任职的董事、高级管理人员的资格证明；
3. 法定验资机构出具的验资证明；
4. 股东名册及其出资额、股份；
5. 持有注册资本百分之五以上的股东的资信证明和有关资料；
6. 经营方针和计划；
7. 营业场所、安全防范措施和与业务有关的其他设施的资料；
8. 国务院银行业监督管理机构规定的其他文件、资料。

第二节　农村金融机构的组建

无论是农村信用合作社、农村商业银行、农村合作银行、村镇银行，还是农村资金互助合作社和小额贷款公司，组建时的基本条件一般都要满足以下几点：有符合中国银行业监督管理委员会规定的章程；有健全的（必需的）组织机构和管理制度；有符合要求的营业场所、安全防范措施和与业务有关的其他设施；有健全的风险管理体系，能有效控制关联交易风险；有科学有效的人力资源管理

制度，有较高素质的专业人才；有符合任职资格条件的董事和高级管理人员、理事、经理；等等。

组建农村金融机构应具备的其他条件如表 17-1 所示。

表 17-1　　　　　　　组建农村金融机构应具备的其他条件

农村金融机构	应具备的其他条件
农村信用合作社	(1) 以发起方式设立且发起人不少于 500 人；(2) 注册资本最低限额为 100 万元人民币，且为实缴资本；(3) 主任和副主任的人数不少于 2 名；(4) 80% 以上的从业人员有 1 年以上金融工作的经历或具有金融及相关专业中专以上的学历；(5) 具备有效的资本约束和补充机制；(6) 没有地方人民政府财政资金入股
县（市、区）农村商业银行	(1) 在农村信用合作社及其联合社基础上以新设合并方式发起设立；(2) 注册资本为实缴资本，最低限额为 5000 万元人民币；(3) 具备有效的资本约束与资本补充机制；(4) 没有地方人民政府财政资金入股；(5) 不良贷款比例低于 8%；(6) 资本充足率不低于 8%，核心资本充足率不低于 4%；(7) 所有者权益大于等于股本；(8) 按规定提足贷款损失准备
县（市、区）农村合作银行	(1) 在农村信用合作社及其联合社基础上以新设合并方式发起设立；(2) 注册资本为实缴资本，最低限额为 2000 万元人民币；(3) 具备有效的资本约束与资本补充机制；(4) 没有地方人民政府财政资金入股；(5) 不良贷款比例低于 8%；(6) 资本充足率不低于 8%，核心资本充足率不低于 4%；(7) 投资股占股本总额的比重不低于 90%；(8) 所有者权益大于等于股本；(9) 按规定提足贷款损失准备
村镇银行	(1) 发起人或出资人应符合规定的条件，且发起人或出资人中应至少有 1 家银行业金融机构；(2) 注册资本为实缴资本，在县（市）设立的，最低限额为 300 万元人民币；在乡（镇）设立的，最低限额为 100 万元人民币；(3) 单一境内银行业金融机构持股比例不得低于 20%，单一自然人持股比例、单一其他非银行企业法人及其关联方合计持股比例不得超过 10%
农村资金互助合作社	(1) 有符合规定要求的章程；(2) 有 10 名以上符合本规定社员条件要求的发起人；(3) 有符合规定要求的注册资本，在乡（镇）设立的，注册资本不低于 30 万元人民币。在行政村设立的，注册资本不低于 10 万元人民币。注册资本应为实缴资本；(4) 有符合任职资格的理事、经理和具备从业条件的工作人员；(5) 有符合要求的营业场所、安全防范设施和与业务有关的其他设施；(6) 有符合规定的组织机构和管理制度；(7) 银行业监督管理机构规定的其他条件

续表

农村金融机构	应具备的其他条件
小额贷款公司	(1) 小额贷款公司的名称应由行政区划、字号、行业、组织形式依次组成，其中行政区划指县级行政区划的名称，组织形式为有限责任公司或股份有限公司；(2) 有限责任公司应由50个以下股东出资设立；股份有限公司应有2~200名发起人，其中须有半数以上的发起人在中国境内有住所；(3) 小额贷款公司的注册资本来源应真实合法，全部为实收货币资本，由出资人或发起人一次足额缴纳。有限责任公司的注册资本不得低于500万元，股份有限公司的注册资本不得低于1000万元。单一自然人、企业法人、其他社会组织及其关联方持有的股份，不得超过小额贷款公司注册资本总额的10%

资料来源：《中华人民共和国商业银行法》、《村镇银行管理暂行规定》等相关法律法规。

下面，我们以农村商业银行为例，谈谈组建农村商业银行的一般程序和准备。

各省（自治区、直辖市）的县（县级市、市辖区）农村信用社联社符合组建农村商业银行条件的，经银监局同意后即可着手筹建前的各项准备工作。这些工作及其流程包括：

1. 成立农村商业银行筹备工作小组，履行组建农村商业银行的法律程序。

2. 召开县联社及农村信用社社员代表大会，按照规定程序审议通过农村信用社合并改制为农村商业银行的决议，以及通过必要的授权决议。已经统一法人的地方，只需要县联社召开社员代表大会，不需要再通过与合并内容相关的决议。

3. 开展清产核资及净资产分配工作。县联社或筹备工作小组（受农村信用社社员代表大会委托）聘请有审计评估资质的中介机构对农村信用社进行清产核资和整体资产评估。筹备工作小组对清产核资工作进行复查。筹备工作小组、县联社、中介机构三方按整体资产评估结果确认净资产。在此基础上，筹备工作小组提出净资产分配方案。

4. 验收整改。中国经银监会授权，银监局组织对组建阶段各项工作重点是法律程序、清产核资、净资产分配工作进行验收，向筹备工作小组出具《验收意见书》。筹备工作小组针对验收发现的问题予以整改，出具整改报告，银监局复查。银监局根据对组建工作检查验收和复查结果，出具《组建工作验收报告》，对组建工作法律程序的有效性和清产核资结果的真实公允性负责。

5. 中介机构按整改后的情况出具最终清产核资报告及净资产确认书，筹备工作小组出具净资产分配意见。

6. 确定新的发起人。筹备工作小组制订增资扩股方案，设置合理的股权结构，制定募股说明书，按公正、透明的原则征集新的发起人，签订发起人协议。农村信用社原股东自愿作为发起人的，应有优先认购农村商业银行股份的权利。

7. 在各项筹备工作完成、符合申请筹建标准后，筹备工作小组准备申请文件，向所在地中国银行业监督管理委员会地区（市、州）分局提出申请。申请时应提交的文件资料包括：（1）筹建申请书，筹建申请书应当载明拟设立的农村商业银行的名称、所在地、注册资本、业务范围等；（2）筹建可行性研究报告；（3）筹建方案；（4）筹建人员名单及简历；（5）最近三年的资产负债表和损益表；（6）中国银行业监督管理委员会要求提交的其他资料。

8. 银监局受理后，在20个工作日内将初步审核意见（内容主要包括受理情况、申请材料的完整性、组建期间各主要工作完成情况、验收整改落实情况、是否符合设立条件等）、《组建工作验收报告》和申请材料上报中国银监会审批。中国银行业监督管理委员会应在接到筹建申请书之日起3个月内作出是否批准筹建的决定。

9. 银行的设立须经筹建和开业两个阶段。农村商业银行筹建结束后，应开始为开业申请作准备。自中国银行业监督管理委员会批准筹建之日起满6个月，仍不具备申请开业条件的，自动取消筹建资格，且3个月内不得再次提出筹建申请。

10. 增资扩股和验资。发起人认缴全部股金后，筹备工作小组聘请中介机构进行验资，出具验资报告。增资扩股和验资应区分原农村信用社股金转增银行股本与新股东投资入股。

11. 筹备工作小组就高级管理人员与独立董事人选资格与银监部门沟通。

12. 召开创立大会、股东大会（农村合作银行为股东代表大会）、职工代表大会。创立大会暨股东大会审议通过筹建工作报告、章程、选举董事（含独立董事）和股东监事。职工代表大会选举职工监事。发起人和股东人数较多、不能全部参加会议的，可委托代理人出席会议。股东大会实施律师见证制度。

13. 召开董事会、监事会。选举和聘任高级管理人员，通过基本管理制度办法等。

14. 向工商行政管理部门申请拟设银行名称预先核准。

15. 筹备工作小组准备申请文件，向中国银行业监督管理委员会提出开业申请。开业申请应包含以下资料：（1）开业申请书；（2）筹建工作报告；（3）章程草案；（4）验资报告；（5）拟任高级管理人员任职资格审查材料；（6）中国银行业监督管理委员会规定的其他资料。银监局受理后，在二十个工作日内将初步审查意见和申请材料上报中国银监会审批。开业申请的审批程序和筹建申请类似。

16. 经批准设立的农村商业银行，由所在地（省、自治区、直辖市、计划单列市）银监局颁发金融许可证，并凭该许可证向工商行政管理部门办理登记，领取营业执照。

一些新型的农村金融机构如村镇银行，其组建程序有一些特殊规定，如必须有一家银行类的金融机构作为发起人等，其程序详见图17-2。

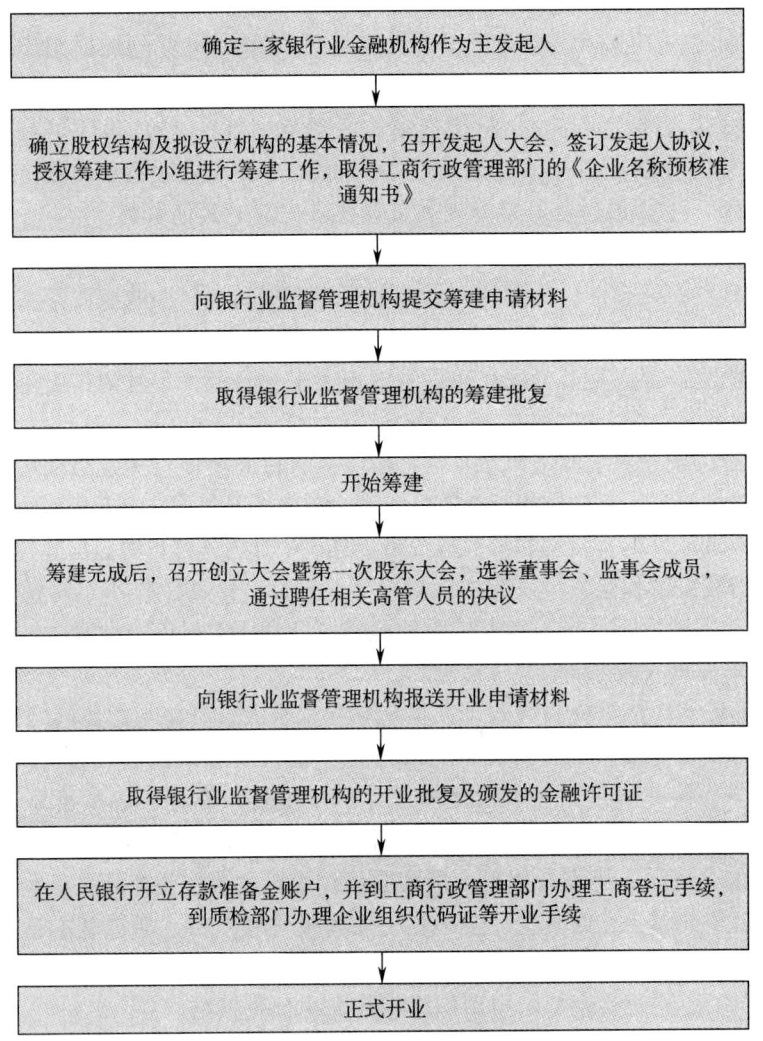

图 17-2　村镇银行准入流程图

第三节　商业银行监管的一般原理

对商业银行进行较为严格的监管，是各国政府的共识。那么，为什么需要一个监管主体来监管商业银行呢？

第一，保护存款人和公众的利益。商业银行吸收公众的储蓄存款，集中了社会各阶层和各部门暂时闲置的货币和资本，与社会各方面的联系十分广泛和密切。如果银行破产或银行犯罪造成资金损失，就会影响社会各方面的利益，例如对许多个人和家庭而言就是一场灾难。因此，需要一个监管机构来汇集和分析商业银行的信息，评估银行的真实金融状况，保护公众利益和防范风险。

第二，加强金融体系的安全和稳定。金融业的安全和稳定对整个国民经济有重要影响。如果一家银行或金融机构出现问题，就会引起连锁反应，导致一系列银行和金融机构经营困难，这场金融风暴还可能引致整个社会的经济危机。监管机构对商业银行的有效监管可以加强国内金融体系的安全和稳定。

第三，促进银行业公平有效竞争。竞争是市场经济条件下的一条基本规律，也是保护先进、淘汰落后的一种有效机制。适度的竞争环境既可以保持银行经营活力，又可以使公众受益。因此，各国金融监管当局都试图创造一个公平、高效、有序竞争的银行业环境。

正是因为这些理由，对商业银行的监管已得到各国政府的普遍重视。我国根据社会经济和银行业的发展状况，不断改革和调整监管制度，目前已经形成一套比较完整的商业银行监管组织体系。我国的监管主体部门包括以下几类：（1）行政监管部门：工商行政管理部门、监察部门、审计部门、财政部门、税务部门等；（2）专业监管部门：中国人民银行、中国银监会、国家外汇管理局、中国证监会、中国保监会、出资人监管部门、商业银行监事会；（3）商业银行自律监管部门：商业银行同业公会、商业银行董事会、商业银行内审监督部门；（4）社会及公众监督部门：新闻媒体监督部门、司法监督部门等。众多的监管部门不能各自为政地行使监管权力，而是相互联系、相互配合，形成一个完整地对商业银行的监管组织体系见图17-3。

其中，中国银监会专门行使银行业监管职能，在政府对商业银行的监管部门中是最重要的部门。下面着重谈一谈它的监管对象和监管职责。

中国银监会监管的对象，是我国的国有商业银行、政策性银行、资产管理公司、全国性股份制商业银行、城市商业银行、城市信用社、农村信用社、中国邮政储蓄银行、信托投资公司、租赁公司、集团企业的财务公司和这些机构在海外所设的附设机构和分行，以及所有在中华人民共和国境内的外资银行和外资银行的代表处。另外，根据《银行业监督管理法》，非法设立银行业金融机构或非法从事银行业金融机构的业务活动，也是中国银监会监管的范围。

中国银监会主要职责包括：依照法律、行政法规制定并发布对银行业金融机构及其业务活动监督管理的规章、规则；审查批准银行业金融机构的设立、变更、终止以及业务范围；对银行业金融机构的董事和高级管理人员实行任职资格管理；制定银行业金融机构的审慎经营规则，包括风险管理、内部控制、资本充足率、资产质量、损失准备金、风险集中、关联交易、资产流动性等内容；对银行业金融机构的业务活动及其风险状况进行非现场监管，建立银行业金融机构监督管理信息系统，分析、评价银行业金融机构的风险状况；对银行业金融机构的

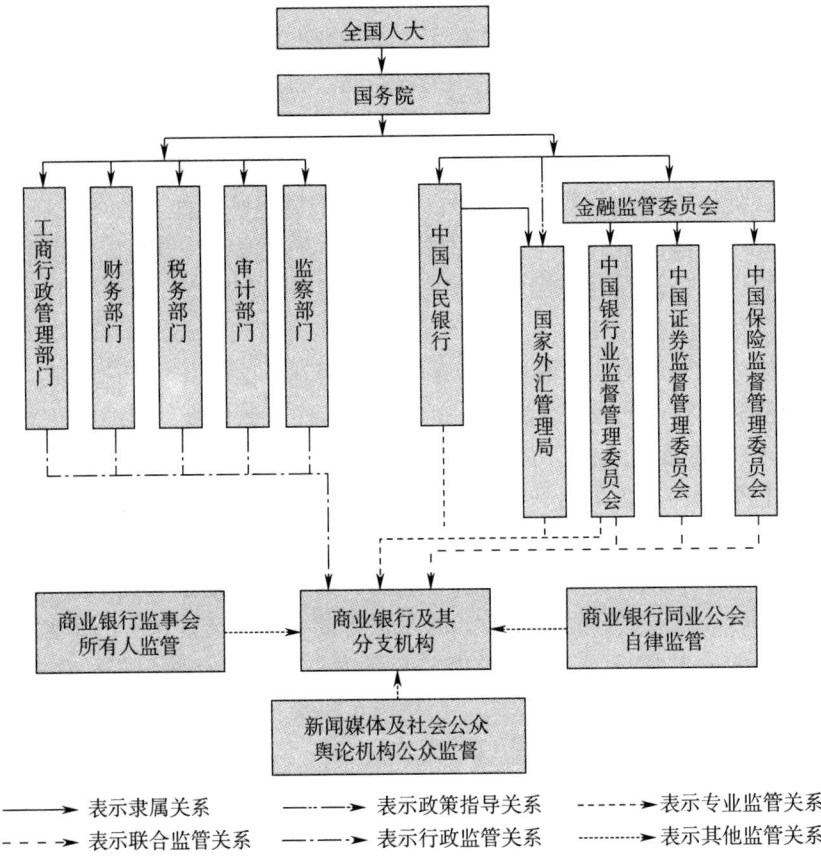

资料来源：杨春林：《商业银行有效监管论》，北京，人民法院出版社，2005。

图17－3　商业银行监管组织体系图

业务活动及其风险状况进行现场检查，制定现场检查程序，规范现场检查行为；对银行业金融机构实行并表监督管理；负责统一编制全国银行业金融机构的统计数据、报表，并按照国家有关规定予以公布；对银行业自律组织的活动进行指导和监督；开展与银行业监督管理有关的国际交流活动；等等。

中国银监会有权要求银行业金融机构报送有关材料，按照规定披露信息；有权要求与银行业金融机构董事、高级管理人员进行监管谈话；对未遵守审慎经营规则的银行业金融机构，中国银监会可以采取责令撤销董事会决议、责令股东补充资本金、限制资产转让、限制股东转让股权、责令股东转让股权、责令调整董事和高级管理人员等强制措施；中国银监会有权对已经或者可能发生信用危机、严重影响存款人和其他客户合法权益的银行业金融机构实行接管或者促成机构重组；对有违法经营、经营管理不善等情形的银行业金融机构予以撤销；对涉嫌金融违法的银行业金融机构及其工作人员以及关联行为人的账户予以查询；对涉嫌转移或者隐匿违法资金的，经银行业监督管理机构负责人批准，可以申请司法机关予以冻结；对擅自设立的银行业金融机构或非法从事的银行业金融机构业务活动予以取缔。

2003年以前，一直是中国人民银行在行使监管商业银行的职责。2003年中国银监会成立后，对商业银行的监管职能从中国人民银行的职能中剥离出来。修改后的《中国人民银行法》和修正后的《银行业监督管理法》对中国人民银行与中国银监会的各自职责作出了分工。中国人民银行仍保留部分监管职责，有检查监督和共享监管信息的权力。也就是说，在一定前提下，中国人民银行有权对银行业金融机构进行检查监督，有权要求银行业金融机构报送必要的资产负债表、利润表及其他财务会计、统计报表和资料。此外，中国人民银行还和国务院银行业监督管理机构、国务院其他金融监督管理机构建立了监督管理信息共享机制。

可见，这两个机构的职责不是能够被截然分开的，它们的监管职责和权力不可避免地存在着一些交叉，这就需要中央银行与中国银监会对存在重叠的职责进行协调。当立法上没有明确规定、二者出现冲突时，有可能会出现二者相互争权或推诿的现象。有时，两个部门的政策内部逻辑不一致，就像武侠小说里的"左右手互搏"。对于银行等金融机构来说，它们有可能会面临两个发出不同声音的监管者，也有可能会在某些情况下落入没人管的局面。

第四节 新型农村金融机构的监管

一、新型农村金融机构的构成

1. 村镇银行：村镇银行是指经中国银行业监督管理委员会依据有关法律、法规批准，由境内外金融机构、境内非金融机构企业法人、境内自然人出资，在农村地区设立的主要为当地农民、农业和农村经济发展提供金融服务的银行业金融机构。

2. 贷款公司：贷款公司是指经中国银行业监督管理委员会依据有关法律、法规批准，由境内商业银行或农村合作银行在农村地区设立的专门为县域农民、农业和农村经济发展提供贷款服务的非银行业金融机构。

贷款公司是由境内商业银行或农村合作银行全额出资的有限责任公司。

3. 农村资金互助社：农村资金互助社是指经银行业监督管理机构批准，由乡（镇）、行政村农民和农村小企业自愿入股组成，为社员提供存款、贷款、结算等业务的社区互助性银行业金融机构。

4. 小额贷款公司：小额贷款公司是由自然人、企业法人与其他社会组织投资设立，不吸收公众存款，经营小额贷款业务的有限责任公司或股份有限公司。

继放宽准入之后，为了规范新型农村金融机构的设立与退出、组织机构、公司治理、经营行为及组建审批程序，中国银行业监督管理委员会又相继下发了一系列行政许可实施细则文件，包括以下六项：《村镇银行管理暂行规定》、《村镇银行组建审批工作指引》、《贷款公司管理暂行规定》、《贷款公司组建审批工作指引》、《农村资金互助社管理暂行规定》以及《农村资金互助社组建审批工作指引》。

二、村镇银行的监管机构及监管方法

《村镇银行管理暂行规定》第二十五条规定：村镇银行最大股东或唯一股东必须是银行业金融机构。最大银行业金融机构股东持股比例不得低于村镇银行股本总额的20%，单个自然人股东及关联方持股比例不得超过村镇银行股本总额的10%，单一非银行金融机构或单一非金融机构企业法人及其关联方持股比例不得超过村镇银行股本总额的10%。

村镇银行的控股股东必须是一家银行业金融机构，中国银监会对于村镇银行的监管态度由此可见一斑。作为银行业金融机构，村镇银行准入及其高管的任职资格均需经过其所在地银监会派出机构的审批，取得了银行业监督管理机构颁发的金融许可证之后，才可以到当地人民银行中心支行开立存款准备金账户，并到工商行政管理部门办理工商登记及领取营业执照等相关开业手续。

村镇银行开业后，受中国银行业监督管理委员会派出机构和人民银行监管。

1. 中国银行业监督管理委员会对村镇银行的监管

在针对村镇银行的监管方面，中国银监会专门下发了《关于加强村镇银行监管的意见》，对村镇银行的市场准入监管、资本监管、公司治理和内部控制监管、风险监管、支农服务监管、信息披露监管、持续监管以及风险处置等作了详尽规定。《关于加强村镇银行监管的意见》充分体现了中国银监会对于村镇银行"低门槛，严监管"的监管态度，它与《村镇银行管理暂行规定》、《村镇银行组建审批工作指引》、《中国银行业监督管理委员会农村中小金融机构行政许可事项实施办法》（2008年第3号主席令，通常简称"3号令"）共同形成了对村镇银行实施审批监管的系列行政许可文件。

其中，《关于加强村镇银行监管的意见》对于村镇银行的持续监管作了如下要求：

（1）设置主监管员。要求属地监管机构为村镇银行配置主监管员，负责收集、审查、分析、汇总和上报村镇银行的监管报表和统计信息等资料，并要求主监管员每月到村镇银行进行现场走访，与村镇银行董事长、高级管理层进行磋商，向相关人员了解村镇银行情况，每年组织审慎监管会议，参照《商业银行监管评级内部指引》开展监管评级，撰写年度监管报告。主监管员要与负责持股银行的主监管员建立对话机制，确保对村镇银行实施全方位的有效监管。

(2) 建立非现场监管统计制度。村镇银行在试点期间暂向属地监管机构报送 5 张非现场监管报表，即新型农村金融机构试点工作进展情况统计表、G01 资产负债项目统计表及附注第Ⅱ部分、G04 利润表、G14 授信集中情况表、G41 资本充足率汇总表和 G42 表内加权风险资产计算表。

(3) 实施现场检查。要求属地监管机构根据非现场监管情况确定现场检查计划，创新适合村镇银行特点的现场检查方式，专项检查、后续跟踪检查可以与主监管员的现场走访相结合，探索借助社会中介机构对村镇银行实施现场检查的方式。对发现的违法违规行为，要严格进行处理，并跟踪落实整改。

(4) 并表监管。对符合并表监管要求的，持股银行所在地的银行业监管机构负责对村镇银行实行并表监管。持股银行应按照非现场监管信息系统并表监管要求，向属地监管机构报送监管信息。负责并表监管的银行业监管机构要与村镇银行的属地监管机构建立每月对话机制，加强监管信息沟通，实施对持股银行的有效监管。持股银行所在地的银行业监管机构负责对持股银行的监督指导职责履行情况实施监管。

不难看出，中国银监会尽管放宽了村镇银行的准入条件，如资本范围、业务范围、境内投资人持股比例、高管任职资格等①，但对于放宽准入条件后进入市场的村镇银行仍然持极为审慎的监管态度，不但对村镇银行的监管方式和主要监管指标都提出了严格的要求，而且对村镇银行的资金运用、贷款发放范围、与关联方的交易等都进行了明确的限制②。

2. 人民银行对村镇银行的监管

与中国银监会行使的审批监管职责不同，人民银行对于村镇银行的监管主要体现在维护金融稳定方面，如维护支付清算系统的正常运行，指导部署村镇银行反洗钱工作及对其进行反洗钱资金监测等。

2008 年 4 月 24 日，中国银行业监督管理委员会与中国人民银行联合下发了《中国人民银行、中国银行业监督管理委员会关于村镇银行、贷款公司、农村资金互助社、小额贷款公司有关政策的通知》，统一了对村镇银行存款准备金管

---

① 具体放宽内容参见《中国银行业监督管理委员会关于调整放宽农村地区银行业金融机构准入政策，更好支持社会主义新农村建设的若干意见》（银监发〔2006〕90 号）。

② 参见《村镇银行管理暂行规定》："村镇银行在缴足存款准备金后，其可用资金应全部用于当地农村经济建设"；"村镇银行发放贷款应坚持小额、分散的原则……对同一借款人的贷款余额不得超过资本净额的 5%"。

理、存贷款利率管理、支付清算管理、会计管理、金融统计和监管报表、征信管理、现金管理及风险监管的监管口径。①

3. 其他监管

除接受以上部门的监管之外，村镇银行一般都加入了当地的银行业同业协会，受到行业协会自律的限制，其运营同时受到所在地政府金融办、工商税务部门和公安消防部门的监管。

三、贷款公司及小额贷款公司的监管机构及监管方法

2005年10月，人民银行选取五省区进行小额贷款公司的试点之后，小额贷款公司便开始在全国范围内渐次推广了，不但中国银监会出台了相关的政策法规推动成立贷款公司，地方政府也由金融办牵头推动成立小额贷款公司。但是，对于目前国内成立的规模大小不一的贷款公司，基本上只延续"谁审批谁监管"的监管思路，监管的要求五花八门，明晰完整的监管体系也一直没有完全建立，小额贷款公司成立之后基本上都处于监管虚置的状态。

2008年4月24日，中国银监会与人民银行联合下发了《中国人民银行、中国银行业监督管理委员会关于村镇银行、贷款公司、农村资金互助社、小额贷款公司有关政策的通知》，明确了对贷款公司和小额贷款公司贷款利率下限、支付清算管理、监管报表报送、征信管理、反洗钱管理以及风险监管的相关规定。

2008年5月4日，中国银监会再次与人民银行联合下发了《中国银行业监督管理委员会、中国人民银行关于小额贷款公司试点的指导意见》（以下简称《指导意见》），明确了小额贷款公司的性质、设立方式、资金来源、资金运用、监督管理及终止等方面的相关规定。

（一）对小额贷款公司的监管要求及监管方法

《指导意见》对小额贷款公司的监管要求主要有以下几方面：

1. 凡是省级政府能明确一个主管部门（金融办或相关机构）负责对小额贷款公司的监督管理，并愿意承担小额贷款公司风险处置责任的，方可在本省（区、市）的县域范围内开展组建小额贷款公司试点。

申请设立小额贷款公司，应向省级政府主管部门提出正式申请，经批准后，到当地工商行政管理部门申请办理注册登记手续并领取营业执照。此外，还应在五个工作日内向当地公安机关、中国银行业监督管理委员会派出机构和中国人民银行分支机构报送相关资料。

---

① 参见《中国人民银行、中国银行业监督管理委员会关于村镇银行、贷款公司、农村资金互助社、小额贷款公司有关政策的通知》。

2. 小额贷款公司的主要资金来源为股东缴纳的资本金、捐赠资金,以及来自不超过两个银行业金融机构的融入资金。

3. 小额贷款公司在坚持为农民、农业和农村经济发展服务的原则下自主选择贷款对象。小额贷款公司发放贷款,应坚持"小额、分散"的原则,鼓励小额贷款公司面向农户和微型企业提供信贷服务,着力扩大客户数量和服务覆盖面。同一借款人的贷款余额不得超过小额贷款公司资本净额的5%。

4. 中国人民银行对小额贷款公司的利率、资金流向进行跟踪监测,并将小额贷款公司纳入信贷征信系统。小额贷款公司应定期向信贷征信系统提供借款人、贷款金额、贷款担保和贷款偿还等业务信息。

《指导意见》明确了小额贷款公司的主要监管部门是试点所在地地方政府的主管部门,而其日常经营同时受到人民银行及银行业监管机构的监管。

(二)对贷款公司的监管要求和监管方法

除中国银监会与人民银行联合下发的文件对贷款公司的要求之外,中国银监会对于贷款公司的准入审批以及监管主要参照三个文件执行,即《贷款公司管理暂行规定》、《贷款公司组建审批工作指引》以及《中国银行业监督管理委员会农村中小金融机构行政许可事项实施办法》。其中,对于贷款公司的股权结构规定如下:

《贷款公司管理暂行规定》第二条规定:贷款公司是由境内商业银行或农村合作银行全额出资的有限责任公司。

根据《贷款公司管理暂行规定》第九条,设立贷款公司,其投资人应符合下列条件:

1. 投资人为境内商业银行或农村合作银行;
2. 资产规模不低于50亿元人民币;
3. 公司治理良好,内部控制健全有效;
4. 主要审慎监管指标符合监管要求;
5. 中国银监会规定的其他审慎性条件。

作为商业银行或农村合作银行全额出资设立的独立法人机构,贷款公司及其控股公司都处于中国银行业监督管理委员会及其派出机构的监管之下。《贷款公司管理暂行规定》中针对贷款公司的监管要求与针对村镇银行的监管要求相比,相对较为宽松,除了规定贷款公司不得吸收公众存款之外,还要求贷款公司的贷款投向主要用于支持农民、农业和农村经济发展;贷款公司对同一借款人的贷款余额不得超过资本净额的10%;确保资本充足率在任何时点都不得低于8%,资产损失准备充足率不低于100%等。[①]

---

① 参见《贷款公司管理暂行规定》。

四、农村资金互助社的监管机构及监管方法

与对于村镇银行及贷款公司的监管态度相比，监管部门对于农村资金互助社[①]的监管态度更为保守。考虑到农村资金互助社往往地处农村，分布极为分散，信息化建设落后，从业人员素质及金融知识掌握程度不平衡，对于中国银监会和人民银行的监管资源而言，如果农村资金互助社大量建立，无疑将会导致信息不对称和监管困难，因此，是否应由中国银监会和人民银行对所有的农村资金互助社进行全方位的审慎监管仍是一个有待于讨论的问题。

值得指出的是，中国银监会在《中国银监会关于农村资金互助社监督管理的意见》中提出了"银行业监管机构应协调有关方面，建立以农村资金互助社自律管理、银行业监管机构监管、地方政府风险处置和社会监督服务相结合的监督管理体系"的监管体系建设思路，并且明确指出"随着农村资金互助社相关法律法规、监管制度的不断完善，要逐步过渡到以自律管理和社会监督为主的非审慎性监管"。

但是，就目前而言，中国银监会和人民银行对试点中的农村资金互助社的监管仍然参照《中国人民银行、中国银行业监督管理委员会关于村镇银行、贷款公司、农村资金互助社、小额贷款公司有关政策的通知》及中国银监会下发的《农村资金互助社管理暂行规定》、《农村资金互助社组建审批工作指引》执行。《中国银监会关于农村资金互助社监督管理的意见》中对于农村资金互助社的监管要求也是极为审慎的：

1. 确保资本充足率在任何时点均保持在8%以上。
2. 确保拨备充足率始终保持在100%以上。
3. 为农村资金互助社配备主监管员，对农村资金互助社的资本充足率、贷款损失准备充足率、大额贷款、不良贷款、投融资业务等进行持续监测，督促、指导农村资金互助社填报非现场监管报表并进行风险分析，撰写年度综合监管报告。
4. 根据风险情况，有计划地实施专项或全面现场检查。
5. 要求资金互助社只能在一家银行业金融机构开立账户，开户银行要按账户管理规定对其账户资金往来进行监督，及时向属地监管部门报告其大额账户资金往来及其他异常情况。
6. 督促农村资金互助社建立信息披露制度，及时向社员公开财务会计报告、

[①] 本章所指的农村资金互助社均为取得金融许可证的农村资金互助社，这类农村资金互助社的数量极少，主要是中国银监会推动的试点机构，其监管也得到了中国银监会和人民银行的统一规范。目前国内的现状是，农村金融市场上的绝大部分的农村资金互助社仍处于监管的真空状态。

经营管理制度等信息，接受公众监督。

7. 协助省级人民政府进行风险处置。一是协助省级人民政府研究制定重大案件、突发事件和群体事件应急处理预案，二是提请省级人民政府制定支付风险处置预案。

第五节 我国小额信贷监管框架的初步设想

一、我国小额信贷发展与监管的滞后性

我国小额信贷的发展已经进入了一个关键的阶段。一方面，小额信贷机构逐步多元化，各种类型的小额信贷机构在农村金融市场上初步形成了一种相互竞争的局面；另一方面，小额信贷机构本身的多样性使得对小额信贷机构业务的管理与监督成为一个令金融监管当局感到棘手的问题，小额信贷机构监管框架迟迟难以确立，对于是否监管以及如何监管还存在很多激烈的争议。在这个关键的阶段，小额信贷机构本身的发展与监管框架的不确定性的同时存在，造成了小额信贷机构法律地位的不稳定性和预期的不确定性。

小额信贷机构法律地位的不稳定性和预期的不确定性的消极后果是非常明显的。由于小额信贷机构没有适当的法律地位，各级政府部门和工商、金融行政部门对小额信贷机构往往采取简单化的甚至是粗暴的管理手段，压制以至于彻底取缔区域内的小额信贷组织。原因很简单，那就是有效率的小额信贷机构的存在严重影响了当地业已存在的农村信用社的经营活动，使得这些原有的农村金融机构感到了一种压力，这些在垄断性的农村金融市场获得既得利益的农村金融机构就会有极大的动力游说当地的政府部门，来遏制或完全取缔小额信贷机构。很多小额信贷机构尤其是非政府组织的小额信贷机构往往在开展业务的过程中时时感到一种生存的压力，这种压力大多来自于缺乏适当的法律地位和地方政府在政策上的不支持。

小额信贷机构的危机感导致两个后果：一个后果是小额信贷机构本身因为没有安全感而缺乏一种稳定的未来预期，这直接导致它们在经营行为上难以采取具有长远效力的措施（诸如对人力资源的投入、对客户的长期培训、社区信用体系的构建等），而是着重于短期的业务开展；另外一个后果是由于小额信贷机构没有合法地位，所以投资者、捐赠者以及其他批发性贷款的发放者会减少对小额信贷机构的资金投入量，从而使得小额信贷机构的资金来源逐渐萎缩，最终出现难以为继的局面。因此，尽早确立一个清晰的监管框架，给予小额信贷机构适当的法律地位，对于我国小额信贷机构的发展和农村地区的扶贫事业极为重要。

二、中央银行和中国银监会农村金融改革方案未将现有小额信贷机构纳入

我国农村金融市场的改革与发展在近几年取得了比较大的进展，这些进展在一定程度上有利于小额信贷机构的发展，但是对于现存的小额信贷机构而言，这些改革的直接的积极效应是非常有限的。2005 年，中国人民银行在山西、陕西、四川、贵州、内蒙古 5 个地区开始进行小额贷款公司的试点，这个试点启动了农村金融改革的序幕，对于积极引导农村民间资本、增强农村金融市场的竞争有着重要的作用。但是不可否认，中央银行的试点工作覆盖面比较小，迄今只成立了 7 个小额贷款公司，而且进入门槛很高，对于农村金融市场的冲击力和积极效应还是有限的。更为关键的是，中央银行的试点范畴并没有容纳现存的小额信贷机构。在现有的小额信贷机构中，有相当一部分经营业绩非常良好，积累了 10 年左右的经营经验，拥有稳定的客户和较低的不良贷款率，初步具备了可持续发展的能力。如果从现有的经营业绩优良的小额信贷机构中选择若干进行扶持和试点，其效果将更大，辐射面也将更广，对农村金融市场的效应也将更明显。更重要的是，采取这种小额信贷试点模式对于中央银行而言成本更低，风险也更小，甚至可以说基本上没有风险。与其费力新建一个基本没有信用记录和经营历史的小额贷款公司，不如扶持和鼓励现有的、已经拥有多年业务经验的优秀小额信贷机构，这个道理是不言自明的，但是至今仍旧没有迹象表明中央银行会将改革的重点放在现有的小额信贷机构上，现有的小额信贷机构在中央银行的试点框架中是没有任何位置的。因此，我们可以肯定地说，现有的小额信贷机构与中央银行的改革政策框架是不兼容的。

在中国人民银行推行"只贷不存"小额贷款公司试点改革之后不到一年，中国银监会于 2006 年 12 月 20 日发布了《中国银行业监督管理委员会关于调整放宽农村地区银行业金融机构准入政策，更好支持社会主义新农村建设的若干意见》，提出了农村金融市场开放的试点方案。其基本原则是："按照商业可持续原则，适度调整和放宽农村地区银行业金融机构准入政策，降低准入门槛，强化监管约束，加大政策支持，促进农村地区形成投资多元、种类多样、覆盖全面、治理灵活、服务高效的银行业金融服务体系，以更好地改进和加强农村金融服务，支持社会主义新农村建设。"这些基本原则以较低的门槛允许在农村地区设立乡村银行和其他金融机构。与中央银行的改革方案相比，中国银监会的方案更加深刻地触及了当前农村金融市场的一些最核心的弊端。应该说，中国银监会允许开展农村金融市场开放试点是最近十几年以来农村金融领域力度最大的改革举措，对于遏制农村金融领域信贷资金外流、解决农村经济主体融资困难、推动农村产业结构调整和增加农民收入必将产生深远的影响。更重要的是，农村金融市

场将出现多元投资主体并存、多种形式的金融机构良性竞争的局面，有利于有效动员区域内的农民储蓄和民间资金，有序引导这些闲散资本流向农村生产性领域，对促进民间信用的合法化和规范化有着重要的意义。但是，综观中国银监会的农村金融市场开放的方案，其中并没有包含对现有的小额信贷机构的管理和法律地位的说明，而是着重于建立新的村镇银行和互助组织，小额信贷组织再次被排除在监管者的视野之外。当然，我们可以这样说，中国银监会的试点方案与现有小额信贷组织的发展并非完全不兼容。道理在于，假如一些民间的小额信贷机构在发展到一定的规模之后，就可以按照中国银监会的法律框架尝试组建正式的乡村银行，那么中国银监会的试点方案与现有小额信贷机构的发展就是有某种程度的兼容性的，尽管还不能完全解决对于小额信贷机构的监管及其合法性问题。

三、我国小额信贷监管应该遵循的几个基本原则

综观全球小额信贷的发展及各国小额信贷机构的发展模式和监管框架，我们可以发现，凡是小额信贷发展较好的国家，一般都具备比较清晰的监管思路和法律框架，而且政府的监管框架特别强调小额信贷机构的灵活性和创新性；凡是小额信贷发展不好的国家，一般而言都不具备关于小额信贷机构的明确的法律框架，小额信贷机构受到过多的政府干预和行政性控制，过度的金融抑制措施使得小额信贷机构的发展空间受到限制。小额信贷监管框架的设计必须符合以下几个基本原则：

第一，灵活性原则。监管框架的设计必须适应小额信贷机构运行机制的特征（如贷款合约文件简单、信用评估体系简便、金融产品设计灵活），采取比较灵活的、更具弹性的措施，而不是比照正式的金融机构的运行特征而对小额信贷机构进行过于僵硬的监管。

第二，激励兼容的原则。监管框架的设计必须有利于调动小额信贷机构、投资人、捐赠人和其他批发性贷款者的积极性，激励它们更多地投入到小额信贷机构的发展中，而不是通过法律框架遏制小额信贷机构经营者、投资人、捐赠人和其他批发性贷款者对小额信贷机构的进一步投入。

第三，成本收益原则。监管框架的设计必须考虑到监管行为和被监管行为本身给监管者和被监管者可能造成的成本及其可能获得的收益。这就意味着，监管框架的设计首先必须考虑到小额信贷机构所付出的成本，如各种信息披露文件的整理和报送的成本，要考虑到它们的承受能力。其次，还要考虑到监管者的监管成本，即监管者必须付出很多的人力、物力和财力，来监管大量的小额信贷组织。如果监管框架的设计过于烦琐，既超过了被监管者的承受能力，也超过了监管者的监管能力，那么这样的监管框架或者形同虚设，或者最终归于失败。

第四，适应性原则。监管框架的设计必须与现有各类小额信贷机构的实际性质和类别相适应。现有的小额信贷组织种类繁多，经营方式和资金来源都有很大的区别，因此必须针对不同的小额信贷机构进行不同的监管，监管模式和监管内容都应该有所区别。

第五，基于风险的自我监管原则。必须在监管框架中更多地鼓励小额信贷机构的自我监管，使它们有动力在内部风险管理的基础上进行自我监督，有效地进行预防性的内部监管。

第六，行业自律原则。在控制监管成本的考虑下，应尽量鼓励行业性的自律组织的建立，利用这些行业自律组织对小额信贷机构进行信用评级、资产评级、业务监管和信息披露。行业自律对于小额信贷组织这种非正式的非银行类机构极为有效。

四、我国小额信贷机构的七种类型及其监管模式

在这样的监管原则指导之下，我们可以首先考虑对现有的农村小额信贷机构进行分类，从而针对不同的小额信贷机构采用相应的监管办法。在我国现阶段，小额信贷机构包括以下几类：

第一类是农村信用社的小额信贷。农村信用社的小额信贷具有覆盖面广、业务量大、分支机构众多等特点，是目前为止我国小额信贷的供给主体。

第二类是中国邮政储蓄银行的小额信贷。这类小额信贷一般以借款人的存单为抵押，因此风险相对较小，并且由于中国邮政储蓄银行本身的网点分布特征，这种小额信贷有可能成为占据主导地位的小额信贷形式之一。

第三类是国家开发银行和农业发展银行等政策性银行进行的批发性的小额信贷。这些政策性金融机构把信贷资金批发给农村信用社或者中国邮政储蓄银行以及其他小额信贷机构，带有某种意义上的扶贫性质。

第四类是各种非营利的非政府组织所进行的小额信贷，比如各种国内外基金会所建立的小额信贷机构。这些小额信贷机构一般而言都依赖于非营利的非政府组织的捐赠，其资金来源相对比较单一。

第五类是私人建立的、在区域内有限度地吸收公众存款的小额信贷机构。这类小额信贷机构一般由私人出资组建，带有一定的营利性，同时在自己的社区内有限度地吸收公众存款。

第六类是商业性的小额贷款公司。这些公司一般在工商部门注册，不吸收公众存款，只进行贷款业务，所针对的业务对象也不是一般的农户，而是中小型的乡村企业，中央银行试点的小额贷款公司就属于这一类。

第七类是农村民间的资金互助组织和村镇银行所建立的小额信贷机构。这类小额信贷机构现在只存在于中国银监会的试点框架中，数量极为有限。

这七类小额信贷机构是非常不同的。就其资金来源而言，第一类和第二类的主要资金来源为公众的储蓄，因此这两类小额信贷机构基本属于银行类机构，应按照《商业银行法》的基本要求进行监管。第三类非常特殊，其小额信贷资金具有政策性和福利性，因此对这一部分小额信贷的监管基本不适用对于商业银行的监管模式。国家开发银行和农业发展银行的资金批发给农村信用社或者中国邮政储蓄银行等金融机构之后，再以小额贷款的形式发放给借款者。因此，对这一部分小额信贷，监管当局不必制定新的监管框架，也不必对其安全性负责，而主要由批发性资金的出资方承担监管责任。对于以上三类从事小额信贷的金融机构的监管是比较简单的，或者适用于《商业银行法》，或者由政策性银行承担监管责任。

对于第四类小额信贷机构，即各种非营利的非政府组织所建立的小额信贷机构，需要进行比较深入的分析。这部分小额信贷组织有些以扶贫资金合作社的名义存在，有些以扶贫开发协会的名义存在，有些以各类农村基金会的名义存在，基本是以国内外基金组织的资金捐赠为基础组建起来的。这类小额信贷机构的数量难以估计，保守的估计是全国大概有300多家，但是这个估计可能远远不能涵盖所有非政府组织的小额信贷机构。就其基本性质而言，这些小额信贷组织的基本特征有：第一，资金来源单一，基本来自于捐赠；第二，一般不吸收公众存款，也不吸收客户的存款；第三，贷款规模很小，基本客户群体为需要扶助的困难群体；第四，贷款程序和合约形式都很简单。这些非政府组织的小额信贷机构，由于不吸收公众存款，因此对金融市场的影响较小，其本身蕴涵的金融风险也相对较小。监管者没有必要对其小额信贷的绩效负责，也没有必要对其进行特别的监管，而只适用于非审慎性的监管。一些严格的、审慎性的监管措施是不适用于这类金融机构的，监管的框架也应该尽量简洁。监管者可以要求这类小额信贷机构进行自愿性的注册，也就是说，如果这些非政府组织小额信贷机构愿意，可以允许其进行正式的注册，发给其执照，要求其进行定期的信息披露，汇报其业务开展的情况，并督促其进行严格的内部监管。监管部门对这类小额信贷机构的管理应该保持灵活性，以不增加小额信贷机构的成本和不干涉小额信贷机构的经营为首要原则。现在的问题是，现有此类小额信贷机构大多没有合法的身份，它们想成为合法的金融机构，并接受监管者一定的管理，因此政府有必要制定相应的法规，界定这些非政府组织小额信贷机构的合法身份，以便于它们更好地开展小额信贷业务。需要特别指出的是，有一些非政府组织小额信贷机构为了控制信贷风险，进行一定程度的基于贷款合同的强制性存款，对于这类存款行为，不应该简单视为吸收公众存款。监管当局可以要求其进行相应的信息披露，但是不应进行干预和取缔。

第五类小额信贷机构与第四类小额信贷机构有相同的地方，也有不同的地方。相同的地方在于，这两类小额信贷机构都在一定程度上接受来自外部的捐赠等资金；不同的地方在于，第五类小额信贷机构不仅仅接受捐赠资金，还接受其他的私人资金并吸收区域内的公众存款。因此，监管者应该对第五类小额信贷机构吸收存款的行为进行较为严格的监管，要求其进行强制性注册，并定期披露吸收存款和其他方面的信息。

第六类和第七类分别针对中央银行试点模式中组建的小额贷款公司和中国银监会试点模式中成立的农村资金互助组织和村镇银行。这两类机构应该由注册部门监管。第六类由于不吸收公众存款，因此只需要在其注册的工商部门进行必要的信息披露即可。对于第七类中的农村资金互助组织可以进行非审慎性的监管，提出自愿性注册和适当的信息披露要求，对于村镇银行的监管则适用于《商业银行法》或者较低一些的监管标准。

五、结论：建立宽松灵活的非审慎性监管体系

我国小额信贷的发展与国际水平相比，还处在一个比较初级的阶段。在我国广泛存在的大量小额信贷机构中，除了那些以信用社和银行类金融机构的名义开展业务的小额信贷机构之外，大部分的处境都十分堪忧。其中最为关键的一个问题是，现有的小额信贷机构难以获得明确的合法地位，中央银行和中国银监会在其试点方案中都回避了现有信贷机构尤其是非政府组织小额信贷机构的合法性问题和监管问题。缺乏合法地位使得我国小额信贷机构的健康发展受到极大约束。因此，尽快制定关于小额信贷机构的法规或部门规章，确立现有小额信贷机构的法律地位，是我国小额信贷事业长远发展的基本的制度前提。

现有的《商业银行法》并不适用于大部分类型的小额信贷组织。因此，在未来将要制定的法规或部门规章中，应该针对不同的小额信贷机构采取不同的监管模式。对于一般的非政府组织小额信贷机构，应使用宽松灵活的非审慎性监管体系，即小额信贷组织进行自愿性注册（适用于不吸收公众存款的小额信贷机构）或强制性注册（适用于吸收公众存款的小额信贷机构），要求注册的小额信贷机构进行定期的信息披露，并指导和鼓励小额信贷机构建立基于风险的内部监管体系。

未来的小额信贷监管框架和法规应该有利于小额信贷机构的升级和转型。也就是说，如果小额信贷机构在贷款规模、资产质量、风险控制体系、吸收公众存款规模、内部治理结构等方面达到了一定的条件，那么应允许其按照法律框架的要求升级和转型为银行类的正规金融机构。未来的监管框架应该鼓励这种转型和升级，并提出转型和升级的具体条件。这样，一些非正规的、零散的小额信贷机构就可以朝着正规的方向发展，不仅扩大其规模，而且在风险控制和治理结构方面也可以更加规范，从而有效地控制金融风险。

未来的小额信贷监管框架还应该鼓励行业协会的组建并鼓励其发挥更大的作用。行业协会所进行的行业自律行为比监管者的监管行为更具有成本上的优势，也更能激发小额信贷机构进行内部控制和自我监管的动力。我国现在已经组建了中国小额信贷发展促进网络，并且开展了卓有成效的工作。这个小额信贷发展促进网络联合了数百家小额信贷机构，定期发布相关数据和资料，对于小额信贷机构之间的信息交流及其业务提升产生了积极的影响。监管者应该鼓励这样的行业自律组织的存在，并给予其正式的法律地位，使之发挥更大的行业自律的作用。

第十八章

新型农村金融机构制度创新：案例分析

第一节 农民资金互助组织：梨树案例

农村资金互助组织本质上就是农民信用合作社，是农民进行金融合作的合作社组织。2007年3月9日，吉林梨树县闫家村百信农民资金互助合作社（以下简称百信资金互助社）正式挂牌成立，标志着资金互助正式获得金融监管部门的承认。这是我国第一个正式注册的农民资金互助社，其意义不言而喻。2008年3月8日，恰在百信资金互助社成立一周年之际，北京大学农村金融调研组来到梨树县进行实地调研，并与当地政府人员和资金互助社的负责人就农村资金互助组织的内部治理、风险控制模式和机制创新等问题进行了探讨。

一、百信资金互助社成立一年来的基本数据

百信资金互助社2004年已成立，首批10户社员缴纳了3万元股金。2007年正式注册时发起社员32户，总股金100800元，到2008年3月社员有102户，总股金130400元，其中资格股10200元（每户100元）。2007年盈利649.45元，作为未分配利润处理。正式注册1年以来，百信资金互助社共贷款133笔，累计投放53.64万元，全部为社员贷款，其中已回收64笔，计25.53万元，贷款余额28.11万元，未发生不良贷款。截至2008年3月，定期存款（3月期）2.3万元，活期存款1.0011万元。从这些数字来看，百信资金互助社注册1年来有较大的发展，贷款质量较高，但是盈利规模和存款规模都较小，面临资金不足的问题。同时，中国银监会框架下单纯的资金互助也限制了资金互助社向综合性的合作社发展。

二、股权结构与"股金额—贷款额"互动机制

百信资金互助社的制度设计有其独到之处，这与制度设计者姜柏林先生本人的思想密不可分。姜柏林为资金互助社设计了一种合理的股权结构，而股权的设

计又与贷款权利结合起来。笔者把这种机制概括为"股金额—贷款额"互动机制。根据百信资金互助社章程的规定,社员股金分成资格股、投资股、流动股(即活期或定期存款)和国家社会公共股。社员资格股是指社员参加合作社必须最低缴纳的基础股金,每户一个资格股,每个资格股有一个投票权。投资股是抗风险资金的来源,同时也是合作社自聚资本的制度安排,使合作社具有自动增加资本的功能。

按章程规定,社员借款最高额度不得超过自己股本金的6倍,这样如果一个社员加入合作社时入股200元,当他要贷款3000元时,还需要追加300元投资股。这种制度安排,一方面是一种风险约束机制,另一方面也使合作社资金规模不断扩大,使贷款需求与贷款供给能够自动匹配起来,保证在合作社内部资金互助的时候,既保证资金规模,又能同时控制利率水平,使资金供给方和需求方达到自动的均衡。这个机制可以称为"股金额—贷款额"互动机制见图18-1。

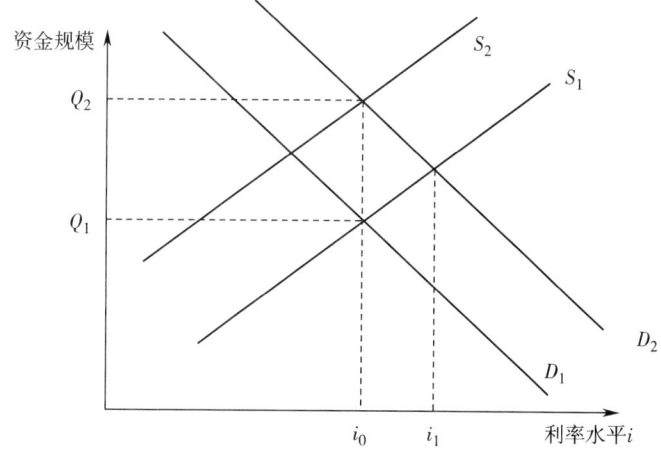

图18-1 百信资金互助社"股金额—贷款额"互动机制示意图

在图18-1中,曲线D为社员资金需求曲线,S为社员资金供给曲线。如果没有"股金额—贷款额"互动机制,一旦社员资金需求增加,则曲线D_1右移到D_2,此时资金供给没有增加,势必使利率水平从i_0上升为i_1。但是,有了"股金额—贷款额"互动机制后,随着社员贷款需求的上升,社员的股金额必须随之增加,此时资金互助社的可贷资金增加,从而使贷款供给额增加,资金供给曲线从S_1上升到S_2,利率保持不变,但资金规模从Q_1增加到Q_2的水平。这种机制,可以很巧妙地起到自发补充资本金、自动控制信贷风险的作用。

实际上,百信资金互助社的最大贷款比例是1:6,远低于《巴塞尔协议》提出的1:12.5的贷款比例(即资本充足率达到8%,一块钱股本金最多可以贷

12.5元)。可以说,百信资金互助社的风险控制的严格程度高于《巴塞尔协议》标准,同时应该指出的是,百信资金互助社在利率水平上并不是追求低利率,而是实行差别利率,利率水平的高低与贷款期限有直接关系:10日之内,对临时急需资金是免息的,保证对社员的应急资金供应,带有公益的性质;超过10天,按一个月的利率计算;凡是半年内的借款,其利率水平都低于农村信用社的利率;9个月左右的贷款,其利率水平略高于农村信用社的利率;1年期借款的利率水平几乎与民间借贷持平或略低。这样设计是为了鼓励社员在出现较长时期的借款时,更多地去信用社借;同时,1年期借款的利率水平接近民间借贷水平的设计是为了防止有些人从合作社借到钱之后再到民间市场上放贷。

三、内部治理机制中的"一人权票制"

在内部治理方面,百信资金互助社也设计了独特而科学的机制进行规范,即"一人权票制"。这种制度设计是按照一个社员拥有的资本数量,折合成表决权,使合作社同时实现人的结合和资本的结合,使民主和资本双方既相互促进,又相互制约。百信资金互助社规定,资格股200元(非农民身份社员资格股500元)1个表决权,每个社员都有这个权利;同时,为增加资本投入,章程规定每增加400元(非农民社员增加1000元)增加1个投票权,这就使资本有动力加入到合作社中,并拥有相应的话语权,使资本拥有者达到风险和收益的均衡,同时在合作社内部达到民主和资本的话语权的均衡。这实际上就是国际合作社运动中出现的加权投票制。如果资格股话语权过大,就会出现资金需求方压低贷款价格的情形,资本就不会有很强的动力进入合作社;如果投资股话语权过大,则会出现资金供给方抬高贷款利率的情形,使得合作社失去互助合作的本来意义。"一人权票制"则很好地实现了民主和资本的权衡,既不破坏原有的民主管理的原则,又赋予资本相应的话语权,从而起到有效凝聚资金的作用。

四、必须走复合型合作社之路

姜柏林作为百信资金互助社的制度设计者,深知资金互助只是农民合作的一个组成部分。农民的互助合作,其核心是资金互助合作,但资金互助合作只有与供销合作、生产合作等相结合,才会发挥最大的作用。在我们的调查访谈中,姜柏林一直强调这样一个观点:农民合作一定要走多种合作相结合的复合型合作之路。这也就是在日本、韩国和我国台湾地区行之有效的综合农协之路。姜柏林认为,农民是市场经济中的一员,必须要有一个整体的制度与之结合,单独一个方面的制度解决不了问题;但是,现在的情况是农民和供销系统、金融信用系统三者之间互相隔离,成为互相分割的三个主体,这不利于农民在市场中的竞争地位的确立。农民合作只有以专业合作为基础,以资金互助合作为纽带,以供销合作为辅助，综合发展，多元互补，才能最终壮大实力，从而在市场竞争中发挥应有的作用。2007年7月1日正式颁布实施的《农民专业合作社法》仅鼓励专业合作社的发展，而对于农民的资金互助则采取回避的态度。希望将来在农民合作方面，立法会有大的突破，允许农民组建综合性的合作社，这当然需要一个过程。

实际上，百信资金互助社的发展过程就是这一观点很好的注脚。在2007年3月9日百信资金互助社正式注册成立之前，其理事长姜志国先生以及其他闫家村村民已经有过组建专业合作社的经历。这要追溯到2003年。当年，一名辽宁客商到闫家村买羊，出价2.3元每斤。姜志国等人希望提高到2.8元每斤，客商以羊的数量过少、不够一车而拒绝。为什么不联合起来销售羊呢？姜志国等人于是联合其他养羊的农户，使羊一下子增加到了70多只，每只羊多卖了30多元。这个事情之后，姜志国他们就萌发了成立合作社的念头，而早在2000年，姜柏林就在榆树台镇宣传过组建合作社的重要意义。2003年底，姜志国等人组织了10户农民，成立了闫家村百信农民合作社。2004年，合作社用两万多元购买了饲料粉碎机和精播机，解决了单个农户不能解决的问题。2004年4月，姜柏林再次来到闫家村，鼓励农民建立资金互助社。从生产互助和供销互助到资金互助，是一个非常自然的过程。资金互助是农民自己的选择，因为在他们的互助合作中，资金是一个核心的问题，没有资金合作，其他的合作是很难成功的。

姜志国和他的社员们在百信资金互助社正式注册运行了1年后，又开始考虑进行生产合作，而不仅仅是搞单纯的信用合作。信用合作如果不同生产合作和供销合作结合在一起，那么它在联结农民、改善农民市场地位方面也不会发挥更大的作用。姜志国告诉笔者，他们正在与外部的合作者协商，在闫家村开办一个小型的加工厂。农民的自发实践证明了办复合型合作社的必要性。

五、资金互助社与村镇银行、农村信用社的对接机制

百信资金互助社目前面临的最大问题是资金短缺。政府应设计相应的机制来解决这个问题。一个可行的方法是村镇银行或农村信用社对资金互助社提供批发性贷款，使资金互助社成为贷款零售商。资金互助社可以利用自己与农户接近的天然比较优势，保证贷款质量和贷款支农功能的有效发挥。农村信用社和村镇银行如果和分散的农户打交道，其交易成本是很高的，其中包括搜集信息的成本和监督成本等。如果资金互助社承担起批发借款者的责任，则一方面可以弥补其资金匮乏的缺陷，另一方面也为村镇银行和农村信用社降低了贷款风险。

建立农村信用社与资金互助社的对接机制，还可以解决农村信用社的内部治理问题。以往农村信用社股权极为分散，很多社员由于股金额很小，因此难以发挥股东的监督权和决策权，在农村信用社中没有话语权。这就导致农村信用社的内部治理结构不合理，内部人控制现象严重，最终导致农村信用社在管理上出现

各种问题。资金互助社的章程规定,贷款额和股金额的比例是6:1。如果农村信用社贷款120万元给资金互助社,则资金互助社的社员就要增加入股20万元,这些股金可以再次入股农村信用社。由于资金互助社的股金额较大,是农村信用社的大股东之一,因此可以从资金互助社中选出代表进入农村信用社的"三会",从而改善农村信用社的内部治理结构,增加农民在农村信用社中的话语权。农民资金互助社与农村信用社的资金对接机制如图18-2所示。同样的道理,资金互助社也可以入股村镇银行,改善村镇银行的治理结构。从另一个角度看,这些股金其实也是一个担保基金,一旦给资金互助社的贷款出现风险,则可以运用这个担保基金来控制风险,可以说是一举多得。

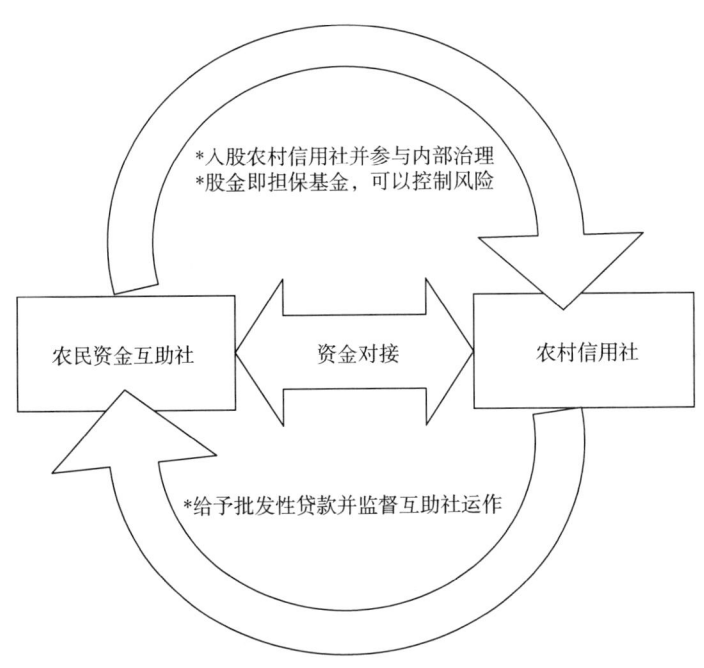

图18-2 农民资金互助社与农村信用社的资金对接机制

同时,政府的财政支农资金也应通过村镇银行和资金互助社来运作,这样既可以提高资金使用效率,杜绝寻租腐败现象,也可以有效地解决新型农村金融机构资金不足的问题。我国政府每年都向农村发放大量财政支农资金,但是这些资金往往通过各种涉农部门发放,最终结果是层层剥皮,到了农民这里,已经所剩无几,这导致我国财政支农资金的使用效率极为低下。如果将财政支农资金批发给资金互助社运作,则资金互助社通过严格的贷款条件和有效的风险控制机制,可以大大地提高资金的安全性和使用效率。政府可以通过对资金互助社的资金使用效率进行评估和考核,实施有效的监督。

第二节 村镇银行：东丰案例

吉林东丰诚信村镇银行是中国银监会放宽农村金融市场准入政策发布后成立的第一批村镇银行，到2008年3月，恰好成立一周年。村镇银行作为农村金融领域增量改革的重要成果，其在发展过程中，既存在着诸多优势，面临诸多机遇，也必然遭遇各种制约条件。为了进一步了解村镇银行试点一年的具体情况，深入考察其运作绩效、内部治理和运营中遇到的问题，2008年3月9日，北京大学农村金融调研组赴吉林省东丰县进行了实地调研。

一、股权结构安排：发起行与民营资本

东丰诚信村镇银行成立于2007年3月1日，是我国最早注册成立的村镇银行之一①，其注册资本金是2000万元。股权结构安排是这样的：最大股东是辽源市城市信用社，出资750万元，占总股金的37.5%；其他三个企业法人（辽源金刚水泥集团股份有限公司、东北袜业纺织工业园发展有限公司、辽源市振兴中小企业信用担保中心）分别出资200万元，分别占总股金的10%；另外6个自然人股东出资650万元，占总股金的32.5%。2007年10月26日，辽源市城市信用社和其他金融机构合并组建吉林银行，因此现在东丰诚信村镇银行的最大股东应该是吉林银行。

二、一年来的基本运行情况

东丰县共40万人口，其中农业人口30万人，有14个乡镇229个自然村。截至2008年2月末，东丰诚信村镇银行共向14个乡镇开展了信贷业务，涉及94个自然村，并组建了431个贷款小组。到2008年2月末，贷款余额2184万元，累计贷款3459万元，累计投放贷款2649笔，现有客户2673名，存款余额511万元。到2008年3月，开业1年来，尚未发生一笔不良贷款。到2007年底，税前利润2万元，扣除33%的所得税，净利润1.3万元。东丰诚信村镇银行的全部贷款都用于支持农村客户的种植业和养殖业的发展，开业以来对于满足农村资金需求确实起到了非常积极的作用，而且在运行过程中积累了很多风险管理和营销的经验，为进一步发展业务奠定了坚实的基础。

三、农户小额贷款模式和风险控制

农户抵押担保物的缺乏是农村金融机构贷款面临的最大问题之一。没有抵押，

---

① 2007年3月1日同时注册成立的村镇银行还有四川仪陇惠民村镇银行和吉林磐石融丰村镇银行。

没有担保，金融机构怎么贷款？出现风险怎么办？信用放款的有效性必须与相应的机制建设结合起来。孟加拉乡村银行以及其他小额贷款机构都建立了严密的风险控制机制，其中一个行之有效的方法就是实施小组联保的贷款制度。但是在中国，小组联保的贷款制度的实施状况并不理想，小组联保最后往往"联而不保"。最后，小组联保贷款实际上成为纯粹的信用放款。东丰诚信村镇银行也面临着同样的问题。东丰诚信村镇银行目前也采取"五户联保"的方式，即同一村的农户自愿组成一个联保小组，一旦其中一个成员申请贷款，则其他成员对其进行联保。

东丰诚信村镇银行副行长林涛认为，联保实际上是村镇银行刚进入农村市场的无奈之举，联保是变相的信用放款。因此，对农户的评级授信非常重要。对农户进行授信时所要考察的要素包括财务要素和非财务要素两个方面见图18-13。从财务要素来说，要考察申请贷款者的耕地面积、人口状况、收入支出状况、种植业情况、养殖业和其他副业情况、年内发生的重大事件、以往还款记录等。从非财务要素来说，要考察该农户在村落中的威信、信用、家庭成员的为人以及有无涉及相关诉讼等。前者属于"硬信息"，后者属于"软信息"。"软信息"的获得，对于村镇银行决定是否发放贷款有重要意义。实际上，村镇银行也很清楚，"五户联保"这样的风险控制机制不太可靠，不能完全依赖这种联保方式来降低贷款风险，而是应该将更多的希望寄托在建立一种更有效的贷款审查和监督机制上。

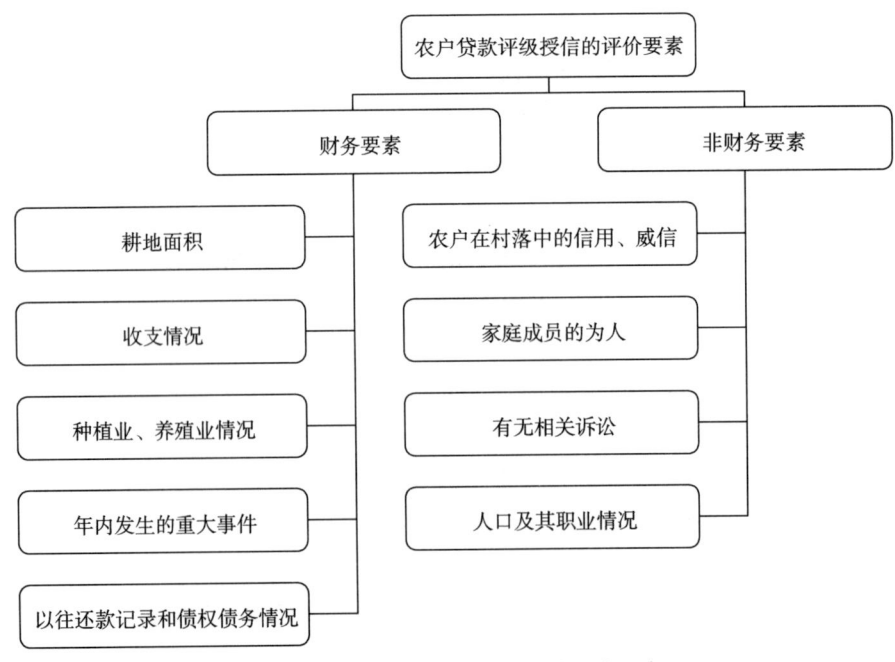

图18-3　农户贷款评级授信的评价要素

通过一年的运行，东丰诚信村镇银行已经基本摸索出一套比较切合农村实际情况的贷款制度。这个制度可以归结为一种"依托乡土社会资源的延伸性贷款机制"见图18-4。这种贷款机制充分运用村委会和村里的贤达人士，组成村级的金融服务站。村委会和村金融服务站并不构成村镇银行正式的管理网络，但是却相当于村镇银行管理网络的延伸与拓展。村委会和村金融服务站负责搜集关于贷款申请者的各种信息，包括各种"硬信息"和"软信息"，采取现场办公的方式，对客户进行贷款服务，对符合条件的农户，现场办完全部贷款手续，然后村镇银行再在银行里做账，次日即可发放贷款。这样，利用村委会和村金融服务站，村镇银行大大降低了贷款成本。由于村镇银行网点很少（东丰诚信村镇银行目前只有一个县级网点），因此其直接与农户进行交易的成本极高。这里面的成本包括审查贷款申请者的信用的成本、甄选好的贷款项目的成本和监督借款者的经营状况的成本等，光是交通和通讯的成本就很高。同时，村镇银行的工作人员实际上对农户的情况是很陌生的，他们不可能了解辖区内那么多农户的情况。由于村委会和村金融服务站与农户有着密切的关系，对各种"硬信息"和"软信息"了解得比较全面，因此可以在一定程度上避免信息失真的情况。村委会和村金融服务站可以对贷款农户进行跟踪检查，对于贷款期限内的重大事件（如疾病、上学、盖房、婚嫁等）随时密切关注，从而在一定程度上控制贷款过程中的风险。

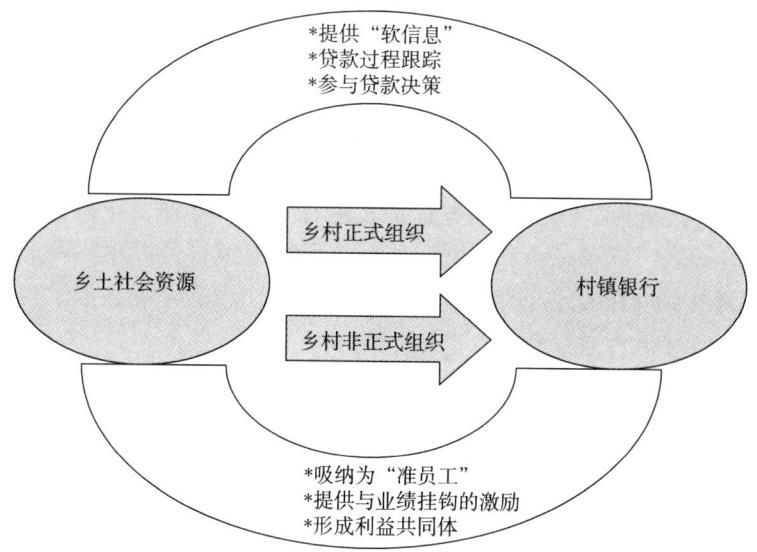

图18-4 依托乡土社会资源的延伸性贷款机制

这种"依托乡土社会资源的延伸性贷款机制"实际上在一些农村信用社里

已经得到广泛运用。在乡村社会,照搬一般城市地区的贷款模式和风险控制模式是不行的,照搬孟加拉乡村银行的小组联保模式也是不行的。村镇银行等农村金融机构一定要充分利用乡土社会中的各种资源,使之为自身的信贷活动服务。说起来,农村跟城市的一个最大区别在于农村是一个熟人社会,在这个半封闭的乡土社会中,社会成员通过几代人的交往而积累了大量的信息,因此乡土社会几乎不存在信息不对称的情况。只有有效利用这个乡土社会网络,村镇银行等农村金融机构才能够在极大降低交易成本的情况下使信息扭曲的概率降到最低。

乡土社会资源和村镇银行的关系如图18-4所示。乡土社会资源可以分为正式组织和非正式组织两类,正式组织即乡村中的正规治理机构如村委会,而非正式组织即乡村中的社会贤达以及宗族关系。通过这两个力量,乡土社会资源可以为村镇银行提供三方面的帮助:一是提供各种与贷款质量有密切关系的"软信息"以及其他必要的财务信息;二是在贷款过程中实施跟踪与监督,关注贷款过程中发生的有可能影响贷款质量的各种重大事件;三是有可能参与贷款决策。在有些农村信用社,由村委会和其他乡村社会贤达组成的贷款初级审查委员会有很大的权力,它们可以初步决定一笔贷款是否有必要发放,以及贷款的期限和利率水平。村镇银行则将这些乡土社会资源吸纳到自己的管理网络中,并且在某种程度上将其视为自己的"准员工"。这些人尽管不是村镇银行正式聘任的人员,村镇银行也不必承担这些人的福利和工资费用,但是这些人起到的作用是不可忽视的。但是这些人也需要激励,村镇银行既可以提供一些非正式的激励,比如在过年过节的时候给村委会的领导送一些礼品表示感谢,也可以提供正式的激励,即将物质激励与其业绩挂钩,如果没有出现不良贷款或者追回了以前形成的不良贷款,村镇银行可按照一定比例为这些"准员工"提供奖励。实践证明,这种激励方式是非常有效的。这样,在村镇银行和乡土社会资源之间就形成了一个利益共同体,使得村镇银行可以用一种非常有效的方式"嵌入"到乡土社会的结构中,而不是仅仅作为一个外在的、与乡村社会相互隔离的金融机构而存在。

四、制约村镇银行发展的五大瓶颈要素

东丰诚信村镇银行也面临着一些发展中的瓶颈因素。其中第一个也是最大的制约因素是村镇银行的信誉积累薄弱、客户认同度低,从而极大地影响了村镇银行存款总量的增长和其他业务的开展。东丰诚信村镇银行现在贷款额度高,而存款规模小,目前可用资金仅有300万元,继续发放贷款的潜力有限,来自于资金规模的约束很大。银行的发展最终取决于银行信誉,这种信誉需要长期的积累。由于村镇银行是一个新鲜事物,还不可能一下子累积起自己在社会和客户中的信

誉，因此，在短时间内，村镇银行在吸引存款和业务拓展中必然会遇到一些困难，农民对村镇银行还有一个观望、观察和尝试的过程。要解决这个瓶颈，唯一的办法是村镇银行在经营过程中，严格秉持严谨诚信的作风，严格按照规程办理各项业务，在社会和客户中树立良好的诚信稳健的形象，以此获得社会和客户的信任。一旦因为村镇银行员工或管理层的不谨慎或不诚信而出现问题，村镇银行的信誉就会急速下降，其发展就会受到严重影响。

第二个制约因素是村镇银行网点少、基层网点开办成本高，这导致村镇银行的营销成本和业务处理成本高昂，不仅使客户感到不便，而且使村镇银行在与其他金融机构的竞争中处于劣势。东丰诚信村镇银行目前唯一的一个营业网点位于东丰县药业大街，距离最近的贷款对象也有20公里左右，最远的开车需要将近2个小时。要开设一个新的营业网点，其费用非常高昂，村镇银行员工在开展业务时会非常辛苦，同时农民也不愿意把钱存在村镇银行。这种状况使得村镇银行可能处于经营上的恶性循环：网点越少，客户存款越少，资金约束越大，贷款越少，银行绩效越低，开设新网点的能力越低。

第三个制约因素是村镇银行汇路不通，难以实现通存通兑。一个农民在村镇银行存了钱，在别的地方很难兑取，这导致农民根本不愿意在村镇银行存款。对公存款也存在这样的问题。没有通存通兑的网络，村镇银行只好借用中国邮政储蓄银行或者其他银行的网络划转资金，这既制约了存款规模的增加，也加重了村镇银行的运营成本负担。与中国邮政储蓄银行和其他商业银行相比，村镇银行有着明显的劣势。

第四个制约因素是村镇银行的贷款领域为种植业和养殖业，而种植业和养殖业面临较大的经营风险，其信贷风险难以有效控制。东丰诚信村镇银行在2007年6~8月共发放养殖业贷款101万元，但后来由于发生了大规模生猪蓝耳病疫情，贷款被迫停止发放。东丰县目前有生猪、牛、梅花鹿、鸡四大养殖业，生猪年出栏量达200万头。虽然在大部分时期有较高的收益，但是频繁爆发的疫情使养殖业和村镇银行时时面临风险。在国家政策性保险体制和生猪期货市场还不完善的情况下，村镇银行在开展养殖业贷款时还有很多顾虑。解决农业贷款风险的有效途径是运用国家财政资金提供农产品保险。现在，东丰县已经建立了生猪养殖保险，对能繁母猪每头投保120元保险，其中国家补贴96元（占80%），农户出24元（占20%），能繁母猪若因蓝耳病等疫情死亡，保险公司每头赔偿2000元；村镇银行和保险公司签有协议，村镇银行是第一受益人。这样就有效地降低了村镇银行的信贷风险。

人才问题是影响村镇银行发展的第五个瓶颈因素。在吸引人才的硬性条件方面，村镇银行显然难以与大的国有银行和股份制银行相媲美，更难以与外资银行竞争。村镇银行应在人才招聘方面更具灵活性，但应该严格避免"近亲繁殖"。

村镇银行还应该重视对员工和管理层的金融教育，使他们在风险管理、财务管理、贷款客户评估、小额信贷技术和金融产品创新等方面具备良好的素质，从而应对农村金融市场的竞争和未来金融发展的挑战。目前，东丰诚信村镇银行的18个业务经理和员工中，绝大部分是从原城市信用社借调过来的，这些员工对农户业务并不熟悉，需要较长时间的磨合与适应。

五、未来的道路：政府扶持与机制创新

村镇银行目前存在资金不足和初期客户认同度低的情况，因此，政府应设计相应的机制来解决这个问题。

第一，中国人民银行和其他商业银行对村镇银行提供批发性贷款和再贷款，使村镇银行成为贷款零售商，这样一方面解决了村镇银行的资金不足问题，另一方面也提高了政策性贷款的效率。村镇银行可以利用自己与农户接近的天然比较优势，保证贷款质量和贷款支农功能的有效发挥。

第二，要实现政府的财政支农资金与村镇银行的对接。政府的财政支农资金以往是通过各级政府部门来发放的，这些部门种类繁多，层层克扣资金，最后能够用在农户身上的资金为数很少，所以效率不高，浪费很大。通过村镇银行，政府的支农资金可以以信贷的形式来发放，在发放过程中注重风险防范，贷款还要如数收回，形成新的支农资金的来源。

第三，要建立相应的农业风险控制机制。由于新型农村金融机构的客户群体集中于农村的种植户和养殖户，因此受气候和疫情的影响，贷款的系统性风险较大。政府应该建立相应的政策性保险体系，尽量消除村镇银行的系统性风险。同时，政府也可以建立担保基金，为种植户和养殖户的贷款提供担保。

第四，要建立村镇银行与农村专业合作社的对接机制。村镇银行将来面对的应该是组织化的农民，而不是单个的小农户。组织化的农民有规模效应，能够使村镇银行的单位贷款规模扩大，从而在一定程度上降低交易成本和签约成本。同时，农村专业合作社的股金可以作为担保基金进入村镇银行的账户，一旦某社员的贷款出现问题，可以用股金来抵偿村镇银行的损失，这样就解决了单一小农户贷款缺乏抵押担保的问题；而且，规模大的合作社还可以入股村镇银行，从而使村镇银行的治理结构也发生积极的变化。

第三节 农村商业银行：顺义案例

农村商业银行是由农村信用合作社改制而来的。由农村信用合作社转变为农村商业银行，表面上看只是名称的变化，换了一块牌子，实质上却意味着合作金融制度的带有根本性的变迁。随着农村信用合作社这块牌子的摘掉，原有的信用

社治理结构、产权结构、组织形式、服务领域和经营机制都会发生深刻的变化。2007年11月底，笔者到北京农村商业银行顺义支行（以下简称顺义支行）考察访谈，真切感受到了农村商业银行的巨大变迁。

一、由农村合作金融到农村商业银行：改制引发变革

2005年12月30日，顺义支行正式成立。顺义区一位领导在成立仪式上指出，顺义支行的成立，标志着北京农村信用社深化改革试点工作取得了阶段性成果，标志着农村信用社产权制度、组织形式和公司治理迈上了新台阶，也标志着具有50多年发展历史的北京农村合作金融揭开了新篇章。改革主导者对顺义支行未来的使命的定位是：以服务区域经济社会发展为己任，坚持立足城乡、服务"三农"、服务中小企业、服务市民百姓的市场定位，不断健全法人治理结构，转换经营机制，完善风险管理，增强服务功能，努力将顺义支行办成一个产权清晰、资本充足、运营安全、服务高效的现代金融企业。

由合作金融体系转型为商业银行体系，必然涉及信用社根本产权制度的变迁。原有的合作金融体系应该是农民的互助合作组织（尽管在我国这个性质有所变形），每一个加入合作社的农民，都是拥有相应权利和责任的社员。在转制的时候，北京农村商业银行逐个核对社员入社资金，逐个清退，然后再通过重新入股的方式，在极短的时间内实现了信用社的法律地位的转型。转型之后，入股的农民不再是社员，而是股东；入股的农民之间不再是平等的社员关系，而是按照股份的多少重新确定他们在整个农村商业银行中的话语权。合作金融体系就由信用社的以"人"为主的联合，转变为以"资本"为主的联合，大的股份持有者必然要求更大的话语权。随着这种股权结构的变化，内部治理结构也发生了相应的深刻变化。股东代表大会成为最高权力机构，董事会任免总经理（行长），监事会负责监督，现代企业制度基本建立。股东的话语权增大后，政府介入的方式也随之改变，那种硬性的干预也会逐步减少。

二、从资产负债结构看京郊农村经济的转型和发展

顺义是一个自然地理环境比较好的地区，全区1000多平方公里，大部分是平原。顺义区邻近首都国际机场，奥运场馆较为集中，区位条件优越。近年来，顺义经济发展很快，产业结构发生了深刻变化。第一产业逐步呈现萎缩状态，尤其是传统的种植业产值逐步下降；同时，农业结构不断得到优化调整，都市型农业快速发展，观光休闲农业收入保持高增长，设施农业规模不断扩大。

在这样的经济发展趋势和经济结构下，顺义支行的资产负债结构也发生了很大的变化。近年来，由于区内经济的迅速发展，顺义支行的存款增长很快，2006年存款总额达到160亿元以上，占辖区内金融机构存款总额的1/3左右（辖区内

还有工行、农行、中行、建行、北京银行、兴业银行等 11 家银行）。应该说，在吸揽存款方面，顺义支行确实是很有竞争力的，这跟北京农村商业银行网点众多以及员工的业务能力有密切关系。

图 18-5 表示的是顺义支行的存贷款比例。2006 年的贷款总额达到 60 亿元左右，贷款与存款的比例（存贷比）为 37.5%，存贷比是较低的，这一方面表明顺义支行的资金比较充裕，另一方面表明，从总体来看，顺义支行的资产管理还有很大潜力可挖，在搜寻合适的贷款对象、加大信贷支持力度方面还有待加强。在全部贷款中，农户贷款只有 1.2 亿元，占全部贷款的 2%。这表明，对于顺义这样一个典型的、正处于城市化加速阶段的城郊区而言，在农业产值逐步下降的情况下，农户的贷款在农村商业银行中已经微不足道了，但这并不意味着农村商业银行在支农方面毫无建树。在顺义，农业中的种植业和养殖业已经大为萎缩，而都市型农业、现代农业和产业化农业正在兴起，因此，在支持农业产业以及以农业为基础的加工制造业和休闲旅游业方面，顺义支行已经做了不少努力，而且尚有很大的信贷支持空间。

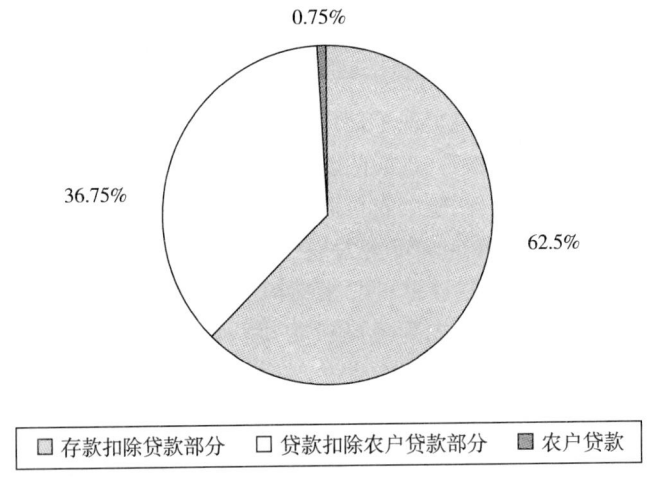

图 18-5　顺义支行存贷款比例示意图

在顺义，我们看到的典型现象是：农业已经不再是那种"小农业"，而是"大农业"，是现代化的、产业化的、都市型的农业；农民已经不再是传统意义上的"小农"，而是现代意义上的"大农民"，他们广泛参与城市产业的分工，在涉农制造业和旅游业等新兴产业中发挥着越来越重要的作用；农村已经不再是传统意义上的农村，而是处在城市化进程中的转型中的农村，农村的产业结构和社会结构已经发生了根本的变化。在顺义，以顺鑫农业为代表的现代农业产业和龙头企业成为顺义支行信贷支持的主体，同时，区内生猪屠宰业、饮料业、白酒制造业以及其他农产品深加工项目也获得了较大的资金支持。现在，在顺义区，农村商业银行支农的贷款占到整个顺义区全部银行支农贷款的60%左右，可以毫不夸张地说，农村商业银行仍然是支农的主力军。

三、股权结构、内部治理结构、组织管理结构与人力资源结构

（一）股权结构

由农村信用合作社到农村商业银行的转型，其中最核心的变化在于股权结构和治理结构的变化。农村信用合作社原则上是一种农民资金互助合作组织，每一个入股的农民在合作社中都是平等的主体，享有平等的权利；同时，在我国原有的信用社股权结构中，每一个社员的股份都非常小，他们当初加入合作社的时候基本上是一种"运动式"的参与，农民作为社员在很大程度上并没有分享到信用合作社带来的好处，合作社最终演变为附属于官方的金融机构。

2005年，通过对农村信用社原有社员进行逐一排查和清退原有股份，然后再进行重新入股，吸收企业法人和自然人加入农村商业银行，农村信用社完成了自身转型为农村商业银行的股权结构改造。这是一个实质性的变化。在这个划时代的大规模转型中，原来入股信用社的社员由于重新入股农村商业银行，其身份变为农村商业银行的股东；原来的互助合作组织变为一个股份制的银行。信用社转变为股份制银行，更易于吸收不同种类、不同性质的股东，更易于实现股权结构的多元化和开放性。

顺义支行的股权结构分法人股、自然人股和职工股。其中法人19户，主要为区内的大型企业法人，共入股1.9亿元；自然人入股7000万元，职工入股7000万元，各占一半。从比重上来说，法人股占到57.6%，而职工股和自然人股各占到21.2%，见图18-6。

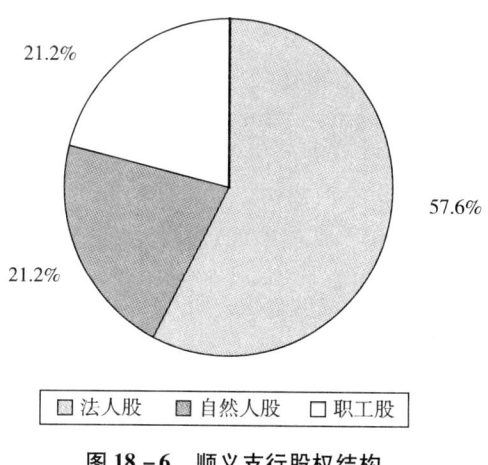

图18-6 顺义支行股权结构

(二) 内部治理结构

股权结构的变化引发了农村商业银行内部治理结构的变化。如图 18-7 所示，原来的农村信用社的治理结构，是以社员代表大会为最高权力结构，理事会为最高执行机构，监事会为最高监督机构。在原有的制度框架下，由于信用社社员的股权高度分散，社员代表大会形同虚设，根本没法行使最高的决策权力；理事会事实上成为一个最高决策机构，拥有至高无上的权力，从而极易出现"内部人控制"的局面；监事会几乎就是一个摆设。因此，从治理结构上来说，原来的信用社没有办法实现有效的内部治理，其治理的低效率是不可避免的。

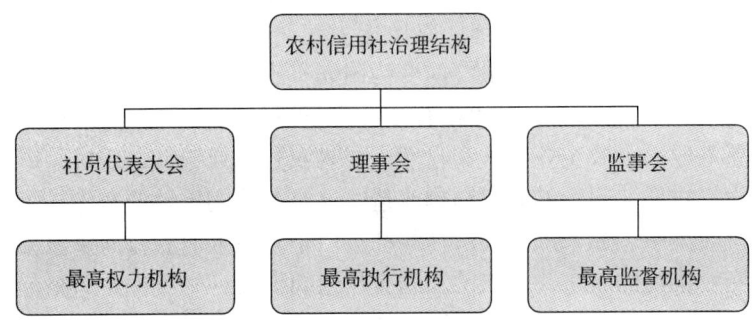

图 18-7　农村信用社治理结构示意图

农村信用社转型为股份制的农村商业银行后，其内部治理结构发生了深刻变化。见图 18-8，在农村商业银行的治理结构中，股东代表大会是最高权力机构，讨论并决定重大的事项；董事会是常设的决策机构，由比较大的股东组成；总经理由董事会聘任，为执行机构；监事会为最高监督机构。这是一个典型的英美法系的单层董事会治理模式，董事会是这个治理结构的核心。以往在农村信用社的体系中，由于社员股份过于分散，实际上没有一个核心的权力结构，因此总经理（理事长）一般由政府任命，"外部人控制"不可避免；同时，理事长往往一权独大，对于社内事务拥有极大的决策权，因此难以对其形成有效的权力约束，"内部人控制"的现象也难以避免。转型为农村商业银行之后，董事会中的大股东就会拥有更多的话语权，从而使得总经理的任命逐步遵循现代企业制度的规则，这样政府的干预会慢慢减少，一个比较有效的治理结构就会逐步建立起来。

(三) 组织管理结构

在组织管理方面，北京农村商业银行在总行下面设有支行，而支行分为两类：管辖行和非管辖行。管辖行指区县级的支行，比如顺义支行就是一个管辖

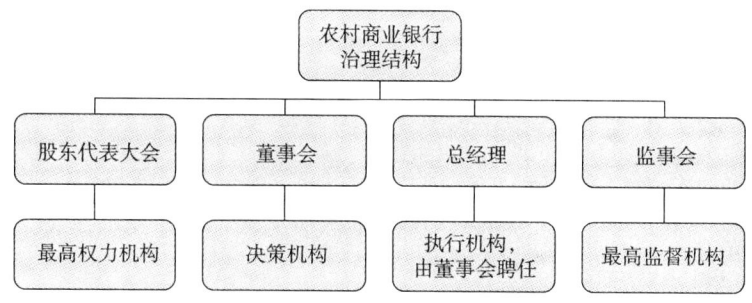

图 18-8　农村商业银行治理结构示意图

行;非管辖行指乡镇级的支行,实际上就是以前的乡镇信用社,顺义支行拥有 12 家非管辖行。管辖行是拥有独立法人资格的支行,而非管辖行不是独立法人。管辖行又分直属管辖行和一般管辖行,直属管辖行的地位更高一些。实际上,北京农村商业银行实行的是三级管理机制,见图 18-9。

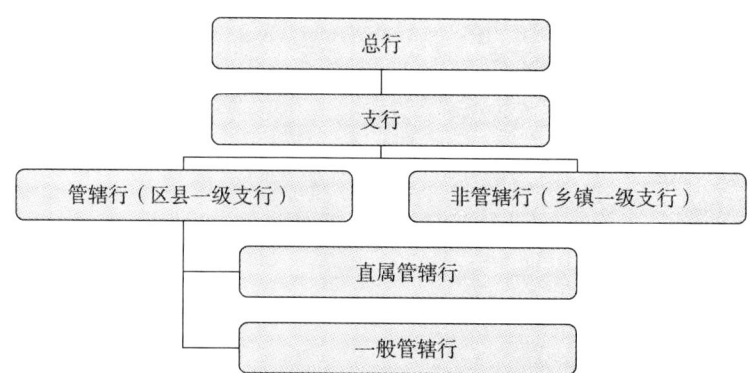

图 18-9　北京农村商业银行组织管理结构示意图

(四) 人力资源结构

顺义支行员工中,男性员工占 42%,女性员工占 58%。图 18-10 反映的是顺义支行员工的年龄结构:25 岁以下的占 9%,26～35 岁的占 24%;36～45 岁的占 59%,46～55 岁的占 8%。这个年龄结构是比较合理的,占主体部分的员工处于 40 多岁,略显偏大,主要原因是这几年新进的员工比较少,总行控制得比较严格,现有的员工很多都是 1985 年左右入行的资深员工。

从学历结构来看,如图 18-11 所示,顺义支行员工中研究生(第一学历,下同)占 1%,本科生占 5%,专科生占 19%,高中生占 72%,初中生占 3%。在银行业激烈竞争的今天,这个学历结构显得有些偏低。尽管原有的信用社员工在工作能力上并不差,他们熟悉业务,熟悉基层情况,具备敬业精神,从总体上

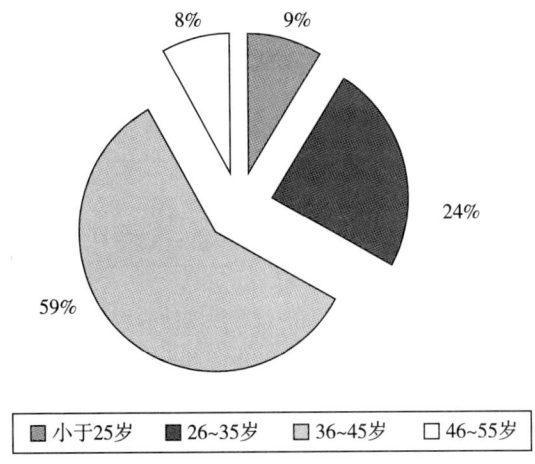

图 18-10　顺义支行员工年龄结构示意图

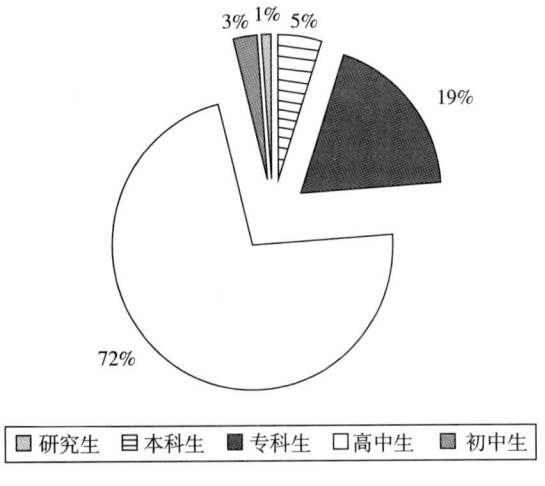

图 18-11　顺义支行员工学历结构示意图

来说是能够胜任现有的业务要求的；但是，未来的农村商业银行面对的是全球化的竞争以及来自其他股份制银行和国有商业银行的挑战，在金融创新层出不穷、金融产品和金融业务逐步多元化的情况下，北京农村商业银行要开发新的金融工具、开拓新的市场，就必须拥有一大批受过良好教育的高素质人才，这是应对未来挑战所必须具备的条件。对于顺义支行来说，要实现本行业务的拓展和转型，要配合区内经济的转型,要为客户开发更多的金融产品,就必须及时提高员工素质,在员工培训和员工引进方面要有前瞻眼光。

四、信贷风险控制与不良贷款处置方式

控制信贷风险和严压不良贷款是保障贷款质量的核心,也是提升银行竞争力的核心。农村信用社从总体来说,贷款质量偏低,不良贷款占比较高。从全国的平均水平来看,2006年农村信用社不良贷款率为15%左右,有些地方的信用社不良贷款率甚至可能达到70%以上。农村信用社信贷风险居高不下的最关键的原因在于体制问题,即在原有制度框架下难以形成较为有效的内部治理结构和风险内控机制。转型为农村商业银行之后,体制转换了,内部治理结构转换了,信贷风险控制才有了机制基础。

在2005年转型为农村商业银行之前,顺义区农村信用合作社联合社的不良贷款率为20%左右,总额为10亿元。这些巨额不良贷款的产生,在很大程度上是由于政策性原因,带有明显的政府干预的痕迹。还有一些不良贷款的产生与宏观调控和制度变迁的大环境有密切关系。比如,2005年之前,由于政府的推动,上了很多农业项目,后来由于顺义地区农业的转型,原有的项目很多都不了了之,贷款难以收回,形成不良贷款。另外,在2005年之前,根据政府的意愿很多贷款被用于支持乡镇企业发展,但是后来乡镇企业实行改制,导致大量乡镇企业倒闭,形成大量不良贷款。2005年之后,由于体制的改变,基本上未发生不良贷款,不良贷款率由原来的20%降为现在的8%,不良贷款仅有3亿元,基本上都是以前遗留下来的。

对2005年以前的不良贷款,处置的方式基本上包括用中央银行的票据置换、用土地置换以及自身消化清收三种。其中,用土地置换的方式首选用国有土地置换,因为国有土地可以直接上市流通,农村商业银行可以立即获得流动性。

此次调研让笔者感到印象深刻的是北京农村商业银行信贷风险控制的机制。用顺义支行的领导的话说,2005年以后未发生不良贷款,"是因为体制变化了,机制转换了,政策性的业务少了,政府的干预我们也不听,我们要向股东负责。同样是一批人,为什么发生这么大的变化?关键是转制减少了政策性贷款"。现在,北京农村商业银行总行只允许支行发生0.4%~0.5%的不良贷款,尽量不出现贷款损失。要达到这个目标,严格的信贷风险控制体系是必不可少的。顺义支行的信贷风险控制机制大概包括以下几点:

第一,强化信贷员责任。信贷员的贷款责任是终身的,每一笔贷款损失都要追溯到贷款责任人。从贷款调查到贷款审批的各个环节的责任人,都要承担相应的责任。

第二，贷款审批权控制。基于以往的教训，现在北京农村商业银行对于贷款审批有较大限制。改制之后，授信额度都是由总行来管，总行对新增贷款进行严格控制，逐步采纳商业银行的统一做法。在北京农村商业银行，高于600万元的贷款项目，其审批权一律上收总行一级。现在，顺义支行600万元以上的贷款在总贷款中的比重为70%~80%，也就是说，80%左右的贷款需要总行审批。上收贷款权是国有商业银行和一些股份制商业银行为控制不良贷款而采取的有效措施，这个措施有利有弊。利的一面在于，可以强化风险控制，总行一级对贷款额度有更严格的把控；弊的一面在于，贷款权上收之后，支行的自主权降低，对于支行的独立性和主动性有一定损害。

第三，严格信贷控制程序。顺义支行有一套比较合理的信贷控制程序，这个程序估计整个北京农村商业银行都在应用。首先是资金需求者提出贷款申请；在接到申请后，非管辖行对贷款申请者的财务状况和贷款用途以及未来经营业绩进行考察和预测，提出初步意见，报管辖行；然后，管辖行会同基层信贷员进行实地调查，核实情况，确定贷款申请者的贷款资格和贷款条件，调查员出具调查报告，先报支行审核，再报总行审批。这套程序，尤其是管辖行的实地核查，对于控制贷款质量非常重要。

第四，建立信用担保机制。现在，北京农村商业银行在发放每一笔贷款时，都要对担保企业进行调查。北京首创投资担保有限责任公司为顺义支行的贷款企业进行担保。

第五，企业财务指标核定。顺义支行对贷款企业的财务指标进行严格的审查，对企业偿债能力（资产负债率、流动比率、速动比率）、营运能力、盈利能力（销售利润率、资产利润率）等方面的指标进行核定，符合要求方能发放贷款。

通过以上的信贷风险控制机制，顺义支行的不良贷款在2005年控制得非常好。"体制+机制+敬业精神"，是这种局面能够出现的关键所在。

五、结论：新农业、新农民、新农村与新农金

在对顺义支行进行考察时，展现在我们眼前的是一幅非常生动的"新四农"图景，那就是：新农业、新农民、新农村、新农金。农村金融要为"三农"服务，就必须要有新的机制作为依托。农村商业银行是有竞争力的，它有着别的商业银行难以比拟的地缘优势、网点优势和业务优势，完全可以在激烈的市场竞争中获得自己应得的市场份额，并保持较高的盈利性和稳健性。

从2005年到2008年，改制后的北京农村商业银行已经运行了三年多。体制变革带来的绩效有目共睹。农村商业银行已经成为名副其实的支农主力军。截至2007年10月末，北京农村商业银行存款余额达到1510亿元，比年初增加178亿

元，增长 13.4%；各项贷款余额 921 亿元，比年初增加 196 亿元，增长 27%；涉农贷款余额达 415 亿元，比年初增加 42 亿元，增长 11%，在首都银行同业中占比最高，达 80% 以上；农户贷款余额达 32 亿元，比年初增加 8 亿元，增长 33%，占全市农户贷款总量的 100%；10 个郊区县支行存贷款市场占有率都在 30% 左右，且逐年增长，在当地银行同业排名中位居前列。未来的农村商业银行如果在人力资源提升、金融产品创新、信贷风险控制和信贷渠道拓展等方面继续努力，其业绩和前景将是非常可观的，这也可以为其他地区的农村信用社改制提供一个很好的借鉴。

第四节 农民信用担保组织：赤峰案例

农民资金互助担保组织是一种特殊的农民资金互助组织。这种资金互助担保组织的特点是，并不是在互助担保组织内部社员之间进行资金的相互借贷，而是社员通过建立互助担保基金，向金融机构获得贷款。社员的资金只是起到互相担保的作用，而不是直接在社员之间进行资金互助，这一点与笔者在本章第一节中提到的梨树县闫家村百信农民资金互助合作社有根本不同。赤峰市翁牛特旗农牧民信用互助协会就是这种互助担保组织。

一、建立农牧民信用互助协会对农村经济发展的意义

农牧民信用互助协会就是在诚信的基础上，把分散的、个体的农村牧区信用社整合起来，成立行业自律组织，让农牧民自己教育自己，自己管理自己，充分发挥农牧民当家做主的主人翁作用，即以行政村、嘎查为单位成立农牧民信用互助协会，由辖内农牧民自愿申请，发起人推荐，经当地农村信用社审核确定会员资格，由会员选举产生理事会后，报经旗民政部门正式批准成立，具有社团法人资格。组建农牧民信用互助协会能较好地解决生产经营已形成一定规模的农牧民的资金需求问题，有助于农村牧区产业结构调整和农牧民收入快速增加；有助于提升农村牧区专业化、产业化发展水平，促进生产组织化程度的提高；有助于形成资金集聚的"洼地"效应，增强地区竞争实力；有助于切实解决旗域金融部门资金"投放难"和旗农村牧区经济发展"贷款难"的矛盾，更好地提升农村信用体系建设层次，促进农村信用社经营观念和服务观念的转变；有助于提高农牧民在市场经济中的发展后劲，为农牧民增收致富搭建平台，努力实现经济发展与金融运行的良性互动和持续、稳健、高效发展，对实现银农双赢具有十分重要的意义。

二、组建农牧民信用互助协会的基本原则

组建农牧民信用互助协会的基本原则是政府扶持，市场运作。旗政府统一规划全旗农牧民信用互助协会建设的基本框架，出台推动农牧民信用互助协会建设的专门性文件并责成相关部门制定农牧民信用互助协会的统一规章；苏木乡镇政府、国营农牧场具体负责农牧民信用互助协会的组建推动工作，根据农牧业产业化建设的发展规划，组织和引导农牧民自愿加入到农牧民信用互助协会中来；嘎查村应该发挥牵头组建作用；同时，注重发挥市场的作用，通过市场运作，引导农村信用社将更多的资金用于支持"三农三牧"，逐步规范农牧民信用互助协会运作方式。

农牧民信用互助协会着重强调发挥农牧民的内在积极性和创造性，在农牧民自愿的基础上，通过村（嘎查）、乡镇（苏木）、县（旗）政府的积极推动，采取各种风险防范措施，在最大限度地满足农牧民资金需求的同时，最大限度地降低农村金融机构的经营风险。

三、建立农牧民信用互助协会风险保障机制

农牧民信用互助协会共建立了三道防范风险的防线。

1. 建立信用互助基金保障。加入农牧民信用互助协会的会员必须自愿交纳一定数额的信用互助基金，作为防范农村信用社贷款风险的基本保障。会员交纳的信用互助基金由会员直接存入信用互助协会在当地农村信用社开立的专用账户，待全部会员基金交纳完毕，信用社汇总后以信用互助协会的名义开立一张定期存单（按国家定期存款一年期利率计付利息），作为信用互助协会为其会员贷款的担保，信用社同时向信用互助协会出具相关手续，如出现贷款风险，农村信用社有权根据双方合作协议扣款。互助基金期限满三年，所有会员无贷款余额方可退还。

2. 建立贷款风险补偿基金保障。为保证农牧民信用互助协会的正常运转，增强农牧民信用互助协会抵御风险的能力，旗政府按信用互助基金总额的10%拨出专门资金，建立农牧民信用互助协会会员贷款风险补偿基金，并制定贷款风险补偿基金管理办法。

3. 建立保险保障。为进一步增强农牧民信用互助协会抵御风险的能力，旗政府积极协调保险公司与农牧民信用互助协会合作，鼓励保险公司开办针对农牧民信用互助协会会员的险种，分担会员风险，从而促进农牧民信用互助协会的发展。

四、建立农牧民信用互助协会与相关部门的合作机制

1. 农牧民信用互助协会与农村信用社的合作。农牧民信用互助协会与农村信用社签订合作协议，明确农村信用社对农牧民信用互助协会会员给予"三优惠、一优先、一简化"政策。

"三优惠"包括：（1）会员贷款额度优惠：信用社按照会员交纳的信用互助基金的 10 倍放大量为其发放贷款；（2）会员贷款期限优惠：贷款期限根据会员的生产经营项目周期合理确定；（3）会员贷款利率优惠：会员贷款利率执行农村信用社同档次利率的最低水平。

"一优先"是指会员贷款优先，即当农村信用社资金紧张时，优先保证会员贷款。"一简化"是指简化贷款手续，即农村信用社向会员发放授信证，为会员办理贷款时只需农牧民信用互助协会为其提供信用担保。

农牧民信用互助协会与农村信用社签订合作协议须经司法部门司法见证，明确农牧民信用互助协会和农村信用社各自的权利和义务，为维护双方合法权益提供法律保障。

2. 农牧民信用互助协会与农牧业产业化龙头企业的合作。双方本着平等、互惠、互利、自愿的原则，建立良好的合作关系。

五、农牧民信用互助协会的贷款程序

农牧民信用互助协会的贷款需要经过几个程序。

1. 协会的组建、审核与注册：以行政村、嘎查为单位成立农牧民信用互助协会，由辖内农牧民自愿申请，发起人推荐，经当地农村信用社审核确定会员资格，由会员选举产生理事会后，报经旗民政部门正式批准成立。之所以要由农村信用社审核会员资格，是因为协会最终要通过农村信用社贷款，只有农村信用社能够对协会会员的资格进行审核，以降低自己的贷款成本。

2. 确定贷款信用额度，并在协会内设立信用互助基金。农村信用社为每个会员确定一个贷款额度，每个会员按贷款额度的十分之一的比重，向协会交纳信用互助基金。比如，一个牧民的贷款信用额度是 20 万元，则他需要向协会交纳 2 万元的信用互助基金。

3. 信用互助基金存入当地农村信用社专用账户，作为贷款担保基金。一旦有会员拖欠贷款，则从基金中扣还。

4. 贷款申请人在申请贷款之前，先要组建一个贷款小组，小组成员之间互相担保。一旦某一个小组成员逾期不还贷款，则其他会员首先有责任帮助其偿还。因此，在一个借款人不能偿还贷款的时候，第一还款责任人是他所在小组的

成员。

实际上,农牧民信用互助协会、信用互助基金、农村信用社、农业保险机构、政府这些主体通过合作,建立了一个"五位一体"的农业信贷体系,这五个方面环环相扣,构筑了农业信贷风险的多重防范体系(见图18-12),对解决农民"贷款难"和农村金融机构"难贷款"问题起到了很好的作用。

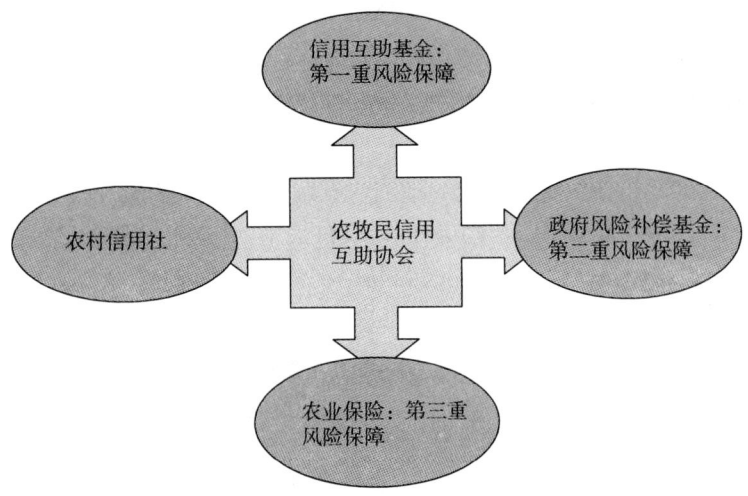

图18-12 农牧民信用互助协会"五位一体"信贷模式图

附 录

一、吉林梨树县百信农民资金互助合作社章程

第一章 总则

第一条 根据十六届三中全会决议：支持农民在自愿和民主条件下，发展多种形式的农村合作组织，和2004年中央1号文件关于扶持农民合作组织的精神，按照农业部示范章程的要求和非法金融机构处罚办法对非法金融活动的界定，制定本章程。

第二条 本社以从事农业生产经营的农户为主体，按照自愿、自主、互利原则成立。本社定名为梨树县百信农民资金互助合作社。

第三条 本社目的：为促进农民经济上联合与合作，发挥资金联结农民的作用，促进资金余缺互助，吸引社会资金向农村投入，解决长期农村资金融通体制问题，为建立与农民合作经济发展相适应的金融体制做前期准备。

第四条 本社按照"资本自聚，责任自担"的原则和"一人权票制"的方式，实行自主经营，自我服务，民主管理。社员享受平等权利，利益共享，风险共担，入社自愿，退社自由。

第五条 本社依法开展资金互助活动，在经济和其他活动中承担民事责任，并接受确认和登记部门的指导和监督。

第六条 本社的主要任务：一是通过创立资金互助合作社，调剂社员间的资金余缺，缓解农村生产资金紧张的矛盾；二是通过吸收社员股金，增加农业资本积累，为产业化发展提供服务；三是达到一定资本额度和社员户数，符合金融市场准入条件，申请开办农民自己的合作金融组织机构，从而达到农民通过资金互助内生出自己的银行；四是促进农民通过资金联合实现生产和购销联合与合作，形成以农民为主体的生产合作、购销合作和资金合作相结合的新型农村经营体制和机制。

第七条 资金互助合作的原则：一是入股（投资）有收益（红利），用款（借款）有费用（利息）；二是闲散资金得利益，急需资金得方便；三是资本约束，比例控制。

第八条 资金互助办法：

（一）1. 凡承认本社章程的农民、社会组织和个人均可成为本社社员；

2. 非农民身份社员和社会组织借款数不得超过其股金总额的80%；

3. 农民需求资金在其股金额内实行信用制度，超过股金借款需有合作社社员担保，每户社员最高用款额不得超过其股金总额的6倍；

4. 单户借款额不得超过总股金的10%；

5. 最高10户借款额不得超过总股金的50%；

6. 三个月以内借款不得低于总股本额的30%；

7. 担保社员股金总额不得低于借款人借款额的40%。

（二）1. 本社股金实行资格股、投资股和流动股，并设国家社会公共股。

（1）社员资格股一个投票权：农民股每户社员200元，非农民股500元；

（2）投资股农民身份社员每增加400元增加一个投票权，非农民身份社员每增加1000元增加一个投票权。单户投资股不得高于总股本额的5%；

（3）流动股没有投票权，流动股低于一个月的不计股利。三个月股利0.9%，六个月1.5%，九个月1.8%，十二个月2.1%；

（4）国家社会公共股接收国家和社会对农民合作扶持资金，股金产生的收入主要用于合作社维持费用和公共积累或用于合作社社员借款贴息。公共股不参与管理，实行国家监督。

2. 资格股三年之后方可申请退股，投资股二年之后方可申请退股，流动股按约期支付。股金决算后分红，流动股实行惠顾额返还。

3. 股金分红实行按积数方法计算。

（三）资金互助范围：在社员之间进行互助。10日内免息。10日以上，按月利率计算：一个月6‰，二个月6.6‰，三个月6.9‰，六个月7.2‰，九个月7.5‰，十二个月9.0‰。逾期月利率18‰。所得利润，提取公积金、公益金和风险金后，按股分红。贷款采取3～5户联保方式，联保人承担借款偿还连带责任。互助金借款在社员内部进行，严禁非社员借贷。

（四）发起过渡管理。本社未达到募集最低股金总额时，单户社员入股额可按不超过10万元的百分之五控制，但单户最高借款额不得超过5000元。

（五）未尽事项由理事会提出办法，社员大会通过。

第九条 本社自2004年7月10日成立。

第二章 社员

第十条 凡承认并遵守本章程，有民事行为能力的农民、组织和其他人员，提交入社申请表，缴纳社员资格股，经理事会审查批准，核发社员证，即可成为本社社员。

第十一条 社员的权利：

（一）有权参加本社社员（代表）大会，并有表决权、选举权和被选举权；

（二）享有本社提供的各项服务；

（三）享有本社股金分红和按流动股惠顾额返还的利润；

（四）有权对本社的工作提出质询、批评和建议；

（五）有权建议本社召开社员（代表）大会；

（六）有权拒绝本社不合法的负担；

（七）有权提出申请退出本社。

第十二条 社员的义务：

（一）遵守本社章程及其他各项规章制度，执行社员（代表）大会和理事会的决定；

（二）维护本社利益，保护本社的共有财产，爱护本社的设施；

（三）积极参加本社活动，支持理事会、监事会履行职责；

（四）严格履行与本社签订的合同；

（五）发扬互助合作精神，积极向本社反映情况，提供有关信息；

（六）按规定交纳股金；

（七）与本社利益共享、风险共担，结成利益共同体。

第十三条 社员退社须以书面形式提出，由理事会及时办理退社手续。退社后，其入社股金于满规定年度年终决算后两个月内退还；本社经营盈余，应分给其应得红利；本社经营亏损，应扣除其应承担的亏损份额。退社后，不得分配本社共有财产。

第十四条 有下列情况之一，经理事会批评教育无效，由理事会表决予以除名，并办理退社手续：

（一）不遵守本社章程；

（二）不履行社员义务；

（三）6个月以上不参加本社组织的活动；

（四）其行为给本社名誉和利益带来严重危害。

第十五条 社员死亡的，可由其法定继承人（含1人以上）办理入社手续，继续承担权利和义务。

第三章 机构

第十六条 本社设立社员（代表）大会、理事会、监事会等机构。

第十七条 社员大会是本社的最高权力机构。社员大会由全体社员组成。经授权，社员代表大会可以履行社员大会职权。代表由若干社员小组直接选举产生，代表本小组权票表决，任期3年，可连选连任。

第十八条 社员（代表）大会的职权：

（一）审议通过本社章程，决定本社的解散或与其他组织合并、联合等重大事项；

（二）选举或罢免理事会、监事会成员；

（三）审议通过本社理事会、监事会的年度工作报告和财务决算报告；

（四）审议批准本社资金经营方针、发展规划和年度经营计划、财务预算方案；

（五）审议决定社员缴纳的股金总额、每股金额、每个社员认购股金的最大份额，或会费标准；

（六）审议决定扩大股本金及认购相关事宜；

（七）讨论决定其他重大事项。

第十九条 社员（代表）大会每年召开1~2次。遇有下列情形之一时，可以临时召开社员（代表）大会：

（一）理事会提议；

（二）监事会提议；

（三）五分之一以上社员或三分之一以上代表（或权票人）提出。

第二十条 社员（代表）大会应当有三分之二以上的社员（或三分之二以上的权票代表）出席方可召开。表决实行一人权票制。社员（代表）因故不能到会，可书面委托其他社员（代表）代理，一个社员（代表）最多只能代理2名社员（代表）。各项决议须有出席会议的三分之二以上社员（代表）同意，方可生效。

第二十一条 召开社员（代表）大会前，理事会须提前五天向社员（代表）报告会议内容，否则社员（代表）有权拒绝参加。

第二十二条 理事会是本社的执行机构，负责日常工作，对社员（代表）大会负责。理事会由理事7人组成，理事由社员（代表）大会选举产生，任期3年，可连选连任。理事会选举产生理事长1人，副理事长1人。理事长为本社的法定代表人。理事会实行"一人一票"制表决方式。

第二十三条 理事会的职权：

（一）组织召开社员（代表）大会，执行社员（代表）大会决议；

（二）向社员（代表）大会提交需讨论审议的章程等有关事项；
（三）讨论决定本社内部业务机构的设置；
（四）讨论决定本社社员的入社、退社、除名、继承等事项；
（五）讨论决定对本社社员与职员的奖励与处分；
（六）代表本社对外签订合同；
（七）组织本社社员参加培训和各种协作活动；
（八）聘用或解雇本社职员；
（九）管理本社的资产和财务；
（十）履行社员（代表）大会授予的其他职责，办理章程规定的有关事项。

第二十四条　理事会负责经营本社业务，保障本社的财产安全。如有渎职失职、徇私舞弊等造成损失的，应追究当事人的经济责任。构成犯罪的，由司法机关依法追究刑事责任。

第二十五条　理事会议每年至少召开2次，每次会议须有三分之二以上理事出席方能召开，参加理事会议的三分之二以上理事同意方可形成决定。召开理事会议由理事长主持，应邀请监事代表列席，必要时可邀请社员代表列席。列席者无表决权。理事个人对某项决议有不同意见时，须将其意见记入会议记录。

第二十六条　监事会是本社的监察机构，代表全体社员监督和检查理事会的工作。监事会由监事5人组成，监事由社员（代表）大会选举产生，任期3年，可连选连任。监事会选举产生监事长1人，副监事长1人。监事会实行"一人一票"制表决方法。

第二十七条　监事会的职权：
（一）监督理事会对社员（代表）大会决议和本社章程的执行情况；
（二）监督检查本社的经营业务和财务收支情况；
（三）监督理事和本社职员的服务情况；
（四）向社员（代表）大会提出监察工作报告；
（五）派代表列席理事会议，向理事会提出改进工作的建议；
（六）提出临时召开社员（代表）大会的建议；
（七）履行社员（代表）大会授予的其他职责。

第二十八条　监事会由监事长主持，会议决议应以书面形式通知理事会。理事会应在接到通知10日内作出响应，否则为理事会失职。

第二十九条　监事会议须有三分之二以上的成员出席方能召开。出席会议的三分之二以上的成员通过，方能作出决议。监事个人对某项决议有不同意见时，须将其意见记入会议记录。

第三十条　理事会与监事会的成员不得相互兼职。现任及退职不满一年的理事、理事的近亲不得担任监事。

第四章 财务

第三十一条 本社执行财务会计和统计制度。

第三十二条 本社资金来源包括：

（一）社员股金（或会费）；

（二）政府扶持的资金；

（三）社员借款和银行贷款；

（四）本社每年从结余中提留的公积金、公益金；

（五）未分配利润；

（六）接受的捐赠；

（七）其他资金。

第三十三条 本社初次筹集的股金总额为 100000 元，每股金额为 1 元。每个社员最多只能认购 5000 股。

第三十四条 本社接纳外部无偿资助，均按接收时的现值入账，作为本社的自有资产。经社员（代表）大会讨论决定，本社可以按决定的数额和方式参加社会公益捐赠。任何单位与个人无权平调本社资产。

第三十五条 理事会须在每一季度终了时将上期财务收支情况向社员公布。理事会须于每年 1 月 31 日前向社员（代表）大会提供上年经监事会审核的资产负债表、损益表和财务状况变动表，同时提出下年度的财务收支计划，交社员（代表）大会讨论，经社员（代表）大会审查批准后执行。

第三十六条 扣除当年服务成本，年终盈余按下列顺序和项目分配：

（一）公积金，按税后利润一定比例提取，用于扩大服务能力或弥补亏损；

（二）公益金，按税后利润一定比例提取，用于文化、福利事业；

（三）股金红利，按税后利润一定比例提取；

（四）两次返还，按税后利润分配情况和社员流动股惠顾额返利；

（五）风险基金，按税后利润分配情况提取。

上述分配项目、提取比例和分配数额，由理事会提出方案，经社员（代表）大会讨论决定后实施。

第三十七条 本社需列支的社员股息、聘用职员工资、社员和职员的物质奖励，计入成本。

第三十八条 本社独资或与外单位联合兴办的企业，实行独立核算。本社作为产权单位行使监督权，享有收益权。

第三十九条 本社如有亏损，经社员（代表）大会讨论通过，可用公积金弥补。公积金不足以弥补上一年度亏损的，可用以后年度税前利润弥补。因弥补亏损所减少的资金，社员（代表）大会应酌情规定补充的办法和期限。

第五章 终止和清算

第四十条 本社遇下列情况之一时，经社员（代表）大会决定，报原确认机关确认后予以解散，并及时向登记机关办理注销手续：

（一）社员少于5人无法开展活动；

（二）与其他组织合并；

（三）股金连同储备金亏损四分之三以上，不能继续经营；

（四）本社经营活动消亡；

（五）本社三分之二以上成员要求解散或重组。

第四十一条 在确认解散或重组后，理事会应在30天内向社员和社会公告。

第四十二条 本社决定解散时，应由社员（代表）大会选出7人组成清查小组，对本社的资产和债权、债务进行清理，并制订清偿方案报社员（代表）大会批准。本社共有资产按下列顺序清偿：（1）支付清算费用；（2）支付所欠职员劳动工资；（3）缴纳本社所欠税款；（4）抵偿债务；（5）将剩余财产在本社社员间进行分配。

第六章 附则

第四十三条 本章程如有未尽事宜，由理事会负责补充或修订，经社员（代表）大会讨论通过实施。

第四十四条 本章程由成立大会表决通过，并报确认部门备案。

第四十五条 本章程由本社理事会负责解释。

二、中国银行业监督管理委员会办公厅关于印发《农村资金互助社示范章程》的通知

(银监办发〔2007〕51号)

各银监局:

现将《农村资金互助社示范章程》印发给你们,请转发辖内银监分局,供各地在组建农村资金互助社工作中参考。

二〇〇七年二月四日

农村资金互助社示范章程

第一章 总则

第一条 为维护××农村资金互助社(以下简称本社)社员和债权人的合法权益,规范本社的组织和行为,根据《农村资金互助社管理暂行规定》,制定本章程。

第二条 本社注册名称:

注册资本:

本社住所:

邮政编码:

第三条 本社是经银行业监督管理机构批准,由××县(市)××乡(镇)或行政村农民和农村小企业自愿入股组成,为社员提供存款、贷款、结算等业务的社区互助性银行业金融机构。

(或:本社是经银行业监督管理机构批准,由××县(市)××乡(镇)或行政村××经济组织的农民和农村小企业自愿入股组成,为社员提供存款、贷款、结算等业务的社区互助性银行业金融机构)

本社不设立分支机构。

第四条 本社实行社员民主管理,以服务社员为宗旨,谋求社员共同利益。

第五条 本社依据《农村资金互助社管理暂行规定》设立,在工商管理部门进行登记,取得法人资格,对由社员股金、积累以及合法取得的其他资产所形成的法人财产,享有占有、使用、收益和处分的权利,并以全部法人财产对本社债务承担责任。

第六条 本社的财产、合法权益和依法经营活动受法律保护,任何单位和个人不得侵犯和非法干预。

第七条 本社社员以其社员股金和在本社的社员积累为限对本社的债务承担

责任。

第八条 本章程自生效之日起,即成为规范本社的组织与行为、本社与社员、社员与社员之间权利义务关系的具有法律约束力的文件。

第九条 本社遵守国家有关法律、行政法规和规章,执行国家金融方针和政策,依法接受银行业监督管理机构的监管。

第二章 业务范围

第十条 经银行业监督管理机构批准,本社经营以下业务:
(一)办理社员存款、贷款和结算业务;
(二)买卖政府债券和金融债券;
(三)办理同业存放;
(四)办理代理业务;
(五)向其他银行业金融机构融入资金(符合审慎要求);
(六)经银行业监督管理机构批准的其他业务。

第三章 社员

第十一条 本社社员是指符合本章程规定的入股条件,承认并遵守本章程,向本社入股的农民及农村小企业。

(或:本社社员是指符合本章程规定的入股条件,承认并遵守本章程,向本社入股的××农村经济组织的农民和农村小企业成员)

第十二条 农民向本社入股应符合以下条件:
(一)具有完全民事行为能力;
(二)户口所在地或经常居住地(本地有固定住所且居住满3年)在本社所在的××乡(镇)或行政村内;
(三)入股资金为自有资金且来源合法,达到本章程规定的入股金额起点;
(四)诚实守信,声誉良好;
(五)本章程规定的其他条件。

第十三条 农村小企业向本社入股应符合以下条件:
(一)注册地或主要营业场所在本社所在的××乡(镇)或行政村内;
(二)具有良好的信用记录;
(三)上一年度盈利;
(四)年终分配后净资产达到全部资产的10%以上(合并会计报表口径);
(五)入股资金为自有资金且来源合法,达到本章程规定的入股金额起点;
(六)本章程规定的其他条件。

第十四条 本社社员享有以下权利:

（一）参加社员大会，并享有表决权、选举权和被选举权，按照章程规定参加本社的民主管理；

（二）享受本社提供的各项服务；

（三）按照章程规定或者社员大会（社员代表大会）决议分享盈余；

（四）查阅本社的章程和社员大会（社员代表大会）、理事会、监事会的决议，财务会计报表及报告；

（五）向有关监督管理机构投诉和举报；

（六）本章程规定的其他权利。

第十五条 本社社员承担以下义务：

（一）向本社入股；

（二）执行社员大会（社员代表大会）的决议；

（三）按期足额偿还贷款本息；

（四）按本章程规定承担亏损；

（五）积极向本社反映情况、提供信息；

（六）本章程规定的其他义务。

第四章 股权管理

第十六条 本社每个农民社员入股金额起点为×元，每个农村小企业社员入股金额起点为×元，入股金额为元的整数倍。单个农民社员或单个农村小企业社员入股金额不得超过本社股金总额的10%。

第十七条 社员缴纳股金必须以货币出资，不得以实物、贷款或其他方式入股。

第十八条 本社向入股社员发放记名股金证，作为社员的入股凭证。

第十九条 本社社员持有的股金和积累可以转让、继承和赠与，但理事、监事和经理持有的股金和积累在任职期限内不得转让。

第二十条 本社社员不得以所持本社股金和积累为自己或他人担保。

第二十一条 同时满足以下条件，本社社员可以办理退股。

（一）社员提出全额退股申请；

（二）本社当年盈利；

（三）退股后本社资本充足率不低于8%；

（四）在本社没有逾期未偿还的贷款本息。

第二十二条 凡要求退股的，农民社员应提前3个月，农村小企业社员应提前6个月向理事会（不设理事会的向经理）提出，经批准后办理退股手续。退股社员的社员资格在完成退股手续后终止。

第二十三条 社员在其资格终止前与本社已订立的合同，应当继续履行。

第二十四条 社员资格终止后的1个月内,本社以现金形式返还该社员的股金和积累份额;社员资格终止的当年不享受盈余分配。

第二十五条 具备以下情形之一的社员,经理事会(不设理事会的由经理)批准,可予以除名,被除名社员如有未归还贷款,以该社员在本社的股金和社员积累予以抵扣,不足以抵扣的部分,该社员应通过其他方式偿还。

(一)不遵守本社章程;

(二)其行为给本社名誉和利益带来严重危害;

(三)以欺骗手段从本社取得贷款;

(四)恶意逃废在本社的债务;

(五)社员大会(社员代表大会)认为需要除名的其他情形。

第二十六条 本社建立社员名册,社员名册载明以下事项:

(一)社员的姓名或名称、身份证号码或企业法人代码、住所;

(二)社员所持股金金额、投票权确认数;

(三)社员所持股金证书的编号;

(四)社员缴纳股金日期。

第五章 组织机构

第二十七条 社员大会(社员代表大会)是本社的权力机构,由全体社员〔社员代表(社员代表按照社员数量(或入股比例)分别从农民社员和农村小企业社员中由全体社员选举产生,本社社员代表大会由×名代表组成,每届任期3年,可连选连任)〕组成。社员大会(社员代表大会)行使以下职权:

(一)制定或修改章程;

(二)选举和更换理事(不设理事会的选举经理)、监事;

(三)审议通过本社的发展规划;

(四)审议通过本社的基本管理制度;

(五)审议批准理事会(不设理事会的为经理)、监事会年度工作报告;

(六)审议决定固定资产购置以及其他重要经营事项;

(七)审议批准年度财务预算、决算方案和利润分配方案、弥补亏损方案;

(八)审议决定管理和工作人员薪酬;

(九)对合并、分立、解散和清算等作出决议;

(十)本章程规定的其他职权。

第二十八条 社员大会(社员代表大会)由理事会(不设理事会的由经理)召集,每年至少召开1次;经三分之一以上的社员(社员代表)提议,或理事会(不设理事会的由经理)、监事会提议,可在20日内召开临时社员大会(社员代表大会)。理事会(不设理事会的由经理)应当将会议召开时间、地点及审议事项于会议召开 15 日前通知全体社员（社员代表）。

第二十九条 召开社员大会（社员代表大会）必须有三分之二以上的社员（社员代表）出席。不能出席会议的社员（社员代表）可授权其他社员（社员代表）代其行使表决权。授权采取书面形式，并明确授权内容。

社员大会（社员代表大会）选举或者作出决议，应当由本社社员（社员代表）表决权总数过半数通过；作出修改章程、选举经理（不设理事会的）或者合并、分立、解散和清算的决议应当由本社社员（社员代表）表决权总数的三分之二以上通过。

第三十条 本社社员参加社员大会，享有一票基本表决权。入股金额前×名的农民社员、前×名的农村小企业社员在基本表决权外，共同享有本社基本表决权总数 20% 的附加表决权（享有附加表决权的农民社员、农村小企业社员合计一般不超过 10 名），并按照农民社员和农村小企业社员的入股金额或比例进行分配。享有附加表决权的社员及其享有的附加表决权票数，在每次社员大会召开时告知出席会议的社员。

社员代表参加社员代表大会，享有一票表决权。

第三十一条 理事会是本社的执行机构，由×名（不少于 3 名，应为奇数）理事组成，社员大会（社员代表大会）选举和更换，每届任期三年，可连选连任。理事会设理事长 1 人，为本社法定代表人，由理事会选举产生，经三分之二以上理事表决通过。除理事长外，本社不设专职理事。

第三十二条 理事会会议由理事长召集和主持。每年度至少召开 2 次，必要时可随时召开。理事会行使以下职权：

（一）召集社员大会（社员代表大会），并向社员大会（社员代表大会）报告工作；

（二）执行社员大会（社员代表大会）决议；

（三）选举和更换理事长；

（四）拟订本社的发展规划；

（五）审议决定本社的年度经营计划；

（六）拟订固定资产购置以及经营活动中其他重大事项计划；

（七）对经理拟订的大额贷款、国债和金融债券投资、向其他银行业金融机构融入资金的计划提出审核意见；

（八）聘任和解聘本社经理；

（九）对经理提出的拟聘用（解聘）财务、信贷等工作人员提出审核意见；

（十）审议通过经理的工作报告；

（十一）制定本社的内部管理制度；

（十二）拟订本社年度财务预算、决算方案和利润分配方案、亏损弥补方案；

（十三）拟订本社的分立、合并、解散和清算方案；

（十四）社员大会（社员代表大会）授予的其他职权。

不设理事会的，第（五）项、第（八）项、第（十）项职权由社员大会（社员代表大会）行使；第（一）项、第（二）项、第（四）项、第（六）项、第（十一）项、第（十二）项、第（十三）项职权由经理行使；第（七）项、第（九）项职权由监事会行使。

第三十三条　监事会是本社的监督机构，由×名（不少于3人，应为奇数）监事组成。监事由社员、捐赠人以及向本社提供融资的金融机构等利益相关者担任，由社员大会（社员代表大会）选举和更换，每届任期3年，可连选连任。监事会设监事长1名，由监事会选举产生，经三分之二以上监事表决通过。本社经理和工作人员不得兼任监事。本社不设专职监事。

第三十四条　监事会会议由监事长召集和主持，每半年至少召开1次，必要时可随时召开。监事会行使以下职权：

（一）派代表列席理事会会议；

（二）监督本社执行相关法律、行政法规和规章；

（三）对理事会决议和经理的决定提出质询；

（四）监督本社的经营管理和财务管理；

（五）进行内部审计，并对理事长、经理进行专项审计和离任审计；

（六）对经理拟聘用（解聘）财务、信贷等工作人员提出审核意见，对经理拟订的大额贷款、国债和金融债券、向其他银行业金融机构融入资金的计划提出审核意见；

（七）向社员大会（社员代表大会）报告工作；

（八）本社章程规定的其他职权。

第三十五条　本社设经理1名，由理事会聘任（不设理事会的由社员大会（社员代表大会）选举产生），经理可由理事长兼任。经理全面负责本社的经营管理工作，行使以下职权：

（一）主持本社的经营管理工作，组织实施理事会的决议（不设理事会的组织实施社员大会（社员代表大会）决议）；

（二）拟订本社的内部管理制度；

（三）拟订本社的年度经营计划；

（四）提出拟聘用（解聘）财务、信贷等工作人员意见，以及大额贷款、国债和金融债券投资、向其他银行业金融机构融入资金的计划，征得理事会、监事会同意后实施；

（五）理事会授予的其他职权（不设理事会的，由社员大会（社员代表大会）授权）。

第三十六条 理事长、经理和工作人员的薪酬由社员大会（社员代表大会）决定，本社不向其他理事、监事支付薪酬。

第三十七条 本社的理事、监事、经理和工作人员不得有以下行为：

（一）侵占、挪用或者私分本社资产；

（二）将本社资金借贷给非社员或者以本社资产为他人提供担保；

（三）从事损害本社利益的其他活动。

违反上述规定所得的收入，归本社所有；造成损失的，应当承担赔偿责任。

第三十八条 执行与本社业务有关公务的人员不得担任本社的理事长、经理和工作人员。

第六章 业务、财务管理

第三十九条 本社以吸收社员存款、接受社会捐赠资金和符合审慎要求向其他银行业金融机构融入资金作为资金来源。

第四十条 本社的资金应主要用于发放社员贷款，满足社员贷款需求后确有富余可存放其他银行业金融机构，也可购买国债和金融债券。

第四十一条 本社办理社员结算业务，并按有关规定开办各类代理业务。

第四十二条 本社不向非社员吸收存款、发放贷款及办理其他金融业务，不以本社资产为其他单位或个人提供担保。

第四十三条 本社按存款和股金总额的×%以内留存库存现金。

第四十四条 本社按照审慎经营原则，严格进行风险管理：

（一）资本充足率不低于8%；

（二）对单一社员的贷款总额不超过资本净额的15%；

（三）对单一农村小企业社员及其关联小企业社员、单一农民社员及其在同一户口簿上的其他社员贷款总额不超过资本净额的20%；

（四）对前十大户贷款总额不超过资本净额的50%；

（五）资产损失准备充足率不低于100%；

（六）银行业监督管理机构规定的其他审慎要求。

第四十五条 本社执行国家有关金融企业的财务制度与会计准则，设置会计科目和法定会计账册，进行会计核算。

第四十六条 本社会计年度为公历1月1日至12月31日，在每一会计年度终了时制作财务会计报表及报告，并于召开社员大会（社员代表大会）的20日前置备于本社，供社员查阅。

第四十七条 本社应按照财务会计制度规定提取呆账准备金，进行利润分配。

第四十八条 本社的税后利润按以下顺序分配：

（一）弥补本社以前年度社员积累的亏损；

（二）提取法定盈余公积金（按税后利润（减弥补亏损）不低于10%的比例提取）；

（三）按年末风险资产余额1%的比例提取一般准备；

（四）向社员分配红利；

（五）向社员分配社员积累。

第四十九条 本社的法定盈余公积金累计达到注册资本的50%时，可不再提取。法定盈余公积金可用于弥补以前年度的亏损，但转增股金时，以转增后留存的法定盈余公积金不少于注册资本的25%为限。

第五十条 本社向社员分配红利的比例原则上不超过一年定期存款利率。当年如有未分配利润（亏损）全额计入社员积累，按照股金份额量化至每个社员，并设立专户管理。

第五十一条 本社除法定会计账册外，不得另立会计账册。

第五十二条 本社按照规定向社员披露社员股金和社员积累情况、财务会计报告、贷款发放及其风险情况、投融资情况、盈利及其分配情况、案件和其他重大事项。

第五十三条 本社按规定向属地银行业监督管理机构报送业务及财务报表、报告和相关资料，并对所报报表、报告和相关资料的真实性、准确性、完整性负责。

第七章 合并、分立、解散和清算

第五十四条 本社合并，自合并决议作出之日起10日内通知债权人。合并各方的债权、债务由合并后存续或者新设的机构承继。

第五十五条 本社分立，将财产作相应的分割，自分立决议作出之日起10日内通知债权人。分立前的债务由分立后的机构承担连带责任，但在分立前与债权人就债务清偿达成书面协议另有约定的除外。

第五十六条 本社因以下原因解散：

（一）社员大会决议解散；

（二）因合并或者分立需要解散；

（三）依法被吊销营业执照或者被撤销。

因第（一）项、第（三）项原因解散的，在解散事由出现之日起15日内由社员大会推举成员组成清算组，开始解散清算。逾期不能组成清算组的，由社员、债权人向人民法院申请指定成员组成清算组进行清算。

第五十七条 清算组自成立之日起接管本社，负责处理与清算有关未了结业务，清理财产和债权、债务，分配清偿债务后的剩余财产，代表本社参与诉讼、仲裁或者其他法律事宜，并在清算结束时向银行业监督管理机构交回金融许可证，到工商行政管理部门办理注销登记，并予以公告。

第五十八条 清算组负责制定包括清偿本社员工的工资及社会保险费用、清偿所欠税款和其他各项债务，以及分配剩余财产在内的清算方案，经社员大会通过后实施。

第五十九条 清算组成员应当忠于职守，依法履行清算义务，因故意或者重大过失给本社社员及债权人造成损失的，应当承担赔偿责任。

第八章 附则

第六十条 本社设公告栏，对需要公告的事项以张贴的形式向全体社员公告。

第六十一条 本社社员大会（社员代表大会）通过的章程修改、补充规定，经银行业监督管理机构核准，视为本章程的组成部分。

第六十二条 本章程未尽事宜依照国家有关法律法规、行政规章及银行业监督管理机构的有关规定办理。

第六十三条 本章程的解释权属本社理事会（不设理事会的为经理），修改权属本社社员大会（社员代表大会）。

第六十四条 本章程经本社社员大会（社员代表大会）通过，自银行业监督管理机构批准并依法注册之日起生效。

中国银行业监督管理委员会办公厅二〇〇七年二月八日印发

三、中国人民银行、中国银行业监督管理委员会关于村镇银行、贷款公司、农村资金互助社、小额贷款公司有关政策的通知

(银发〔2008〕137号)

中国人民银行上海总部，各分行、营业管理部、省会（首府）城市中心支行、副省级城市中心支行，各银监局，各政策性银行、国有商业银行、股份制商业银行、中国邮政储蓄银行，各省（自治区、直辖市）农村信用社联合社：

2005年以来，部分省市的县及县以下地区试点设立了村镇银行、贷款公司、农村资金互助社、小额贷款公司等四类机构（以下统称四类机构），这对于改进和完善农村金融服务、培育竞争性农村金融市场发挥了积极作用。为保证四类机构规范、健康、可持续发展，更好地支持社会主义新农村建设，现就有关政策通知如下：

一、存款准备金管理

现阶段，农村资金互助社暂不向中国人民银行交存存款准备金。村镇银行应按照中国人民银行存款准备金的管理规定，及时向中国人民银行当地分支机构交存存款准备金，村镇银行的存款准备金率比照当地农村信用社执行。经批准开办代理国库业务和代理国债业务的村镇银行，除按规定交存存款准备金以外，还应向中国人民银行当地分支机构缴存财政存款。村镇银行存款准备金和财政存款的交纳范围由村镇银行所在地的中国人民银行分行、营业管理部或省会（首府）城市中心支行（以下统称中国人民银行省级分支机构）会计部门核定。村镇银行所在地的中国人民银行分支机构的营业部门在"21129 其他商业银行存款"科目下为村镇银行开立存款账户，核算村镇银行的法定存款准备金和超额存款准备金；在"221 金融机构划来财政存款"科目下开立账户，核算村镇银行划来的财政存款。

二、存贷款利率管理

经批准吸收存款的机构，其存款利率实行上限管理，最高不得超过中国人民银行公布的同期同档次存款基准利率。四类机构的贷款利率实行下限管理，利率下限为中国人民银行公布的同期同档次贷款基准利率的0.9倍。四类机构应建立健全利率定价机制，按照贷款定价原则自主确定贷款利率，并且符合司法部门的相关要求。四类机构应按照中国人民银行利率报备政策的要求，按时准确真实地报备有关利率。

三、支付清算管理

具备条件的四类机构可以按照中国人民银行有关规定加入人民币银行结算账

户管理系统和联网核查公民身份信息系统。符合条件的村镇银行可以按照中国人民银行的有关规定申请加入大额支付系统、小额支付系统和支票影像交换系统。贷款公司、农村资金互助社和小额贷款公司可自主选择银行业金融机构开立存款账户，并委托存款银行代理支付结算业务。村镇银行的支付系统行别代码为"320"，行别类型为"其他商业银行"。村镇银行需要使用人民币票据凭证的，应按照中国人民银行的有关规定向中国人民银行当地分支机构提出申请，经中国人民银行总行批准后统一制版、印制。票据凭证由村镇银行所在地的中国人民银行省级分支机构支付结算管理部门组织订货和管理，结算凭证由村镇银行按照中国人民银行统一规定的格式自行印制和管理。村镇银行办理人民币业务需要使用汇票专用章的，应根据《中国人民银行办公厅关于规范银行汇票专用章事项的通知》（银办发［2006］54号）的相关规定，确定汇票专用章式样，并报中国人民银行省级分支机构支付结算管理部门备案。刻制汇票专用章时，应选择经公安机关批准、具有承制公章资格的印章经营单位刻制。本票专用章的格式、内容和刻制按照所在地的中国人民银行省级分支机构的规定办理。贷款公司、农村资金互助社和小额贷款公司办理支付结算业务使用的票据凭证和汇票专用章比照村镇银行管理。

四、会计管理

四类机构的会计科目设置不需要审批。村镇银行应根据《中华人民共和国商业银行法》和《中国人民银行关于银行业金融机构报送会计财务资料有关事宜的通知》（银发［2004］72号）的要求，及时向中国人民银行当地分支机构和所在地的中国人民银行省级分支机构报送会计制度、会计科目及其使用说明、年度会计决算资料和重大会计改革事项等相关会计财务管理信息资料。

五、金融统计和监管报表

四类机构应按季向中国人民银行当地分支机构调查统计部门报送资产负债表和其他相关统计信息资料，村镇银行、贷款公司和农村资金互助社要按照银行业监管机构的要求及时向当地银行业监管部门报送监管报表，小额贷款公司报送相关资料。受目前金融统计数据通讯传输条件的限制，中国人民银行相关分支机构现阶段暂以传真方式逐级将四类机构相关数据按季报送中国人民银行调查统计司。

六、征信管理

具备条件的四类机构可以按规定申请加入企业和个人信用信息基础数据库。根据"先建立制度、先报送数据、后开通查询用户"的原则，四类机构接入企业和个人信用信息基础数据库的，应按照中国人民银行的有关规定制定相应的管理制度和操作规程，定期报送相关数据并合规查询和使用查询结果，并接受中国人民银行的监督管理。

七、现金管理

四类机构应严格遵守现金管理规定，合理使用现金，防止洗钱行为。四类机构为自然人客户办理人民币单笔 5 万元以上现金存取业务的，要认真核对客户的有效身份证件或其他有效身份证明文件；为不在本机构开立账户的客户提供现金汇款、票据兑付等金融服务且交易金额单笔人民币 1 万元以上的，在认真核对客户的有效身份证件或者其他有效身份证明文件的同时，应当留存该客户的有效身份证件或者其他身份证明文件的复印件或者影印件。四类机构应当按照我国反洗钱的有关规定逐笔记录和保存单笔或者当日累计交易相当于 20 万元人民币数额以上的现金缴存、现金支取、现金汇款、现金票据解付及其他形式的现金收支记录。

八、风险监管

四类机构要制定完备的规章制度，积极完善公司治理结构，有效加强内控风险管理，切实做好风险防范工作。中国人民银行和中国银监会依据各自法定职责和相关制度规定，对村镇银行、贷款公司和农村资金互助社实施审慎监管。对小额贷款公司的监管，根据《中国银行业监督管理委员会　中国人民银行关于小额贷款公司试点的指导意见》的有关规定执行。

中国人民银行各分支机构和各地银监局要根据本通知规定和相关政策要求，密切协作配合，依法履行职责，积极鼓励、引导和督促四类机构以面向农村、服务"三农"为目的，扎扎实实依法开展业务经营，在不断完善内控机制和风险控制水平的基础上，立足地方实际，坚持商业可持续发展，努力为"三农"经济提供低成本、便捷、实惠的金融服务。

本通知自发布之日起执行，请中国人民银行各省级分支机构和各级银监局联合将本通知及本通知所列相关文件转发至相关单位。各地在政策落实过程中发现的新情况、新问题，请及时报告中国人民银行和中国银行业监督管理委员会。

中国人民银行　中国银行业监督管理委员会
二〇〇八年四月二十四日

四、中国银行业监督管理委员会　中国人民银行关于小额贷款公司试点的指导意见

(银监发〔2008〕23号)

各银监局,中国人民银行上海总部、各分行、营业管理部、各省会(首府)城市中心支行、副省级城市中心支行:

为全面落实科学发展观,有效配置金融资源,引导资金流向农村和欠发达地区,改善农村地区金融服务,促进农业、农民和农村经济发展,支持社会主义新农村建设,现就小额贷款公司试点事项提出如下指导意见:

一、小额贷款公司的性质

小额贷款公司是由自然人、企业法人与其他社会组织投资设立,不吸收公众存款,经营小额贷款业务的有限责任公司或股份有限公司。

小额贷款公司是企业法人,有独立的法人财产,享有法人财产权,以全部财产对其债务承担民事责任。小额贷款公司股东依法享有资产收益、参与重大决策和选择管理者等权利,以其认缴的出资额或认购的股份为限对公司承担责任。

小额贷款公司应执行国家金融方针和政策,在法律法规规定的范围内开展业务,自主经营,自负盈亏,自我约束,自担风险,其合法的经营活动受法律保护,不受任何单位和个人的干涉。

二、小额贷款公司的设立

小额贷款公司的名称应由行政区划、字号、行业、组织形式依次组成,其中行政区划指县级行政区划的名称,组织形式为有限责任公司或股份有限公司。

小额贷款公司的股东需符合法定人数规定。有限责任公司应由50个以下股东出资设立;股份有限公司应有2~200名发起人,其中须有半数以上的发起人在中国境内有住所。

小额贷款公司的注册资本来源应真实合法,全部为实收货币资本,由出资人或发起人一次足额缴纳。有限责任公司的注册资本不得低于500万元,股份有限公司的注册资本不得低于1000万元。单一自然人、企业法人、其他社会组织及其关联方持有的股份,不得超过小额贷款公司注册资本总额的10%。

申请设立小额贷款公司,应向省级政府主管部门提出正式申请,经批准后,到当地工商行政管理部门申请办理注册登记手续并领取营业执照。此外,还应在五个工作日内向当地公安机关、中国银行业监督管理委员会派出机构和中国人民银行分支机构报送相关资料。

小额贷款公司应有符合规定的章程和管理制度，应有必要的营业场所、组织机构、具备相应专业知识和从业经验的工作人员。

出资设立小额贷款公司的自然人、企业法人和其他社会组织，拟任小额贷款公司董事、监事和高级管理人员的自然人，应无犯罪记录和不良信用记录。

小额贷款公司在当地税务部门办理税务登记，并依法缴纳各类税费。

三、小额贷款公司的资金来源

小额贷款公司的主要资金来源为股东缴纳的资本金、捐赠资金，以及来自不超过两个银行业金融机构的融入资金。

在法律、法规规定的范围内，小额贷款公司从银行业金融机构获得融入资金的余额，不得超过资本净额的50%。融入资金的利率、期限由小额贷款公司与相应银行业金融机构自主协商确定，利率以同期"上海银行间同业拆放利率"为基准加点确定。

小额贷款公司应向注册地中国人民银行分支机构申领贷款卡。向小额贷款公司提供融资的银行业金融机构，应将融资信息及时报送所在地中国人民银行分支机构和中国银行业监督管理委员会派出机构，并应跟踪监督小额贷款公司融资的使用情况。

四、小额贷款公司的资金运用

小额贷款公司在坚持为农民、农业和农村经济发展服务的原则下自主选择贷款对象。小额贷款公司发放贷款，应坚持"小额、分散"的原则，鼓励小额贷款公司面向农户和微型企业提供信贷服务，着力扩大客户数量和服务覆盖面。同一借款人的贷款余额不得超过小额贷款公司资本净额的5%。在此标准内，可以参考小额贷款公司所在地经济状况和人均GDP水平，制定最高贷款额度限制。

小额贷款公司按照市场化原则进行经营，贷款利率上限放开，但不得超过司法部门规定的上限，下限为人民银行公布的贷款基准利率的0.9倍，具体浮动幅度按照市场原则自主确定。有关贷款期限和贷款偿还条款等合同内容，均由借贷双方在公平自愿的原则下依法协商确定。

五、小额贷款公司的监督管理

凡是省级政府能明确一个主管部门（金融办或相关机构）负责对小额贷款公司的监督管理，并愿意承担小额贷款公司风险处置责任的，方可在本省（区、市）的县域范围内开展组建小额贷款公司试点。

小额贷款公司应建立发起人承诺制度，公司股东应与小额贷款公司签订承诺书，承诺自觉遵守公司章程，参与管理并承担风险。

小额贷款公司应按照《中华人民共和国公司法》要求建立健全公司治理结构，明确股东、董事、监事和经理之间的权责关系，制定稳健有效的议事规则、决策程序和内审制度，提高公司治理的有效性。小额贷款公司应建立健全贷款管理制度，明确贷前调查、贷时审查和贷后检查业务流程和操作规范，切实加强贷款管理。小额贷款公司应加强内部控制，按照国家有关规定建立健全企业财务会计制度，真实记录和全面反映其业务活动和财务活动。

小额贷款公司应按照有关规定，建立审慎规范的资产分类制度和拨备制度，准确进行资产分类，充分计提呆账准备金，确保资产损失准备充足率始终保持在100%以上，全面覆盖风险。

小额贷款公司应建立信息披露制度，按要求向公司股东、主管部门、向其提供融资的银行业金融机构、有关捐赠机构披露经中介机构审计的财务报表和年度业务经营情况、融资情况、重大事项等信息，必要时应向社会披露。

小额贷款公司应接受社会监督，不得进行任何形式的非法集资。从事非法集资活动的，按照国务院有关规定，由省级人民政府负责处置。对于跨省份非法集资活动的处置，需要由处置非法集资部际联席会议协调的，可由省级人民政府请求处置非法集资部际联席会议协调处置。其他违反国家法律法规的行为，由当地主管部门依据有关法律法规实施处罚；构成犯罪的，依法追究刑事责任。

中国人民银行对小额贷款公司的利率、资金流向进行跟踪监测，并将小额贷款公司纳入信贷征信系统。小额贷款公司应定期向信贷征信系统提供借款人、贷款金额、贷款担保和贷款偿还等业务信息。

六、小额贷款公司的终止

小额贷款公司法人资格的终止包括解散和破产两种情况。小额贷款公司可因下列原因解散：（一）公司章程规定的解散事由出现；（二）股东大会决议解散；（三）因公司合并或者分立需要解散；（四）依法被吊销营业执照、责令关闭或者被撤销；（五）人民法院依法宣布公司解散。小额贷款公司解散，依照《中华人民共和国公司法》进行清算和注销。

小额贷款公司被依法宣告破产的，依照有关企业破产的法律实施破产清算。

小额贷款公司依法合规经营，没有不良信用记录的，可在股东自愿的基础上，按照《村镇银行组建审批指引》和《村镇银行管理暂行规定》规范改造为村镇银行。

七、其他

中国银行业监督管理委员会派出机构和中国人民银行分支机构，要密切配合当地政府，创造性地开展工作，加强对小额贷款公司工作的政策宣传。同时，积极开展小额贷款培训工作，有针对性地对小额贷款公司及其客户进行相关培训。

本指导意见未尽事宜，按照《中华人民共和国公司法》、《中华人民共和国合同法》等法律法规执行。

本指导意见由中国银行业监督管理委员会和中国人民银行负责解释。

请各银监局和人民银行上海总部、各分行、营业管理部、各省会（首府）城市中心支行、副省级城市中心支行联合将本指导意见转发至银监分局、人民银行地市中心支行、县（市）支行和相关单位。

中国银行业监督管理委员会　中国人民银行
二〇〇八年五月四日

五、赤峰市翁牛特旗农牧民信用互助协会相关管理文件

文件一　农牧民信用互助协会会员贷款风险补偿基金管理办法

为加快社会主义新农村新牧区建设，加大对"三农三牧"的支持力度，促进农牧民信用互助协会建设，旗政府设立农牧民信用互助协会会员贷款风险补偿基金，作为农牧民信用互助协会会员因不可抗力，造成重大经济损失时的财政补偿，以弥补农村信用社对农牧民信用互助协会会员贷款所形成的风险损失，特制定农牧民信用互助协会会员贷款风险补偿基金管理办法。

一、基金的管理

（一）旗政府按信用互助基金总额的10%拨出专项资金，建立农牧民信用互助协会会员贷款风险补偿基金，专户存储在农村信用联社，基金实行封闭管理。

（二）如动用风险补偿基金，需经翁牛特旗农牧民信用互助协会建设领导小组审核，报旗政府审批后方可办理。

二、补偿对象和条件

（一）必须是农牧民信用互助协会会员。

（二）完全丧失还款能力，家庭无成年劳动力。

（三）家庭财产无法清偿全部贷款本息。

（四）因不可抗力因素，如自然灾害、意外伤害、交通事故等意外事故导致会员不能偿还本息的。

（五）保险赔付不能清偿的会员贷款本息。

（六）互助基金余额为零不能清偿的会员贷款本息。

三、补偿申请程序

（一）由各农村信用社向翁牛特旗农牧民信用互助协会建设领导小组办公室和旗财政局提出书面补偿申请及补偿证明。

（二）翁牛特旗农牧民信用互助协会建设领导小组对补偿材料进行审查核对，对符合补偿条件的上报旗政府审批。

（三）经旗政府领导审批后，补偿基金由旗财政局从风险补偿基金专户直接拨付给农村信用社。

四、补偿需要提供以下证明

（一）原始的贷款合同和借据复印件。

（二）完全丧失还款能力的证明。

（三）会员所在农牧民信用互助协会证明。

（四）所在地苏木乡镇人民政府或国营农牧场证明。
（五）交通等意外事故造成的残疾或死亡证明。

五、贷款补偿标准

根据农牧民信用互助协会会员家庭财产还款能力，对信用社进行贷款补偿的比例为单户贷款本息的30%~40%。

文件二　农牧民信用互助协会章程（试行）

第一章　总则

第一条　为营造良好的农村信用环境，增强信用互助保障，有效降低贷款风险，提高信用社对会员的信贷授信，更好地解决会员在调整产业结构、扩大生产经营规模中的资金困难，促进会员增产增收，在旗农牧民信用互助协会建设领导小组的指导下，在团结、互助、互利、互相监督的基础上成立本协会。

第二章　互助协会组织原则

第二条　自愿入会，交纳基金，享受优惠，会员联保，协会负责，互相监督，贷款到期必须无条件归还。

第三章　互助协会工作范围

第三条　协会负责推荐、监督、管理协会会员；组织协会会员学习国家法律、法规、规章和政策，进行思想政治教育和诚信道德教育；对会员进行生产经营指导，提供产销信息服务，组织经验交流；为会员联系、疏通信用社信贷资金方面的具体事宜，提供信用保障。在会员资金短缺时为其协调信贷资金，提供申请贷款证明，帮助会员办理信贷手续。

第四章　互助协会会员

第四条　互助协会入会会员应为前3年在_____农村信用社无不良信贷记录、无违法违规记录、年龄60周岁以下、身体健康的农牧户。

第五章　入会程序及组织机构

第五条　互助协会实行每3年一换届，每半年吸收一次新会员（每年1月和7月各一次）。

第六条　申请入会的农牧户需提供书面申请，经协会初审同意，自愿向协会交纳$500 \times n$元（以500的整倍数交纳）信用互助基金。会员交纳的信用互助基金由会员直接存入信用互助协会在当地农村信用社开立的专用账户，待全部会员基金交纳完毕，信用社汇总后以信用互助协会的名义开立一张定期存单，按国家定期存款一年期利率计付利息，作为信用互助协会为其会员担保贷款的保证金，信用社同时向信用互助协会出具相关手续，如出现贷款风险，农村信用社有权根据双方合作协议扣款。互助基金期限满3年，所有会员无贷款余额方可退还。协会对会员交纳基金及农村信用社对会员授信情况予以张榜公布。

第七条 经协会初审同意入会的农牧户，需经_____农村信用社考核后，签署意见。

第八条 协会会员推荐5~9名会员组成常务理事会，负责互助协会的日常管理工作。理事会成员应具备的素质：为人公道正派，办事公平公正，热情助人，诚实守信，德高望重，有一定经济实力和生产经营能力。

第六章　理事会的权利

第九条 理事会的权利：

1. 有权对不诚信的会员公开曝光，并取消会员资格。
2. 有权监督会员贷款的使用，有权对逃废债务的会员批评、教育，并配合农村信用社依法起诉。
3. 有权代表会员监督农村信用社提供的各项服务、承诺，并向农村信用社提出意见和建议，同时协助农村信用社放贷、收贷、收息。

第七章　会员享受的优惠待遇

第十条 经协会与农村信用社协商，会员享有以下优惠政策。

一是会员贷款额度优惠：_____农村信用社按会员交纳的信用互助基金的10倍放大量发放信用担保贷款。

二是会员贷款期限优惠：贷款期限根据会员所从事的生产经营周期确定为一至三年。

三是会员贷款利率优惠：会员贷款利率执行_____农村信用社同档次利率的最低水平。如遇国家利率调整，_____农村信用社及时通知协会。

四是会员贷款优先：当_____农村信用社资金紧张时，优先保证会员贷款。

第八章　会员享有以下权利

第十一条 会员享有以下权利：

1. 在协会内有选举权、被选举权和表决权；
2. 监督协会工作，提出批评和建议；
3. 对理事会成员提出批评和撤换意见；
4. 要求维护自己的合法权利和利益；

5. 反映生产经营中存在的问题，提出意见和要求；
6. 享受协会提供的信息服务及协会获得的贷款优惠政策。

第九章　会员履行下列义务

第十二条　会员履行下列义务：
1. 遵守国家的法律、法规和章程，守法经营，依法纳税；
2. 遵守本会章程，执行协会决议；
3. 积极参加协会组织的各项活动，维护公共利益；
4. 信守诚信道德，及时交纳互助基金，按时归还贷款本息；
5. 热心为群众服务，自愿为本会所有会员贷款担保；
6. 监督其他会员贷款资金用途、按期还贷。

第十章　互助协会承诺：

第十三条　互助协会承诺

1. 本协会自成立之日起，本会会员贷款如有发生贷款逾期，协会自愿帮助农村信用社催收，一个月内仍有未清收部分，_____农村信用社有权随时在我协会的信用互助基金中扣收。

2. 本协会会员如有5户以上（含5户）贷款逾期，在规定时间内不能整改或整改不力，_____农村信用社有权停办本协会其他会员的一切贷款业务。

3. 对逃废农村信用社债务的会员给予曝光，配合农村信用社依法起诉，取消逃废农村信用社债务的会员的资格。

4. 协会为会员提供信用担保等服务，不收取会员任何费用，不增加会员负担，不挪用会员互助基金。

第十一章　互助协会会员理念

第十四条　互助协会会员理念：
遵守协会章程、履行会员义务；执行协会决议、维护协会荣誉；以信用求生存、以信誉求发展；以诚信为本、操守为重；信用第一、有诺必践；诚信光荣、失信可耻；自我约束、互相监督，做农牧民致富的带头人，为社会主义新农村新牧区建设作出贡献。

第十二章　附则

第十五条　本章程由_____农牧民信用互助协会理事会负责解释。
第十六条　互助协会会员签名：

文件三　协议书

甲方：

乙方：

甲乙双方本着平等自愿、互惠、互利的原则，经充分协商，特签订如下协议：

一、甲方对乙方会员贷款给予利率优惠、贷款额度优惠、贷款期限优惠、贷款优先、手续简化等优惠政策。乙方向甲方如实提供会员信息。

二、甲方在办理贷款业务时要做到会员证、身份证及协会推荐意见一致，防止冒名贷款。

三、甲方有权对贷款逾期会员采取降低信用级别、降低贷款授信额度、取消会员资格等措施，并对逾期贷款按规定加收罚息。

四、甲方对会员提出的贷款申请，答复日一般不超过三天，节假日顺延，因资金、政策或甲方对乙方有异议时应事先通知乙方。

五、甲方应遵守农村信用社的职业道德，遵守行业内部规章制度，不得借贷款之机利用工作上的便利，对乙方吃、拿、卡、要或变相接受乙方会员的礼金和宴请。

六、乙方应全心全意为会员服务，自觉遵守协会章程，不得借机收取任何费用。

七、乙方将全部会员的信用互助基金汇总存入其在甲方开设的专用账户。乙方不得挪用互助基金。甲方按国家定期存款一年期利率计息，每年返还乙方存款利息，由乙方支付给各会员。

八、乙方会员如有5户以上（含5户）贷款逾期，一个月内不能改正，甲方有权停办乙方其他会员的一切贷款业务。

九、乙方自成立之日起，其会员贷款如有发生贷款逾期，甲方应及时通知乙方及乙方会员，乙方会员贷款逾期一个月仍不归还的，乙方对甲方所采取的一切合法清收措施进行积极配合，对清收不足部分乙方承诺同意甲方在乙方的信用互助基金中扣收。

十、乙方保证会员贷款按借款用途使用，不得将会员的授信证集中起来搞"捆绑式"贷款。

十一、乙方承诺对逃废债务的会员在嘎查村公开曝光，并取消其会员资格。

十二、对因自然灾害等不可抗力因素导致会员贷款逾期的，由乙方会员向甲方提出申请，经理事会签署意见，甲方可根据查实情况予以展期。

十三、甲乙双方均需建立会员信用档案，及时记载会员互助基金交纳情况、贷款使用情况、贷款本息归还情况等基本信息，并定期进行核对。

十四、对双方承诺条款落实效果，由旗农牧民信用互助协会建设领导小组负责监督，由司法所见证。

十五、本协议经甲乙双方签字盖章后生效。

甲方签章：　　　　　　　　　乙方签章：
见证人：　　　　　　　　　　司法所签章：
　　　　　　　　　　　　　　　　年　月　日

六、重庆某农村信用社违规贷款责任追究暂行办法（试行）

第一章　总则

第一条　为了加强我区农村信用社贷款管理，有效地强化贷款贷前调查、贷时审查、贷后管理过程中的责任约束，增强管贷人员责任意识，防范贷款风险和促进信贷业务的拓展，提高农村信用社信贷资产质量，根据《商业银行法》、《担保法》、《贷款通则》、《商业银行授信工作尽职指引》和省农村信用社联合社制定的有关规章制度，制定本暂行办法。

第二条　本办法适用于××区信用联社，所辖农村信用社工作人员因违反国家金融法律法规、信贷管理规章制度等造成贷款风险或增加贷款风险的责任追究。

第三条　对违规贷款的认定和责任追究必须坚持以下原则：一是实事求是，客观公正，证据确凿，事实清楚；二是掌握标准，程序合规，尊重历史，处理适度；三是坚持以"违规"和"风险"作为认定违规贷款和追究责任人责任的根本标准。

第四条　本办法所称违规贷款是联社、信用社工作人员在贷款授信、调查、审查、审批、贷后管理、催收等过程中违规违制违纪行为而形成或增加贷款风险的贷款。有违规贷款或在贷款管理工作中不尽职、存在违规行为的联社、信用社工作人员称为违规贷款责任人或违规行为责任人（以下简称责任人）。

职工贷款是指信用社在职职工、内退职工和离退休职工以本人名义向信用社申请的贷款。职工家属贷款是指信用社在职职工、内退职工和离退休职工的配偶以本人名义向信用社申请的贷款；其中在借款时一起居住生活的父母、养父母、岳父母、儿女、儿媳、女婿、兄弟姐妹等家人向信用社申请的贷款视同家属贷款。

本办法所称贷款包括表内科目各项贷款及贴现。

第五条　违规贷款管理实行统一领导、统一管理。县级联社稽核部门是主要监管部门，负责对违规贷款的认定与解除、对违规贷款的建账和对处罚资金的账务管理、参与对责任人的处罚、按季汇总通报违规贷款情况及其责任追究情况等工作。

第六条　责任追究不因责任人岗位变动、退休、解除劳动合同、中央银行票据置换责任贷款而免除。对涉嫌违法犯罪的人员，应及时移送司法部门处理。

第二章　违规贷款的认定

第七条　违规贷款的认定依据是国家有关信贷法律法规，农村信用社信贷政策、原则和各项贷款管理规章制度。

第八条　违规贷款的认定标准：

按贷款规范化管理程度及贷款风险程度的高低，将违规贷款细分为一般违规贷款、严重违规贷款、特别严重违规贷款。

一、以下违规贷款为一般违规贷款

（一）借款手续少，或填写错误，不足以造成贷款风险的。

（二）除小额信用贷款外的贷款未按规定进行贷前调查，贷前调查情况不清，调查报告不细，不足以造成贷款风险的。

（三）信贷人员未按规定做好贷后管理和催收贷款，或发现问题未及时报告、处理或联社、信用社的领导、信贷人员重贷轻收，对贷后检查、催收等工作重视不够，不足以造成贷款风险的。

（四）贷款报批资料不完善，审贷会审贷报告简单，有关要素不清，审批记录不规范或有错误，不足以造成贷款风险的。

（五）抵（质）押物、证保管不规范，未按规定定期核对抵（质）押物，不足以造成贷款风险的。

（六）信贷档案资料保管不规范，造成一般资料丢失、毁损等，不足以造成贷款风险的。

（七）未按规定建立农户经济档案、评估农户信用等级、定期更新档案内容、合理确定授信额度，未按规定发放、管理、催收小额信用贷款和联保贷款，不足以造成贷款风险的。

（八）未按规定将自然人贷款和法人客户贷款分别录入个人征信系统和贷款咨询系统，不足以造成贷款风险的。

（九）其他贷款业务操作违规，不足以造成贷款风险的。

二、以下违规贷款（含已形成次级、可疑贷款）为严重违规贷款

（一）未坚持审慎性原则，高估了客户信用等级，扩大了授信额度，误导后续贷款调查、决策、发放与管理工作，导致贷款形成较大风险的。

（二）贷前调查不尽职，故意提供虚假报告，隐瞒贷款缺陷和可能带来的风险，导致贷款审查、风险评估等环节的判断和决策失误，使贷款形成较大风险的。

（三）违反贷款管理规程，逆程序操作，或上级领导指令授意贷款，产生较大贷款风险的。

（四）贷款审查小组或审贷会成员未能独立发表审查意见，贷款审查流于形

式，同意发放明显违反信贷政策原则的贷款而形成较大贷款风险的。

（五）重贷轻收，贷后检查、催收不尽职，导致借款人挤占挪用贷款，抵（质）押物流失或减值，或未发现借款人借改制之机逃废信用社债务，使贷款形成较大风险的。

（六）应当设定而未设定抵押担保，或设定的抵押担保严重不足值，造成较大风险的。

（七）发放违反联社规定的跨区域贷款、超权审批发放贷款、化整为零贷款等故意违规违纪违制行为，造成较大风险的。

（八）违规发放职工贷款、职工家属贷款和其他关系人贷款，造成较大风险的；职工贷款和职工家属贷款逾期未还本付息的。

（九）信用社职工借名、顶名借款归自己使用。信用社职工为他人担保贷款，未按合同履约的。其中信用社职工向信用社引荐贷款业务，留有"保证"、"担保"或其他"承诺代为归还"的书面承诺书的，视同职工为他人担保贷款。

（十）以前被认定的"一般违规贷款"，其责任人未按规定要求纠正违规行为或按期收回贷款，而继续违规或使贷款产生较大风险的。

（十一）其他严重违规贷款。

三、以下违规贷款（含已形成损失贷款）为特别严重违规贷款

（一）未严格按要求办理贷款业务，导致贷款被诈骗，损失严重的。

（二）自批自贷的，或全部贷款程序与手续一人办理，或冒名、假名借款（包括姓名和地址）归自己使用的。

（三）以贷谋私，或内外勾结，造成贷款损失的。

（四）在贷款未还清之前，有关领导或信贷人员擅自同意解除抵（质）押手续，或借出抵（质）押物，使贷款风险扩大的。

（五）在贷款发放及贷后管理过程中，未按上级管理部门咨询审查意见要求逐一落实而形成重大风险的。

（六）有关合同的签订及贷后管理工作等有重大疏漏，经诉讼无法保全债权，或因信贷人员贷后管理失职造成贷款诉讼时效、执行时效散失，给信用社造成重大损失的。

（七）以前被认定的"严重违规贷款"或"一般违规贷款"，对其责任人教罚（3次以上）仍未在规定期限内纠正违规行为，仍未收回违规贷款或降低贷款风险的。

（八）其他严重违规，造成贷款损失或涉嫌贷款违法犯罪的。

第九条 违规贷款的认定程序：

一、受理。由稽核部门从举报、检查等途径和方式获得线索，经初步审定认为有比较严重的违规违纪违制行为，符合本办法规定的标准和规定的，由稽核部

门立即受理核查。

二、调查。由稽核部门按双人经办、亲缘回避原则，实地调查取证，形成客观真实的事实依据，向主管领导报告，并将调查的违规违纪事实与责任人本人见面核实。

三、认定。由稽核部门将调查核实的违规违纪违制事实形成调查报告，经稽核部门初审后提交由县级联社领导班子成员及信贷、稽核等部门负责人参加的联社社务会认定。对违规违纪事实清楚，本人又拒绝签字的，也可按本办法规定认定。

四、下发认定通知书。由稽核部门向负责人下发《违规贷款认定通知书》一式二份。

五、复议。对认定违规贷款不服的，责任人可以在收到《违规贷款认定通知书》后15个工作日内向稽核部门提出复议，稽核部门应当在30个工作日内复议答复。

第十条 违规贷款或违规行为认定责任的划分：

一、农村信用社和县级联社在贷款管理过程中要建立健全贷款授权制度、信贷人员岗位责任制度、审贷分离制度和主责任人制度，强化制约机制。特别是在贷款发放前，必须书面确定贷款调查、审查、审批及贷后管理等环节的主责任人，签订贷款管理和清收责任书，以便落实贷款管理责任。主责任人界定如下：

（一）农村信用社和县级联社营业部在自身权限内审批发放的贷款，贷前调查主责任人为信贷员，审查主责任人为信贷主办，贷款审批主责任人为信用社主任，贷后经营管理、检查监督、清收的主责任人为信用社主任、信贷主办。

（二）对基层农村信用社或联社营业部越过自身审批权限而上报县级联社以上审批或咨询的贷款，贷前调查主责任人为基层社或联社营业部信贷主办和主任，审查主责任人为县级联社信贷科长，审批主责任人为县级联社理事长和主任，对贷款的监督管理的主责任人为基层社或联社营业部主任。

二、由于贷前调查人员失职，导致调查不实、有关贷前核实的手续和资质未核实清楚等，导致审批人员错批的由贷前调查人员承担责任；贷前调查清楚、真实，审批人员审批错误的，由审批人员承担责任；审批人员发现调查不实或贷前未核实完整，存有重大遗漏等而不退回重新调查核实就审批的，由贷前调查人员和审批人员共同承担责任。

三、经审批后，贷款办理人员失职，未按规定和审批要求办理放贷手续，或产生重大遗漏等导致贷款风险的，由贷款办理人员承担责任；贷款办理人员发现审批有错或存在重大遗漏等而不退回重新审批就办理的，由审批人员和贷款办理人员共同承担责任。审批人员逆程序审批导致重大风险的，由审批人员承担责任；审批人员或单位负责人对调查不清、不实，强令经办的贷款，或越程序、逆程序指令经办的贷款导致重大损失的,由审批人或单位负责人承担责任;经办人对不符合规定的强令贷款不报告、不抵制或参与共同违规办理导致重大损失的,共同承担责任。

四、对发放出去的贷款,由于管贷人员失职,导致抵(质)押物、证损失、损坏,重要合同、文件资料丢失,能收到未及时收回本息等,导致重大风险的,由管贷人员承担责任。发现贷款办理人员办理失职、存有重大遗漏等而不及时报告和采取补救措施的,由贷款办理人员和管贷人员承担责任;管贷人员及时报告和采取了补救措施的,不承担责任。管贷人员已履行了职责,确因不可抗拒因素,导致贷款发生重大风险的,管贷人员不承担责任。

以上多人共同承担违规贷款的额度认定标准为:按共同责任原则,均以贷款总额认定。

第十一条 对原违规贷款按规定完善了手续、补充了抵押物等转贷、降低了贷款风险的,不认定为责任贷款;但因转贷而导致贷款风险增加、符合违规贷款认定条件的,认定为违规贷款。违规贷款责任人调动后,贷款接管人应当加强催收,以化解风险为目的的转贷不认定为违规贷款;接管人员不加强管理和催收,导致产生更大风险或损失(如抵(质)押物损坏、损失和诉讼时效或执行时效散失等)的,要承担管贷失职责任,符合认定违规贷款情形的认定为违规贷款。

第三章 对违规贷款或违规行为责任人的处理

第十二条 对违规贷款或违规行为责任人的处罚种类有:责令完善手续,消除风险;通报批评,取消评先评优;按稽核处罚办法罚款;调离岗位;暂停职务;引咎辞职;行政处分(包括警告、记过、记大过、降级、降职、撤职、留用察看、开除或辞退或解除劳动合同);涉嫌犯罪的移交司法机关处理。

一、对符合第八条规定的一般性违规,不足以给贷款造成风险的给予责令完善手续、纠正违规行为、消除风险、通报批评或罚款的处理。

二、对严重违规,可能造成较大贷款风险的,除给予一般违规的处罚如责令完善手续、消除风险外,还应根据情节轻重,给予调离岗位、暂停职务、减少贷款权限、警告、记过、记大过、降级、降职、撤职等处分。

三、违规情节特别严重的,除给予严重违规处罚外,还应给予留用察看、开除或辞退或解除劳动合同的行政处分;涉嫌犯罪的移送司法机关处理。

四、对有违规贷款或有违规行为的主责任人,要从重从严处理,其中对主责任人的经济处罚额应为经半责任人处罚额的1.5倍至3倍。

第十三条 信用社信贷员和信用社主任、分社主任在贷款授信、调查、审查、审批及贷后管理过程中严重违规或特别严重违规,或有下列情形之一的,要从重处理,除按稽核办法处罚外,可给予调离岗位、暂停职务、引咎辞职、行政处分；涉嫌犯罪的移送司法机关处理，给予刑事处分。

1. 个人累计违规贷款达100万元以上的；
2. 业务素质差，或工作不负责任，多次造成违规贷款；
3. 所在单位违规贷款严重，信贷员人人有违规贷款；
4. 年发放的贷款，因违规当年形成不良贷款，或新发放的贷款直接分类到损失类贷款的；
5. 同一年度内对多笔多户（5笔或3户以上）新发生的贷款负有责任的；
6. 所辖信用社贷款管理混乱，信贷业务操作长时间（6个月以上）不规范；
7. 所辖信用社违规贷款严重，累计额度大，信用社信贷员中有30%以上有违规贷款的；
8. 程序操作，上级领导或管理人员授意、指令贷款的；
9. 没有尽到领导和管理的责任，所辖信用社违规违制行为未得到有效控制，严重违规或特别严重违规的贷款不降反升的。

第四章 违规贷款的管理

第十四条 稽核部门要按责任人建立违规贷款明细控制账和处罚扣款明细账。

第十五条 稽核部门要按季对辖内违规贷款进行核对，对符合解除条件的要及时解除，退还责任人扣款。

第十六条 违规贷款的解除条件。

一、对确实已完善了手续，重新设定了足值抵押担保等，化解了风险的违规贷款，由责任人申请，所在单位签注意见，稽核部门审核后，由县级联社领导及稽核、信贷等部门负责人参加的社务会或主任办公会审批解除。

二、违规贷款的员工内退、退休或辞职要离开岗位的。

第十七条 违规贷款的解除程序是：

一、责任人申请；

二、稽核部门受理、调查核实、联社研究审批。

第五章 附则

第十八条 农村信用社开办的承兑汇票、信用证、保函、保理等新业务存在违规行为的，其责任认定与处理可参照本办法执行。

第十九条 本暂行办法从　年　月　日起执行。

后 记

2007年10月基本完成《农村金融学》（王曙光、乔郁等著，北京大学出版社，2008年1月出版）一书之后，我开始计划组织撰写《农村金融机构管理》一书。这两本书的功能和定位是有区别的：《农村金融学》是为高校金融学专业和其他专业本科生和研究生而撰写的一本教材，着重于农村金融领域的理论探讨，其中很少涉及农村金融机构的经营管理层面的问题；《农村金融机构管理》针对的是农村金融机构的经营管理者和基层员工，是一本带有很强操作性、实践性和指导性的教材，其特点是行文通俗浅易，多用图表说明问题，阅读性和实战功能较强。我们希望这本书可以有助于农村金融机构的管理人员全面了解农村金融机构的资产管理、负债管理、风险管理、人力资源管理、企业文化管理和财务管理的相关知识，并结合自己的实践有所创新。

本书由王曙光拟定全书大纲和每章具体内容纲要，经过征求课题组成员意见后确定每个成员的写作任务。2008年10月初稿完成后，由王曙光对全书内容作了修正和补充，2008年12月初基本定稿，2009年1月校对完毕。本书经一年时间撰写完成，实有赖于课题组成员的精诚合作和对于农村金融研究的热忱投入。课题组成员中，乔郁和陈强来自中国农业银行，有着深厚的农村金融领域的学术积累与丰富的管理经验；黄鑫鑫毕业后进入青岛银监局，对新型农村金融机构的监管颇有研究；邓一婷、黄芳、杜珊与李冰冰则分别是北京大学中国经济研究中心、北大经济学院和社科院农发所的研究生。他们均多年与我一起研究农村金融问题，是学术成果颇丰、很有学术潜力的年轻学子，与他们的合作是愉快而富有效率的。本书的具体分工如下：

第一、第二、第三、第四、第五、第六、第十四、第十六、第十八章：王曙光

第七章：黄芳

第八章：乔郁、陈强、黄芳

第九章：邓一婷

第十章：乔郁、陈强、邓一婷

第十一章：邓一婷

第十二章：李冰冰

第十三、第十五章：乔郁、陈强

第十七章：黄鑫鑫、杜珊

读完本书，读者会发现，本书最有特色之处在于其中包含了大量鲜活生动的案例，这些案例对农村金融机构的经营管理者有着最直接的启发和帮助。这些案例的获得，不能不归功于全国各地很多朋友的襄助。多年以来，我与我的学生们一起，在全国各地进行农村金融调研，各地农村信用社、小额贷款机构、村镇银行的朋友对我们的田野调查给予最周到的关照与安排，这本书凝结着他们在基层农村金融机构的很多管理智慧。山西省临汾市尧都区农村信用合作社联合社理事长卢天录先生，安徽凤阳县县长范迪军先生，凤阳县农村信用联社监事长吴耀凤先生，凤阳新农村建设办公室主任许华新先生，凤阳县农委农经总站站长周士荣先生，凤阳县农业局局长徐德明先生，中国人民银行赤峰市中心支行副行长王建民先生，中国人民银行赤峰市中心支行工会主席卢连富先生和赵荣才先生，赤峰市昭乌达妇女可持续发展协会负责人霍桂林先生，赤峰市克什克腾旗农银村镇银行行长冯晶新先生，赤峰市翁牛特旗旗长张明君，翁牛特旗农村信用合作联社主任梁志峰先生，中国人民银行翁牛特旗支行行长崔长江，北京农村商业银行袁德法先生，宁夏回族自治区金融工作办公室主任尹全洲先生，宁夏银川掌政农村资金物流调剂中心理事长康永健先生、监事长马学文先生、总经理寇新胜先生，宁夏盐池县妇女发展协会副主任张建娥，宁夏青铜峡市亚亨小额贷款有限公司总经理吕亚连女士，宁夏吴忠市滨河村镇银行董事长邹宁生先生，吉林省委组织部遇志敏先生，吉林四平银监局姜柏林先生，吉林梨树县闫家村百信农民资金互助社理事长姜志国先生，吉林东丰县委常委李晨芳女士，东丰诚信村镇银行副行长林涛，贵州黔东南苗族侗族自治州国税局副局长李文广和主任孙涛，黔东南银监分局局长董友周，贵州省农村信用社联合社唐永贤先生，山西灵丘县财政局局长臧国平，灵丘县委组织部白卫军先生，中国农业银行灵丘县支行副行长王爱平先生，农业发展银行灵丘县分行刘茂先生，灵丘县农村信用合作联社马勇先生等为我的田野调查提供了很多帮助，提供了很多宝贵的资料，谨向他们致以最衷心的感谢。

学术界前辈和朋友对我的农村金融研究给予了很多支持。中国社会科学院农村发展研究所副所长杜晓山先生、胡必亮研究员、苑鹏研究员、国鲁来研究员、杜吟棠研究员、李静研究员、冯兴元研究员、储英焕研究员、徐鲜梅研究员，国务院发展研究中心韩俊部长、来有为研究员、高伟研究员，中国人民银行焦瑾璞研究员，中国社会科学院财贸经济研究所张群群研究员，中国人民大学农业与农村发展学院温铁军教授、孔祥智教授、郑风田教授、马九杰教授、汪三贵教授、仝志辉教授、周立教授，北京天则经济研究所茅于轼先生，中国农业大学何广文教授、任大鹏教授，中国工合国际委员会唐宗焜先生、苗在芳先生，青岛农业大学合作社学院李中华先生，浙江大学中国农村发展研究院徐旭初教授，内蒙古农业大学经济管理学院赵益平教授，四川社会科学院郭晓鸣副院长，农业部农村经济体制与经营管理司赵铁桥先生，农业部农村经济研究中心宋洪远先生，北京大学经济学院刘伟教授、孙祁祥教授、黄桂田教授、何小锋教授、胡坚教授、章政教授、刘民权教授、曹和平教授，北京大学法学院吴志攀教授，北京大学国家发展研究院和中国经济研究中心周其仁教授、李玲教授、姚洋教授，北京大学人类与发展研究中心俞建拖研究员，商务部国际经济技术交流中心白澄宇先生等，他们有的是学术界的前辈，有的是与我在农村金融研究领域开展密切合作的同行。他们多年以来对我的学术研究给予了宝贵的扶持、鼓励与指导，使我受益良多，特此致谢。

我的学生和朋友多年来与我一起在各地农村进行田野调查，他们的才智与活力给了我莫大的激励与帮助。感谢北京大学经济学院李婧谦、李晓飞、付璐、李冰冰、刘振楠、夏君、郑鑫、张原、陆涵、黄芳、买慧、杨志华、林杨、卢昀萤，北京大学中国经济研究中心邓一婷，美国宾夕法尼亚大学沃顿商学院Jonathan Richter、温则圣，清华大学公共管理学院王东宾，清华大学人文学院阚方圆、王花蕾博士、戴德余博士，新加坡南洋理工大学慈锋，北京大学数学学院李成，中国人民银行研究生部万虹麟等分别陪同我在贵州、安徽、山东、宁夏、吉林、江西、山西、四川和北京郊区农村进行调研，他们的观点激发了我很多关于农村金融研究的灵感，与他们一起在乡村游走是我最宝贵的人生体验。

黄芳和杜珊对我的前五章的手写稿进行了初步的校对，刘振楠整理了全书的图、表和专栏目录，并对全书的文字进行了极为详细的校对。他们分担了我繁重的文字工作，谨向他们的辛勤工作致以谢意。

中国金融出版社张哲强先生对本书的出版给予了最强有力的支持，正是他的不断的鼓励、鞭策与持久的信任，才使本书以如此高的效率完成并付梓。

本书是献给那些在基层农村金融机构辛勤劳动的管理者的，期待能够从他们那里获得对本书的宝贵意见。

王曙光

2009年1月7日于北京大学经济学院